获全国教育科学"十四五"规划 2022 年度教育部重点课题"国防教育进中小学体育课程一体化实施策略的研究"（批准号 DLA220461）资助

国防教育进中小学体育课程设计与实施

熊会安　著

南开大学出版社

天　津

图书在版编目(CIP)数据

国防教育进中小学体育课程设计与实施 / 熊会安著.
天津：南开大学出版社，2024.12. -- ISBN 978-7-310-06663-6

Ⅰ. G631.8

中国国家版本馆 CIP 数据核字第 2025VB3188 号

版权所有　侵权必究

国防教育进中小学体育课程设计与实施
GUOFANG JIAOYU JIN ZHONGXIAOXUE TIYU KECHENG SHEJI YU SHISHI

南开大学出版社出版发行
出版人：刘文华
地址：天津市南开区卫津路 94 号　邮政编码：300071
营销部电话：(022)23508339　营销部传真：(022)23508542
https://nkup.nankai.edu.cn

天津创先河普业印刷有限公司印刷　全国各地新华书店经销
2024 年 12 月第 1 版　2024 年 12 月第 1 次印刷
260×185 毫米　16 开本　18.25 印张　418 千字
定价：59.00 元

如遇图书印装质量问题，请与本社营销部联系调换，电话：(022)23508339

前　言

中小学国防教育旨在引导学生发扬爱国主义精神，增强国防观念，掌握基本的国防知识，学习必要的国防技能，自觉履行国防义务。加强中小学生国防教育，对建设和巩固国防基础，维护祖国统一，培养高素质国防后备人才，凝聚全民族意志和力量，实现中华民族伟大复兴具有重要意义。体育与健康作为落实国防教育的核心课程，在提升学生国防技能方面发挥着不可替代的作用。针对当前学校国防教育内容单一、工作形式内容呆板、活动模式单一、固定且没有形成有效的组织和保障机制等现状，受天津市教委委托开展落实教育部印发的《国防教育进中小学课程教材指南》（后简称《指南》）通知的研究工作，力图以体育与健康学科为突破口，通过以点带面的形式探索出基于天津市符合新时代发展要求的中小学国防教育工作开展的实施策略。作为《指南》文件精神工作落实的三大核心学科之一，体育学科将发挥学科的独特优势，不断挖掘在国防教育进体育课程中育人的作用与价值，不断促进学生国防意识的培养、国防知识的掌握和国防技能的形成。基于此工作背景，我们以全国规划办的教育部重点课题《国防教育进中小学体育课程一体化实施策略的研究》为抓手，积极开展研究与实践活动，并在研究的基础上，总结和提炼出一些更能为读者带来参考价值的具有代表性的优秀案例。本书作为课题研究的主要成果，既对国防教育的一些基本概念和基础知识进行了进一步厘清，也为如何更好地落实《指南》文件精神提出了学科方案，也为如何在校园丰富多彩地开展活动提供了思路和方法。

本书从理论和实践两个层面出发，分别从国防教育进体育与健康课程研究的缘起等十个方面进行了论述，系统阐述了国防教育进中小学体育课程的必要性、可行性和具体实施方法。在理论方面，本书深入剖析了国防教育与体育课程的内在联系，为教育工作者提供了理论依据；在实践方面，本书结合国内外成功案例，详细介绍了如何在体育课程中融入国防教育元素，为教育工作者提供了具体的操作指南。此外，本书还具有以下几个特色：一是系统全面。本书内容涵盖了国防教育进中小学体育课程的各个方面，从理论到实践，从宏观到微观，都进行了详细的阐述。二是案例丰富。本书结合了大量课题研究的成功案例，让读者能够直观地了解国防教育在体育课程中的实际应用效果。三是操作性强。本书不仅提供了理论支撑，还给出了具体的实施步骤和方法，便于教育工作者在实际操作中参考和应用。

本书在编写中得到了很多专家和老师们的大力支持。天津体育学院的齐芳教授、天津第八十二中学的唐广训老师、天津市第四十五中学的刘勇老师等为本书相关章节的完成提供了丰富的理论知识和教学案例。此外，南开大学出版社在本书出版过程中给予了大力支持，在此一并表示感谢。

由于作者水平有限，疏漏及不完善之处在所难免，敬请同行专家和广大读者不吝赐教，提出宝贵意见，我们将不胜感激。

编 者

2024 年 4 月

目 录

第一章 国防教育进体育与健康课程研究的缘起 ················· 1
    第一节 研究背景、目的与意义 ································ 1
    第二节 国防教育与体育课程的关系 ····························· 3
    第三节 国防教育融入体育课程的理论基础 ······················· 5
    第四节 国防教育融入体育课程的研究热点与问题 ················· 6
    第五节 国防教育融入体育课程的实施策略 ······················· 7
    第六节 国防教育融入体育课程的研究展望 ······················ 10

第二章 国防、国防教育、体育课程的关系辨析 ··················· 13
    第一节 核心概念的界定 ······································· 13
    第二节 国防与国防教育的关系分析 ····························· 16
    第三节 国防与体育课程的关系辨析 ····························· 18
    第四节 国防、国防教育与体育课程三者之间的关系 ··············· 19

第三章 体育进国防教育发展的历程和演变规律 ··················· 21
    第一节 我国体育进国防教育的历程和演变规律 ··················· 21
    第二节 国外体育进国防教育研究 ······························· 28

第四章 国内外国防教育进中小学体育课程的政策法律方面的分析 ··· 35
    第一节 国防教育进中小学体育课程的必要性 ····················· 35
    第二节 国内外国防教育进中小学体育课程的政策法律依据 ········· 36
    第三节 国防教育进中小学体育课程的政策法律实践 ··············· 38
    第四节 我国国防教育进中小学体育课程的政策法律问题与挑战 ····· 45
    第五节 国防教育进中小学体育课程的政策法律发展趋势 ··········· 46
    第六节 小结与展望 ··· 46

第五章 国防教育进中小学体育课程中存在的问题 ················· 48
    第一节 国防教育进中小学体育课程的背景与意义 ················· 48
    第二节 国防教育与体育课程的关系 ····························· 49

第三节　国防教育进中小学体育课程的意义与价值 …………………………49
　　第四节　国防教育进中小学体育课程的现状与问题 ………………………50
　　第五节　国防教育进中小学体育课程对策建议 ……………………………67

第六章　国防教育进中小学体育课程一体化体系视角的分析……………… 71
　　第一节　国防教育进中小学体育课程一体化体系视角 ……………………71
　　第二节　中小学国防体育一体化教学研究 …………………………………87

第七章　影响国防教育进中小学体育课程的基本因素与解决措施………… 91
　　第一节　影响国防教育进中小学体育课程的因素分析 ……………………91
　　第二节　国防教育进中小学体育课程的解决措施与建议 …………………97
　　第三节　主要结论与解决措施 ……………………………………………102

第八章　国防教育进中小学体育课程体系的建设和开发的基本步骤……… 104
　　第一节　国防教育进中小学体育课程体系的建设和开发的意义 ………105
　　第二节　国防教育进中小学体育课程体系的建设和开发的作用 ………106
　　第三节　国防教育进中小学体育课程体系的建设和开发现状分析 ……106
　　第四节　国防教育进中小学体育课程体系的建设和开发的基本步骤 …108
　　第五节　小结与建议 ………………………………………………………113

第九章　国防教育进中小学体育课程的实施策略模型构建………………… 115
　　第一节　国防教育进中小学体育课程的实施策略 ………………………115
　　第二节　国防教育进中小学体育课堂要重视教学方式变革 ……………121
　　第三节　开展跨学科主题学习活动 ………………………………………144
　　第四节　国防教育进中小学体育课堂与文化场馆及国防教育基地的合作 …148
　　第五节　信息化技术在国防教育进中小学体育课程中的应用 …………154
　　第六节　虚拟技术在国防教育进中小学体育课程中的实践应用 ………163
　　第七节　国防教育进中小学体育课程的管理与评价体系的构建 ………171

第十章　国防教育进中小学体育课程的逻辑关系与现实意义……………… 177
　　第一节　国防教育与体育课程的逻辑关系 ………………………………178
　　第二节　中小学体育课程中融入国防教育的现实意义 …………………180
　　第三节　中小学体育课程中融入国防教育的方法与策略 ………………182
　　第四节　存在的问题与挑战 ………………………………………………185
　　第五节　对策与建议 ………………………………………………………187
　　第六节　结论 ………………………………………………………………189

附录：国防教育进中小学体育与健康课程跨学科主题案例设计与实施…………193
参考文献 ……………………………………………………………………………282

第一章 国防教育进体育与健康课程研究的缘起

第一节 研究背景、目的与意义

一、研究背景

国防教育在我国国家安全中具有举足轻重的地位，随着我国国防安全形势的日益严峻，国防教育在国家安全中的地位日益凸显。2020年12月26日，第十三届全国人民代表大会常务委员会第二十四次会议修订的《中华人民共和国国防法》规定，"学校的国防教育是全民国防教育的基础。各级各类学校应当设置适当的国防教育课程，或者在有关课程中增加国防教育的内容。"[1] 2018年4月27日，第十三届全国人民代表大会常务委员会第二次会议修正的《中华人民共和国国防教育法》明确规定，"小学和初级中学应当将国防教育的内容纳入有关课程，将课堂教学与课外活动相结合，对学生进行国防教育""高级中学和相当于高级中学的学校，应当在有关课程中安排专门的国防教育内容，并可以在学生中开展形式多样的国防教育活动"[2]。国防教育按教学内容可分为国防政治思想教育、国防历史教育、国防军事教育、国防经济教育、国防科技教育、国防外交教育、国防动员教育、国防交通教育、国防体育教育等。[3] 教育部2021年颁布的《国防教育进中小学课程教材指南》明确指出，"体育与健康是落实国防教育的核心课程"。[4] 开展学校国防教育融入体育课程也是对学生进行国防教育。同时，体育课程作为学校教育体系中的重要组成部分，其在国防教育中的作用也越来越重要。因此，研究国防教育与体育课程的关系，对于提高学校国防教育的实效性具有重要意义。

国防教育是国家安全的重要组成部分。中小学校广泛开展国防教育，其目的是增

---

[1] 中华人民共和国国防部. 中华人民共和国国防法[EB/OL]. （2020-12-27）[2024-3-1] http://www.mod.gov.cn/gfbw/fgwx/flfg/4876050.html?&tsreyttldfw.

[2] 中国人大网. 中华人民共和国国防教育法[EB/OL]. （2018-6-12）[2024-3-1] http://www.npc.gov.cn/zgrdw/npc/xinwen/2018-06/12/content_2055872.htm.

[3] 国防大学军训办公室. 国防教育学[M]. 北京：国防大学出版社，2000.

[4] 中华人民共和国教育部，2021.《国防教育进中小学课程教材指南》[EB/OL]. [2021-11-23]. http://jtj.pds.gov.cn/contents/18158/448846.html.

强中小学生的国防观念，提高中小学生的国防素养，激发爱国主义精神。学校体育课程作为学校教育的重要组成部分，具有塑造中小学生品格、增强中小学生体能、提高中小学生综合素养的重要作用。在国防教育中，体育课程可以起到强身健体的作用，提高中小学生的运动能力素养，从而为国防事业提供有力的支撑。而体育课程不仅可以提高中小学生的运动能力素养，还可以培养中小学生的团结协作精神，提高中小学生的集体荣誉感，从而为国防事业提供有力的精神支持。为此，国防教育进中小学体育课程还可以为国防教育提供新的思路和方法，从而提高国防教育的实效性。总体来说，国防教育与体育课程的关系十分密切，两者相互促进，相互补充。加强国防教育进中小学体育课程的研究，对于提高国防教育的实效性和体育课程的质量都具有重要意义。

二、研究目的与意义

党和国家采取的一系列战略举措，有力地促进了国防教育蓬勃发展。党的二十大报告提出"深化全民国防教育"。2022 年，中共中央、国务院、中央军委印发了《关于加强和改进新时代全民国防教育工作的意见》指出，"着力加强青少年国防教育""完善学科课程体系，开展理论研究和教材编写"。[①] 随着国家对国防教育的重视，将国防教育融入体育课程已经成为一种趋势。深入分析国防教育与体育课程的关系，探讨国防教育融入体育课程中的理论基础、实践研究现状、研究热点与问题，并提出国防教育进入体育课程的实施策略，以期为国防教育和体育课程的融合提供理论支持和实践指导。

（一）培养国防观念的重要途径。国防教育是培养国家中小学生国防观念和家国情怀的重要途径

体育课程作为教育的重要组成部分，承载着培养中小学生运动能力素养和道德素养的重要任务。将国防教育融入体育课程，有助于培养中小学生的国防观念，增强中小学生的国家认同感，提升中小学生的国家安全意识。同时，将国防教育融入体育课程中也有助于增强中小学生的体能，提高中小学生在紧急状态下的应对能力，为国家的安全和发展作出贡献。

（二）提升国防素养的有效载体

将国防教育融入体育课程中，中小学生可以了解国家的军事战略、国防政策、军事技能，增强国防意识，有助于提升中小学生的国防素质，培养中小学生的爱国主义精神，增强中小学生的民族自豪感，有利于维护国家的团结和稳定。

（三）提升国防教育效果的有效手段

将国防教育融入体育课程中，可以有效地将国防教育与体育教学活动相结合，提高国防教育的普及率和教育质量。同时，将国防教育融入体育课程中也可以为国防教育的深化提供新的视角和思路，推动国防教育的创新发展。当前，在国防教育融入体育课程的过程中，也存在一些问题和挑战，如国防教育融入体育课程的理论基础不够完善、

---

① 中共中央 国务院 中央军委印发了《关于加强和改进新时代全民国防教育工作的意见》[EB/OL].（2020-9-1）[2024-3-1] http://www.mod.gov.cn/gfbw/fgwx/zcjd/4919984.html.

教学实践研究现状不够清晰、实施策略和方法不够科学等。因此，需要深入分析这些问题，提出相应的解决策略，为国防教育融入体育课程提供科学、有效的指导。

第二节 国防教育与体育课程的关系

一、国防教育的概念与内涵

要厘清国防教育的概念就要明确什么是国防。《国防教育进中小学课程教材指南》将其定义为："国防是国家为防备和抵抗侵略，制止武装颠覆和分裂，保卫国家的主权、统一、领土完整、安全和发展利益所进行的军事活动，以及与军事有关的政治、经济、外交、科技、教育等方面的活动。"[1] 而国防教育则是指，"国家为防备和抵抗侵略，制止武装颠覆，保卫国家的主权、统一、领土完整和安全，对全体公民传授与国防有关的思想、知识、技能的社会活动。"[2] 国防教育进中小学体育课程源于我国对于国防安全的高度重视，在国家安全和发展战略中，国防教育被视为发扬爱国主义精神，增强中小学生国防意识、增强国防观念、培养国防后备人才的重要手段。为了更好地贯彻这一战略，将国防教育融入体育课程中，成为提高中小学生综合素质和国防素养的有效途径。

国防教育是增强国民国防意识、增强国防观念、培养国防人才的一种教育形式，旨在通过各种途径，使中小学生了解国家安全、国防政策、军事战略等方面的知识，树立正确的国防观念，增强国防意识，自觉投身国防事业。国防教育不仅包括课堂教学，还包括实践活动、军事训练等多种形式。通过这些形式，可以提高中小学生的国防素养，培养具有爱国情怀、担当精神、团结协作、勇敢顽强等品质的国防人才。

体育课程作为学校教育的重要组成部分，具有培养中小学生运动能力、塑造中小学生意志品质、促进中小学生全面发展的重要作用。将国防教育融入体育课程，可以使体育教学活动具有更强的现实意义和时代特征。通过国防教育，体育课程可以培养学生的爱国主义精神、集体主义精神、荣誉感、责任感等品质，为国防事业储备人才。

国防教育进中小学体育课程具体来说，可以从以下几个方面入手：

（一）加强体育课程中的国防教育内容设置

将与体育运动相关的军事基础体能、基本军事技能和基本战地防护救护技能三方面的内容有机融合。

（二）开展丰富多彩的国防教育活动

如组织学生参观军事基地、参加国防知识竞赛、进行国防主题的体育比赛等，使学生在参与体育活动的过程中，接受国防教育，增强国防观念。

---

[1] 中华人民共和国教育部，2021.《国防教育进中小学课程教材指南》[EB/OL]. [2021-11-23]. http://jtj.pds.gov.cn/contents/18158/448846.html.

[2] 中共中央 国务院 中央军委印发了《关于加强和改进新时代全民国防教育工作的意见》[EB/OL]. (2020-9-1) [2024-3-1] http://www.mod.gov.cn/gfbw/fgwx/zcjd/4919984.html

（三）加强体育教师队伍建设

提高体育教师的政治素质和业务能力，使体育教师在体育教学中能够更好地开展国防教育，为学生树立正确的国防观念。

（四）进行系统规划和综合设计

明确国防教育进体育课程的目标、任务、内容和要求，为国防教育进体育课程提供制度保障。

国防教育进体育课程对于增强中小学生国防意识、增强国防观念、培养国防人才具有重要意义。只有将国防教育与体育课程有机结合，才能更好地发挥体育课程在提高中小学生运动能力和国防素养方面的作用，为我国国防事业贡献更大的力量。

二、体育课程在国防教育中的地位与作用

体育与健康是落实国防教育的核心课程[1]，国防教育进体育课程源于国家对于国防教育的重视以及对青少年运动能力、意志品质和团队协作能力的关注。体育课程作为教育体系中的重要组成部分，其地位与作用不容忽视。通过体育课程，学生可以培养良好的体能素质、增强意志品质、提高团队协作能力，从而为国防教育提供坚实的基础。

（一）提高国防技能的重要保障

体育课不仅可以锻炼学生的体能，提高身体素质，还可以培养他们的意志品质和团队协作能力。在军事活动中，体能是战士的必备基本素质，没有强健的体魄，就无法完成各种复杂的军事任务。而意志品质和团队协作能力则是国防战士在战场上表现的重要素质。通过体育课程的训练，学生可以更好地理解国防教育的意义，从而增强国防观念，增强国防意识。

（二）培养学生综合素质的有效手段

体育课程不仅是提高学生运动能力，还是培养学生意志品质和团队协作能力的重要途径。通过体育课学习，学生可以锻炼体能，提高身体素质，增强意志品质，提高团队协作能力。因此，将国防教育融入体育课程对于国防教育的意义不仅仅是军事技能的训练，更是对学生的综合素质的培养。体育课程可以有效地提高学生的综合素质，为国防教育提供坚实的基础。通过体育课程，学生可以学习到团结协作、拼搏进取的精神，更好地理解国防教育的意义，增强国防观念，增强国防意识，这些正是国防教育所需要的。

体育课程在国防教育中的地位与作用是不可忽视的。体育课程不仅可以提高学生的基础军事体能和技能，还能增强学生的意志品质，提高团队协作能力，培养爱国主义精神。因此，将国防教育融入体育课程对于提高国防教育的实效性具有重要的意义。

三、国防教育与体育课程的融合策略

国防教育进体育课程源于我国国防教育的现实需求以及体育课程的改革和发展。

---

[1] 中华人民共和国教育部，2021.《国防教育进中小学课程教材指南》[EB/OL].［2021-11-23］. http://jtj.pds.gov.cn/contents/18158/448846.html.

国防教育是国家安全和发展的重要基石，而体育课程则是培养中小学生体质，提高中小学生综合素质的重要途径。将国防教育与体育课程相结合，可以更好地实现国防教育的普及和体育课程的优化，从而增强中小学生的国防意识和基础体能。

国防教育与体育课程的融合策略主要包括课程设置、教学内容、教学方法等方面的融合。在课程设置上可以设置国防教育与体育课程相结合的课程。例如，军事基础体能、军事技能和健康救护知识等，使学生在体育锻炼的同时，也能接受国防教育的熏陶。在教学内容上，可以设计与国防技能相关的教学内容，将国防教育融入体育课程的教学中，使学生在体育学练的过程中，掌握国防技能，增强国防意识，提高国防素养。在教学方法上，可以采用国防教育与体育课程相结合的教学方法。例如，情境教学、跨学科主题学习、军事体能竞赛、国防知识竞赛等，使学生在体育课程中接受国防教育，增强国防意识。国防教育与体育课程的融合策略不仅可以提高中小学生的身体素质，还能增强国民的国防意识。通过国防体育课程的学习，学生可以了解到国防知识，增强国防意识，提高国防素养，提高体育技能，为国防事业的发展作出贡献。

综上，国防教育进体育课程是实现我国国防教育事业系统化、科学化、制度化发展的重要举措，也是体育课程改革和发展的重要方向。积极探索国防教育与体育课程的融合策略，增强中小学生的国防体能、技能和国防意识，为我国国防事业的发展作出更大的贡献。

第三节　国防教育融入体育课程的理论基础

体育课程作为我国基础教育的重要组成部分，承载着培养青少年体质健康成长、意志品质锤炼和培养团队合作精神的重要任务。将国防教育融入体育课程中，有助于提高学生的国防观念，增强民族自豪感和凝聚力，为国防事业培养更多的后备力量。

国防教育进体育课程的理论基础是以马克思列宁主义、毛泽东思想、邓小平理论、"三个代表"重要思想、科学发展观、习近平新时代中国特色社会主义思想为指导，贯彻习近平强军思想，坚持总体国家安全观，贯彻新时代军事战略方针，强调国防是国家生存和发展的根本保障。在现代社会，国防教育不仅是国家安全的重要基石，也是民族精神的重要组成部分。[①] 首先，体育课程中的国防教育应注重培养学生的爱国主义情感、集体主义精神和民族自豪感，使中小学生具备保卫国家、抵抗侵略的能力。其次，体育课程是学校教育的重要组成部分，旨在通过身体锻炼和运动技能的学习，提高学生的运动能力、健康行为和体育品德等体育学科核心素养。国防教育融入体育课程，可以使学生通过参与各种军事技能训练和模拟实战演练，了解基本的军事技能和作战方式，增强应对突发事件的能力，从而培养学生的爱国情怀和国防意识。再次，从心理学和社会学的角度来看，国防教育融入体育课程有助于培养学生的团队合作精神、坚韧不拔的

---

① 中华人民共和国国防部. 中华人民共和国国防法［EB/OL］.（2020-12-27）［2024-3-1］http：//www.mod.gov.cn/gfbw/fgwx/flfg/4876050.html?&tsreyttldfw.

意志品质和勇往直前的精神面貌。通过参与集体活动，学生可以学会合作、沟通并解决问题，同时增强自信心和责任感。这些品质对于培养学生的综合素质和为国家培养合格人才具有重要意义。最后，从国家安全和发展的角度来看，国防教育融入体育课程有助于增强学生的国家安全意识，提高整体素质，为国家的安全和发展作出贡献。通过体育教育，学生可以更加深入地了解国家的国防政策和战略，从而增强对国家的认同感和归属感。

体育课程中融入国防教育的理论基础主要包括马克思主义关于国防教育的理论、体育与国防教育的相关理论等。通过研究这些理论，可以为国防教育进体育课程提供有力的理论支持，推动我国国防教育的发展。

第四节　国防教育融入体育课程的研究热点与问题

一、国防教育融入体育课程基础理论问题

国防教育融入体育课程的理论研究是一个重要的研究方向。在这一领域，主要探讨如何将国防教育融入体育课程中，以及如何构建相应的理论体系。国防教育融入体育课程不仅可以提高学生的运动能力，还可以培养学生的国防观念和爱国主义精神。因此，如何将国防教育与体育课程相结合成为一个热点问题。国防教育融入体育课程的实践问题也是一个重要的研究方向。国防教育融入体育课程需要教师具备一定的国防教育知识和技能，同时也需要学校提供相应的支持。因此，如何提高体育教师的国防教育素质，为国防教育融入体育课程提供相应的支持，将是我们今后体育教育教学应关注的问题。最后，国防教育融入体育课程的评价体系也是一个重要的研究方向。国防教育融入体育课程评价体系应该包括学生的国防观念、身体素质、爱国主义精神等多个方面，同时应该具有一定的客观性和公正性。

二、国防教育融入体育课程的法律依据

国家教育方面的法律是体育课程中融入国防教育的政策依据之一。根据《中华人民共和国教育法》和《中华人民共和国体育法》，国家教育政策明确规定，国家要实施素质教育，加强德育、智育、体育、美育等方面的教育，促进学生全面发展。体育课程作为学校教育的重要组成部分，应当将国防教育纳入其中，以培养学生的爱国主义精神和国防观念。国防方面的法律也是体育课程中融入国防教育的政策依据之一。根据《中华人民共和国国防法》和《中华人民共和国国防教育法》，国防政策明确规定，国家要实施全民国防教育，加强国防意识和国防观念的教育，提高全民国防素质。[①] 体育课程中融入国防教育，可以帮助学生了解国防知识，增强国防意识，提高国防素质，为维护国家安全和发展作出贡献。此外，国家安全政策也是体育课程中融入国防教育的政

---

① 王梅梅，刘宁，赵天鹏. 新时代青年国防教育实施路径探析 [J]. 中国军转民，2022（17）：77–80.

策依据之一。根据《中华人民共和国国家安全法》《中华人民共和国保守国家秘密法》《反分裂国家法》等国家安全法律明确规定，要加强国家安全教育，增强全民国家安全意识和国家安全素质，为维护国家安全作出贡献。[①]体育课程中融入国防教育，可以帮助学生了解国家安全知识，增强国家安全意识，提高国家安全素质。

三、国防教育融入体育课程的现实意义

国防教育融入体育课程有利于增强学生的国防观念。通过学习国防知识，学生可以更加深入地了解国家的安全形势，增强国家安全意识。在体育课程中教师可以结合体育项目，如跑、跳、投掷等项目，提高学生的国防观念。国防教育融入体育课程有利于提高学生的身体素质。国防教育的核心是爱国主义教育，而健康的身体是实现爱国主义教育的基础。通过参加体育锻炼，可以促进学生身心健康发展，提高体能，为保卫祖国、服务社会奠定基础。国防教育融入体育课程有利于培养学生的团队精神和集体主义观念。在国防教育中，强调的是集体主义精神，即团结协作、共同奋斗。在体育课程中，教师可以组织学生进行集体运动，如足球、篮球等，通过团队合作，培养学生的集体主义观念和团队精神。此外，国防教育融入体育课程有利于培养学生的爱国主义情感。教师还可以结合体育项目，如格斗技术、军事竞赛等，让学生亲身体验国防教育的实际效果，从而提高学生的爱国主义情感。最后，体育课程中融入国防教育有利于促进学生的全面发展。国防教育与体育课程的融合，可以使学生在锻炼身体的同时，接受爱国主义教育，培养学生的爱国主义情感，提高学生的国防观念，促进学生的全面发展。

国防教育融入体育课程具有重要的现实意义。通过国防教育融入体育课程可以增强学生的国防观念，提高学生的运动能力，培养学生的团队精神和集体主义观念，培养学生的爱国主义情感，促进学生的全面发展。因此，将国防教育融入体育课程是十分必要和有益的。

第五节　国防教育融入体育课程的实施策略

一、国防教育与体育课程内容有机结合

国防教育与体育课程内容有机结合主要从体育课程内容的角度进行。中小学体育课程内容可以分为基本技能、体能、健康知识、专项运动技能和跨学科主题学习等项目。其中，基本技能、体能不仅可以锻炼学生的支撑、越障、攀登、负重、定向运动等需要的力量、速度、耐力、灵敏性、协调性等能力[②]，还可以培养他们的爱国主义情感和集体主义精神。专项运动技能包括球类运动、田径类运动、体操类运动、水上或冰雪

---

① 董建萍，徐忠平. 国际视野下高中学生民族精神教育探索［J］. 现代基础教育研究，2012，8（04）：73-77.

② 中华人民共和国教育部，2021.《国防教育进中小学课程教材指南》［EB/OL］.［2021-11-23］. http://jtj.pds.gov.cn/contents/18158/448846.html.

类运动、中华传统体育运动、新兴体育类运动等项目[①]，这些项目可以提高学生的竞技水平和团队合作精神，同时也可以增强学生的国防意识。体能训练则包括长跑、游泳、攀爬等，这些项目可以提高学生的体能素质，培养他们的毅力和坚韧不拔的精神。

在体育课程中，教师可以根据课程内容和学生的实际情况，将国防教育与体育课程有机结合。例如，在田径课程中，教师可以创设战争情境，组织学生进行战争背景下的模拟长征活动进行长跑训练，结合战争的历史和意义，让学生了解国防的重要性。在球类课程中，教师可以组织学生进行足球比赛，同时也可以通过讲解足球的起源和发展历程，让学生了解国防的历史和文化。在体能训练中，教师可以组织学生进行400米军事越野比赛等高强度训练，同时也可以通过讲解越野的技巧和意义，让学生了解国防的挑战和机遇。

国防教育与体育课程内容有机结合还可以通过体育活动的方式进行。体育活动可以增强学生的集体主义精神和爱国主义情感，同时也可以提高学生的体能和竞技水平。例如，教师可以组织学生进行国防主题的体育比赛，如"国防杯"篮球赛、"国防杯"足球赛等，让学生在比赛中了解国防的意义和价值。同时，教师也可以组织学生进行跨学科主题学习活动，如"再战长津湖""小小特种兵"等，让学生在教学中增强国防意识。

国防教育与体育课程内容有机结合可以从体育课程内容的角度进行，通过基本技能、专项运动技能、体能训练等方面，将国防教育与体育课程有机结合，提高学生的综合素质。同时，体育活动也是将国防教育与体育课程有机结合的有效方式，通过体育比赛和训练，增强学生的集体主义精神和爱国主义情感，提高学生的体能和竞技水平。

国防教育是我国教育体系中不可或缺的一部分，旨在培养学生的国防意识和爱国主义精神。而体育课程则是在全面提高学生体质、意志品质、文化素养等方面的基础上，培养学生的团队合作精神、竞争意识和创新精神。因此，将国防教育与体育课程有机结合，可以更好地发挥两者的教育作用，提高学生的综合素质。

二、体育教学方法与国防教育的有效融合

体育教学方法与国防教育的有效融合，主要从以下几个方面进行：

（一）体育课程设置

在体育课程设置中，应充分考虑国防教育的需求，将国防教育内容纳入体育课程体系。例如，在体育理论课程中可以设置国防体育知识讲座，介绍国防体育的内涵、意义和作用，增强学生的国防意识。在体育实践课程中，可以组织国防体育项目比赛，培养学生的国防体育技能，增强国防观念。

（二）体育教学内容

在体育教学内容中，应注重国防教育元素的融入。例如，在体育技能训练中，可以设置一些国防体育项目，如军事体能训练、野外生存技能训练等，使学生在锻炼身体

[①] 中华人民共和国教育部. 义务教育体育与健康课程标准（2022年版）[S]. 北京：北京师范大学出版社，2022.

的同时，增强国防观念。在体育理论知识教育中，可以结合国防体育知识，使学生更加深入地理解体育运动的国防意义。

（三）体育教学方法

在体育教学方法中，应采用多种手段，提高国防教育的效果。例如，在教学过程中，可以组织学生观看国防教育影片，让学生直观地了解国防教育的重要性和必要性。可以利用网络平台，开展国防教育知识答题竞赛，激发学生的学习兴趣，提高国防教育的实效性。

（四）师资队伍建设

在师资队伍建设中，应加强国防教育知识培训，增强体育教师的国防教育意识。通过培训，使体育教师更好地了解国防教育的内涵和要求，为体育教学与国防教育的有效融合提供有力的师资支持。

（五）家校合作

在家校合作中，应充分发挥家庭在国防教育中的重要作用。家长应积极配合学校，关注孩子的国防教育情况，引导孩子树立正确的国防观念。学校应加强与家庭的沟通，共同关注学生的国防教育问题，形成家校共育的良好格局。

体育教学方法与国防教育的有效融合，需要从体育课程设置、教学内容、教学方法、师资队伍建设和家校合作等多个方面进行综合考虑，以实现体育教学与国防教育的有机结合，为培养具有国防观念和爱国情怀的新时代青年贡献力量。

三、体育课程评价体系与国防教育的紧密结合

体育课程评价体系与国防教育的紧密结合可以从以下几个方面进行：

（一）体育课程评价体系中的体育成绩可以作为评价学生身体素质和运动能力的重要指标

学生的体育成绩既可以反映出学生的身体素质和运动能力，也可以反映出学生的爱国主义精神和国防观念。例如，在体育课程中可以设置一些与国防相关的体育项目，如队列队形训练、军事体能训练等，通过评价学生的体育成绩，可以评价学生的身体素质和运动能力，也可以评价学生的爱国主义精神和国防观念。

（二）体育课程评价体系中的体育素质可以作为评价学生体育素质的重要指标

学生的体育素质可以反映出学生的体育道德和体育精神，也可以反映出学生的爱国主义精神和国防观念。例如，在体育课程中可以设置一些体育道德和体育精神的训练项目，如团队协作、公平竞赛等，通过评价学生的体育素质，可以评价学生的体育道德和体育精神，也可以评价学生的爱国主义精神和国防观念。

（三）体育课程评价体系中的体育文化可以作为评价学生体育文化素养的重要指标

学生的体育文化素养既可以反映出学生的体育文化素养和体育文化意识，也可以反映出学生的爱国主义精神和国防观念。例如，在体育课程中，可以设置一些体育文化素养的训练项目，如体育知识、体育礼仪等，通过评价学生的体育文化素养，可以评价学生的体育文化素养和体育文化意识，也可以评价学生的爱国主义精神和国防观念。

体育课程评价体系与国防教育的紧密结合，可以通过评价学生的体育成绩、体育素质和体育文化素养，来评价学生的爱国主义精神和国防观念。这不仅有助于提高学生的身体素质和运动能力，也有助于提高学生的爱国主义精神和国防观念，从而培养出一批具备爱国情怀和国防观念的优秀人才。

第六节　国防教育融入体育课程的研究展望

一、研究趋势

国防教育融入体育课程的研究趋势，主要表现在以下几个方面：

（一）国防教育与体育课程融合的形式多样化

随着时代的发展，国防教育与体育课程融合的形式也越来越多样化。例如，可以开展国防教育主题的运动会、国防教育主题的体育比赛等。

（二）国防教育与体育课程融合的实践性强

国防教育与体育课程融合的实践性强，需要体育教师具备一定的国防教育知识和技能。同时，体育课程也需要具备一定的国防教育实践能力，如开展国防教育主题的体育活动等。[1]

（三）国防教育与体育课程融合的系统化

国防教育与体育课程融合的系统化，需要建立完善的国防教育与体育课程融合的体系，包括课程设置、教学内容、教学方法、评估方式等。

综上所述，国防教育与体育课程融合的研究热点和趋势，反映了国防教育与体育课程融合的重要性。通过国防教育与体育课程的融合，可以增强中小学生的身体素质和国防意识，为国家的安全和发展作出贡献。

二、对国防教育融入体育课程的实践指导

国防教育融入体育课程的实践指导主要包括以下几个方面：

（一）明确融入的目的和意义

在进行国防教育与体育课程融合之前，必须明确融合的目的和意义。融合的目的应该是更好地推进国防教育，增强学生的国防意识和身体素质。融合的意义应该是实现教育与国防的有机结合，培养学生的综合素质和实践能力。

（二）制定融入的具体方案

在明确融入的目的和意义之后，需要制定具体的融合方案。方案应该包括融合的内容、时间、地点、方式、师资、评估等方面。融合的内容应该包括国防教育的基本知识和技能，以及体育课程的基本知识和技能。融合的时间应该根据学生的实际情况和课

---

[1] 唐文俊，张文宽，俞昌春. 高校国防教育、体育教育融合开展研究[J]. 铜陵学院学报，2022，21（03）：54-57.

程安排来确定。融合的地点应该选择适合进行国防教育和体育训练的场所。融合的方式应该包括课堂教学、实践活动、竞赛等形式。师资应该包括国防教育和体育课程的教师，以及专门负责融合工作的教师。评估应该包括学生自我评估、教师评估、学校评估等方面。

（三）加强师资培训和指导

在融入方案制定好之后，需要加强师资培训和指导。师资培训应该包括国防教育和体育课程的教师，以及专门负责融合工作的教师。培训内容应该包括融合的目的和意义、融合的具体方案、融合的实施方法和技巧等方面。培训应该根据实际情况和需要进行，包括集中培训、分散培训、线上培训等形式。培训应该由专业人员指导，注重实际操作和应用。

（四）加强教学过程的监控和管理

在融合过程中，需要加强教学过程的监控和管理。监控应该包括对学生学习情况的跟踪记录，以及对教师教学情况的监督和指导。记录应该包括学生的学习进度、学习成果、学习行为等方面。监督应该包括对教师的教学质量、教学方法、教学效果等方面的监督和指导。指导应该包括提供教学资源和帮助，以及解决教学问题和困难。

（五）加强教学成果的评估和反馈

在融入过程中，需要加强教学成果的评估和反馈。评估应该包括对学生学习成果的评估，以及对教师教学成果的评估。评估应该包括学生的身体素质、国防意识、实践能力等方面。评估应该根据实际情况和需要进行，包括定期评估、不定期评估、第三方评估等形式。反馈应该包括对学生的反馈，以及对教师的反馈。反馈应该及时、准确、全面，以便及时调整教学方法和策略。

综上所述，国防教育融入体育课程的实践指导主要包括明确融合的目的和意义、制定融入的具体方案，加强师资培训和指导，加强教学过程的监控和管理，加强教学成果的评估和反馈等方面。应该实现教育与国防的有机结合，培养学生的综合素质和实践能力，为国防事业的发展作出贡献。

三、对相关政策与实践的启示

对相关政策与实践的启示主要包括以下几个方面：

（一）国家应加强国防教育的政策支持

将国防教育纳入国家教育体系，制定相应的政策法规，明确国防教育的目标、任务和内容，为国防教育进体育课程提供政策保障。同时，加大对国防教育进体育课程的经费投入，保障国防教育进体育课程的实施。

（二）教育部门应加强对体育课程改革的支持

体育课程改革应充分考虑国防教育的需求，将国防教育与体育教育有机结合，使学生在体育锻炼中增强国防观念，提高国防素质。教育部门应制定相应的课程标准和教学大纲，明确国防教育进体育课程的教学内容和要求。

（三）学校应积极开展国防教育进体育课程的实践

学校应将国防教育纳入体育课程的教学内容，制定国防教育进体育课程的教学计划，明确教学目标、教学方法和教学评价。学校还应加强师资队伍建设，提高教师开展国防教育进体育课程的能力和水平。

（四）社会应积极参与国防教育进体育课程的建设

社会应关注国防教育进体育课程的研究和实践，为国防教育进体育课程提供理论支持和实践指导。同时，社会应加强对国防教育进体育课程的宣传和普及，提高全民国防观念，增强国防意识。

国防教育进体育课程是国防安全和民族振兴的需要。国家应加强国防教育的政策支持，教育部门加强对体育课程改革的支持，学校积极开展国防教育进体育课程的实践以及社会积极参与国防教育进体育课程的建设。只有全社会共同努力，才能使国防教育进体育课程取得更好的成果，为培养新时代的国防人才作出更大贡献。

第二章 国防、国防教育、体育课程的关系辨析

国防教育是建设和巩固国防的基础，是增强民族凝聚力、提高全民素质的重要途径。[1] 国防教育作为我国国防事业的重要组成部分，其地位日益凸显。随着我国国防事业的发展，国防教育的重要性得到了广泛认可，成为增强全民国防意识、增强国防力量的有效途径。体育与国防之间的关系密切，体育对国防具有重要作用，国防对体育的发展也有很大的影响。探讨国防、国防教育、体育课程三者之间的关系，以期为国防教育的理论发展和实践应用提供参考。

第一节 核心概念的界定

一、国防的含义及其基本特征

国防是随着国家的产生而产生的。《中华人民共和国国防法》对国防的定义是"国家为防备和抵抗侵略，制止武装颠覆，保卫国家的主权、统一、领土完整和安全而进行的军事及与军事有关的政治、经济、外交、科技、教育等方面的活动。"[2] 维护国家安全利益是国防的根本职能。捍卫国家主权、领土完整和防止外来侵略、颠覆，是国防的主要任务。

人类社会是建立在社会化大生产基础上，并紧密相关的有机整体，国防是社会整体的不可分割的一部分。衡量一个国家国防力量的强弱，军事力量不是唯一标准，还涉及政治、经济、文化、科技、外交等方方面面。中小学生要树立一个大国防观，将国防建设放入整个国家乃至人类发展的大环境中进行思考、规划，是对传统国防的继承和发展，是一种全新的国防观念和国防实践活动。现代国防绝非单纯的武力较量，而是在综合国力的基础上，以军事手段为主，在政治、经济、科技、外交、文化等多种手段配合下进行的总体较量，其基本特征主要表现在三个方面。

（一）现代国防既是一种国家行为，又是一种国际行为

---

[1] 徐福水. 国防教育：高校文化教育中独特的风景线 [J]. 黑龙江高教研究，2005（12）：47-48.
[2] 中华人民共和国国防部. 中华人民共和国国防法 [EB/OL].（2020-12-27）[2024-3-1] http://www.mod.gov.cn/gfbw/fgwx/flfg/4876050.html?&tsreyttldfw.

只有国防稳固,国家才能持续发展,政府才能集中精力制定正确的可持续发展的政策,才能调动一切的人力物力进行经济建设,人民也才能安居乐业。一个国家的发展离不开国际环境。世界的和平与战争、经济的繁荣与衰退和每个国家的发展息息相关,当然也涉及国防方面。如果别国武力相加,本国就必须进行国防动员迎接外来挑战。由此可见,国防作为一种国家基本行为的同时是一种国际行为。

（二）国防实力体现国家的综合国力

国防的主体是军事力量,还包括与国防相关的非军事力量,如政治、经济、外交、科技、文化等。国防不仅依托国家的实力,还依靠国家的潜力,以及将潜力转化为实力的能力。充分运用本国所具有的各种条件,并在战时快速有效地转化为战争能力,体现了一个国家综合国力的强弱。

（三）国防的目标具有多层次性

由于各国的国情不同,国家的利益也不同,特别是经济利益不同,因此,所制定的战略也不尽相同,再加上各国军事实力和综合国力的差异,就使得现代国防呈现出多层次的目标体系。从范围上,国防目标可分为自卫目标、区域目标和全球目标。

从内涵上对国防的目标层次进行分类则主要包括两种:一种是基于保证国家生存、民族独立型的国防,称之为生存目标;另一种是国家生存无忧,民族独立无虑,国防的目标在于争取一个适合国家发展的空间,称之为发展目标。总体来说,国防因国家性质、制度、国力及其推行的政策不同而具有不同的特征。但有一点相同的是,所有国防的着眼点都是捍卫和扩大国家利益。

二、国防教育的含义及其基本特征

国防教育是建设和巩固国防的基础,是增强民族凝聚力、提高全民素质的重要途径。《中华人民共和国国防教育法》对国防教育界定为:"使公民增强国防观念,掌握基本的国防知识,学习必要的军事技能,激发爱国热情,自觉履行国防义务。"[1] 国防教育这一概念的定义准确反映了当代中国国防教育的客观规律和本质属性,是用来指导国防教育工作的指南,明确了国防教育的主体是国家。[2] 开展全民国防教育是为了弘扬爱国主义精神,促进国防建设和社会主义精神文明建设,使全民增强国防观念,掌握必要的国防知识和军事技能,自觉履行国防义务,关心、支持、参与国防建设。[3]

国防教育通常分为学校国防教育和社会国防教育。学校的国防教育是全民国防教育的基础,是实施素质教育的重要内容。国防教育不仅仅是一个简单的教育概念,它是确保国家安全和稳定的重要基石,是每个公民都应积极参与的社会活动。国防教育的基本特征主要体现在以下几个方面:

（一）具有长期性的特点

国防教育是一个持续不断的过程,只要国家尚未消亡,战争的危险仍然存在,国

---

[1] 中国人大网. 中华人民共和国国防教育法［EB/OL］.（2018-6-12）［2024-3-1］http://www.npc.gov.cn/zgrdw/npc/xinwen/2018-06/12/content_2055872.htm.

[2] 何锋. 中国国防教育史纲［M］. 厦门:厦门大学出版社,2013..

[3] 陈长寿. 以十七大精神指导国防后备力量　建设应强调"四个必须坚持"［J］. 国防,2008（02）:17-18.

防教育就会持续进行。对于任何国家和民族来说,只有广泛深入地开展国防教育,做好思想和物质上的充分准备,才能有效遏制侵略战争,确保在战争爆发时能够有序地转入战时体制。

(二)具有阶级性的特点

作为统治阶级意志的体现,国防教育必然贯彻统治阶级的主张,宣扬统治阶级的观念。不同的国家代表不同阶级的利益,因此会有不同的国防教育内容和方法。

(三)具有全民性的特点

这意味着国防教育不仅仅是针对军队或特定群体的教育,而是面向全体公民的教育活动。通过提高全民的国防意识和能力,可以增强国家的整体防御力量。再者,国防教育具有多元性。在教育内容、形式和手段上,国防教育涵盖了多个方面,包括军事知识、国家安全、民族精神等。这种多元性使得国防教育能够适应不同人群的需求,提高教育的针对性和实效性。最后,国防教育还具有强制性的特点。在某些情况下,国防教育可以被视为一种特殊的义务教育,接受国防教育是公民守法的表现。同时,国防教育活动也受到法律的保护和约束,以确保其正常开展和取得实效。

国防教育是增强全民国防意识、增强国防力量的重要手段,具有鲜明的时代特征和现实意义。国防教育通过各种方式,对全民进行国防意识和国防知识的教育,提高全民的国防素质和国防能力。随着国际形势的不断变化,我国国防安全面临着越来越多的挑战。国防教育正是为了应对这些挑战而产生的。通过国防教育,可以提高全民的国防素质,增强全民的国防意识和国防能力,为维护国家安全和社会稳定奠定坚实的基础。

三、体育课程的含义及其基本特征

体育课程是实现儿童青少年全面发展的重要途径,对于促进学生积极参与体育运动、养成健康生活方式、健全人格品质,提升国民综合素质,推动社会文明进步,建设健康中国和体育强国,实现中华民族伟大复兴具有重要的现实和长远意义。《义务教育体育与健康课程标准(2022年版)》《普通高中体育与健康课程标准(2017年版2020年修订)》将体育课程定义为:"以身体练习为主要手段,以体育与健康知识、技能和方法为主要学习内容,以发展学生核心素养和增进学生身心健康为主要目的。"[1] 学校体育课程是学校教育的重要组成部分,对促进学生德智体美劳全面发展具有非常重要的价值。学校体育课程具有基础性、健身性、实践性和综合性等特点。

体育课程为学生终身的体育学习和健康生活奠定了良好的基础。它不仅仅是一门教授运动技能的课程,更重要的是通过系统的体育教学,帮助学生掌握必要的体育与健康知识、技能和方法,为他们日后的生活和工作提供有力的身体保障。体育课程的基础性还体现在对学生全面发展的作用上。体育课程不仅有助于提升学生的运动能力,还能够培养他们的团队合作能力、意志力、抗挫能力等综合素质,为学生的全面发展提供有力支持。体育课程的基础性是其学科特性的重要体现,为学生未来健康生活奠定了坚实

---

[1] 中华人民共和国教育部. 义务教育体育与健康课程标准(2022年版)[S]. 北京:北京师范大学出版社,2022.

的基础，同时也为学生的全面发展提供了重要的支撑。体育课程的实践性是其核心特征之一。身体练习是体育课程中的主要手段，学生通过各种体育活动的实际操作和锻炼，能够亲身体验并掌握体育技能和方法。与其他学科不同，体育课程更注重实践能力的培养，要求学生在实践中深化理论知识，提升实践能力。在体育活动中，学生能够体验到协作、竞争、挫折等多种心理感受，这对于他们的个性发展、自我观念的形成以及处理冲突和矛盾的能力都有很大的帮助，提升学生的身心健康和实践能力。健身性是体育课程重要的特性之一。体育课程是通过体育活动来增强体质、改善机能、愉悦身心。通过体育课程学生可以全面提升自己的身体素质，包括力量、速度、耐力、柔韧性等方面，从而培养强健的体魄。通过科学的体育课程安排，可以有效地促进学生的生长和发育，为其全面发展奠定坚实的基础。同时，体育课程还能够帮助学生养成终身锻炼的好习惯，全面增强其身心健康发展。在体育课程教学中，应充分重视和发挥健身性的作用，为学生提供更多符合其身心发展特点的体育活动和锻炼机会。实践性也是体育课程的重要特征之一。体育的知识与技能学习和健康的知识与技能学习都具有鲜明的实践性和体验性。学生只有实际参与实践，才能促进运动技能的形成、运动能力的提升、运动习惯的养成和体育品德的养成。此外，综合性也是体育课程的显著特点之一。体育课程不仅包括体育与健康的基础知识和技能，还融合了健康教育、心理健康、社会适应等多方面的知识。这些内容相互关联，相互促进，旨在全面提升学生的身心健康和社会适应能力。体育课程还与其他学科有着紧密的联系。例如，体育课程中的运动生理学、运动心理学等内容与生物学、心理学等学科有着交叉和融合，这种跨学科的联系使得体育课程更具综合性，有助于促进学生的全面发展。

第二节　国防与国防教育的关系分析

一、国防教育是国防的重要组成部分

国防与国防教育之间存在着密不可分的关系。国防是国家安全的重要保障，而国防教育则是提升学生国防观念、增强国家安全意识的重要途径。国防不仅仅是指国家为防备和抵抗侵略，制止武装颠覆，保卫国家的主权、统一、领土完整和安全所进行的军事活动，还包括与军事有关的政治、经济、外交、科技、教育等方面的活动。因此，国防教育是国防不可或缺的一部分，国防教育在国防建设中起到了至关重要的作用。国防教育与其他方面的国防活动相互补充、相互促进，共同维护国家的安全和发展。通过对中小学生进行战争观、国家安全观、利益观以及国防知识的宣传教育，使中小学生增强国防观念，掌握基本的国防知识，学习必要的军事技能，激发爱国热情，并自觉履行国防义务。[1]这样的教育活动对于提高中小学生的国防意识，培养中小学生的国防素养，以及为国家的国防建设提供人才保障都起到了积极的推动作用。

---

[1] 徐福水. 国防教育：高校文化教育中独特的风景线 [J]. 黑龙江高教研究，2005（12）：47-48.

二、国防教育是增强中小学生国防观念掌握国防技能重要途径

国防是一个国家为防备和抵抗侵略，制止武装颠覆，保卫国家的主权、统一、领土完整和安全而进行的军事活动，以及与军事有关的政治、经济、外交、科技、教育等方面的活动。国防的强弱直接关系到国家的生死存亡、荣辱兴衰。[①]因此，加强国防建设，提高国防实力，是维护国家安全、保障人民安居乐业的必要条件。而国防教育则是通过对中小学生进行一定的战争观、国家安全观、利益观以及国防知识的宣传教育，使中小学生增强国防观念，掌握基本的国防知识，学习必要的军事技能，激发爱国热情，自觉履行国防义务。国防教育有助于提升中小学生的国家安全意识，增强民族凝聚力和向心力，为国家的长治久安提供有力保障。

三、国防与国防教育相互促进、相互依存

一方面，国防的强弱直接影响到国防教育的需求和内容。在国防实力较弱的时期，国防教育更加注重培养中小学生的忧患意识和国防观念；而在国防实力较强的时期，国防教育则更加注重提高中小学生的国防素养和应对突发事件的能力。另一方面，国防教育的普及和深入开展，有助于提升中小学生的国家安全意识和国防观念，从而为国防建设提供有力的社会支持和人才保障。

四、国防教育还有助于推动国防科技的发展和创新

国防教育通过普及国防科技知识，提高公民对国防科技的认识和了解，从而激发公民对国防科技的兴趣和热情。这种兴趣和热情能够转化为推动国防科技发展的动力，促使更多的人投身于国防科技研究和创新中。国防教育有助于培养具备科技素养和创新精神的国防人才。通过系统的国防教育，可以培养出一批既具备军事素养又精通科学技术的复合型人才，他们将成为国防科技领域的中坚力量，为国防科技的发展和创新提供有力的人才保障。此外，国防教育还能够促进军民融合，推动国防科技与民用科技的结合。在国防教育的过程中，可以加强军民之间的交流和合作，促进国防科技成果向民用领域的转化和应用，从而推动整个社会的科技进步和创新发展。国防教育不仅有助于提升全民的国防意识和素养，还能够推动国防科技的发展和创新，为国家的安全和发展提供有力的科技支撑。因此，我们应该高度重视国防教育在推动国防科技发展和创新中的重要作用，并采取有效措施加强国防教育的普及和实施。通过对公民进行国防科技知识的普及和宣传，可以激发公民对国防科技的兴趣和热情，推动国防科技的创新和发展，为国家的国防建设提供有力的科技支撑。

国防与国防教育之间存在着密切的关系。国防整体建设需要国防教育的支持和推动，而国防教育则需要国防建设提供实践平台和发展动力。两者相互促进、相互依存，共同为维护国家的安全和发展贡献力量。

---

① 中华人民共和国国防部．中华人民共和国国防法［EB/OL］．（2020-12-27）［2024-3-1］http：//www.mod.gov.cn/gfbw/fgwx/flfg/4876050.html?&tsreyttldfw.

第三节　国防与体育课程的关系辨析

一、目标与宗旨

国防教育的核心目标是培养学生的国家安全意识、国防观念和基本的国防知识与技能，旨在为国家培养具备高度责任感和使命感的新一代公民。而体育课程则主要着眼于学生的身体发展、运动技能的提升以及团队协作和竞技能力的培养，致力于塑造身心健康、全面发展的个体。尽管两者在目标上有所侧重，但它们的宗旨都是服务于学生的全面发展。国防教育通过培养学生的国防观念，提升学生的综合素质，而体育课程则通过锻炼学生的身体，为其未来的学习和生活打下坚实的基础。

二、内容与方法

在内容方面，国防教育主要包括国家安全形势分析、国防法律法规学习、军事技能训练等；而体育课程则涵盖了各类运动项目的技能学习、体能训练以及运动竞赛等。虽然两者的内容有所不同，但在实际教学中，可以相互渗透、相互借鉴。例如，体育课程中的队列训练、体能锻炼等内容可以为国防教育中的军事技能训练提供基础；而国防教育中的战术意识、团队协作等理念也可以融入体育课程的教学中。

在实施方式上，国防教育通常采取课堂教学、模拟演练、实地考察等多种形式，注重理论与实践的结合；而体育课程则更多地采用技能训练、竞技比赛等方式，强调学生的主动参与和团队协作。这两种实施方式各有特色，但也可以相互融合，共同提升教学效果。

三、联系与区别

国防教育与体育课程之间的联系主要体现在它们都强调学生的身体和心理素质的培养和团队协作能力的提升。此外，两者在教学方法和手段上也可以相互借鉴和融合，共同提升教学效果。然而，它们之间也存在明显的区别。首先，在目标上，国防教育更注重培养学生的国家安全意识和国防观念，而体育课程则更侧重于提升学生的身体素质和运动技能。其次，在内容上，国防教育主要涉及国防知识和军事技能的学习，而体育课程则更注重运动项目的技能学习和体能训练。最后，在实施方式上，国防教育更多地采用课堂教学和模拟演练的形式，而体育课程则更注重技能训练和竞技比赛。

四、相互促进与协同发展

国防教育与体育课程可以通过相互促进和协同发展来强化其教育效果。一方面，可以将国防教育的理念和内容融入体育课程中，通过体育课程的教学实践来培养学生的国防观念和意识。例如，在体育课程中增加军事体育项目，让学生在参与中感受军事训练的严谨性和挑战性，从而增强对国防事业的理解和认同。另一方面，可以利用体育课程中的身体锻炼和竞技比赛来提升学生的身体素质和团队协作能力，为国防教育提供有力支持。通过体育课程的锻炼，学生可以增强体能和耐力，提高应对紧急情况的能力；同时，在竞技比赛中培养团队协作和竞争意识，有助于提升学生在国防领域中的团队协作和战斗能力。此外，还可以通过开展国防与体育相结合的实践活动，如组织国防体育运动会、军事夏令营等，让学生在实践中体验国防与体育的魅力，加深对国防事业的认识和理解。这些实践活动不仅可以锻炼学生的身心素质，还可以培养他们的爱国精神和国防观念，为未来的国防建设打下坚实基础。

可见国防教育与体育课程之间存在紧密的联系和相互促进的关系。通过充分发挥两者之间的协同作用，可以共同提升学生的身心素质和国防观念，为培养全面发展的新时代公民作出积极贡献。

第四节 国防、国防教育与体育课程三者之间的关系

国防、国防教育与体育课程三者之间存在着紧密的内在联系，它们相互影响、相互促进，共同构成了教育体系中的重要组成部分。以下是对这三者之间关系的深入探究和分析。

国防是国家安全的重要保障，它涉及国家的政治、经济、军事等多个方面。国防教育则是培养中小学生国防观念，提高中小学生整体国防素质的重要途径。而体育课程则是学校教育体系中的基础学科之一，旨在通过身体锻炼和竞技活动，促进学生身心健康全面发展。

在内在联系方面，国防教育是国防建设的重要组成部分，它通过教育手段，向中小学生普及国防知识，增强国防意识，培养具备国防素质的人才。而体育课程则是国防教育的重要载体之一，通过体育课程中的身体锻炼和竞技活动，可以培养学生的体能、意志品质和团队协作能力，为未来的国防建设提供有力的人才保障。同时，国防教育和体育课程也相互促进。国防教育为体育课程提供了丰富的教育资源和内容，使体育课程更加具有针对性和实效性；而体育课程则通过实践活动，让学生更加深入地了解国防知识，增强国防意识，形成正确的国防观念。

在相互影响方面，国防、国防教育与体育课程三者之间也存在着相互促进的作用。国防的加强可以提升国家的整体安全水平，为国民提供更好的生活环境和发展空间，从而有利于国民健康水平的提升和体育课程的开展。国防教育的深入实施可以提高学生的国防素养，使他们更加关注国家安全，积极参与国防建设，为国家的安全稳定作出贡献。而体育课程的开展则可以提高学生的身体素质和团队协作能力，为中小学生在未来的国防工作中发挥更大的作用奠定基础。

基于以上分析，提出以下建议：一是加强国防教育与体育课程的融合，通过优化课程设计、整合教育资源等方式，将国防教育的内容融入体育课程教学中，使学生在锻炼身体的同时，也能接受国防教育；二是提高体育课程的实践性和体验性，通过组织丰富多样的体育活动和竞技比赛，让学生在实践中感受国防教育的魅力，增强国防意识；

三是加强师资培训，提高教师对国防教育和体育课程的认识和理解，使他们能够更好地将两者结合起来，提高教学效果。

国防、国防教育与体育课程三者之间存在着紧密的内在联系和相互促进的作用。在教育实践中应该充分认识到这三者之间的关系，加强融合与协同，共同为培养具备高度国防素养和身心健康的公民贡献力量。

国防、国防教育、体育课程三者之间的关系模型对国防、国防教育、体育课程的发展具有重要的促进作用。国防、国防教育、体育课程三者之间的关系模型强调了国防教育的整合、融合和协同发展，为国防、国防教育、体育课程的发展提供了有力的支持。

国防、国防教育、体育课程三者之间存在密切的联系。国防教育是我国国防事业的重要组成部分，旨在培养具备良好身体素质和战斗精神的人才，以适应国家安全的需要。体育作为人类社会的一种基本活动，其目的在于提高人们的身体素质和健康水平，促进人的全面发展。国防、国防教育、体育课程三者之间的关系模型，可以看作一种相互促进、相互补充的关系。国防、国防教育、体育课程三者之间的关系模型具有动态性。在不同的历史时期，三者之间的关系可能会有所变化。例如，在和平时期，国防教育和体育的主要任务是提高人民的身体素质和健康水平，为国防事业做好准备；而在战争时期，国防教育和体育的主要任务则是培养具备战斗精神的人才，为战争做好充分的准备。此外，国防、国防教育、体育课程三者之间的关系模型具有多元性。在实际应用中，三者之间的关系模型可以根据不同的需求和目标进行调整和优化。例如，在国防教育中，可以注重培养学生的战斗精神和体能素质；而在体育中，可以注重培养学生的团队合作精神和竞技能力。国防、国防教育、体育课程三者之间的关系模型具有实践性。在实际应用中，三者之间的关系模型需要结合实际情况进行调整和优化，以达到最佳的效果。例如，在国防教育中，可以结合当地的地域特点和资源条件，制定出适合当地实际的国防教育方案；而在体育中，可以结合当地的社会文化背景和体育传统，制定出适合当地实际的体育发展方案。

国防、国防教育、体育课程三者之间的关系是相互促进、相互影响的关系。国防教育为国防事业提供了有力支持，体育和国防的发展可以反过来促进国防教育的发展。只有三者相互促进，才能为国防事业的发展提供有力的支持。

第三章 体育进国防教育发展的历程和演变规律

第一节 我国体育进国防教育的历程和演变规律

一、先秦时期的体育与国防教育研究

先秦时期，我国正处于诸侯争霸、战乱不断的时期，各诸侯国为了争夺领土和资源，纷纷加强军事力量。先秦时期没有现代的体育和国防教育概念，但是它们确实存在，只不过是将战争与军事活动融为一体，以一种共生的方式呈现。例如，西周以来的"射""御"是"六艺"的核心内容之一，包括五种射箭技法和五种驾车技巧，这些技能既是贵族子弟必修课，也是战争必备技能。①这些体育技能在战争和军事训练中能提高士兵的战斗力，增强军队的凝聚力。先秦时期的体育的主要形式是射箭和骑射。射箭是一种基本的军事技能，士兵需要掌握射箭的技巧和策略，以便在战斗中取得胜利。骑射则是一种更加高级的技能，需要士兵具备良好的马术和战斗技巧。这两种技能都是军事体育的重要组成部分，为士兵的战斗力提供了坚实的基础。除了射箭和骑射之外，先秦时期的体育还包括了一些其他的形式，比如格斗技巧等，让士兵在战斗中更加灵活和强大，为战争的胜利奠定了基础。先秦时期的军事活动不仅具有体育功能，同时也承担着社会文化与道德教育的责任。军事训练能培养士兵的团队精神、纪律观念，战争的胜利往往伴随着严格的纪律要求。士兵们必须遵守严格的纪律，服从命令，不得有丝毫的懈怠和违背。这种严格的纪律要求，可以培养士兵们的服从意识和纪律观念。

二、秦汉—明清时期的国防体育研究

秦汉至明清时期是我国历史上一个重要的时期，这一时期体育的发展对于国家安全和军事战略有着重要的影响。秦汉时期军队的战斗力主要依赖于士兵的基本体能和技能，此时的体育是以射箭、御车、角力、投石和武术等为主，以服务于军队战斗力的增强。而到了唐代体育开始向多元化、系统化发展，出现了许多新的体育项目，同时武举制的出现有力地刺激和促进军事体育的发展。例如，当时的武举考试内容有长垛、马

---

① 伏彦冰. "六艺"中的"射""御"及其体育思想探微[J]. 中国典籍与文化，2023（02）：104-111.

射、步骑、平射、翘关（举重）、负重等。宋代时期边患严重，武举制的体育内容更为丰富，体育开始注重实战性，出现了许多模拟实战的项目，如马战、步战等。明代时期武举制更为完善进一步发展，社会上也出现了许多新的体育项目，如蹴鞠的盛行、相扑、射箭与军事体育融为一体等。清代时期武科举制度更为完善，包括马箭、步箭和技勇等项目。[1] 同时，由于西方列强入侵体育向现代化发展，出现了许多新的体育项目，如射击、游泳、跑步等项目也进入军事体育训练之中。研究我国古代体育的内容及其特点，发现体育的内容与士兵战斗力有着密切的联系，涵盖体能训练、格斗技巧、实战模拟等内容，这些项目都是为了提高士兵的体能、战斗技能和实战能力。体育的特点主要包括实战性、综合性，这些特点都是为了更好地适应战争的需要，提高军队的战斗力。体育也是国家军事文化的重要组成部分，对于传承和弘扬军事文化有着重要的作用。

（一）秦汉时期国防体育的演变与特点

秦汉时期是中国历史上一个重要的时期，也是体育发展的重要时期。体育的发展与古代战争有着密切的关系。在秦汉时期，军事体育起源于古代战争，经历了由无到有、由简单到复杂的发展过程。军事体育最初的形式是徒手训练，随着战争的不断升级，军事体育也逐渐发展壮大。[2] 骑射和武术等技能的普及，使得士兵的战斗力得到了进一步的发展。这些技能的掌握，不仅能够提高士兵们的身体素质和战斗能力，也能够提高生存能力与战斗意志。

（二）三国两晋南北朝时期国防体育的演变与特点

三国两晋南北朝时期是中国历史上一个重要的体育发展阶段，这个时期的体育经历了从单一到多样、从粗糙到精细的变化，呈现出独特的特点。在这个时期，军事体育的主要形式是射箭、骑射和战斗技能的训练。射箭是最基本的军事技能之一，也是当时军队中最重要的技能之一。射箭技术得到了极大的发展，出现了许多新的射箭技术和战术，如远射、近射、散射、齐射等。同时，还出现了许多不同的箭种和箭矢，如羽箭、铁箭、竹箭等。骑射是另一个重要的军事技能，它要求士兵具备良好的马术和战斗技巧。在这个时期，骑射技术也得到了极大的发展，出现了许多新的骑射技术和战术，如马战、马射、马步战等。同时，还出现了许多不同的马种和马具，如草原马、中原马、西域马等。战斗技能的训练也是这个时期体育的重要内容。在这个时期，战斗技能的训练越来越注重实战性和实用性，出现了许多新的战斗技术和战术，如短兵相接、伏击、突袭、围攻等。同时，还出现了许多不同的武器和战术装备，如刀、枪、剑、盾牌、头盔、战马等。[3] 三国两晋南北朝时期体育的演变与特点，主要表现在射箭技术的进步、骑射技术的进步和战斗技能的实用性三个方面。这个时期的体育不仅注重技能的训练，更注重实战性和实用性，为后来的体育发展奠定了基础。

（三）隋唐时期国防体育的演变与特点

隋唐时期军事体育则具有强烈的实用性，而且向多元化、竞技化、制度化方向发展。武举制最早就是出现在隋唐时期，此时的军事体育项目包括骑射、马术、弓箭、拳

---

[1] 郝勤. 体育史 [M]. 北京：人民体育出版社，2006.
[2] 李向勇. 秦汉时期的射箭运动管窥 [J]. 兰台世界，2015（12）：94-95.
[3] 郝勤. 体育史 [M]. 北京：人民体育出版社，2006.

术、刀术、枪术和角抵等。[①] 这些项目在训练中注重实战演练，强调战术配合和团队协作。隋唐时期的军事体育在沿革中不断发展，既继承了前代军事体育的精华，又融入了当时的政治、经济、文化等方面的因素，形成了独特的文化内涵。例如，在隋唐时期，军队中出现了"军士""武艺""武功"等词汇，这些词汇在现代汉语中仍然存在，成为军事体育文化的重要组成部分。隋唐时期军事体育在发展中也注重竞技性和制度化。出现了许多军事体育比赛和竞技活动，如"马球""蹴鞠""射箭"等，这些比赛不仅具有竞技性，而且具有浓厚的文化气息。同时，在这个时期还建立了军事体育制度，如设立了"武艺馆""武艺场"等，这些机构为军事体育的发展提供了坚实的基础。隋唐时期军事体育在沿革中不断发展，形成了具有中国特色的军事体育体系。这一体系不仅继承了前代军事体育的精华，而且融入了当时的政治、经济、文化等方面的因素，形成了独特的文化内涵。这一体系对国防体育的发展产生了深远的影响，为后世军事体育的发展奠定了基础。

（四）五代十国时期军事体育的演变与特点

五代十国时期（公元907—979年），是我国历史上的一个动荡时期，国家分裂、战乱频繁。在这个特殊的历史背景下，军事体育的发展和演变具有鲜明的时代特征。首先，军事训练在五代十国时期的军事体育中占有重要地位。军队以训练士兵体能、技能和战术为主要目的，开展各种形式的训练活动。训练内容包括跑步、跳跃、投掷、格斗等基本体能训练，以及操练、射箭、刀剑等武器技能训练。这些训练活动旨在提高士兵的体能素质和战斗能力，为战争做好准备。其次，军事演练是五代十国时期军事体育的重要组成部分。军队经常进行各种规模的演练，以检验军队的作战能力。演练内容包括行军、宿营、攻城、野战等，旨在提高军队的协同作战能力。这些演练活动对于提高军队的战斗力具有重要意义。最后，军事竞技在五代十国时期也得到了一定的发展。军事竞技主要包括赛马、射箭、武术等，这些活动旨在提高士兵的综合素质和战斗精神。这些竞技活动不仅丰富了士兵的业余生活，也对于培养士兵的团队精神和集体荣誉感起到了积极作用。

（五）宋辽金元时期国防体育的沿革与发展

武术作为宋辽金元时期军事体育的重要组成部分，逐渐形成了独特的武术风格。这一时期，武术开始注重内外兼修，强调武德、武艺的结合。武术中的许多招式，如太极拳、形意拳、八卦掌等，都是在这一时期逐渐形成的。[②] 这些武术招式既具有较高的技击价值，又具有深厚的文化底蕴，成为中华民族宝贵的文化遗产。其次，射箭作为古代军事体育的重要组成部分，在这一时期得到了极大的发展。射箭不仅是一种军事技能，更是一种文化象征。宋辽金元时期的射箭运动，以弓箭为主要器械，注重射箭的精准度和速度。此外，射箭运动还强调团结协作和竞技精神，成为中国古代军事体育的重要组成部分。再次，马术作为一种重要的军事技能，也在这一时期得到了极大的发展。马术运动不仅注重骑手的技艺，更注重马匹的训练和调教。马匹的品种和数量得到了极

---

① 郝勤. 体育史[M]. 北京：人民体育出版社，2006.

② 郝勤. 体育史[M]. 北京：人民体育出版社，2006.

大的提高，为军事体育的发展提供了有力的支持。最后，摔跤作为宋辽金元时期军事体育的重要组成部分，也在这一时期得到了极大的发展。摔跤运动不仅具有较高的技击价值，更强调团队协作和竞技精神。在这一时期，摔跤运动逐渐形成了独特的风格，成为中华民族宝贵的文化遗产。

（六）明清时期国防体育的演变与发展

明清时期，国防体育作为中国古代军事体育的重要组成部分，经历了一系列的演变与发展。首先，军事体育在训练方法上有了较大的改进。过去，军事体育训练主要以体能训练为主，强调力量、速度、耐力等基本素质的培养。而在明清时期，军事体育训练更加注重战术、技能的训练，强调军事素质的全面发展。此外，明清时期军事体育训练的强度和难度也有所提高，更加注重实战性。其次，明清时期军事体育在器械训练方面有了较大的发展。过去，军事体育器械主要以冷兵器为主，如刀、枪、剑等。而在明清时期，军事体育器械逐渐发展多样化，出现了许多新的器械，如火枪、火炮等。这些器械的出现，不仅丰富了军事体育的训练内容，也为实战中的兵器应用提供了新的可能性。最后，明清时期军事体育在军事文化方面有了较大的发展。在这一时期，军事体育逐渐成为军事文化的重要组成部分，军事体育的精神内涵得到了丰富。同时，军事体育也逐渐成了民族精神的重要体现，体现了中华民族的勇敢、坚强、团结等特质。

（七）秦汉至明清时期国防体育研究存在的问题与不足

在秦汉至明清时期军事体育研究中发现存在一些问题与不足。一方面，研究内容不够全面。在秦汉至明清时期，军事体育研究主要集中在军事体育的起源、发展、演变及其对国家安全的影响等方面。虽然这些方面具有重要意义，但军事体育的研究范围并不仅限于此。另一方面，研究方法不够科学。在秦汉至明清时期，军事体育研究主要采用文献研究、历史研究、案例分析等方法。虽然这些方法在某种程度上可以满足研究需求，但在实际操作中，也存在一些问题。例如，文献研究可能存在资料不全、信息不准确等问题，历史研究可能存在主观性、片面性等问题。

三、清朝末年学堂的国防体育

清朝末年，国家政治动荡，内忧外患，民族危机严重，社会正处于巨大的变革之中。清朝末年学堂体育的发展受到了多方面的影响。学堂体育教育起源于清朝末年的洋务运动。当时，清朝政府为了振兴国家，开始大力引进西方科技和文化，体育教育就是其中之一。洋务运动时期，学堂体育教育主要借鉴了西方的体育教育理念和体育课程设置，如设立体育课、组织体育比赛等。一方面，西方列强的入侵使得中国社会开始接触到了西方的先进思想和技术，其中包括了体育教育。另一方面，清朝政府也认识到了体育教育的重要性，开始大力推广学堂体育。学堂体育的发展历程可以分为三个阶段。第一阶段，学堂体育的兴起，主要是由于西方列强的入侵，使得清朝政府开始意识到体育教育的重要性。于是，清朝政府开始大力推广学堂体育，将其纳入学堂教育体系之中。在这个阶段，学堂体育主要注重的是身体素质的训练，如跑步、跳跃、投掷等。第二阶段，学堂体育的推广和普及，主要是由于清朝政府的大力推广和社会的动荡不安。在这个阶段，学校体育开始注重培养学生的民族精神和身体素质，如进行了军事体育训练和爱国主义教育。第三阶段，学堂体育的改革和发展，主要是由于社会的发展和科技的进步。在这个阶段，学堂体育开始注重培养学生的创新精神和团队合作精神，如进行了竞技体育训练和团队合作游戏。清朝末年学堂的军事体育课程，作为当时培养新式军事人才的重要手段，其课程设置涵盖了军事训练、军事游戏、军事操练等多个方面，旨在全面提升学生的身体素质和军事素养。清朝末年，学堂体育课程的设置开始多样化，不仅包括传统的武术、射箭等，还包括了西方的体育项目，如足球、田径、体操等。[①] 例如，《钦定学堂章程》是清朝末年颁布的一项教育法令，于1905年颁布，规定了学堂的基本设置、课程设置、考试制度等内容。其中规定了学堂体育课程，要求学堂必须设置体育课程，并对体育课程的内容、时间和要求进行了详细的规定。

四、抗战期间的国防体育研究

抗战时期，我国正面临着严重的民族危机。在这个艰难的时刻，国防体育事业也受到了影响。然而，在战争中也有一股力量在默默推动着体育事业的发展，那就是军事体育。军事体育在抗战期间的发展，对于提高军队战斗力，增强民族凝聚力具有重要的意义。一方面，军事体育在抗战期间的发展，对于提高军队战斗力具有重要作用。当时由于战争频繁，军事体育成为提高军队战斗力的重要手段。军事体育包括军事体能训练、战斗技巧训练、战斗心理训练等。这些训练项目旨在提高士兵的身体素质、战斗技能和心理素质。[②] 通过这些训练，士兵们能够更好地适应战场环境，提高战斗能力，为我国的抗战事业作出了重要贡献。另一方面，军事体育在抗战期间的发展，对于增强民族凝聚力具有重要作用。[③] 在战争期间，我国军队面临着巨大的压力和挑战，士兵们需要有足够的凝聚力和战斗力才能战胜敌人。通过军事体育的训练，士兵们可以增强彼此之间的默契和信任，形成强大的战斗集体。同时，军事体育也可以提高士兵们的爱国热情和民族自豪感，增强民族凝聚力。然而，在抗战期间，我国的体育事业也受到了很大的影响。由于战争频繁，许多体育设施和器材都无法正常使用，体育训练也受到了很大的限制。此外，由于战争的需要，许多士兵需要投入战斗中，体育训练的时间和资源也受到了限制。然而，就是在这样的环境下，我国的军事体育仍然取得了显著的成就。

抗战期间军事体育的主要内容包括体能训练、技能训练和战术训练三个方面。体能训练主要包括长跑、游泳、跳远、举重等，旨在提高士兵的身体素质和耐力。技能训练主要包括射击、刺杀、投掷、格斗等，旨在提高士兵的战斗技能和战术素养。战术训练主要包括战场模拟、战斗指挥、战斗计划等，旨在提高军队的整体战斗力和协同作战能力。军事体育对军队战斗力的提高起到了至关重要的作用。通过军事体育训练，士兵的身体素质和战斗技能得到了提高，军队的整体战斗力和协同作战能力也得到了增强。

---

① 王华倬. 论我国近现代中小学体育课程的发展演变及其历史经验 [D]. 北京：北京体育大学，2003.
② 陈彩祥，马廉祯. 论抗战期间国民政府的国防体育政策 [J]. 体育文化导刊，2007（12）：88-90.
③ 于亚军. 论陕甘宁边区的体育抗战精神 [J]. 兰台世界，2013（34）：33-34.

五、1950—1977 年学校国防体育

（一）20 世纪 50 年代学校国防体育的研究

20 世纪 50 年代是我国学校国防体育发展的关键时期。首先，体育与国防是相辅相成的，体育教育是国防教育的重要组成部分。其次，学校体育教育应该注重国防体育的教育，将国防体育纳入体育教育中，增强学生的国防意识和身体素质。最后，体育教学方法应该注重实践性和科学性，通过科学的教学方法，提高学生的国防体育素质。这一时期学校的国防体育为今天开展国防体育教育提供了重要的参考和借鉴。例如，1953 年中央军委将体育列为人民解放军的正规化训练科目，1953 年开始实行《劳卫制》并在全军推广。[①] 学校教育中还增加国防体育的理论基础和实践研究，探索有效的国防体育教学方法，在增强学生的国防意识和身体健康等方面取得良好的效果。在中华人民共和国成立初期，学校国防教育的主要目标是培养学生的爱国主义精神和国防观念。学校体育课程中增加了国防体育部分主要涉及军事技能和体能训练，如射击、投掷、格斗等。这些训练项目旨在提高学生的身体素质，培养学生热爱祖国、保卫国家的意识。这一时期的学校国防体育训练不仅能够提高学生的身体素质，还能增强他们的集体主义精神和团结协作能力。

（二）1950—1977 年的学校国防体育的研究

20 世纪 60 年代特定的国内外形势和环境，使国防体育成为全国体育工作的一个重要组成部分。增强学生的国防意识，加强学生的身体素质成为主要任务。这一时期在"加强战备""准备打仗"的口号下，为反击侵略者，全国掀起了"全民皆兵"的练兵热潮。学校国防体育内容开始从单一的军事技能训练转向全面的国防体育教育，国防体育受到特别的重视和强化。[②] 群众性的国防体育活动以军事野营、射击和三防等项目为中心，参加上述几项国防体育活动。20 世纪 60 年代，中国的国防体育在学校体育课程中的国防体育部分开始增加实战演练和模拟战争等内容，如野外生存、战斗射击等。这些训练项目旨在提高学生的实际军事素质，使他们能够在战争或紧急情况下迅速应对。这一时期的研究发现，实际军事技能训练能够提高学生的应变能力和战斗力，增强他们的国防观念。20 世纪 70 年代，我国学校国防体育经历了曲折发展。这一时期，我国学校国防教育在"大跃进"和"文化大革命"等历史事件中受到了冲击，导致学校国防体育的训练内容和方式发生了较大变化。然而，随着拨乱反正，学校国防教育逐渐回归正轨，得到了恢复和发展。

总之，这一时期的国防体育聚焦培养学生的爱国主义精神和国防观念，提高学生的身体素质和实际军事素质，培养学生的综合素质和国防意识。这一时期的工作对学校国防体育的发展产生了深远的影响，为我国国防事业的发展培养了大量的优秀人才。当前我国学校国防体育正处于新的发展阶段。在这一阶段，学校对国防教育的重视程度不断加深，学校国防体育的训练内容和方式也在不断创新。同时，我国学校国防教育还需

---

① 郝勤. 体育史 [M]. 北京，人民体育出版社，2006.
② 郝勤. 体育史 [M]. 北京，人民体育出版社，2006.

要进一步加强与军事体育的融合，提高学生的国防素质和军事素养。

六、1978年至今学校国防体育现状研究

（一）1978—1980年的国防体育

1978—1980年是我国国防体育发展的新阶段。1978年，我国开始实施改革开放政策，社会经济得到了快速发展，国防事业也得到了空前的重视。学校国防体育开始逐渐兴起。起初，学校国防体育主要以军事理论教育为主，旨在培养学生的国防观念。这一阶段的国防体育课程主要包括军事理论、军事技能和军事体能训练等内容。军事理论教育主要包括军事历史、军事理论、军事战略等方面的知识，旨在培养学生的国防观念，增强国防意识。军事技能和军事体能训练主要包括射击、投弹、格斗等技能，以及长跑、爬山、游泳等体能训练，旨在培养学生的军事素质，提高其应对突发事件的能力。各个学校在国防体育方面的教学内容和方式都存在一定的差异，缺乏统一的标准和规范。此外，由于当时的经济条件和社会环境，学校国防体育的设施和条件也比较有限，影响了国防体育的推广和发展。尽管面临诸多困难和挑战，学校国防体育还是取得了一定的进展。这一时期的国防体育教育为后来的国防体育发展奠定了基础，培养了一大批具有国防观念和军事素质的人才。同时，这一时期的国防体育教育也为后来的体育教育改革提供了借鉴和启示，促进了体育教育与国防教育的融合和发展。

（二）1981—1990年的国防体育

1981—1990年这一时期的学校国防体育开始从传统的体育锻炼向军事技能训练拓展，并逐步普及各级学校。1981年，国家颁布了《关于加强学校国防体育工作的意见》，明确提出了国防体育在学校教育中的重要地位和作用。在这一政策的指导下，学校国防体育开始从单一的体育锻炼向军事技能训练拓展。军事技能训练主要包括军事理论教育、军事体能训练、军事技能训练等。这些训练项目旨在增强学生的国防意识和军事素质，为我国的国防事业培养更多有素质的人才。国防体育在学校教育中的普及程度逐渐提高。各级政府、教育部门和学校纷纷将国防教育纳入教育教学体系，制定了一系列具体的实施方案。许多学校还成立了国防体育协会，定期组织学生参加各类国防体育比赛和活动，进一步推动了国防体育在学校中的普及。同时，国防体育在学校教育中的普及程度也得到了进一步的提高，国防体育已经成为我国学校教育的重要组成部分。总体来说，1981—1990年是我国国防体育在学校教育中得到迅猛发展的时期。这一时期，国防体育从传统的体育锻炼向军事技能训练拓展，并逐步普及各级学校。同时，我国政府也加强了对国防体育的投入，提高了国防体育在学校教育中的地位，为我国的国防事业培养了更多有素质的人才。

（三）1991—2000年的国防教育

1991—2000年是学校国防体育发展的深化与创新时期，学校国防体育理论研究在这一时期得到了深入的探讨。国防体育作为一项重要的教育内容，不仅有助于提高学生的身体素质，更能够培养他们的国防意识和爱国主义精神。在这个时期，学者开始对国防体育理论进行深入研究，探讨如何更好地将国防体育融入学校教育体系，如何更好地培养学生的国防意识和爱国主义精神。同时，学者们还开始研究国防体育的实践方法，

如何通过各种形式的实践活动，提高学生的国防体育素质。学校国防体育在这一时期也进行了大量的实践创新。实践创新是推动国防体育发展的关键。在这个时期，学校国防体育开始探索新的实践方法，如通过组织国防体育比赛、开展国防体育活动等方式，提高学生的国防体育素质。此外，学校国防体育还开始引入先进的体育训练技术，如运动生理学、运动心理学等，以提高训练效果，培养出更多优秀的国防体育人才。

（四）2001年至今

2001年至今，我国学校国防体育得到了全面的发展，取得了显著的成果。一方面，教育部、中央军委政治工作部等部门，联合制定了《关于进一步加强和改进学校国防体育工作的意见》，明确了国防教育在学校教育中的重要地位和作用，对国防教育工作进行了全面部署。各省市、自治区、直辖市的教育行政部门和军事机关也纷纷出台相关政策，加强对国防教育工作的支持。另一方面，学校国防体育的高质量发展体现在多个方面。在体育教育中，学校注重培养学生的国防观念，通过体育课程、课外活动和竞赛等形式，让学生在体育锻炼中增强国防意识，提高国防素质。在训练方面，学校加强了对国防体育运动员的选拔、培养和训练，提高了运动员的综合素质和竞技水平。在竞赛方面，学校积极参加各类国防体育竞赛，展示了我国国防体育的实力和风采。此外，学校国防体育的发展还体现在普及和推广方面。学校积极开展国防体育的宣传和教育工作，提高师生对国防体育的认识和参与度。通过举办国防体育节、开展国防体育讲座等活动，激发师生对国防体育的热情，营造浓厚的国防体育氛围。

（五）存在的问题

一方面，资源配置不均衡是学校国防体育面临的一个重要问题。在我国，国防体育的发展受到多种因素的影响，包括政府政策、社会文化、经济状况等。这些因素导致学校国防体育的资源配置存在很大的不均衡性。一些学校可能因为各种原因，如地理位置、经济发展水平等，在国防体育的资源配置上占据优势，而另一些学校则可能因为资源匮乏，导致国防体育的发展受到限制。另一方面，师资队伍素质有待提高也是学校国防教育面临的一个重要问题。教师是学校国防体育发展的关键，他们的素质直接影响着国防体育的质量和效果。然而，目前我国学校国防体育的师资队伍素质普遍较低，存在着许多问题。一是，一些教师对国防体育的重视程度不够，他们可能认为国防体育只是学生的业余活动，对其教学质量和效果没有太大的影响；二是，一些教师的专业素质不高，他们可能没有接受过专业的国防体育培训，无法有效地指导学生进行国防体育训练。

第二节　国外体育进国防教育研究

一、国外体育进国防教育体系

随着全球安全形势的不断变化，各国军队对国防教育与体育的融合高度重视，使其在军事训练中发挥着越来越重要的作用。国外军事体育教育体系的设计、实施和评价是各国军队提高军事素质的重要手段。

国外军事体育教育体系的设计注重实战性。各国军队在制定军事体育教育体系时，通常将实战需求作为主要依据，以确保军事体育教育能够为实战做好准备。例如，美国军队的军事体育教育体系中，射击、格斗、体能等实战技能训练占有重要地位。此外，国外军事体育教育体系还强调训练的科学性和系统性，通过系统化、科学化的训练方法，提高军事人员的整体素质。

国外军事体育教育体系的实施强调个性化。各国军队在实施军事体育教育时，注重个体差异，采取因材施教的原则。例如，美国军队的体能训练课程分为基础体能、耐力、力量等模块，根据士兵的身体素质和体能水平进行个性化设置。此外，国外军事体育教育体系还强调训练的连续性和持续性，确保士兵在长时间训练中保持良好的体能状态。

国外军事体育教育体系的评价注重实战能力。各国军队在评价军事体育教育效果时，通常将实战能力作为主要评价指标。例如，美国军队的军事体育教育评价体系中，射击、格斗、体能等实战技能的达标情况是评价军事体育教育质量的重要依据。此外，国外军事体育教育体系还强调评价的客观性和公正性，确保评价结果能够真实反映军事体育教育的实际效果。

国外军事体育教育体系在实战性、个性化、评价等方面具有明显优势，为我国军事体育教育改革提供了有益借鉴。我国军事体育教育体系应注重实战性、个性化，同时加强评价体系的建设，以确保军事体育教育能够为提高我国军队战斗力和应对复杂安全形势提供有力保障。

二、国外军事体育训练方法与手段

军事体育作为提高军队战斗力和军人综合素质的重要手段，已经成为各国军队训练的重要组成部分。通过对国外军事体育训练方法与手段的比较分析，可以为我国军事体育训练提供有益的借鉴和启示。

（一）多样化

国外军事体育训练手段多样，包括体能训练、技能训练、战术训练、心理训练、战场模拟训练等多种手段，以满足不同训练需求。

（二）先进性

国外军事体育训练手段先进，如利用运动生理学、运动心理学、运动训练学等科学技术，提高训练效果。

（三）实战性

国外军事体育训练手段注重实战性，如战场模拟训练，以提高军人的战斗适应能力和应急反应能力。

（四）针对性

国外军事体育训练手段针对性强，如针对不同兵种、不同岗位的军人，制定个性化的训练计划。

（五）综合性

国外军事体育训练手段综合性强，将体能、技能、战术、心理等方面的训练融合在一起，形成一个全面的训练体系。

三、瑞典和德国体操对其军事体育发展的影响

瑞典和德国在体操领域拥有丰富的传统和卓越的成就，其体操运动的发展也对军事体育产生了深远的影响。德国和瑞典军队在战争中使用了大量的体操训练，以提高士兵的体能和战斗能力，成为现代国防体育的重要组成部分。

（一）瑞典体操的起源和发展以及对军事体育的影响

瑞典体操代表人物是林，1814年在斯德哥尔摩创建瑞典皇家中央体操学院，并任院长达25年。他总结前人经验，用科学方法创立瑞典体操体系，又称林氏体操体系。著有《体操的一般原理》，是瑞典体操运动的一个重要里程碑。[①] 而瑞典体操协会的成立，标志着瑞典体操运动开始向专业化、规范化发展。瑞典体操协会开始制定体操比赛规则，推广体操运动。瑞典体操协会还开始组织体操比赛，以提高体操运动在瑞典的普及程度。[②] 当时瑞典被拿破仑帝国和沙俄帝国侵略的背景下，一些体育教练开始研究如何将体操运动中的平衡、柔韧性、协调性应用到军队的训练中，强调身体的协调性和灵活性，可以帮助士兵更好地完成各种复杂的任务，如攀爬、跳跃、翻滚等，其目的在于提高士兵的体能和战斗能力，保卫祖国，因而有较强的军事目的。

（二）德国体操的起源和发展以及对军事体育的影响

德国体操的起源可以追溯到19世纪初的德国。当时，德国的体育界开始关注身体训练和体育锻炼的重要性。最初，德国体操主要是一种简单的运动，如跳跃、翻滚和投掷等。随着时间的推移，德国体操开始逐渐发展，并引入了更多的技巧和动作，如平衡、柔韧性和力量等。1852年，德国体操运动协会（Deutscher Turnverein）成立，该协会旨在推广和普及德国体操运动。德国体操在19世纪末和20世纪初达到了巅峰，并对现代体操运动的发展产生了深远的影响。德国体操注重技巧和身体素质的训练，这种训练方式成为现代体操的基础。此外，德国体操还注重运动员的团队合作和领导力培养，这些也是现代体操运动的重要组成部分。德国体操运动在德国军队中得到了广泛的应用，成为军事体育的重要组成部分。德国体操运动的特点是注重实用性和战斗性，强调身体的协调性和灵活性，以及训练的强度和耐力。[③] 这些特点使得德国体操成为军事体育中的重要组成部分，为德国军队的战斗力提供了有力的支持。

（三）瑞典和德国体操对军事体育发展的差异

德国和瑞典体操在军事体育发展方面有着显著的差异。虽然两国体操运动都有着深厚的传统和历史，但在其军事体育领域的发展上，两国有着不同的特点和成就。瑞典的军事体育发展更加注重体育与军事的融合。瑞典的体操运动逐渐成了瑞典军事体

---

① 黄瑞苑，钟文正. 奥林匹克运动兴起的教育与体育背景［J］. 体育成人教育学刊，2003（04）：38-39.
② 陈娟，王娟. 同源异构与互渗趋同：三大体操流派的历史流变［J］. 体育文化导刊，2018（02）：153-158.
③ 陈娟，王娟. 同源异构与互渗趋同：三大体操流派的历史流变［J］. 体育文化导刊，2018（02）：153-158.

育发展的重要组成部分。瑞典的军事体操注重个人技能和战术的训练，这些品质在军事领域中有着重要的意义。此外，瑞典的体操运动员通常需要在严格的训练中表现出极高的技巧和身体素质，这使得他们成为瑞典军队中不可或缺的一部分。德国的军事体育发展受到了其严谨的军事文化和强大的军事力量的影响。德国的体操运动当时主要是作为一种娱乐和健身的方式。然而，随着德国军事实力的增强，体操运动逐渐成了德国军事体育发展的重要组成部分。德国的军事体操注重纪律性、协作性和团队精神，这些品质在军事领域中有着重要的意义。此外，德国的体操运动员通常需要在严格的训练中表现出极高的技巧和身体素质，这使得他们成为德国军队中不可或缺的一部分。

四、美国学校国防体育研究

（一）美国学校国防体育的发展历程

美国学校军事体育的发展历程可以追溯到19世纪末，当时一些教育家认为，通过体育锻炼可以培养学生的身体素质和意志力，同时也可以加强学生的国防意识。因此，许多学校开始设立军事体育课程，旨在通过体育锻炼来培养学生的爱国主义精神和国防意识。随着20世纪初美国军事力量的增长和国际地位的提升，军事体育在美国学校中的地位也逐渐上升。1912年，美国国会通过了《国防教育法》，要求所有公立学校必须设立军事体育课程。此后，许多学校开始采用军事化的训练方式，强调纪律和团队精神，并通过各种竞赛来展示学生的身体素质和爱国主义精神。第二次世界大战期间，军事体育在美国学校中达到了高潮。当时的美国总统罗斯福提出了"教育为战争服务"的口号，要求学校在战争中发挥重要作用。[1] 因此，许多学校开始将军事体育作为教育的重要内容，并通过各种训练和比赛来增强学生的身体素质和爱国意识。近年来，随着国家安全意识的加强和国防教育的重视，军事体育在美国学校中的地位又逐渐上升。许多学校开始重新设置军事体育课程，强调学生的身体素质和爱国主义精神，并通过各种训练和比赛来增强学生的身体素质和爱国意识。

（二）美国学校军事体育的主要内容与特点

美国学校军事体育是指在学校中开展的一种将军事教育与体育训练相结合的运动项目。这些项目旨在培养学生的身体素质、团队合作精神和领导才能，使他们具备更强的适应能力和战斗力。美国学校军事体育的主要内容包括军事教育、体育训练和军事化管理等。

1. 军事教育是美国学校军事体育的重要组成部分

军事教育主要包括军事理论、军事历史、军事技能等方面的学习。这些课程旨在让学生了解和认识军事领域的知识，培养他们的国防意识和爱国情怀。此外，军事教育还强调纪律性和组织性，使学生在日常生活中养成遵守规则、服从命令的良好习惯。

2. 体育训练是美国学校军事体育的另一重要内容

体育训练主要包括体能训练、技能训练和战术训练等方面的学习。这些训练项目

---

[1] 李佐惠. 战争因素对美国体育发展的影响[J]. 体育文化导刊, 2008（04）: 115-118.

旨在提高学生的身体素质和运动能力，培养他们在比赛中的竞争意识和团队精神。此外，体育训练还强调实战性，使学生在模拟实战环境中锻炼自己的应变能力和战术素养。

五、英国户外运动对英国国防体育的影响

（一）英国户外运动的历史发展

英国户外运动的历史可以追溯到19世纪初，当时英国的贵族和富人们在乡村度假时，会进行各种户外活动，如狩猎、射箭、骑马等。这些活动不仅可以锻炼身体，还可以培养贵族的社交礼仪。随着时间的推移，户外运动逐渐成了英国社会中一种重要的休闲娱乐活动。在20世纪初，随着第一次世界大战的爆发，英国的军事体育运动也得到了发展。当时，英国政府为了提高士兵的体能和战斗能力，开始推广户外运动。这些运动包括徒步、攀岩、野外生存等。这些运动不仅可以提高士兵的身体素质，还可以培养他们的团队合作精神和领导能力。在第二次世界大战期间，英国的军事体育运动得到了进一步的发展。当时，英国的军队需要更多的士兵来应对战争的需要，因此需要培养更强的体能和战斗能力。[1]英国政府开始推广户外运动，并将其纳入军事训练中。这些运动包括徒步、攀岩、野外生存等。这些运动不仅可以提高士兵的身体素质，还可以培养他们的团队合作精神和领导能力。随着英国社会的变迁，英国户外运动也得到了进一步的发展。现在，英国户外运动已经成为一种重要的社会运动。在英国，户外运动不仅是一种休闲娱乐活动，更是一种生活方式。人们可以通过户外运动来锻炼身体、放松心情、享受自然风光。

（二）英国户外运动在国防体育训练中的借鉴意义

英国户外运动对英国军事体育的影响深远，这种影响体现在多个方面。首先，户外运动为英国军事体育提供了丰富的训练手段。户外运动强调自然、自由、无拘无束的精神，这与军事体育的训练理念不谋而合。户外运动可以帮助军人提高体能、耐力、协调性、反应速度等基本素质，这些素质对于军事训练来说至关重要。此外，户外运动中的攀岩、徒步、皮划艇等项目，可以锻炼军人的体能和耐力，增强其野外生存能力。其次，户外运动有助于培养军人的团队合作精神。户外运动强调团队协作，每个队员都要为团队的胜利贡献自己的力量。这种团队意识在军事训练中尤为重要，因为军事行动往往需要全员配合，才能完成任务。户外运动中的团队合作项目，如集体徒步、野外求生等，可以帮助军人培养团队精神，提高团队的凝聚力和战斗力。再者，户外运动对于提高军人的生活情趣和心理健康具有重要意义。户外运动可以让军人在紧张的军事训练中得到放松，缓解压力。同时，户外运动还可以增强军人的自信心，提高其面对困难和挑战的勇气。在现代军事训练中，心理健康已经成为一个重要的话题，户外运动可以在这方面起到积极作用。此外，户外运动还可以提高军人的创新能力和应变能力。户外运动往往需要军人根据实际情况进行灵活应对，这种能力在军事行动中尤为重要。户外运动中的项目，如攀岩、定向越野等，可以锻炼军人的创新能力和应变能力，提高其解决问

---

[1] 杨松. 19世纪后期英国军事体育的发展及其功用［J］. 军事历史, 2021（06）: 98-104.

题的能力。最后，户外运动对于提高军人的文化素养具有重要意义。户外运动可以带军人走进大自然，感受大自然的魅力，从而提高其文化素养。同时，户外运动还可以增强军人的文化认同感，提高其爱国情怀。

总体来说，英国户外运动在军事体育训练中的借鉴意义非常深远。户外运动可以帮助军人提高体能、耐力、协调性、反应速度等基本素质，培养团队合作精神，提高心理健康水平，增强创新能力和应变能力，提高文化素养。因此，在军事体育训练中，应充分利用户外运动的优点，为军事训练提供更丰富的训练手段和更有效的方式。

六、俄罗斯学校国防体育研究

俄罗斯作为世界上的军事强国，其国防体育教育具有重要的战略意义。国防体育教育是培养具有强健体魄、高度纪律性和团队精神的人才的重要手段，是国家安全和发展的重要组成部分。近年来，俄罗斯国防和安全领域的变化，如乌克兰危机、叙利亚战争等，使得俄罗斯国防体育教育的研究逐渐受到关注。同时，俄罗斯学校国防体育的研究也逐渐成为国际学术研究的重点。

（一）俄罗斯学校国防体育的起源与发展历程

俄罗斯学校国防教育起源于苏联时期，经历了从国家强制实施到逐渐融入国民教育体系的发展过程。在苏联时期，国防体育被看作国家安全和军事力量的重要组成部分。为了加强国家的国防力量，苏联政府强制实施国防体育教育，要求所有适龄儿童和青少年参加国防体育活动。这些活动包括军事训练、军事技能和体能训练等，旨在培养学生的军事素质和爱国精神。随着苏联解体，俄罗斯国家逐渐将国防体育教育纳入国民教育体系。国防体育成为学校教育的重要组成部分，旨在培养学生的爱国精神和国防意识，提高他们的体能和军事素质。国防体育教育的内容也发生了变化，从单纯的军事训练转向更加全面的体育教育，包括田径、游泳、篮球、足球、排球、乒乓球等多种体育项目。[①] 俄罗斯学校国防教育的发展历程反映了俄罗斯国家对国防和安全的重视，也反映了俄罗斯国民教育体系的演变。随着俄罗斯社会的变革，国防体育教育也在不断调整和完善，以适应时代的需求。未来，俄罗斯学校国防体育将继续发展，为培养具有爱国精神和国防意识的新一代公民作出更大的贡献。

（二）俄罗斯学校国防体育教育特点

1. 注重军事训练和体能训练

俄罗斯学校国防体育教育注重军事训练和体能训练。俄罗斯学校的体育课程中，军事训练和体能训练是必不可少的组成部分。学生需要接受严格的体能训练，包括长跑、举重、游泳等。同时，学生还需要接受军事训练，包括射击、格斗、战术等。

2. 注重团队精神和纪律性

俄罗斯学校国防体育教育注重培养学生的团队精神和纪律性。在学校，学生需要遵守严格的纪律和规定，如按时到校、服从命令等。同时，学生还需要参加各种团队活动，如足球比赛、篮球比赛等，以培养团队合作精神和集体荣誉感。

---

① 徐娜，肖甦. 21世纪俄罗斯青少年国防教育的新发展［J］. 比较教育研究，2017，39（02）：67-72.

3. 注重军事知识教育

俄罗斯学校国防体育教育注重军事知识教育。学生需要学习军事理论、军事历史、军事战术等知识，以了解国家安全和发展的重要性和军事体育在国家安全中的作用。

（三）俄罗斯学校国防教育的主要内容与体系

俄罗斯学校国防体育是俄罗斯教育体系中不可或缺的一部分，其主要目的是培养学生的国防意识和身体素质，提高学生的国防能力。俄罗斯学校国防体育形成了完整的国防体育教育体系。俄罗斯学校国防体育的核心内容，主要包括军事体能训练、军事技能训练、战斗心理训练等。军事体能训练包括长跑、短跑、力量训练、柔韧性训练等，旨在提高学生的体能素质和战斗意志。军事技能训练包括射击、投掷、格斗等，旨在提高学生的战斗技能和实战能力。战斗心理训练包括心理素质训练、战斗心理调节等，旨在提高学生的心理素质和战斗精神。军事理论教育是俄罗斯学校国防体育的另一个重要内容，主要包括军事历史、军事战略、军事战术等。军事历史教育旨在让学生了解军事历史，增强国防意识。军事战略教育旨在让学生了解军事战略，提高战略思维能力。军事战术教育旨在让学生了解军事战术，提高战术指挥能力。[1] 俄罗斯学校国防体育教育体系的形成，是俄罗斯国家安全和国防建设的重要组成部分。通过国防体育教育，俄罗斯学校培养了大量具有国防意识和身体素质的优秀人才，为俄罗斯的国防事业作出了重要贡献。

---

[1] 徐娜，肖甦. 21世纪俄罗斯青少年国防教育的新发展［J］. 比较教育研究，2017，39（02）：67-72.

第四章　国内外国防教育进中小学体育课程的政策法律方面的分析

第一节　国防教育进中小学体育课程的必要性

当今世界国家安全和国防意识的提升已经成为各国政府的重要任务。在这个背景下，将国防教育纳入中小学体育课程中，显得尤为重要。体育课程作为学校教育体系的重要组成部分，其不仅有助于提高学生的运动能力，而且还有助于培养学生的国防意识，增强他们的爱国主义精神。

将国防教育纳入体育课程中，有助于提高学生的运动能力。在现代社会，随着科技的进步和生活水平的提高，人们的生活方式也发生相应的改变。然而，这种改变也带来了一些问题，如肥胖、近视、心血管疾病等。这些问题不仅影响了学生的身体健康，也影响了学生的学习和生活质量。因此，通过将国防教育融入体育课程中，可以让学生锻炼身体，提高他们的身体素质，同时也能学习相关的健康知识进而预防这些疾病。

将国防教育纳入体育课程中，有助于培养学生的国防意识，增强国防观念，掌握国防知识，学习国防技能。国防意识是一个国家的重要支柱，也是每个公民的责任。通过将国防教育融入体育课程中，可以让学生了解到国防的重要性，培养学生的国防意识。此外，体育课程中的许多项目，如武术格斗、标枪投掷，以及一些跨学科主题学习活动等，也可以让学生在模拟真实战场环境中增强国防观念，掌握国防知识，学习国防技能。

将国防教育纳入体育课程中，有助于增强学生的爱国主义精神。体育课程中的许多项目，如足球、篮球等，都是团队合作项目。通过这些项目，学生可以学习到团队协作、互相支持的精神，这种精神正是爱国主义精神的重要组成部分。

国防教育纳入中小学体育课程中，不仅可以提高学生的身体素质，还可以培养他们的国防意识，增强他们的爱国主义精神。因此，国防教育进中小学体育课程的必要性不容忽视。

第二节　国内外国防教育进中小学体育课程的政策法律依据

一、国内相关政策法规

我国对国防教育进中小学体育课程的政策法规，主要涉及《学校体育工作条例》和《中华人民共和国国防教育法》两方面。

一方面，《学校体育工作条例》是我国针对学校体育工作制定的一部专门性法规。它明确规定了学校体育工作的基本原则、目标和任务，以及学校体育工作的组织、管理、监督和保障等内容。其中，对于国防教育进中小学体育课程的政策法规，主要体现在以下几个方面：

（一）明确了学校体育工作的主要目标

应以增强学生体质、提高学生综合素质、培养学生的体育兴趣和运动能力为主要目标。这为将国防教育纳入中小学体育课程提供了政策依据。

（二）规定了学校应当建立健全体育工作领导机构

明确了体育工作领导机构的组成、职责和工作制度，确保学校体育工作有组织、有计划地进行。

（三）明确了学校体育工作的基本内容和要求

包括体育课、课外体育活动、体育竞赛、体育训练、体育教学研究等，这为将国防教育纳入中小学体育课程提供了具体实施路径。

（四）规定了学校体育工作的监督和保障措施

包括体育教师的管理、培训、考核和激励机制，以及体育设施的建设、维护和保障，为将国防教育纳入中小学体育课程提供了制度保障。

另一方面，《中华人民共和国国防教育法》是我国针对国防教育制定的一部专门性法规。它明确规定了国防教育的地位、任务、内容和方法，以及国防教育的组织、领导、实施和保障等内容。其中，对于国防教育进中小学体育课程的政策法规，主要体现在以下几个方面：

（一）明确了国防教育的地位和任务

将国防教育纳入国家教育体系，强调国防教育是全民教育的重要组成部分，这为将国防教育纳入中小学体育课程提供了政策基础。

（二）规定了国防教育的内容和方法

要求学校教育以爱国主义、集体主义、社会主义为核心，以增强国防观念、提高国防素质、维护国家主权、安全和发展利益为目标，这为将国防教育纳入中小学体育课程提供了具体指导。

（三）明确了国防教育的组织、领导和实施的责任

要求各级政府和有关部门加强对国防教育的组织领导，学校应当建立健全国防教

育组织机构，明确国防教育工作职责，这为将国防教育纳入中小学体育课程提供了制度保障。

（四）规定了国防教育的保障措施

包括国防教育经费的保障、国防教育设施的建设、国防教育师资的培训和考核、国防教育宣传的普及等，这为将国防教育纳入中小学体育课程提供了物质保障。

我国关于国防教育进中小学体育课程的政策法规，主要体现在《学校体育工作条例》和《中华人民共和国国防教育法》两方面，这些法规为将国防教育纳入中小学体育课程提供了政策基础、实施路径、制度保障和物质保障。

二、国外相关政策法规

国外关于国防教育进中小学体育课程的政策法规，为国内相关政策的制定提供了借鉴和参考。例如，美国专门制定了《国家安全法》《普通军训与兵役法》《国家安全教育法》等一系列法律法规，为国家安全教育提供了组织、人力、物力保障。俄罗斯通过法律规定，20至70岁的公民均须接受法定的国防教育。此外，16至60岁的男性和16至55岁的女性均须接受民防义务训练。对于大中学校的学生，俄罗斯根据《宪法》将国家安全教育和训练列为正式课程，并把军训成绩记入学分。[1] 英国从2011年开始，在所有中小学日常全面实行"绿十字互联网安全守则"教育，以提升学生的网络分辨能力和抗诱惑力。暑期则组织参观军营等夏令营活动，以引起中学生对国家安全保卫工作的兴趣，增强学生的防患意识，吸引青年学生参军。[2] 法国在1997年底颁布的新兵役法中明确规定，从1998年新学年起，在中学增设国防教育课，以增强青年人的国防意识。同时，所有16至18周岁的男性适龄青年，自2001年起，都必须参加为期一天的"国防准备日"活动，学习和了解国防目标、防务的组织及其手段等知识。[3] 德国虽然没有专门开设国防教育课程，但会定期邀请德军派人到校介绍国家安全情况，与学生讨论有关问题。其国防教育条款散见于《义务兵役法》《民防法》《灾害保护法》《紧急状态法》等法律和发表的国防白皮书中。[4] 瑞士则在各地普遍成立军官与士兵协会、公民协会、射击协会等官方或半官方的国家安全教育机构。这些国家通过制定和实施相关政策和法规，有效地促进了国防教育的普及和发展，提高了公民的国家安全意识和国防素养。这些经验和做法，对于其他国家在国防教育方面也具有借鉴和参考意义。

国外相关政策法规为我国相关政策法规的制定提供了借鉴和参考。我国应借鉴国外经验，将体育教育作为国防教育的重要组成部分，并加强体育教育的领导和管理，以增强学生的国防意识和身体素质。

---

[1] 郑声文. 中外青少年国家安全意识教育的比较［J］. 中国德育，2015（04）：32-36.
[2] 郑声文. 中外青少年国家安全意识教育的比较［J］. 中国德育，2015（04）：32-36.
[3] 罗援. 军民协调的国际视角［J］. 瞭望，2007（42）：78-79.
[4] 世界各国国防教育法规概览［J］. 生命与灾害，2011（09）：10-11.

第三节　国防教育进中小学体育课程的政策法律实践

一、教育实践案例分析

随着社会的发展，人们对国防教育的重视程度逐渐提高，将国防教育融入中小学体育课程成为一种趋势。我国国防教育进中小学体育课程的政策法律依据是《中华人民共和国国防法》《中华人民共和国教育法》《中华人民共和国体育法》《国防教育进中小学课程指南》等法律文件，国家鼓励和支持学校开展国防教育活动，增强学生的国防意识和国防观念，培养学生的爱国主义精神和集体主义精神。

二、国防教育进中小学体育课程的具体实践案例

"虎门"硝烟起——体育与道德与法治跨学科设计[①]

"双减"背景下，多学科融合教学是当代教学改革的契机。本课题在2022年版课程标准的第五部分——跨学科主题学习的影响下，以"虎门销烟"为线索，以核心素养为导向，将道德与法治课程内容、历史知识等渗透到体育教学当中，以此激发学科的内生动力，引发学生兴趣，提高身体素质的同时培养高尚的人格情操。

课例名片

年级：五年级

课时数：1课时

学科：体育、道德与法治

主题分析

体育与健康学科和道德与法治学科二者的关系实则是殊途同归的，两个学科都具有较强的人文性。目前小学体育教学已经不仅仅拘泥于强身健体，更多地倾向于提高体育健康意识、探寻体育精神、挖掘强身健体背后更深层次的含义——保家卫国。而道德与法治课程中《虎门销烟》一课蕴含的爱国主义精神正是体育教学需要的课程资源，根据《义务教育体育与健康课程标准（2022年版）》中提到的跨学科参考案例"钢铁战士""身心共成长"两个学习主体来整体设计课程，以探寻虎门销烟的起因、经过、结果为引子，激发学生的求知欲，了解历史知识的同时进入整个课堂情境，进行情景再现的同时练习走、跑、跳、攀、爬、跃等基本体育技能学练，增强学生的肌肉耐力、反应能力，培养学生的战略思维、钢铁意志以及国防观念。

[①] 教学设计：天津市和平区万全小学，周宇辰；天津市和平区万全第二小学，孙学稳；天津市和平区哈密道小学，杨旭然。

素养指向

（1）通过了解道德与法治的课程内容，了解《虎门销烟》的历史背景，引导学生利用已有知识经验进入情境完成阶梯式训练，在活动过程中提高学生的身体素质，掌握基本体育技能，体验运动过程中的团结协作。

（2）通过剖析《虎门销烟》的历史背景，深刻体会国家军事实力的强大是多么重要，在活动过程中进行多次任务结果对比，感受战略部署的重要性，培养学生的军事观念、国防意识和爱国主义精神。

（3）通过情景再现环节，感受团体作战的快乐，培养学生不怕困难、勇往直前、团结协作、舍身爱国的体育精神。

学习目标

（1）学生能够了解《虎门销烟》的历史背景、相关人物等，综合运用已有知识分析事件发生的因果，能够学会设身处地交融到情景之中来感同身受，在阶梯活动中走、跑、跳、攀、爬、跃等基本体育技能。

（2）学生能够运用道德与法治相关知识，通过时光隧道回到1840年的虎门，在情境中层层设计活动内容，提高学生的肌肉耐力、反应能力等优秀素质，在行动过程中培养学生的战略思维、应用新知能力、团结协作能力、探究问题能力等。

（3）学生能够感知合作学习、情境学习的快乐，通过回到虎门战场，进行角色扮演，增强学生的荣誉感，在保家卫国的过程中磨炼自己的意志，树立起正确的国防观念，不怕困难，奋勇拼搏。

学习规划

本案例致力于打造道德与法治、体育学科一体化课堂。在教学中设计阶梯式活动，形成"初遇知识——理解知识——深入情境——升华情感"的教学路径，层层递进、环环相扣。通过学习道德与法治课程内容，引导学生观看视频、小组合作交流，让学生了解"虎门销烟"事件，初步种下一颗保卫国家的心，认识到"落后就要挨打"，其中穿插基本体育技能的训练，学生运用多感官进行学习更容易调动起学习的积极性。当学生真正进入设置情境当中时，引导学生进行角色扮演，重回战场完成模拟任务，在这个过程中提升学生体育学科的综合素养，同时让学生意识到强健的体魄、信任的伙伴、钢铁的意志对于保卫国家来说至关重要，让爱国的种子萌芽、成熟。

本案例的阶梯式教学模型如图4-1所示。

学习过程

（一）教学准备

1. 材料

《虎门销烟》视频片段、《香港回归》视频片段、学习记录单、战果积累表。

2. 场地与器材

智能黑板1块、小沙袋40个、毽子5个、实心球8个、篮球架1个、篮球8个、跳箱2个、垫子4个、跨栏架4个、哑铃2个、长绳1根、训练滚筒2个。

升华情感： 1.直面现实，学生总结大面积失败的原因以及小面积成功的原因。
2.积蓄力量，改变现状，保卫"圆明园"。

深入情境： 1.抵御鸦片战争，用已有武器攻打英军，计算战果填写累积表。
2.面临选择，在危机关头选择自救还是互救，设置不同通道，探寻结果。

理解知识： 1.进行随机采访，小组合作接毽子，未接到毽子的同学接受采访问答。
2.充实武器库，小组合作选择最合适的武器，为进入角色做好铺垫。

初遇知识： 1.观看视频虎门销烟片段，小组搜集资料汇报起因、经过和结果以及谈论感受。
2.重现情境，同学们分组化身销烟的士兵，从操场的四个角扛着小沙袋向中间集中。

图4-1 阶梯式教学路径图

（二）准备部分

1. 情境导入

播放《香港回归》视频。利用AI智能助手提问：香港回归时间、走失时间、为何走失、为何回归。

教师根据学生回答引入本课重点内容《虎门销烟》。

2. 热身活动

教师带领学生们进行队列队形的练习，简单活动身体各关节，起到充分预热作用。稍后带领同学们进行小型搏击游戏，唤醒身体的反应机制，引导学生们进入课堂设定情境，在安全的前提下开展各项活动。

3. 实时评析

通过播放《香港回归》的视频，刺激学生的多种感官，激发国家荣誉感，为后续的教学做好了情感上的铺垫。本案例特意将热身环节设置成"小型自由搏击"活动，让同学们提前体验对抗赛的激烈和选取战术的重要性，由小见大，感受战场的残酷，理解艰苦卓绝，不畏险阻，逆流而上的钢铁决心。

（三）基本部分

第一阶梯教学：初遇知识

（1）教师引导学生观看《虎门销烟》的视频

（2）小组结合课下搜集资料汇报事件起因、经过和结果。认识到"虎门销烟"是一项伟大的爱国主义运动。

（3）提问引入体育活动一

教师：同学们，如果你们是当时的士兵会怎样做呢？

活动一：集中销烟

活动进行：模拟集中销烟的场景，小组队员根据安排到达指定地点，进行负重30

米折返跑，每次一名同学只能扛一个沙袋（鸦片），一名同学至30米折返处返回起点，由第二名选手继续比赛，如此往复。将组内所有沙袋（鸦片）至运送完成后，即为任务完成。

组织：情景再现，同学们8人为一组，共计5个小组。在操场的中间围一个正方形当作销烟池，5个小组分别站在距离销烟池30米处的不同方位，随着一声"销烟"口号，同学们接续扛着沙袋（鸦片）往前跑，过程中同步播放1840年"虎门销烟"现场战士们接续销烟的场景，引起学生的共鸣。每个小组10个沙袋，传送完最后一个沙袋至销烟池，即任务完成。现场分布如图4-2所示。

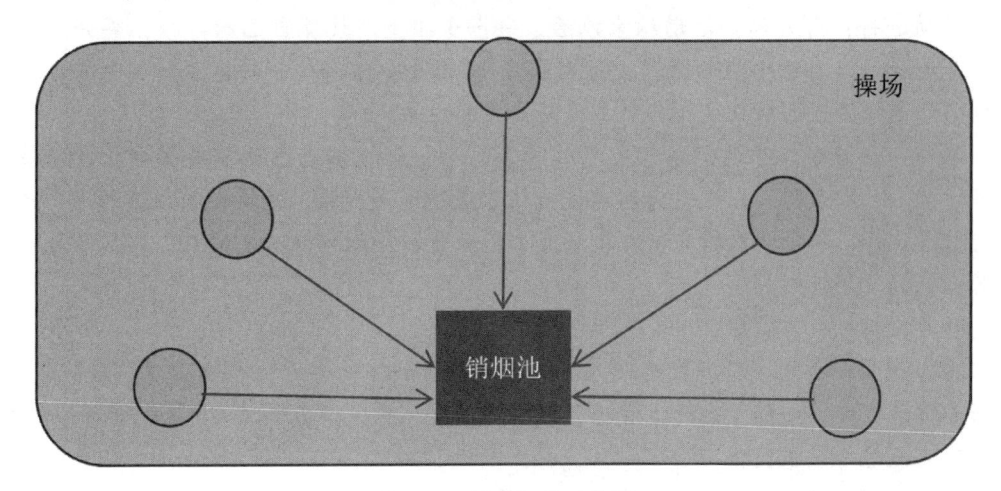

图4-2 活动场地示意图

评价：用时最短完成任务的小组获第一名得5分，第二名得4分，以此类推。中途沙袋掉落一次减1分，至多减2分。活动评语表如表4-1所示。

表4-1 活动评价表

活动一	得分	减分	总分
集中销烟			
	小组名次：		

实时评析：整个体育活动符合跨学科学习的内涵，将同学们带入特定的情境中有助于提高同学们的参与度。在"销烟"过程中进行古今联动，通过多感官刺激同学们思考活动的意义，采用负重的方式让同学们体会销烟不易却充满干劲的原因是有一颗爱国的心。活动采用接续的形式意在培养学生团结协作的能力，在最后的评分环节融入减分项意在让学生明白沙袋的重要性，这是我们爱国的"武器证据"，不可丢弃。本活动既完成体育课锻炼的目标又完成了道德与法治课了解史实、体验情感的目标。

第二阶梯教学：理解知识

（1）小组组长汇报各自的得分情况，并讲述参与感受。

（2）"得分彩蛋"引入活动二。

教师：刚刚经过激烈的角逐每个小组都获得了相应的分数，但在战场上，胜败经常是一瞬间的。为了奖励大家付出的汗水，老师给大家准备了得分彩蛋。落后的小组可要抓住扳回一城的机会。

得分彩蛋规则：五个小组同学们分别围成一个圆圈，接力踢毽子，在过程中教师会轮流问每个组《虎门销烟》相关知识，三分钟内毽子掉落一次减1分，答对一道问题加2分，以此类推。

活动二：充实武器库

活动进行：得分彩蛋活动结束以后，每个小组重新计算自己的得分，得分最高者可优先选择适合自己小组的武器（运动项目）。每个小组有三分钟体验时间，三分钟后站到自己选择的武器所在地，为作战做好充足的准备。

组织：在活动二中共准备了五种武器，每个小组根据自己的前期得分，有顺序地选择适合自己的武器，在规定时间内进行体验最终选定武器，充实小组的武器库，武器不可重复选择。教师将武器布置在操场的合适位置，小组按照选择站队，完成战争准备工作。武器使用规则如下：

炮兵投掷——实心球

内容说明：小组成员站在离敌人7米远的投掷线上，每人一个实心球，投到敌圈，完成轰炸计1分。增强学生的上肢力量。

定点追踪——投篮球

内容说明：小组成员轮流投掷篮球，篮球筐会随时移动，小组成员需精准定位进行投球，投进篮筐一个，定点追踪成功计2分。锻炼学生的反应能力、肌肉力量。

疯狂哨兵——障碍跑

内容说明：小组成员分成两小组，进行障碍跑，跑步过程中会翻越跳箱、跨栏架、钻栏架，完成一次信息任务的传达计3分。增强学生们的心肺耐力。

搬运小队——负重哑铃深蹲

内容说明：小组成员进行负重哑铃深蹲接力，排成一列，从第一个成员开始每个成员完成3个负重哑铃深蹲任务后，传递给下一位成员，组内成员全部完成后即搬运物资成功，计4分。锻炼学生的核心力量。

跳越防线——集体跳绳

内容说明：小组成员制定策略，指定两名同学摇绳跳，其他同学安排好合适的跳绳顺序，在跳的过程中逐渐增长人数，每跳两次增长一个人，增长后要跳两跳才算成功，共同努力越过敌方防线，完成一轮跳绳计5分。培养学生的战略思维，增强肌肉力量。

实时评析：活动二与活动一是接续开展的，这是阶梯式教学的一大特点。在整个环节的布置中既有体育锻炼，又有知识积累，尤其在真正进入武器选择阶段，其实学生选择一种武器就相当于选择了对应的战争位置，选择了在战争中扮演的角色。值得一提的是，五个武器都将运动放到了历史情境当中，而且每一个武器所取得的分值是不同的，简单的积分少一点，复杂的积分多一些。同学们可以根据自己的选择判断哪个活动更适合自己,对于同学们来说这是一场智力的考验,更是一场认识自我、排兵布阵的考验。

第三阶梯教学:深入情境

(1)同学们根据自己的武器选择开始练习准备。

(2)教师引导进入情境,开启活动三。

教师:一场战争的胜利绝不是一个人或一组人的努力,它需要我们全体人民、全班人民共同协力作战。同学们,因为我们的"销烟运动"引来了英国人的进犯,你们愿意齐心协力抵御外敌吗?

活动三:协力作战

活动进行:

各小组成员到达自己的武器所在地,目标一致对准"英军",每个小组各司其职,根据活动二中的选择规则来完成攻打任务。在任务过程中填写战果积累表,规定时间结束后并不意味着任务的结束。本次任务的完成会设置另一障碍,敲响警钟,作为实时战况反应能力的培训。

组织:每个小组内的8名同学用自己选择的不同方式,集中注意力开始攻打敌人,要提醒注意攻打时间只有10分钟,还要注意小组成员之间的配合。选择好1-2名同学作为战果统计员,填写好表格。当10分钟计时结束后同学们以为任务结束,但战场是永远变化的,军人是永远听从命令的。根据史实创设情境。具体内容如下:

(1)10分钟攻打时间结束,请各小组最后整合表4-2战果统计表。

表4-2 战果统计表

活动三	战果统计	总分
协力作战		

(2)教师通过一系列的问题提问,让学生意识到胜利还很遥远,引导学生自己说出我们战争失败的原因。

教师:同学们,作战累不累?你们觉得自己胜利了吗?当时由"虎门销烟"引起的"鸦片战争"胜利了吗?是因为我们不够努力吗?

(3)历史重现,再度选择。

教师:对于当时的中国来说,打赢仿佛是一项不可能完成的任务,留得青山在不怕没柴烧,有时候有智谋的撤兵也是我们积蓄力量的选择。虎门已经失守,现在的你们要想尽一切办法保住军队的最后力量。开启我们的终极任务。

(4)操场上布局如图4-3所示,战争的最后一刻,每个人都要基于自己的认知作出选择,同学们面前有两个隧道,请你进行选择,穿过隧道后你将拿到任务完成结果。

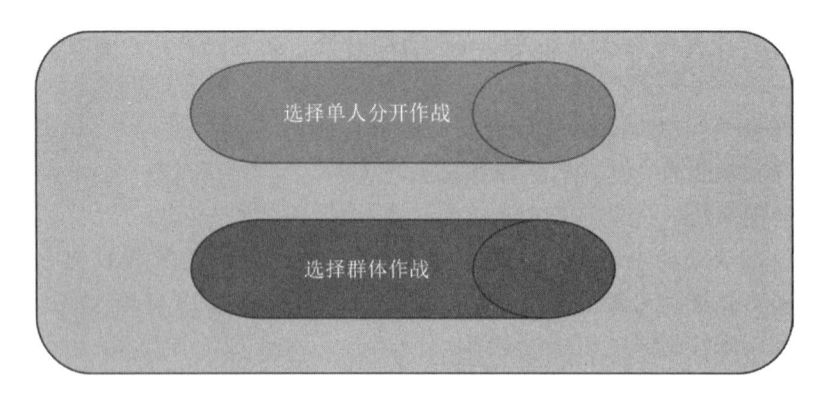

图 4-3　活动场地布局图

任务结果：

单人：对不起，你的任务失败了，你单枪匹马，在后撤的路上遇到了英军的一个作战小队。

群体：恭喜你，你的任务成功了，由于你们的团结一致，在三元里一带首次取得了战争的小范围成功。

（5）教师：同学们我们有顺利完成任务的吗？你们觉得为什么自己会失败，又为什么会成功呢？随机采访。

（6）总结：在战场上每一个选择都是至关重要的，即使任务来得紧急，我们也要多方面考量选择适合的方案去解决问题。在鸦片战争时期，三元里抗英的故事给了我们莫大的鼓舞，我们赢在了团结和拥有勇气上！

第四阶梯教学：升华情感

（1）现场播放《国歌》，大家齐唱，激发学生为国奋战的激情。

（2）最后抛出问题：

历史不能改变但可以成为前车之鉴，同学们除了军事上我们的能力薄弱，你觉得还有什么原因导致我们惨败呢？

（政治、文化、人才、思想等）

如果你是当时的士兵，给你一次重来的机会，你会怎么做？

（自觉抵制鸦片、强身健体、时刻准备着）

（3）课后作业：

播放圆明园的毁灭相关视频，我们来到了时间的节点，可以有机会保卫圆明园了，请把你的想法设计成一份军事战略图，下节课我们一起来分享。

（师生再见）

课例点评

《义务教育课程方案和课程标准（2022年版）》颁布后，跨学科主题学习作为新一轮课程改革的重要亮点在全国各地中小学中迅速推进开来。在五育并举以及深度学习理念下，体育与健康课程也走上了一个新的发展台阶，未来对于体育课堂的融合教学，跨学科的主题教学一定是不可逆的发展方向。本案例紧紧站立在教学前沿，在教学中开展体育与健康学科+道德与法治学科融合课程，并巧妙地利用二者的学科特点将《虎门销烟》掰开揉碎，在体育为重点的三个活动中融入知识，极大地调动起了同学们学习的积极性。值得肯定的是，本案例的教学环节环环相扣，阶梯式的教学层层递进，以香港回归情感渲染氛围为引子，又以"保卫圆明园"为结束，充分激发学生的爱国主义情怀。在过程中充满了惊喜与刺激，"得分彩蛋""隐藏任务"都在潜移默化地影响学生形成正确的价值观，培训学生体能的同时，注入思政课育人的新鲜血液。让学生真正明白战争的意义和祖国的意义，真正发挥以体育人的功能，培养德智体美劳全面发展的新时代少年。

（点评教师：张敬）

第四节 我国国防教育进中小学体育课程的政策法律问题与挑战

近年来，随着国家安全意识的不断提高，国防教育逐渐成为中小学体育课程中不可或缺的一部分。然而，在实际实施过程中，国防教育进中小学体育课程也面临着一些问题和挑战。首先，在国防教育进中小学体育课程方面的政策法规不完善。虽然国家已经制定了一些相关政策法规，但是国家的政策法规并没有明确规定国防教育在中小学体育课程中的地位和作用。这导致了国防教育进中小学体育课程的实施过程中存在一定的模糊性和不确定性，影响了实施效果。其次，国防教育进中小学体育课程的师资力量不足。由于国防教育在中小学体育课程中的法律地位和作用尚不明确，很多学校并没有将国防教育纳入体育教师的培训和选拔中。这导致了体育教师在国防教育方面的知识和技能不足，难以有效地开展国防教育进中小学体育课程的教学工作。再次，在国防教育进中小学体育课程的教学内容和方法方面也存在一些问题。一些学校在国防教育进中小学体育课程的教学内容上缺乏明确的法律规定，导致教学内容仅仅局限于军事体能训练，而忽视了国防教育知识的普及和国防意识的培养。同时，教学方法方面也存在一定的问题，很多学校的国防教育进中小学体育课程教学过于枯燥乏味，难以引起学生的兴趣和参与。最后，国防教育进中小学体育课程的实施过程中，还存在一些社会和文化方面的挑战。在国防教育进中小学体育课程的实施过程中，受到了一些社会和文化因素的影响，如家长和学校的观念、社会舆论等。这些因素可能会对国防教育进中小学体育课程的实施产生一定的阻碍和影响。

综上所述，在实施国防教育进中小学体育课程的过程中，存在一些问题和挑战。为了解决这些问题和挑战，国家需要进一步完善相关政策法规，加强师资力量建设，丰富教学内容和方法，并积极应对社会和文化方面的挑战。只有这样，才能更好地推动国防教育进中小学体育课程的发展，增强学生的国防意识和体能素质。

第五节　国防教育进中小学体育课程的政策法律发展趋势

国家政策法规的支持是推动国防教育进入中小学体育课程的重要保障。近年来，国家出台了一系列政策法规，明确要求加强国防教育，将国防教育纳入国家教育体系。例如，《中华人民共和国国防教育法》《义务教育体育与健康课程标准（2022 年版）》《普通高中体育与健康课程标准（2017 年版 2020 年修订）》《国防教育进中小学教材指南》等法规，明确规定了国防教育在中小学体育课程中的地位和作用，为国防教育进入中小学体育课程提供了法律依据。教育部门的规定和指导也是推动国防教育进入中小学体育课程的重要因素。教育部门制定了一系列政策和规定，明确了国防教育在中小学体育课程中的教学内容、教学方式、教学目标等，为国防教育进入中小学体育课程提供了具体的操作指南。此外，社会舆论和公众关注度的提高也是推动国防教育进入中小学体育课程的重要因素。随着社会对国家安全和国防意识的日益重视，公众对国防教育的需求也越来越高。国防教育进入中小学体育课程，可以增强学生的国防意识和国家安全意识，弘扬学生的爱国主义精神。

学校和家长的支持也是推动国防教育进入中小学体育课程的重要因素。学校和家长的认识和重视程度，直接关系到国防教育能否真正进入中小学体育课程。学校应当将国防教育纳入体育课程，加强师资培训，提高教学质量；家长应当积极配合学校，关注国防教育，为学生提供良好的学习环境和条件。

我国国防教育进入中小学体育课程的政策法律发展趋势呈现出政策法规支持、教育部门规定、社会舆论和公众关注度提高以及学校和家长支持等多方面共同推动的趋势。预计未来几年，国防教育将会在中小学体育课程中得到更加广泛的应用和推广，成为我国教育体系的重要组成部分。

第六节　小结与展望

随着国家安全形势的日益严峻，国防教育已成为我国中小学教育的重要组成部分。在中小学体育课程中融入国防教育内容，可以增强学生的国防意识和身体素质，培养学生的爱国主义情感和集体主义精神。然而，当前我国中小学体育课程国防教育内容的研究还比较薄弱，相关政策法律方面的规定也不够明确。因此，未来国防教育进中小学体育课程的政策法律研究是一项重要的课题。

未来国防教育进中小学体育课程的政策法律研究需要深入探讨国防教育的内涵和目标。国防教育是指通过教育手段，培养学生的国家安全意识和爱国情感，提高学生的国防素质和应对突发事件的能力。因此，国防教育进中小学体育课程的目标应该是培养学生的国防意识和身体素质，提高学生的爱国主义情感和集体主义精神。同时，还需要明确国防教育在体育课程中的具体内容和实施方式,以确保国防教育进体育课程的顺利实施。未来国防教育进中小学体育课程的政策法律研究需要深入研究相关政策法律问题。目前,我国已经出台了一些关于国防教育的政策和法律,如《中华人民共和国国防教育法》《国家安全法》等。然而,这些政策和法律在中小学体育课程中的应用还不够明确,需要进一步明确国防教育进体育课程的政策法律依据和实施方式。此外,还需要研究国防教育进体育课程的政策法律保障问题,包括教师培训、课程设置、教材编写等方面的问题。未来国防教育进中小学体育课程的政策法律研究也需要深入探讨国防教育进体育课程的实际效果。虽然国防教育进中小学体育课程在理论上具有重要的意义,但在实际应用中还存在一些问题,如教师缺乏专业知识和技能、国防教育内容过于简单等。因此,未来国防教育进中小学体育课程的政策法律研究需要深入研究国防教育进体育课程的实际效果,包括学生的国防意识和身体素质、爱国主义情感和集体主义精神等方面的变化。

未来国防教育进中小学体育课程的政策法律研究是一项重要的课题,需要深入探讨国防教育的内涵和目标、相关政策法律问题、国防教育进体育课程的实际效果等问题,并提出相应的建议。

第五章　国防教育进中小学体育课程中存在的问题

第一节　国防教育进中小学体育课程的背景与意义

国防教育在我国中小学教育中具有重要的地位和作用，随着我国国防安全的日益重要，国防教育在中小学教育中的地位日益凸显。体育课程作为中小学教育的重要组成部分，将国防教育融入其中，有助于增强学生的国防意识，提高国防素质。然而，当前国防教育进中小学体育课程存在一些问题，需要我们深入探讨和研究。

当前国防教育进中小学体育课程的普及程度不够。虽然一些学校已经开始尝试将国防教育融入体育课程中，但是普及程度还不够高，很多学校仍然没有开展这项工作。此外，即使开展了这项工作，其普及程度和质量也有待提高。因此，我们需要加大对国防教育进中小学体育课程的宣传力度，提高其普及程度。国防教育进中小学体育课程的内容和形式需要进一步丰富和完善。当前，国防教育进中小学体育课程的内容和形式相对单一，缺乏针对性和创新性。因此，我们需要进一步研究和探索如何使国防教育进中小学体育课程更加贴近学生实际，更加生动有趣，更加具有实效性。再次，国防教育进中小学体育课程的教学方式和评价方式需要改进。当前，国防教育进中小学体育课程的教学方式和评价方式相对单一，缺乏科学性和合理性。因此，我们需要进一步研究和探索如何使国防教育进中小学体育课程的教学方式和评价方式更加科学合理，更加符合学生的实际需求。国防教育进中小学体育课程的教学资源需要进一步加强和保障。当前，国防教育进中小学体育课程的教学资源相对不足，缺乏足够的教学设备和教学场地。因此，我们需要进一步加大对国防教育进中小学体育课程的教学资源的投入，保障其正常运行和有效实施。

国防教育进中小学体育课程在中小学教育中具有重要的地位和作用，但是当前存在一些问题和不足。我们需要深入探讨和研究这些问题，提出有效的解决方案，推动国防教育进中小学体育课程的健康发展。

第二节 国防教育与体育课程的关系

国防教育与体育课程之间的关系是相辅相成的。国防教育是提高国民综合素质和国家安全意识的重要途径，而体育课程则是培养公民身体素质和体育精神的重要手段。两者在中小学体育课程中具有密切的联系，相互促进，共同为培养全面发展的人才贡献力量。

体育课程可以为国防教育提供身体基础。体育课程以增强学生身体素质和磨炼意志品质为核心，旨在培养学生的体能、技能和团队协作精神。这些素质的培养对于国防事业的发展具有重要意义。[①] 只有具有良好身体素质和意志品质的公民，才能更好地履行国防义务，为国家的安全和发展作出贡献。国防教育可以为体育课程提供精神动力。国防教育旨在培养学生强烈的民族自豪感和爱国情怀，激发他们为国家和民族的利益而奋斗的精神动力。这种精神动力可以使学生在体育课程中更加努力地训练，不断提高自己的体育技能，为国家的国防事业贡献自己的力量。然而，在中小学体育课程中，国防教育与体育课程的关系存在一些问题。一是，体育课程中国防教育的地位和作用得不到充分重视。一些学校和教师认为体育课程的主要任务是提高学生的身体素质，国防教育只是附带的内容，缺乏深入研究和实践。二是，国防教育与体育课程的内容和方法存在脱节现象。部分体育课程中的运动项目过于注重技巧和竞技，而忽视了国防教育的实践意义。此外，国防教育与体育课程的组织和管理也存在一些问题，如师资力量不足、课程设置不合理等。为了解决这些问题，有必要在中小学体育课程中加强国防教育，将国防教育与体育课程有机融合。其一，学校和教师应充分认识到国防教育在体育课程中的重要地位和作用，将其纳入体育课程的教学大纲和评价体系。其二，应根据国防教育的特点和需求，调整体育课程的内容和方法，使其更加贴近国防教育的实践要求。此外，政府和教育部门应加大对国防教育的投入，加强师资培训，提高体育课程中国防教育的质量和效果。

国防教育与体育课程在中小学体育课程中是相辅相成的关系。体育课程可以为国防教育提供身体基础，国防教育可以为体育课程提供精神动力。然而，在实际教学中，国防教育与体育课程的关系存在一些问题，需要我们加以解决。通过加强国防教育在体育课程中的地位和作用，调整体育课程的内容和方法，以及提高师资力量和管理水平，我们可以更好地培养学生的国防意识和身体素质，为国家的安全和发展作出贡献。

第三节 国防教育进中小学体育课程的意义与价值

国防教育作为国家安全和发展的重要基石，对于提高国民素质、增强国防意识具有举足轻重的作用。中小学体育课程作为全面提高学生身体素质、培养团队协作精神的重要途径，将国防教育融入其中，具有重要的现实意义和深远的历史意义。下面将从以

---

① 高克翔. 体能训练模式融入体育教学的策略 [J]. 拳击与格斗，2024（02）：57-59.

下几个方面详细论述国防教育进中小学体育课程的意义与价值：

（一）国防教育进中小学体育课程有助于增强学生的国防意识

国防意识是国家安全和发展的重要基石，是全民国家安全教育的核心内容。通过将国防教育融入体育课程，可以让学生在锻炼身体的同时，加深对国家安全和发展的认识，提高国防观念，为维护国家安全和发展作出积极贡献。

（二）国防教育进中小学体育课程有助于提高学生的身体素质

体育课程是提高学生身体素质、培养运动习惯的重要途径。将国防教育融入体育课程，可以使学生在锻炼身体的同时，学习军事技能和国防知识，提高身体素质，为国家的建设和发展提供有力的支撑。

（三）国防教育进中小学体育课程有助于培养学生的团队协作精神

体育课程是培养团队协作精神的重要手段。将国防教育融入体育课程，可以使学生在锻炼身体的同时，学习军事技能和国防知识，培养团队协作精神，为国家的建设和发展提供有力的支撑。最后，国防教育进中小学体育课程有助于培养学生的爱国主义情怀。体育课程是培养爱国主义情怀的重要途径。将国防教育融入体育课程，可以使学生在锻炼身体的同时，学习军事技能和国防知识，增强民族自豪感和爱国主义情怀，为国家的建设和发展作出积极贡献。[1]

国防教育进中小学体育课程具有重要的现实意义和深远的历史意义。通过将国防教育融入体育课程，可以增强学生的国防意识，提高学生的身体素质，培养学生的团队协作精神和爱国主义情怀，为国家的建设和发展提供有力的支撑。[2]

第四节　国防教育进中小学体育课程的现状与问题

一、国防教育进中小学体育课程的现状

国防教育进中小学体育课程是近年来我国教育改革的一项重要举措，旨在通过体育教育的方式培养学生的国防观念和爱国情怀。然而，这一改革举措在实施过程中也面临一些问题。下文将从现状方面对这些问题进行详细论述。

在国防教育进中小学体育课程的现状方面，一些学校已经将国防教育融入体育课程，但存在的问题较多。

（一）学校在体育课程设置上缺乏统一的标准

导致国防教育的内容和形式各异，难以保证教育的质量和效果。

（二）教师队伍的素质参差不齐

一些教师对国防教育的重要性认识不足，或者缺乏相关的教育知识和技能，难以有效开展国防教育。在实际操作方面，由于体育课程的设置往往过于注重技能和竞技，

---

[1] 修瑜. 普通高校国防体育课教学内容构建研究［D］. 天津：天津体育学院，2024.

[2] 赵亮. 陕西省高校国防生体育课程体系的研究［J］. 陕西广播电视大学学报，2011，13（01）：85-88+96.

忽视了国防教育的教育内容，导致学生在体育课上无法获得足够的国防教育。在体育课程的开展上往往缺乏系统性和连续性，导致学生在体育课上学习的内容难以得到深入的理解和掌握。此外，体育课程的评估方式也存在问题，缺乏对国防教育内容的评估，导致学校在体育课程设置和开展上存在一定的盲目性。此外，国防教育进中小学体育课程在实施过程中还存在一些政策问题。体现在学校在体育课程设置和开展上缺乏足够的政策支持和指导，导致学校在实施国防教育进体育课程时面临一定的困难和挑战。国防教育进中小学体育课程的政策支持力度不够，导致学校在开展国防教育进体育课程时缺乏足够的动力和支持。国防教育进中小学体育课程的政策执行效果存在问题，导致学校在实施国防教育进体育课程时存在一定的漏洞和空档。

国防教育进中小学体育课程在现状方面存在一些问题和挑战，需要我们进一步研究和探讨。在未来的教育改革中，我们需要进一步规范体育课程的设置和开展，提高教师队伍素质，加强政策支持和指导，以促进国防教育进中小学体育课程的健康发展。

二、存在的主要问题

国防教育进中小学体育课程的实践，是当前我国教育改革中的一个重要课题。然而，该领域也存在一些主要问题，这些问题限制了国防教育在中小学体育课程中的有效实施。本文将详细讨论这些问题，并提出相应的解决方案。

（一）国防教育内容与体育课程内容不协调

这是中小学体育课程中国防教育实施面临的一个主要问题。目前，中小学体育课程的内容主要包括体育锻炼和运动技能的培养，而国防教育的核心内容是国防意识和爱国主义精神。这两者之间存在一定的差异，导致国防教育在体育课程中的实施效果不佳。为了解决这个问题，教育部门应该重新审视国防教育的内涵，并将其与体育课程内容相融合。例如，体育课程可以设计一些与国防教育相关的活动，如国防知识问答、军事体能训练等，以增强学生的国防意识和爱国主义精神。

（二）师资力量不足

这是中小学体育课程中国防教育实施面临的另一个主要问题。国防教育的实施需要一支专业的师资队伍，然而，目前中小学体育教师中具有国防教育专业知识和技能的人员较少。为了解决这个问题，教育部门应该加强对体育教师的培训，提高其国防教育专业知识和技能。同时，教育部门还可以鼓励高校和研究机构开展国防教育与体育课程的交叉研究，培养一批具有双重专业知识的人才，以满足中小学体育课程中国防教育的需求。

（三）教学方法单一

这是中小学体育课程中国防教育实施面临的一个主要问题。目前，中小学体育课程中国防教育的实施方式比较单一，主要是以讲座、讨论等形式进行。这种方式容易导致学生对国防教育的兴趣和参与度不高。为了解决这个问题，教育部门应该采用多种教学方法，如案例分析、模拟演练、实地考察等，以提高学生的国防教育参与度和学习兴趣。

国防教育进中小学体育课程存在的问题主要包括国防教育内容与体育课程内容不

协调、师资力量不足、教学方法单一等。为了解决这些问题，教育部门应该重新审视国防教育的内涵，加强体育教师的培训，并采用多种教学方法，以提高中小学体育课程中国防教育的实施效果。

三、问题产生的原因分析

国防教育进中小学体育课程的存在问题，是一个备受关注的话题。在当前国家安全的背景下，国防教育已经成为教育领域的重要内容。然而，在中小学体育课程中融入国防教育方面，还存在一些问题，问题产生的原因主要包括政策法规不完善、学校领导重视程度不够、师资培训不足等。

政策法规不完善是导致国防教育进中小学体育课程存在问题的一个重要原因。虽然国防教育已经被纳入国家教育方针，但是相关的政策法规并不完善。具体来说，国防教育的课程设置、教学内容、教学方式等方面缺乏明确的规定，这给实践带来了很大的困难。此外，政策法规的制定和实施需要时间和资源，而在这个过程中，一些学校可能会忽视国防教育的重要性，导致体育课程中融入国防教育的实践受到限制。

学校领导重视程度不够也是导致国防教育进中小学体育课程存在问题的一个原因。学校领导是学校教育实践的决策者和管理者，他们的重视程度直接关系到国防教育进中小学体育课程的实施效果。然而，在一些学校中，领导对国防教育的重视程度不够，导致国防教育进中小学体育课程的实践受到限制。此外，学校领导对国防教育的认识和理解不足，也可能会导致国防教育进中小学体育课程的实践出现偏差。

师资培训不足也是导致国防教育进中小学体育课程存在问题的一个原因。教师是体育课程的实际实施者，他们的素质和能力直接关系到国防教育进中小学体育课程的实施效果。然而，在一些学校中，师资培训不足，导致教师在国防教育方面的知识和技能不足，无法有效地实施国防教育进中小学体育课程。此外，师资培训不足也可能会导致教师对国防教育的重视程度不够，从而限制了国防教育进中小学体育课程的实践。

国防教育进中小学体育课程存在一些问题，包括政策法规不完善、学校领导重视程度不够、师资培训不足等。这些问题的存在，需要得到相关部门的关注和解决。只有这样，才能更好地推进国防教育进中小学体育课程的实践，增强学生的国防意识和体能素质，更好地服务于国家安全和发展。

四、问题对国防教育进中小学体育课程的影响

国防教育进中小学体育课程是当前我国教育改革的重要内容之一。然而，在实施过程中，也存在着一些问题，主要体现在学生国防意识淡薄、身体素质下降、学校体育设施不足等方面。

学生国防意识淡薄是国防教育进中小学体育课程存在的一个主要问题。随着社会的发展，学生的生活环境越来越舒适，缺乏对国防安全的认识和了解，对国家安全和国防教育的重视程度不够。此外，一些学校在国防教育进中小学体育课程的实施过程中，过于注重体育技能的训练，忽视了国防教育的重要性，导致学生在国防教育方面的认知不足。学生身体素质下降也是国防教育进中小学体育课程存在的一个问题。随着学生学

习压力的增加，学生的时间被占用了大部分，缺乏锻炼的时间和机会。此外，学校体育设施不足，缺乏足够的体育设施和器材，也影响了学生的体育锻炼。这些问题导致学生的身体素质下降，不仅影响了学生的身体健康，也影响了学生的国防素质。为了解决这些问题，我们需要采取一些措施。学校应该加强对国防教育进中小学体育课程的重视，将国防教育纳入体育课程中，让学生在体育锻炼中增强国防意识。同时，学校应该增加体育设施和器材，为学生提供更多的锻炼机会。此外，学校还应该加强对学生的体育锻炼指导，提高学生的身体素质。

国防教育进中小学体育课程是提高学生国防素质和身体素质的重要途径。然而，在实施过程中也存在着一些问题，如学生国防意识淡薄、身体素质下降等。为了解决这些问题，我们需要采取一些措施，加强对国防教育进中小学体育课程的重视，增加体育设施和器材，加强对学生的体育锻炼指导等。只有这样，我们才能更好地提高学生的国防素质和身体素质。

五、案例分析是解决问题的有效途径

国防教育进中小学体育课程是我国教育改革的重要组成部分，然而在实施过程中也存在一定的问题。本文选取具有代表性的学校，通过案例分析法，分析国防教育进中小学体育课程的实施情况，总结经验教训，以期为推进国防教育进中小学体育课程提供参考。

案例 1：平津战役之解放天津——体育与历史跨学科设计 [①]

遵循《义务教育课程方案和课程标准（2022年版）》，我们今日将开启一段跨学科的体育与历史学习之旅。通过一系列创新体育活动，我们将深入探索1949年天津战役的历史，将东北野战军的策略与毅力融入体育挑战，强化学生的团队合作和战略思维。在运动与历史的交汇中，我们旨在巩固学科实践成果，提升学生的综合素养，一起踏上这段穿越时空的教育之旅，体验历史的深刻内涵和体育学习的魅力。

课例名片

年级：高一年级

课时数：1课时

学科：体育、历史、地理

主题分析

《义务教育课程方案和课程标准（2022年版）》强调了学科间融合和实践活动的重要性。考虑到天津战役在中国历史中的重要地位及其丰富的教育资源，选择了这一主题作为跨学科教学的课题。这一主题不仅能激发学生对历史学习的兴趣，还有助于学生身心全面发展。通过精心的教学设计，期望学生能够更深入地理解历史事件的多维度影响，并在积极参与体育活动中，培养健康的生活方式和坚强的意志力。本教学课题旨在通过体育与历史的跨学科结合，深入挖掘1949年天津战役的深远意义。这一课题不仅

[①] 时少雄，天津市第七中学

注重增强学生的体能素质，更重要的是通过实践操作，深化学生对该历史事件的认识，提高他们的历史意识和国防观念。教学活动设计与学科融合，每个体育活动都精心设计，以反映天津战役的不同阶段，如东北野战军的秘密入关、塘沽战略决策、围城策略等。这些活动不仅锻炼学生的体能，还通过模拟实际战役情景，让学生在身体运动中感受历史事件的紧张感和战略重要性。此外，通过团队合作和策略规划的活动，使学生能够深入理解历史背景，培养团队合作精神和战略思维能力。教育目标与学生发展这种跨学科的教学方法，旨在提高学生的历史意识、体育能力和团队协作技能。通过实际参与和体验，学生不仅能够加深对天津战役重要历史时刻的理解，还能在团队活动中培养领导力和协作能力，这对他们的全面发展极为有益。

素养指向

1. 体育学科的核心素养

运动技能与身体素质。通过各项体育活动，如耐力跑、障碍赛等，提高学生的运动技能，增强身体素质，培养协调性和灵活性。

2. 团队合作与竞技精神

在模拟天津战役的团队活动中，强调合作与竞技精神，培养学生在团队中的协作能力和竞争意识。

3. 国防教育素养培养

国防意识与爱国情感。通过体育活动，结合天津战役的历史背景，深化学生对国家历史的了解，增强国防意识和爱国情感。

4. 历史认知与尊重

通过体验历史事件的模拟活动，促进学生对历史的深刻认识，培养对历史的尊重和理解。

5. 跨学科核心素养

综合思维与创新能力。将体育与历史知识相结合，鼓励学生在活动中运用综合思维，解决问题，展现创新能力。

6. 实践能力与终身学习

通过跨学科的实践活动，提升学生的实践操作能力，培养终身学习的意识和能力，适应不断变化的社会和环境。

通过这种跨学科的教学方式，学生不仅能在体育活动中提升身体素质，还能深化对重要历史事件的理解，培养综合素养，实现教育的全面发展。

学习目标

1. 综合学习目标

跨学科知识整合：结合体育与历史学科的核心素养，使学生通过体验天津战役相关的体育活动，深入理解该历史事件的背景、意义及其对国家和社会的影响，同时学习将历史知识与体育实践相结合的方法。

2. 国防教育与历史认知

历史意识与国防观念强化：通过本次跨学科教学，强调天津战役的历史重要性，培养学生对国家历史的深刻理解和尊重，同时增强国防意识和爱国主义精神。

3. 体育素养与技能发展

体能与技能提升：通过参与模拟天津战役的体育活动，提高学生的身体素质，包括心肺耐力、反应协调性，以及运动技能如跑、跳、投等。

团队合作与社交技能：在团队体育活动中培养学生的合作意识、沟通能力和团队精神，提高组织协调和问题解决能力。

4. 情感与品格培育

情感发展与品格塑造：通过完成学习目标，鼓励学生在合作学习和自主学习中增强责任感和愉悦感，培养积极进取、顽强拼搏、勇于攀登高峰的精神。通过体育与历史的结合，学生能够更深刻地体验历史人物的情感，理解历史的重要性，从而塑造良好的个人品格和情感素养。

综合素养的全面提升：批判性思维与创新能力。鼓励学生在跨学科学习过程中运用批判性思维，探索历史与体育之间的联系，发展解决问题的能力和创新思维。

学习规划

结合体育和地理知识，本活动将探讨平津战役中解放天津的历史事件，旨在提升学生的地理区域认知能力和综合思维能力。通过体育活动，我们希望提高学生的身体素质，并加深他们对保护国家安全重要性的理解。此外，我们还希望培养学生的历史意识和民族复兴责任感。历史背景：本部分将介绍平津战役及解放天津的历史重要性，并通过图表和地图展示战役的地理位置和战略意义。地理知识融合：我们将结合天津的地理位置，分析其在战役中的战略作用。练习（技能训练）：根据解放天津的不同阶段，设计体育活动，如耐力跑模拟长途行军，策略捕旗游戏体现战术决策，技能培训我们将专注于提升学生的体能、速度、协调性，并强调团队合作和策略运用。竞赛（实践应用）：通过组织模拟解放天津的体育比赛，让学生实际应用所学的体育技能和历史知识。团队合作和策略：我们鼓励学生在竞赛中运用团队合作和策略思考，强调每个小组的角色和目标，模拟不同的历史方。体育表现：根据学生在体育活动中的表现进行评估，包括体能、协调性、团队合作和策略运用。历史理解：通过小组讨论、问答或简短的报告，评估学生对平津战役和解放天津的历史和地理知识的理解。反思交流：组织学生分享他们的学习体验，讨论如何将历史知识与体育技能相结合，促进个人和团队的成长。

通过这种综合的学习规划，学生能够全面理解平津战役中解放天津的历史重要性，同时在体育活动中锻炼身体和心智，提升综合素养。此外，这种跨学科教学方式有助于学生更好地理解历史事件的多维度影响，并激发他们对历史学习的兴趣。本课例的课例框架如图5-1所示。

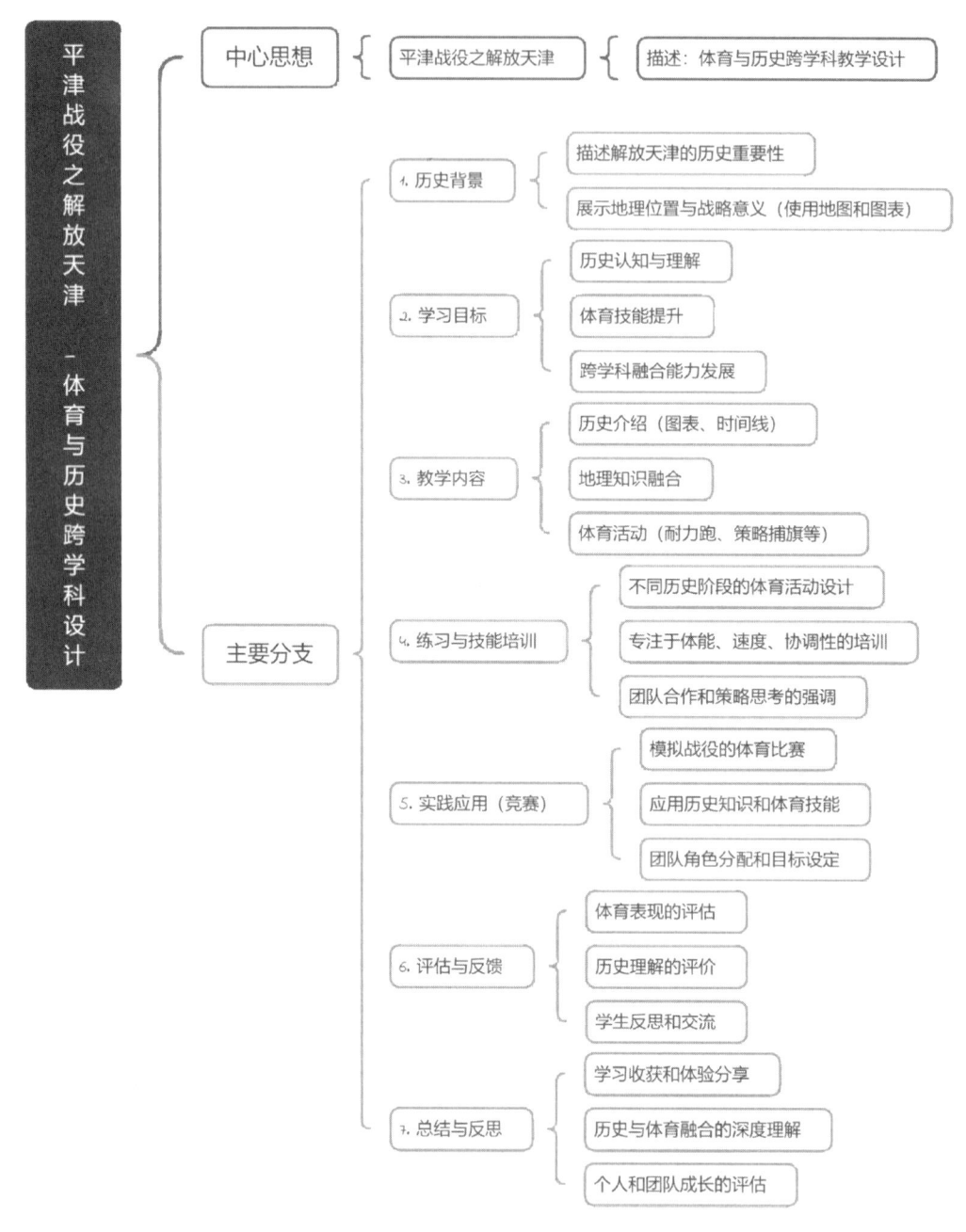

```
平津战役之解放天津 — 体育与历史跨学科设计
├── 中心思想 ── 平津战役之解放天津 ── 描述：体育与历史跨学科教学设计
└── 主要分支
    ├── 1. 历史背景
    │   ├── 描述解放天津的历史重要性
    │   └── 展示地理位置与战略意义（使用地图和图表）
    ├── 2. 学习目标
    │   ├── 历史认知与理解
    │   ├── 体育技能提升
    │   └── 跨学科融合能力发展
    ├── 3. 教学内容
    │   ├── 历史介绍（图表、时间线）
    │   ├── 地理知识融合
    │   └── 体育活动（耐力跑、策略捕旗等）
    ├── 4. 练习与技能培训
    │   ├── 不同历史阶段的体育活动设计
    │   ├── 专注于体能、速度、协调性的培训
    │   └── 团队合作和策略思考的强调
    ├── 5. 实践应用（竞赛）
    │   ├── 模拟战役的体育比赛
    │   ├── 应用历史知识和体育技能
    │   └── 团队角色分配和目标设定
    ├── 6. 评估与反馈
    │   ├── 体育表现的评估
    │   ├── 历史理解的评价
    │   └── 学生反思和交流
    └── 7. 总结与反思
        ├── 学习收获和体验分享
        ├── 历史与体育融合的深度理解
        └── 个人和团队成长的评估
```

图 5-1　课例设计框架图

学习过程

（一）教学准备

资源准备：

准备天津战役的历史资料，包括图表、地图和时间线，收集和整理适合年级水平的历史读物和视频资料。如图 5-2 所示。

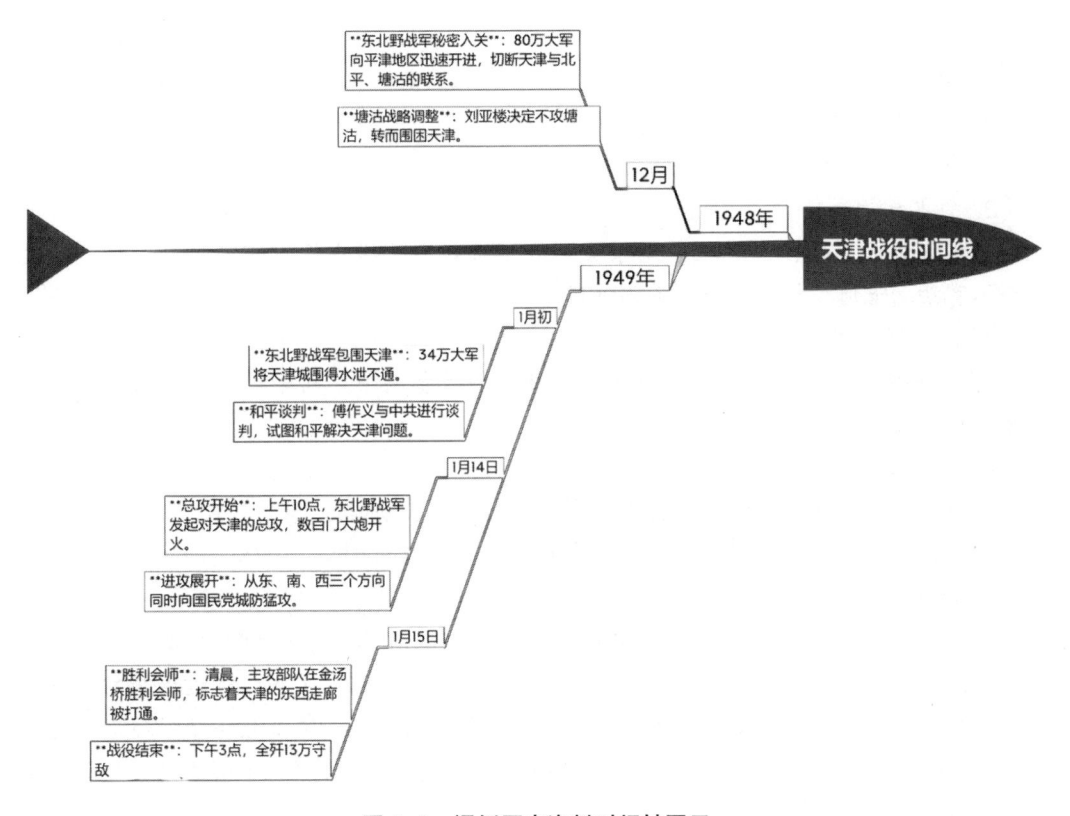

东北野战军秘密入关：80万大军向平津地区迅速开进，切断天津与北平、塘沽的联系。

塘沽战略调整：刘亚楼决定不攻塘沽，转而围困天津。

12月

1948年

天津战役时间线

1949年

1月初

东北野战军包围天津：34万大军将天津城围得水泄不通。

和平谈判：傅作义与中共进行谈判，试图和平解决天津问题。

1月14日

总攻开始：上午10点，东北野战军发起对天津的总攻，数百门大炮开火。

进攻展开：从东、南、西三个方向同时向国民党城防猛攻。

1月15日

胜利会师：清晨，主攻部队在金汤桥胜利会师，标志着天津的东西走廊被打通。

战役结束：下午3点，全歼13万守敌。

图 5-2　课例历史资料时间轴图示

场地准备：

室外操场：宽敞的室外操场适合进行多种体育活动，可分区域进行不同的练习。

特定区域标记：在操场上用标记线或圆锥标出不同的活动区域，如耐力跑道、策略游戏区等。

所需器材：

障碍物：体操垫、标志桶、标志杆、绳梯、敏捷圈，用于模拟战场障碍，进行障碍跑和接力赛。标志物：旗帜或布带，标记不同团队的领地或目标区域，用于策略捕旗游戏。分数板：记录团队得分和进度。安全装备：学生可以自行准备护膝、护肘等保护自己在进行体育活动时安全。急救包：应对突发的小伤害。计时器和哨子：用于控制比赛时间和指示开始与结束。历史资料展示板：展示平津战役和解放天津的关键历史信息，包括时间线、地图、重要事件等。

教学活动安排：

在每个活动区域安排不同的体育练习，如耐力跑、障碍接力等，每个练习环节与平津战役的某个特定阶段相对应。

结合体育活动，穿插讲解相关的历史知识点，让学生在活动中学习和体验历史。

设计互动环节，如历史知识问答，增强学生对历史的兴趣和参与感。

通过合理的场地与器材准备，结合历史教学，可以有效地开展这个跨学科的教学活动，使学生在体验体育活动的同时，深入了解平津战役的历史背景和重要性。

（二）准备部分

1. 学生角色分配与分组

所有学生扮演东北野战军的角色，体验他们在天津战役中的重要贡献。根据活动需求，将学生分为不同小组，每组负责特定的体育活动。

2. 历史背景简介

通过讲述和展示，向学生介绍东北野战军及其在天津战役中的策略和行动。解释各个体育活动如何模拟战役中的不同阶段。

3. 活动规则说明

对于每项体育活动，详细解释规则、目的和历史关联。确保学生理解每项活动的意义和执行方式。

4. 安全教育与热身

提醒学生注意安全，特别是在进行耐力跑和障碍活动时。

组织热身活动，包括轻松跑步、拉伸和基本的体能训练。

5. 历史知识与体育结合

讨论东北野战军在战役中的策略和决策，如何通过体育活动加以体现。激发学生思考如何在体育活动中展现团队合作、策略运用和历史知识的应用。通过这样的准备部分，学生们将能够更好地融入角色，理解天津战役的重要性，并在接下来的体育活动中更有目的性地参与。这不仅是一次体育锻炼的机会，也是一次深入了解历史并体验历史事件的机会。

（三）基本部分

活动一：东北野战军秘密入关（体能训练）

实施步骤：学生在操场上进行长距离耐力跑，在跑步过程中听从教师口令，改变不同的跑步姿势，如弯腰俯身跑、侧身滑步跑，跳跃跨步跑等，模仿东北野战军的长途行军和秘密潜入。活动图示：如图5-3所示。

图5-3 活动场地示意图

将学生分为四个小组,每组由一位排长带队,分别在操场的1号、2号、3号、4号不同的起始位置开始。这样的布局模拟了东北野战军的分散行军策略,旨在训练学生的团队协作和领导能力。在跑步过程中,教师会随机喊出俯身、侧身滑步、跨步跳等跑动姿势,各小队听到命令后迅速改变身体姿态,进行秘密行军。

每组指定一位同学扮演排长,这位同学的责任不仅包括听取教师的指挥,还需要引导和鼓舞自己的队伍。排长需要确保队伍成员保持良好的队形,并在整个跑步过程中保持团队的士气和凝聚力。

教师活动:

教师可以根据每组的特点和个别学生的能力,对排长进行选定。这样不仅可以培养学生的领导技能,还能增强他们对历史事件的理解。通过模拟东北野战军的战术,学生可以在体育活动中学习到历史知识,同时提高他们的身体素质和团队合作能力。

学生活动:

在活动开始前,教师应向所有学生详细解释这次活动的历史背景和目的,确保每位学生都明白自己在活动中的角色和任务。在整个活动中,教师将监督和指导各个小组,确保活动安全、有序地进行。

评价:

表现评价:根据学生的耐力和精神状态评估其表现,重点评价坚持程度和团队合作精神。

历史联系:评价时结合东北野战军的历史背景,强调学生在模拟行军中的表现与历史情境的相符度。

反馈讨论:活动结束后,与学生一起讨论他们在跑步过程中的感受和收获,强调历史与体育结合的重要性。

活动一不仅能够更有效地模拟东北野战军的秘密入关行动,还能增强学生对历史的理解和体验,同时培养他们的体能和团队合作能力。

活动二:塘沽战略决策(情报收集)

实施步骤:

加强学生的策略思维和决策能力,让学生体验东北野战军在塘沽地区的战略部署,同时培养学生的团队协作和沟通技巧。

活动图示:如图5-4所示。

操场被设定为塘沽区域,学生们的任务是在塘沽区域进行情报收集。之后,他们将根据收集到的情报,调整战略并转移到天津城区。特定区域内设置了"情报收集"任务。

教师活动:

教师提前讲解比赛规则并且在操场中央设有情报区域,提前放置有不同颜色的标志桶。喊出口令:集合!出发!后开始计时。

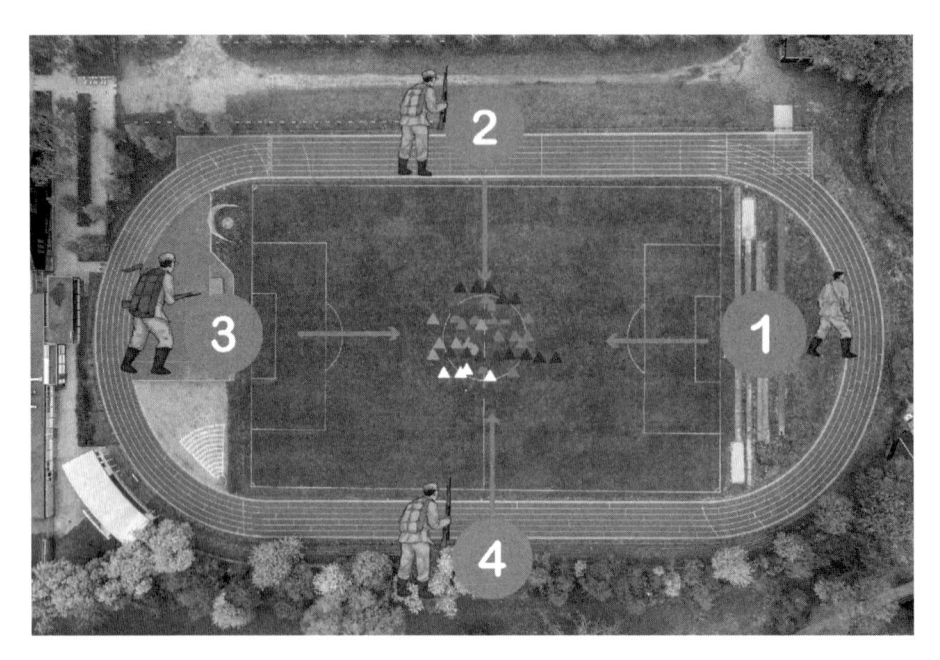

图 5-4 活动场地示意图

学生活动：

学生分成四个小组，每组代表东北野战军的一个战略小队，分布于操场的（1号、2号、3号、4号）固定区域。学生们根据口令进行俯身蹲跑，到情报区收集情报（拿标志桶）。每组仅能收集两种相同颜色的标志桶，多余的颜色不计入积分。所以在练习过程中同学们要商量好战术，每次都要去拿不同的颜色的标志桶。

评价：

团队协作：根据学生在团队中的合作程度和沟通效果进行评估。策略应用：观察并评价学生在制定和执行策略上的能力，以及他们对情境变化的适应性。反馈讨论：活动结束后，教师引导学生分享经验和学习心得，围绕东北野战军的战略智慧进行讨论。

这个活动不仅让学生在体验东北野战军的战略部署的同时，还锻炼了他们在团队中有效沟通和协作的能力，以及适应变化情境下的灵活策略运用。通过这种寓教于乐的方式，学生在体育活动中不仅强健了体魄，还深化了对历史事件的理解。

活动三：围城（团队协作）

实施步骤：利用体操垫循环接力游戏模拟解放军对天津城的围攻，加强学生的团队合作意识和战术运用能力。

活动图示：如图 5-5 所示。

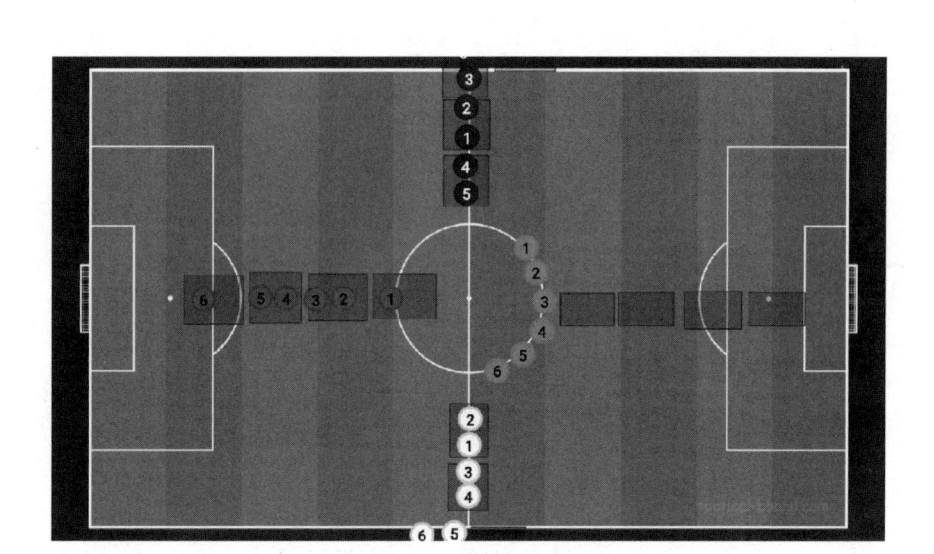

图 5-5　活动场地示意图

教师活动：

教师在操场中间发号口令，集结！出发！然后开始计数，并且环绕巡视各组同学的完成情况，不许出现违规行为。

将学生分为四个小组，每组代表解放军的一个战术单位，各小组同时进行体操垫递垫接力进行接力赛。每组学生都必须站在垫子上同时向前移动，一起团队合作通过障碍，象征攻克城墙的艰难过程。

学生活动：

各个小分队在排长的带领下，每组拿四个垫子，学生进入足球场地后就必须站在体操垫子上，后面的同学向前递垫子，前面的同学将垫子铺到前方后移动至前方，后方同学依次上垫子进行前赴后继铺垫移动。当到达中圈位置后，所有小组手拉手围成一圈，围城战略成功。

评价：

团队协作：观察学生在攻克障碍时的团队合作能力和协调精神。战术运用：关注学生在障碍接力中的策略和方法。反馈讨论：活动结束后，教师组织学生讨论团队协作的重要性和他们在活动中的感受。

活动三通过团队接力的形式，不仅强化了学生的协作能力，还在实践中增强了对历史战术的理解。通过模拟解放军围攻天津城的过程，学生得以更深入地体验历史事件，同时锻炼体能和团队合作技巧。

活动四：城市攻坚（力量与速度训练）

实施步骤：

教师模拟攻坚战场复杂环境，在场地上设置一系列障碍物，学生分为四组，依次挑战障碍赛道。教师持续观察学生表现，赛后给予针对性评价与指导。

活动流程：如图 5-6 所示。

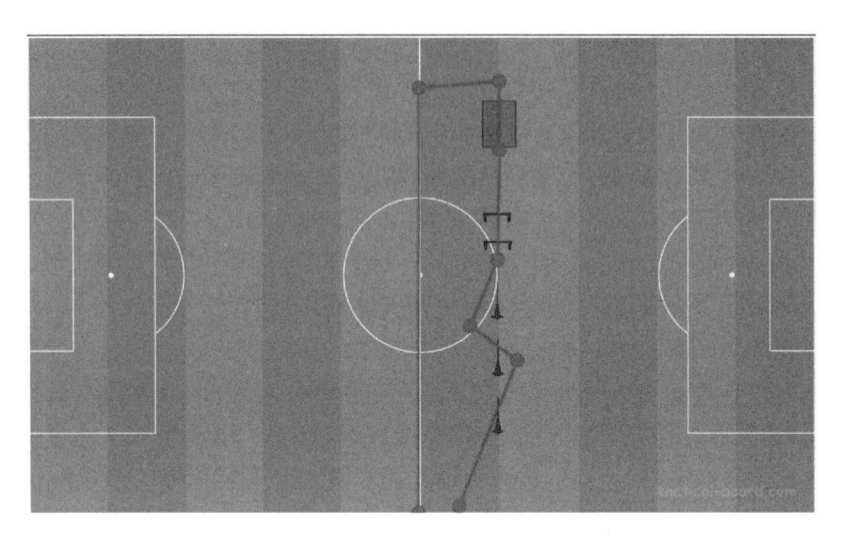

图 5-6　活动场地示意图

在底线 3 米处设置 5 个间隔 1 米的标志杆，学生依次绕过标志杆，连续跨过两个立起的体操垫，然后在前面的大体操垫上完成一个前滚翻，迅速折返并与下一名同学击掌。

教师活动：

教师先行示范，引导学生掌握练习动作与注意要点，然后组织学生进行练习，下达"攻坚！"口令后，学生依次进行综合障碍赛接力比赛。

学生活动：

在排长组织下，学生站成一路纵队。听到教师下达口令后，迅速冲刺 3 米，依次绕过 5 个标志杆，跨过两个立起的体操垫，接着完成一个前滚翻，迅速折返并与下一名同学击掌接力。

评价：

依据学生在障碍赛道中的速度与技巧进行评价，重点关注动作准确性及安全性。团队合作方面，评估学生在接力过程中的合作精神及团队协作能力。

结合历史背景，讨论学生模拟攻坚体验与历史事件的联系。活动结束后，引导学生分享体验感受，探讨攻坚战在历史上的重要性及其意义。通过此类活动，学生不仅提升身体素质，增强速度与力量，还在团队合作中学习历史，深入理解历史事件的重要性。

活动五：海河战略（平衡与协调）

实施步骤：

教师于操场上布置四条绳梯，旨在模拟过河战术的挑战。学生分为四组，依次轮换进行绳梯训练，以提升敏捷性与协调性。

活动流程：学生分为四组，依次轮换进行绳梯训练，以提升敏捷性与协调性。如图 5-7 所示。

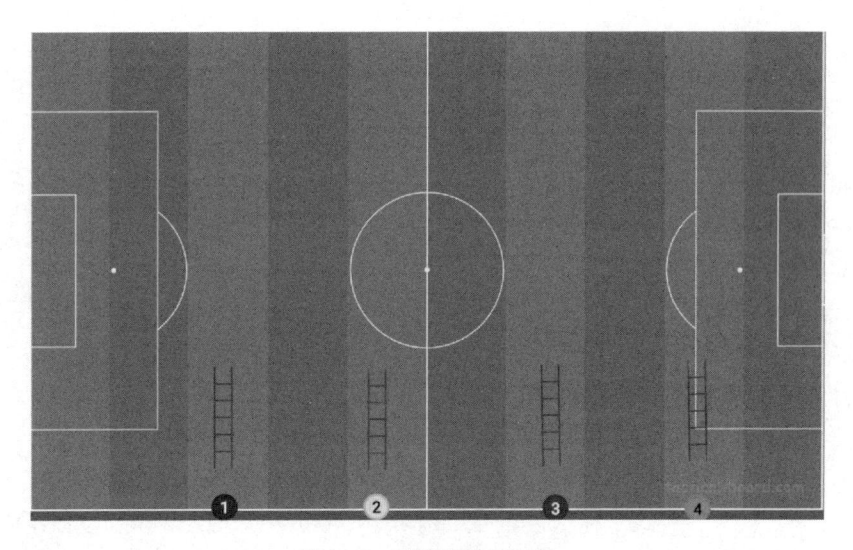

图 5-7 活动场地示意图

教师活动：

安全指导：活动开始前，教师向学生讲解绳梯的使用方法及安全注意事项，确保每位学生均了解如何安全完成训练。

监督与鼓励：教师监督学生训练过程，确保他们正确使用绳梯，同时激励学生挑战自我，提升速度与协调性。

学生活动：

积极参与：学生遵循教师指导，依次攀爬绳梯，锻炼身体敏捷性与协调性。

团队合作：攀爬绳梯过程中，学生需相互鼓励、支持，强化团队合作精神。

评价：

技能评估：观察学生在攀爬绳梯时的敏捷性与协调性，重点关注动作灵活性与稳定性。

团队合作：评估学生在攀爬绳梯过程中的团队协作及相互支持表现。

历史联系：与学生探讨海河在天津战略中的重要性，分析活动体验与历史背景之间的联系。

反馈讨论：活动结束后，教师组织学生分享体验感受及学习心得，强调在复杂环境中协调与敏捷的重要性。

通过此类活动，学生不仅提升自身敏捷性与协调性，还在团队合作过程中学习历史，深入理解天津战役中海河的战略意义。

活动六：城市巷战（敏捷性、匍匐训练）

实施步骤：

教师在场地布置跳圈和匍匐前进的路线：场地上放置一排圆圈，作为跳跃路线，末端设置两个标志杆并横跨一条绳子，作为匍匐前进的起点和终点。如图 5-8 所示。

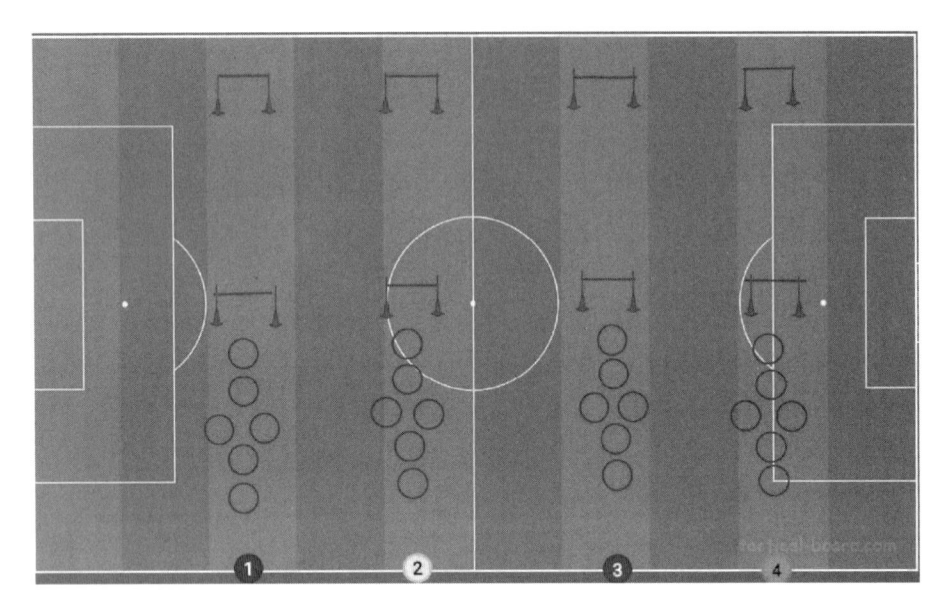

图 5-8　活动场地示意图

教师活动：

场地布置与规则说明：教师负责布置好练习场地，并向学生讲解活动的规则和目标。

安全监督和技术指导：教师在活动进行时监督学生的安全，同时提供技术指导，如如何有效地进行单腿跳跃和匍匐前进。

学生活动：

单腿跳圈：学生需用单腿连续跳过设置的一系列圆圈。

匍匐前进：跳过最后一个圆圈后，学生需要在两个标志杆之间的限制高度下完成匍匐前进。

评价：

敏捷性和协调性评估：根据学生在跳圈和匍匐前进时的速度、协调性和技术熟练程度进行评价。

团队合作与竞争精神：观察并评价学生在活动中的团队合作精神和竞争意识。

反馈讨论：活动结束后，教师与学生共同讨论活动中的体验和学习成果，强调敏捷性在城市巷战中的重要性，并联系历史背景讨论。

活动七：金汤桥会师（协作与策略）

实施步骤：如图 5-9 所示。

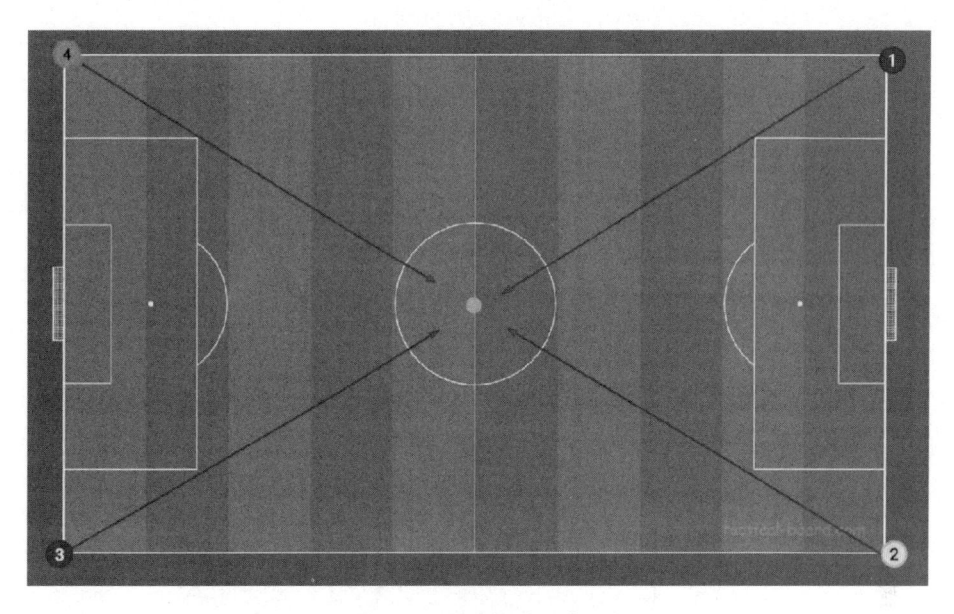

图 5-9　活动场地示意图

设定起点与终点：在操场四个角设立起点，中心区域设为终点，模拟金汤桥地理位置。接力跑规则：每位学生从各自起点沿斜线跑至中心终点，与教师击掌后折返，并与下一名队友进行接力。当最后一名同学出发与教师完成击掌返回与第一名同学击掌后，该组所有同学同时跑向中圈与大家汇合。当所有同学都汇合完毕后，站成四列横队等待教师指令，模拟金汤桥会师完毕。

教师活动：

强调团队合作的重要性，讲述金汤桥会师的历史背景。组织与监督：确保学生准确理解游戏规则，监督接力跑过程，保障安全。积极激励：在终点为学生加油鼓劲，提升其参与热情和团队精神。

学生活动：

团队配合：学生需协调接力时机，确保每位队员顺利完成任务。

快速行动：每位学生需迅速跑至终点与教师击掌，然后迅速返回与下一位队友接力。当本组所有同学都完成一次接力以后，大家统一与教师汇合。

团队协作：观察并评价学生在接力过程中的团队合作及交流情况。

运动技能：评估学生速度和敏捷性，尤其在折返和接力环节的表现。

反馈讨论：活动结束后，教师与学生探讨体验，强调金汤桥会师历史意义及团队协作重要性。

通过此活动，学生不仅能体验历史事件，还能在富有趣味的体育活动中锻炼身体，增强团队合作和策略应用能力。

活动八：庆祝胜利（补偿性体能）

实施步骤：如图 5-10 所示。

图 5-10 活动场地示意图

团队俯卧撑：全班学生围成一个大圆圈，每个学生轮流做俯卧撑，每位学生完成俯卧撑后，下一个学生接力继续，形成一个逆时针方向的流动。

教师活动：

引导与激励：教师指导正确的俯卧撑动作，确保学生安全执行。同时，鼓励学生展示团队精神，提高活动的参与感。

历史联系：在活动中穿插介绍天津战役的胜利和意义，强化学生对历史事件的认识。

学生活动：

参与与合作：学生积极参与活动，相互鼓励，展现团队合作精神。

体能挑战：每位学生都参与俯卧撑，挑战自己的体能极限，体验团结一致的力量。

评价：

团队合作：评估学生在活动中的团队合作精神和参与度。

体能表现：观察学生在进行俯卧撑时的体能状态和技能水平。

反馈讨论：活动结束后，组织学生分享体验，讨论团队协作的重要性和体育活动中的历史学习。

通过这个活动，学生不仅能在有趣的体育练习中庆祝天津战役的胜利，还能体会到团结合作的力量，并在锻炼中提升自身的体能素质和团队协作能力。

课例点评

本次"平津战役之解放天津——体育与历史跨学科设计"的教学案例，体现了国防教育与跨学科主题学习的深度融合。通过精心设计的体育活动，学生不仅增强了体能，还深入理解了天津战役的历史重要性，展现了跨学科教学的有效性。首先，在"怎么跨"的层面，本课例通过将体育运动与历史事件相结合，创造性地设计了一系列具有历史意义的体育活动。例如，通过模拟东北野战军的长途行军和城市巷战，学生不仅提高了体能，同时对天津战役有了更深刻的理解。这种创新的教学方法不仅提高了学生的学习兴趣，也增强了他们对历史事件的感知力和体验感。其次，关于"为什么跨"，本案例通过体育活动的方式，使学生在运动中学习历史，实现了知识与体能的双重提升。在国防教育的大背景下，本课例通过体育活动让学生体验到历史事件的艰难，从而增强了他们的爱国主义情感和国防意识。最后，在"跨得怎么样"方面，本课例有效地实现了教育目标。通过对活动的设计和实施，不仅锻炼了学生的体能，还培养了他们的团队合作精神、战略思维能力和历史理解能力。学生在参与活动的过程中，不断发现和解决问题，展现了出色的合作能力和创新思维，这些都是跨学科学习中不可或缺的重要素养。综上所述，本课例在跨学科教学实践中取得了显著成效，不仅使学生在体育活动中学到了历史知识，也培养了他们的综合素质，体现了国防教育和跨学科主题学习的深度融合。通过这样的教学设计，我们可以有效地提升学生的历史意识和国防观念，为培养全面发展的现代公民打下坚实的基础。

本研究选取了天津市中学案例研究对象。通过分析这个案例可以看到，该学校在国防教育进中小学体育课程的实施上表现出较高的重视程度。学校领导层高度重视国防教育，将国防教育纳入体育课程体系，并与军事训练相结合。学校设有专门的国防教育辅导员，负责向学生普及国防知识，培养学生的国防观念。在体育课程中，学校将国防教育与军事体能训练相结合，通过设置军事体能训练项目，如队列训练、野外生存等，培养学生的国防意识和体能。同时，学校还定期组织学生参观军事基地，增强学生的国防观念。

该案例学校的成功经验主要体现在以下几个方面：

（一）领导层的高度重视是推动国防教育进中小学体育课程实施的关键

学校领导层须将国防教育纳入学校发展规划，确保国防教育进中小学体育课程的实施。

（二）国防教育与体育课程的有机结合是提高国防教育进中小学体育课程实施效果的有效途径

学校应根据学生的年龄特点和体能状况，设置合适的国防教育体育项目，使学生在体育锻炼的同时，增强国防观念。

（三）专业人员队伍的建设是确保国防教育进中小学体育课程实施质量的重要保障

学校应配备专业的国防教育人员，负责向学生普及国防知识、组织军事体能训练、定期组织学生参观军事基地等。

第五节　国防教育进中小学体育课程对策建议

一、完善国防教育进中小学体育课程的法律法规

国防教育进中小学体育课程存在的问题，在当前社会中引起了广泛的关注。为了

促进国防教育的普及和深入，有必要在中小学体育课程中融入国防教育的内容。然而，在实践过程中，国防教育进中小学体育课程也面临着一些问题。其中，法律法规的完善是推动国防教育进中小学体育课程发展的重要保障。当前，国防教育进中小学体育课程的相关法律法规还不够完善，缺乏明确的法律依据，这给国防教育进中小学体育课程的实施带来了很大的困难。因此，有必要完善相关的法律法规，为国防教育进中小学体育课程提供法律依据。

一是需要明确国防教育的法律地位。国防教育是一项国家安全的重要保障，是增强全民国防意识、增强国防力量的重要手段。因此，在法律法规中，应该明确国防教育的法律地位，规定国防教育进中小学体育课程的实施范围、内容、方法等，为国防教育进中小学体育课程的实施提供法律保障。二是要明确国防教育进中小学体育课程的教育目标。国防教育进中小学体育课程的教育目标应该是以增强学生国防意识、提高学生身体素质、培养学生的爱国主义情感为主要内容。在法律法规中，应该明确规定国防教育进中小学体育课程的教育目标，以便于指导教育实践。三是要明确国防教育进中小学体育课程的实施主体。国防教育进中小学体育课程的实施主体应该是学校、教师、家长、学生等。在法律法规中，应该明确规定国防教育进中小学体育课程的实施主体，以便于保障实施主体的权利和义务。

完善国防教育进中小学体育课程的法律法规，可以为国防教育进中小学体育课程的实施提供法律依据，推动国防教育进中小学体育课程的发展。同时，也需要注意法律法规的实施效果，确保国防教育进中小学体育课程的实施效果。

二、加强国防教育进中小学体育课程的师资培训

国防教育是我国教育体系的重要组成部分，旨在培养学生的国防意识和爱国情感。然而，在中小学体育课程中，国防教育的实施却面临着师资培训不足的问题。因此，加大对师资的培训力度，增强教师的国防教育意识和教学能力，是推进国防教育进中小学体育课程的必要条件。许多中小学体育教师对于国防教育的认识不够深入，缺乏相关的知识和技能。这导致了他们在教学过程中无法有效地开展国防教育。因此，加强对体育教师的培训，增强他们的国防教育意识和教学能力，是当前的首要任务。在培训过程中，应该注重教师的实际操作能力。体育教师需要具备一定的实践经验和技能，才能更好地开展国防教育活动。因此，应该注重实践教学，让教师们在实际教学中掌握国防教育的知识和技能。此外，还应该注重教师的理论素养。体育教师需要具备一定的理论知识和素养，才能更好地开展国防教育活动。因此，应该注重教师的理论学习，让他们了解国防教育的理论基础和实践经验。应该加强对体育教师的师资培训，增强他们的国防教育意识和教学能力。应该注重教师的实际操作能力和理论素养，让他们具备开展国防教育的能力。只有这样，才能更好地推进国防教育进中小学体育课程，为培养学生的国防意识和爱国情感作出更大的贡献。

三、提高国防教育进中小学体育课程的经费投入

国防教育是我国国家安全和发展的重要基石，对于培养全民国防意识和国防观念

具有不可替代的作用。然而，当前中小学体育课程中，国防教育内容的普及程度仍然较低，存在一定的问题。提高国防教育进中小学体育课程的经费投入，改善体育课程的教学条件，是推动国防教育深入实施的关键。

提高国防教育进中小学体育课程的经费投入，有助于加强体育课程的教学设施。体育课程是实施国防教育的重要载体，完善的体育设施可以为国防教育提供良好的平台。当前，许多中小学体育课程的教学条件相对落后，体育设施缺乏，影响了国防教育的有效开展。增加经费投入，改善体育课程的教学条件，可以有效改善这一现状。改善体育课程的教学条件，可以提高国防教育进中小学体育课程的实施效果。良好的教学条件，可以为国防教育提供坚实的基础。目前，许多中小学体育课程的国防教育内容过于简单，缺乏深度和广度，影响了国防教育的实效。通过增加经费投入，改善体育课程的教学条件，可以有效提升国防教育进中小学体育课程的实施效果。提高国防教育进中小学体育课程的经费投入，可以促进体育课程与国防教育的有机融合。体育课程是实施国防教育的重要载体，国防教育是体育课程的重要内容。然而，当前体育课程与国防教育的融合度不高，影响了国防教育的有效实施。通过增加经费投入，改善体育课程的教学条件，可以促进体育课程与国防教育的有机融合，提高国防教育的实效。提高国防教育进中小学体育课程的经费投入，可以推动国防教育的普及。体育课程是实施国防教育的重要载体，普及体育课程，可以提高国防教育的覆盖面。然而，当前体育课程的普及程度较低，影响了国防教育的普及。通过增加经费投入，改善体育课程的教学条件，可以推动国防教育的普及，增强全民国防意识和国防观念。

提高国防教育进中小学体育课程的经费投入，改善体育课程的教学条件，是推动国防教育深入实施的关键。通过增加经费投入，改善体育课程的教学条件，可以加强体育课程的教学设施，提高国防教育进中小学体育课程的实施效果，促进体育课程与国防教育的有机融合，推动国防教育的普及，增强全民国防意识和国防观念。

四、创新国防教育进中小学体育课程的教学方法

国防教育进中小学体育课程是我国近年来提出的一项重要政策，旨在通过体育课程的形式，培养学生的国防意识和爱国情怀。然而，在实际操作过程中，国防教育进中小学体育课程也面临着一些问题，其中最为突出的是教学方法的创新问题。

目前的国防教育进中小学体育课程的教学方法过于单一，主要以讲解、演示和练习为主，缺乏趣味性和互动性。这种教学方式很难激发学生的学习兴趣，也难以提高学生的参与度和学习效果。因此，我们需要在教学方法上进行创新，以提高国防教育进中小学体育课程的实效性。

1. 采用情境教学法

情境教学法是一种以情境为基础的教学方法，通过模拟实际生活情境，让学生在真实或虚拟的情境中进行学习。在国防教育进中小学体育课程中，我们可以通过模拟军事训练、战争救援等情境，让学生在真实或虚拟的情境中体验国防教育的意义和价值。

2. 采用项目教学法

项目教学法是一种以项目为导向的教学方法，通过让学生参与实际项目的操作和

实施，培养学生的实际操作能力和团队协作能力。在国防教育进中小学体育课程中，我们可以通过组织学生参与军事模拟竞赛、救援演练等项目，让学生在实际操作中体验国防教育的意义和价值。

此外，我们还可以通过小组合作、自主探究等方式，激发学生的学习兴趣，提高学生的参与度和学习效果。

国防教育进中小学体育课程的教学方法创新是一个重要的问题，需要我们深入研究和探讨。只有通过教学方法的不断创新，才能提高国防教育进中小学体育课程的实效性，培养出更多具有国防意识和爱国情怀的优秀人才。

第六章　国防教育进中小学体育课程一体化体系视角的分析

第一节　国防教育进中小学体育课程一体化体系视角

国防教育是国家安全的重要组成部分，也是全民国防意识培养的重要途径。而中小学体育课程则是培养未成年人身体素质、意志品质和团队协作精神的重要手段。因此，国防教育与中小学体育课程的结合，可以更好地增强青少年的国防意识和身体素质，增强国家安全的保障能力。当前，我国国防教育的现状是：虽然国家已经制定了一系列的国防教育政策，但是在实际操作中，一些地区的国防教育仍然存在一些问题。例如，一些学校对国防教育的重视程度不够，没有将其纳入教育教学计划中；一些教师对国防教育的理解不深，无法有效地开展国防教育活动；一些学校缺乏必要的国防教育设施和设备，无法满足国防教育的需求。相比之下，中小学体育课程的重要性更加不言而喻。体育课程是学校教育的重要组成部分，不仅可以提高学生的身体素质，还可以培养学生的意志品质和团队协作精神。特别是在当前国际形势下，国家安全的保障需要全民参与，而身体素质和意志品质则是全民参与国家安全建设的重要基础。因此，将国防教育与中小学体育课程结合起来，可以更好地增强学生的国防意识和身体素质，增强国家安全的保障能力。

一、国防教育进中小学体育课程一体化意义

一体化建设是一项系统工程，是相互关联、相互制约的各个部分所组成的具有特定功能的有机整体，需要在秉持整体架构、有效交叉、必要重复、合理反复、螺旋上升等同构性原则的基础上做顶层设计和协同推进，从而达到整体统一研究和解决问题的目的。

为此，在国防教育进中小学体育课程一体化建设中，深化改革，完善课程体系，建构纵向衔接、横向一致、内在统一、形式联合的一体化体育课程十分迫切并富有重大理论与实践意义。其中，充分体现上下衔接的一体化体育课程内容体系的建立更为关

键。① "一体化"研究的主要目标是建立一个从体育课程理念到课程目标、内容、实施评价的一体化联动机制；创建一套体育课程一体化教程体系；研制一套有效促进体育课程衔接、精准把握学生运动能力水平的等级评价标准体系②。一体化的实施路径一是厘清教育目标，探索学段一体化；二是推进课程建设，优化实施一体化；三是创新共建路径，寻求力量一体化；四是加强科研联动，彰显效能一体化③。为此厘清国防教育与体育课程一体化体系的内在联系，并在体育课程中更好地融入国防教育的内容，能有效提升学生的国防意识和身体素质。

在当前国家安全形势日益严峻的背景下，将国防教育与体育课程相结合，对于培养学生的国防意识和提高其身体素质具有重要的现实意义。

国防教育与体育课程一体化体系的研究有助于增强学生的国防意识。在当今世界，国家安全问题日益突出，各国之间的竞争和冲突不断加剧。在这样的背景下，国防教育显得尤为重要。体育课程作为学生日常学习的重要组成部分，具有提高学生身体素质、培养团队协作精神等优点，同时也可以成为国防教育的有效载体。通过将国防教育内容融入体育课程，可以让学生在锻炼身体的同时，增强国防观念，增强国家安全意识。国防教育与体育课程一体化体系的研究有助于提升学生的身体素质。体育课程是提高学生身体素质的重要途径，通过系统的体育锻炼，可以增强学生的体能，提高其抵抗力，为未来的生活和职业生涯奠定坚实的基础。②将国防教育内容融入体育课程，可以使学生在锻炼身体的同时，学习国防知识，增强国防观念，提高身体素质，为保卫国家安全和建设强大国防提供有力的支持。国防教育与体育课程一体化体系的研究有助于促进学生的全面发展。体育课程是培养学生的综合素质的重要手段，通过体育课程的学习，可以培养学生的团队合作精神、领导才能、自我管理能力等，为学生的全面发展提供有力的保障。将国防教育内容融入体育课程，可以使学生在锻炼身体的同时，学习国防知识，提高国防观念，培养学生的爱国主义情怀，实现学生的全面发展。国防教育与体育课程一体化体系的研究有助于提高体育课程的实效性。传统的体育课程过于注重技能训练，忽视了学生的国防教育和爱国主义教育。将国防教育内容融入体育课程，可以使体育课程更具实效性，更好地服务于学生的全面发展。

基于此，国防教育与体育课程一体化体系的研究具有重要的现实意义。通过将国防教育内容融入体育课程，可以增强学生的国防意识、身体素质和综合素质，为培养学生的国防意识和提高其身体素质提供有力的支持。

二、促进国防教育进体育课程的实施措施

要促进国防教育的实施，体育课程是必不可少的。以下是一些具体的措施。

（一）将国防教育融入体育课程中

---

① 于素梅. 一体化体育课程内容体系的建构［J］. 体育学刊，2019，26（04）.
② 毛振明. 解说"体育课程一体化"［J］. 体育学研究，2022，36（01）.
③ 裘高飞等. 推进区域中小学法治教育一体化建设实践思考［J］. 中学政治教学参考，2021，（47）.
② 谷瑶. 中国式现代化进程中我国高校体育发展的现实问题与实践进路［J］. 当代体育科技，2023，13（25）：80-83.

体育课程应该将国防教育融入其中,通过体育项目的设置和教学内容的设计,培养学生的国防意识和爱国情感。例如,在体育课上,可以设置一些与国防相关的内容,如军事体能训练、军事战术演练等,让学生在体育活动中了解国防知识。

(二)加强体育教师的教育培训

体育教师是国防教育实施的重要力量,他们应该接受相关的培训,了解国防教育的意义和目的,掌握国防教育的知识和技能,以便更好地开展国防教育活动。

(三)建立完善的国防教育体系

要促进国防教育的实施,需要建立完善的国防教育体系,包括国防教育的目标、内容、方法、评价等方面的具体规定,以便有计划、有组织地进行国防教育活动。

体育课程在国防教育中的地位和作用是不可忽视的。体育课程不仅有助于增强学生的身体素质,培养集体主义精神,还有助于培养学生的意志力,从而促进国防教育的实施。要促进国防教育的实施,需要将国防教育融入体育课程中,加强体育教师的教育培训,建立完善的国防教育体系。

三、国防教育进体育课程的融合策略

国防教育与体育课程的融合是当前教育改革中的一个重要课题。将国防教育融入体育课程,不仅有助于提高学生的身体素质,培养他们的团队协作精神和集体荣誉感,还能增强学生的国防观念,增强他们的国防意识。因此,提出将国防教育融入体育课程的具体策略,是十分必要的。

我们可以将国防教育融入体育课程的教学内容中。在体育课程的教学过程中,教师可以利用各种教学手段,如视频、图片、讲解等,向学生介绍国防知识,让学生在体育课程的学习过程中,自然地接受国防教育。例如,在体育课程的教学中,教师可以设置一些国防相关的训练项目,如野外生存、定向越野等,让学生在锻炼身体的同时,增强国防观念。我们可以将国防教育与体育课程的组织形式相结合。在体育课程的组织形式上,我们可以将国防教育与体育课程结合起来,如设立国防体育节、开展国防体育比赛等。通过这些活动,不仅可以提高学生的身体素质,培养他们的团队协作精神,还能增强学生的国防观念,增强他们的国防意识。我们也可以将国防教育与体育课程的评价方式相结合。在体育课程的评价方式上,我们可以将国防教育与体育课程结合起来,如设立国防体育成绩考核,将国防观念的培养纳入体育成绩的考核体系中。这样,不仅可以激发学生学习体育课程的积极性,还能提高学生的国防观念。最后,我们可以将国防教育与体育课程的师资力量相结合。在体育课程的师资力量上,我们可以通过培训、考核等方式,增强教师的国防教育意识和能力。这样,教师在体育课程的教学过程中,可以更好地将国防教育融入体育课程中,提高学生的国防观念。

将国防教育融入体育课程的具体策略包括,将国防教育融入体育课程的教学内容中、将国防教育与体育课程的组织形式相结合、将国防教育与体育课程的评价方式相结合以及将国防教育与体育课程的师资力量相结合。通过这些策略,我们可以更好地将国防教育融入体育课程中,提高学生的国防观念。

四、中小学体育课程中的国防教育内容

（一）体育课程中的国防教育内容体系

中小学体育课程是落实国防教育核心课程之一，对于培养学生的国防观念和爱国情感具有重要的作用。体育课程中具有丰富的国防教育内容，所以国防教育内容体系构建是中小学体育课程中国防教育的重要组成部分。

体育课程中的国防教育内容体系应该包括国防教育的基本知识、国防技能、国防文化、国防科技等方面。其中，国防教育的基本知识是体育课程中国防教育的基础，应该包括国防政策、国防法律、国防安全等方面的知识。国防技能是体育课程中国防教育的重点，应该包括军事体能、军事技能、军事战术等方面的技能训练。国防文化是体育课程中国防教育的灵魂，应该包括国防历史、国防文化、国防精神等方面的教育。国防科技是体育课程中国防教育的现代化手段，应该包括现代军事科技、国防科技、国防安全等方面的知识。

在体育课程中的国防教育内容体系构建中，应该注重国防教育的实践性和实用性。体育课程中的国防教育内容应该与学生的实际生活相结合，注重培养学生的国防意识和爱国情感。同时，体育课程中的国防教育内容应该与体育课程的实际情况相结合，注重培养学生的国防技能和体能。

在体育课程中的国防教育内容体系构建中，应该注重国防教育的创新性和前瞻性。体育课程中的国防教育内容应该与现代军事科技和国防安全的发展相结合，注重培养学生的国防意识和爱国情感。同时，体育课程中的国防教育内容应该与体育课程的发展相结合，注重培养学生的国防技能和体能。

体育课程中的国防教育内容体系构建是中小学体育课程中国防教育的重要组成部分。在构建体育课程中的国防教育内容体系时，应该注重国防教育的实践性和实用性，注重培养学生的国防意识和爱国情感。同时，体育课程中的国防教育内容体系构建应该注重国防教育的创新性和前瞻性，注重培养学生的国防技能和体能。

（二）体育课程中国防教育内容的实施策略

国防教育是中国特色社会主义事业的重要组成部分，也是学校教育的重要内容。体育课程作为学校教育的重要组成部分，应积极融入国防教育内容，提高学生的国防观念和国家安全意识。然而，如何在体育课程中有效实施国防教育内容，需要深入研究和探讨。为此，我们将采用"双轮驱动、一体化推进"的实施策略。"双轮驱动"即行政推进和专业引领共同作用，协同发力为课题研究提供良好的外部运行环境和内部效能激发。"行政推进"是通过管理层面以市教委为行政主体的强力推进，做到工作计划重点纳入，专项督导逐步强化，评估标准针对明确，为研究运行提供环境与保障；"专业引领"是从专业层面以教科院为学术主体的专业引领，实现研究团队重点突破，项目运行机制创新，研训教评一体贯穿，为研究提供强大的专业支撑。为此，根据我市中小学国防教育开展情况，总结了国防素养提升四步走策略。第一步，营造良好国防教育环境，增强学生国防意识。国防教育应是一个由表及里、潜移默化的教育过程，必须要有外在的形式才能触发学生内在的需求与发展。良好的教育环境是意识培养的前提和基础。为

此，学校应该加强学校、家庭、社会的协同，做好对学生国防教育的宣传和普及，既可以通过在校园的学习活动场所设置一些体现国防内容的固定和流动的展板展柜、宣传海报、文化长廊等让学生耳濡目染，认识到国防教育的重要性；也可以在校外借助多种网络媒体、以多种途径引导学生积极关注国家安全形势，增强国家安全意识，自觉维护国家安全和利益。第二步，打造多类国防教育课堂，丰富学生国防知识。国防教育课堂应是多类、开放的。只有多类开放的课堂才能够让学生走近国防，从而走进国防。其中一类是主课堂。各中小学可以参照教育部印发的《国防教育进中小学课程教材指南》的通知，由相关学科按照通知要求完成相应的教学任务。一类是辅课堂。就是请进来，邀请各军事院校的专家学者、部队的军人等。通过开展军事讲座、军事训练和座谈等形式，引导学生学习我国军队辉煌历史、感悟革命先辈的奋斗精神、国防政策和战略，了解国家的军事力量、增强对国家的认同感和归属感等。一类是拓展课堂。即走出去，依托军地资源，丰富实践载体，组织学生参加一些国防教育基地和国防科技场馆，让学生亲身感受国防教育的魅力，体验最新的军事科研成果。第三步，开展多样国防教育活动，提升学生国防能力。国防能力的形成需要把意识、知识融入一个有效的活动中，让学生通过沉浸式的参与体验，不断整合所学知识，形成能力。在具体实施中我们要突出一个"融"字，实现多方资源的整合，为学生的国防能力提升提供一个多维度的发展空间。一是融入各学科教学中。以跨学科主题学习活动给学生一个综合运用国防知识提高国防能力的载体。二是融入课外活动中。以国防教育为主题积极组织学生参加文艺演出、开展军运会和参加主题展览等活动。三是融入社会实践中。组织开展定向活动、远足、国防教育志愿者和国防科技小发明等活动，来不断拓宽学生的知识面，提高学生的综合能力。第四步有机融入校园文化建设，形成学生国防素养。校园文化既能体现学校的办学理念，也能反映学校的价值追求。新形势下如何更好接好强国建设、民族复兴的接力棒，做到以文化人，以文育人。校园文化在建设中应有新的举措应有更高要求。只有充分认识到国防教育在校园文化建设中的重要性并做到有机融入，才能让校园文化更有刚性、韧性和血性，让校园文化不断激励学生在赓续传承中续写荣光、在奋勇争先中淬火成钢，不断增强他们的使命感、责任感、荣誉感，促进国防素养的形成，为培养他们能够成为有理想、有本领、有担当的社会主义建设者和接班人提供坚实保障。让学生在一种充满民族自信与坚韧不拔的革命精神的校园文化中，感受到国家的伟大和民族的自豪，从而树立勤奋学习立志报国的远大志向。

国防教育是我们学校教育中不可或缺的一部分，是实现教育强国的需要。我们要高度重视国防教育，积极参与其中，培养学生的爱国情怀、增强国家意识、提升综合素质，为培养德智体美劳全面发展的社会主义建设者和接班人作出积极贡献。为实现中华民族伟大复兴的中国梦贡献自己的力量。

（三）体育课程中的国防教育内容与实际生活的联系

国防教育内容与实际生活之间存在着紧密的联系，这种联系对于学生更好地理解和掌握国防教育的意义和价值有着重要的作用。

国防教育内容与实际生活联系密切。体育课程中的国防教育内容主要包括国防知识、军事技能、爱国主义教育等方面。这些内容与学生的日常生活密切相关。例如，学生可以通过体育课程学习到一些军事技能，如急救、野外生存等，这些技能在日常生活中可能非常有用。此外，学生还可以通过国防教育了解到一些国家安全和军事战略方面的知识，这些知识可以帮助学生更好地了解国家的发展和现状，增强学生的爱国情感。

国防教育内容与实际生活联系紧密，可以帮助学生更好地理解和掌握国防教育的意义和价值。通过体育课程中的国防教育内容，学生可以更好地了解国防的重要性，增强国家安全意识，培养爱国情感。此外，学生还可以通过体育课程中的国防教育内容学习到一些实用的技能，这些技能在日常生活中可能非常有用。因此，体育课程中的国防教育内容与实际生活之间存在着密切的联系，这种联系对于学生更好地理解和掌握国防教育的意义和价值有着重要的作用。

国防教育内容与实际生活联系紧密，可以帮助学生更好地了解国家安全和军事战略方面的情况，增强国家安全意识，培养爱国情感。通过体育课程中的国防教育内容，学生可以更好地了解国家安全和军事战略方面的情况，增强国家安全意识，培养爱国情感。此外，学生还可以通过体育课程中的国防教育内容，学习到一些实用的技能，这些技能在日常生活中可能非常有用。因此，体育课程中的国防教育内容与实际生活之间存在着密切的联系，这种联系对于学生更好地理解和掌握国防教育的意义和价值有着重要的作用。

五、一体化视角下国防教育进中小学体育课程实施

（一）一体化视角下的国防教育目标与任务

国防教育是指以增强中小学生国防观念、提高国防素质和维护国家安全为目标，以增强国家综合实力、提高民族凝聚力和增强国家认同感为任务，通过各种手段和途径，对中小学生进行的一种具有广泛性、系统性、针对性的教育。在中小学体育课程一体化体系下，国防教育目标和任务需要得到明确，以确保国防教育的有效实施。

一体化体系下的国防教育目标应该包括以下几个方面：

1. 增强中小学生国防观念

国防教育应该让中小学生了解国防的重要性，认识到国防建设是国家的根本利益和民族生存发展的关键，增强中小学生的国防观念和国家安全意识。

2. 提高中小学生国防素养

国防教育应该通过各种手段和途径，提高中小学生的身体素质、心理素质、文化素质和科技素质等，以适应国防建设的需要。

3. 维护国家安全

国防教育应该以维护国家安全为最终目标，通过教育引导中小学生树立正确的国家安全观，提高中小学生应对突发事件和危机的能力，增强中小学生的爱国情怀和民族自豪感。

一体化体系下的国防教育任务应该包括以下几个方面：

1. 制定国防教育课程

国防教育应该制定一套完整的课程体系，涵盖国防教育的基本理论、历史、法律、科技、文化等多个方面，以确保国防教育的全面性和系统性。

2. 加强师资培训

国防教育需要有一支高素质的师资队伍，加强对教师的培训和管理，提高教师的国防教育素质和教学能力。

3. 推动国防教育与社会实践相结合

国防教育应该与社会实践相结合，通过组织学生参加军事演习、国防知识竞赛、军事夏令营等活动，增强学生的国防意识和实践能力。

4. 加强国防教育宣传

国防教育应该加强宣传，通过各种媒体和渠道，宣传国防教育的重要性和意义，增强全民的国防意识和国防观念。

国防教育进入中小学体育课程一体化体系，旨在提高全民国防素质，增强国家安全意识，是维护国家统一和民族凝聚力的重要手段。只有明确国防教育目标和任务，才能确保国防教育的有效实施，实现全民国防教育的全面发展。

（二）体育课程一体化视角下的推进思路

"一体化"推进思路就是为更好实现市教委工作与市教研工作的统一、体育学科与其他学科发展的统一及学校发展、教师发展和学生发展的统一目标任务，做到目标、资源、内容、人员、过程、管理和成果一体化设计和一体化推行。目标一体化。即做到素养提升。把国防技能的掌握和学生体育核心素养的培养紧密地结合起来，培养学生爱国主义精神，树立勤奋学习立志报国的远大志向。资源一体化。即做到横向关联。充分融合与课题研究相关的军事院校、国防军事训练基地、爱国主义相关场馆、国防教育协会等多方社会资源，形成合力共同推动学校国防教育的各项工作。内容一体化。即做到纵向衔接。梳理《指南》中关于体育课程中的国防教育内容，融入体育与健康课程形成覆盖小学、初中、高中各个学段新的体育课程体系。人员一体化。即做到三方联动。以育人目标为统领，活动为纽带，促进学校、家庭和社区三方有机融合，共同营造一个良好的协同育人环境。过程一体化。即做到五线推进。一是课堂教学主推线；二是课外活动拓展线；三是实践体验参与线；四是发展评价促进线；五是多方合作联动线。管理一体化。即做好四步管理。第一步宣传动员管理；第二步典型培育管理；第三步经验推广管理；第四步普及提高管理。成果一体化。即做好双向提升。一是自上而下定点培育逐级推广成果；二是自下而上挖掘典型分享提升成果。

（三）体育课程一体化视角下的国防教育师资培训

国防教育在我国教育体系中占有重要地位，而体育课程作为教育体系中的重要组成部分，也是进行国防教育的重要载体。因此，体育课程一体化视角下的国防教育师资培训就显得尤为重要。从体育课程一体化视角下的国防教育师资培训出发，提高体育教师的国防教育能力。

要加强对体育教师国防教育意识的培养。体育教师作为国防教育的实施者，其对国防教育的重视程度直接影响到国防教育的效果。因此，在师资培训过程中，应注重对体育教师国防教育意识的培养，让他们充分认识到国防教育的重要性，增强其国防教育的责任感。要提升体育教师的国防教育能力。体育教师在进行国防教育时，需要具备一定的专业知识和技能。因此，在师资培训过程中，应注重对体育教师国防教育能力的培养，包括国防教育理论知识的学习、国防教育实践技能的培养等。通过系统的培训，使体育教师具备较强的国防教育能力。要建立完善的师资培训体系。师资培训是提高体育教师国防教育能力的重要手段。因此，应建立完善的师资培训体系，包括培训课程的设计、培训师资的选拔、培训效果的评估等。通过建立完善的培训体系，可以确保师资培训的系统性和针对性。最后，要注重师资培训的实践性。体育教师的国防教育能力需要在实践中得到锻炼和提升。因此，在师资培训过程中，应注重实践性，通过组织实地考察、模拟演练等活动，使体育教师在实践中提高国防教育能力。

总之，体育课程一体化体系下的国防教育师资培训是提高体育教师国防教育能力的重要途径。通过加强对体育教师国防教育意识的培养、提升体育教师的国防教育能力、建立完善的师资培训体系、注重师资培训的实践性等途径，可以有效提高体育教师的国防教育能力，为我国国防教育事业发展作出贡献。

（四）体育课程一体化体系下的国防教育课程设置

国防教育是我国教育体系中的重要组成部分，旨在培养学生的国防观念和国家安全意识。将国防教育与体育课程一体化，有助于提高学生的身体素质和国防素质。在体育课程一体化视角下，国防教育课程的设置应遵循一定的策略和方法，以实现教育目标的最大化。

首先，课程设置应注重课程内容的整合。将国防教育与体育课程内容相结合，可以使学生在进行体育课程学习的同时，接受国防教育，增强国家安全意识。例如，在体育课上，教师可以组织学生进行队列训练，讲解军人的基本礼仪和动作要领，使学生在掌握体育技能的同时，了解国防知识。此外，教师还可以通过案例分析、模拟演练等形式，让学生更加直观地感受国防教育的重要性。其次，课程设置应注重课程目标的明确。在体育课程一体化视角下，国防教育课程的目标应明确为培养学生的国防观念、国家安全意识和身体素质。教师在教学过程中，应根据这些目标，有针对性地进行教学，确保学生在锻炼身体的同时，能够接受国防教育。再次，课程设置应注重课程方式的多样性。在体育课程一体化视角下，国防教育课程应采用多种教学方式，以提高学生的学习兴趣和参与度。例如，教师可以利用多媒体教学手段，播放国防教育纪录片、宣传片等，使学生更加直观地了解国防知识；可以组织学生进行实地考察、调研，了解国家安全形势；还可以开展国防知识竞赛、演讲比赛等活动，激发学生的学习热情。此外，课程设置应注重课程评价的科学性。在体育课程一体化视角下，国防教育课程的评价应注重学生的实际表现，以评价学生的国防观念、国家安全意识和身体素质。评价方式可以采用学生自我评价、同伴评价、教师评价等多种形式，以全面了解学生的学习效果。最后，课程设置应注重课程实施的持续性。在体育课程一体化体系下，国防教育课程应实现课程设置的持续性，使学生在体育课程中不断接受国防教育。教师可以在体育课程的各个环节，穿插国防教育内容，使学生在体育课程中接受国防教育，形成良好的教育习惯。

总之，在体育课程一体化体系下，国防教育课程的设置应注重课程内容的整合、课程目标的明确、课程方式的多样性、课程评价的科学性和课程实施的持续性。只有这样，才能实现国防教育与体育课程的有机结合，培养学生的国防观念和国家安全意识，为我国的国防事业作出贡献。

（五）体育课程一体化体系下的国防教育评价体系

国防教育是国家安全的重要组成部分，也是中小学体育课程中不可或缺的一部分。在体育课程一体化体系下，国防教育需要有一个有效的评价体系，以评估国防教育的实施效果，并促进其进一步的发展。本书将详细论述体育课程一体化体系下的国防教育评价体系构建包含以下几个方面：

1. 评价体系构建的基本原则

（1）科学性：评价体系需要基于科学的研究和实践，以确保评价结果的准确性和可靠性。

（2）客观性：评价体系需要客观地评估国防教育的实施效果，避免主观性和情感因素的影响。

（3）全面性：评价体系需要覆盖国防教育的各个方面，包括课程设置、教学方法、学生参与度等。

（4）可操作性：评价体系需要易于实施和操作，以便教师和学校能够根据评价结果进行相应的调整和改进。

2. 评价体系构建的具体内容

评价体系的具体内容主要包括以下几个方面。

（1）课程设置：评价体系需要评估国防教育的课程设置是否合理、科学，是否符合学生的认知水平和兴趣需求。

（2）教学方法：评价体系需要评估国防教育的教学方法是否有效、合理，是否能够激发学生的兴趣和参与度。

（3）学生参与度：评价体系需要评估学生参与国防教育的积极性和参与度，包括学生对国防教育的认知、态度和行为等方面。

（4）实施效果：评价体系需要评估国防教育的实施效果，包括学生的身体和心理健康、国防意识和国家安全观念等方面。

3. 评价体系构建的实施和应用

（1）制定评价标准：评价体系的制定需要根据国防教育的目标和内容，制定相应的评价标准。

（2）实施评价：评价体系的实施需要根据评价标准，对国防教育的实施效果进行评价。

（3）分析评价结果：评价体系的应用需要对评价结果进行分析和解读，以便找出国防教育存在的问题和不足，并采取相应的措施进行改进。

体育课程一体化视角下的国防教育评价体系构建是评估国防教育实施效果的有效手段，也是促进国防教育发展的关键因素。评价体系需要遵循科学性、客观性、全面性和可操作性等基本原则，具体内容主要包括课程设置、教学方法、学生参与度和实施效果等方面。评价体系的实施和应用需要制定评价标准、实施评价和分析评价结果，以便找出国防教育存在的问题和不足，并采取相应的措施进行改进。

六、案例分析

（一）天津市中小学体育课程一体化视角下的国防教育实践案例

随着我国国防教育工作的不断推进，中小学体育课程一体化视角下的国防教育实践案例越来越受到重视。在此，以天津市第七中学为例，介绍一个具体的中小学体育课程一体化视角下的国防教育实践案例。

该中学将国防教育与体育课程相结合，通过一系列实践活动，使学生在锻炼身体的同时，增强国防观念，培养爱国情怀。具体实践如下。

强健体魄　保卫祖国——体育与国防教育跨学科教学一体化设计[①]

跨学科主题学习能增强学科之间的关联性，是提高体育与其他学科融合能力以及课程思政的重要方式和途径。本课例依据《国防教育进中小学课程教材指南》和《义务教育体育与健康课程标准（2022年版）》要求，将体育与国防教育相融合，在主题情境的统领下，以提高学生田径类运动技能、体能水平和提高测试成绩为可量化效果目标，达到发展学生运动能力，培养学生团队协作、集体主义精神、国防意识和厚植爱国主义精神的目的。

课例名片

年级：七年级

课时数：18

学科：体育、国防教育

主题分析

2021年10月教育部印发《国防教育进中小学课程教材指南》旨在引导学生掌握基本的国防知识，学习必要的国防技能，发扬爱国主义精神，增强国防观念，自觉履行国防义务。体育学科又与国防教育具有许多共通之处，如发展体能、技能和战略战术合理运用，还有培养学生的爱国主义和集体主义精神，以及突出纪律意识、勇敢顽强、不畏艰难、责任担当等精神。由此，本课例选择以体育课程中田径类运动为依托，将国家体质健康测试的五项内容有机融入大单元教学之中，用全面提高学生体能水平的学练内容作为跨学科主题学习的体育教材，将跨学科主题学习与大单元教学结合起来，设计以提高学生田径运动技能、体能水平和提高测试成绩为可量化效果目标，为提高学生爱国主义思想、体育锻炼意识、掌握锻炼方法、学会合作、养成分析问题、解决问题能力为可观测目标的跨学科主题学习大单元教学，立足于提高学生核心素养展开"强健体魄保卫祖国"的跨学科主题学习大单元教学实践。

素养指向

（1）学生能够在教师创设的每一个国防背景教学情境中，感受国防的重要性和军人精神，提高自身技能、体能水平，运用所学习到的动作方法、技能和体能，按照规则

[①] 孙忠婕，天津市第七中学

完成比赛，争取胜利。

（2）学生能够自主在校内外进行体育锻炼，学会与人合作，面对失利学会调控情绪，但要养成奋力拼搏、争取胜利的精神与良性竞争意识，有保家卫国意识。

（3）学生在学练过程中，养成勇于挑战自我的精神；在比赛过程中，养成遵守规则的意识和行为；在教学情境中，养成敢于担当、为国争光的品格和意识。

学习目标

（1）学生通过各个国防教育主题的教学情境学习，掌握耐久跑、快速跑、跳远项目的动作技术特点和仰卧起坐、坐位体前屈的动作规格；了解人民军队和军事比赛相关知识。

（2）学生通过各个国防教育主题的项目练习和比赛，提高心肺耐力、速度、力量、柔韧等身体素质水平；学生之间能够自觉主动、分析探讨、互帮互助完成学练内容。

（3）学生通过国防教育主题的情境教学，养成奋力拼搏、主动锻炼、善于合作、保家卫国的意识与行为。

学习规划

在大主题的统领下将该18课时的大单元按照单个教材内容分成了若干个小单元，并且都是用国防相关词语来命名的，形成大主题单元统领之下的若干个小主题单元；小主题单元是大主题单元有机组成部分，小主题单元服务于大主题单元，小主题单元的目标指向大主题单元，但又可以相对独立运行。大主题单元包括抢占领地、飞跃战壕、持久作战等核心小主题单元，还包括运送物资、学习国防知识、修路搭桥、军事演练等小主题内容，大主题单元教学终极项目是军事比赛。在主题情境的创设下，让学生时刻感受到体育与国防教育的融合，从名称中也能学到相关知识。课例框架如图6-1所示。

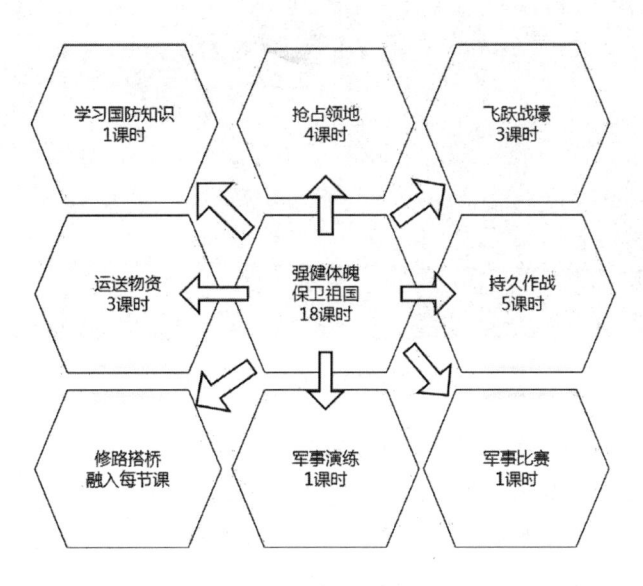

图6-1 课例框架

学习过程

(一) 教学准备

需要准备军事比赛相关视频、国防教育相关知识、宽阔安全的操场、安全齐备的教学器材。

(二) 实施过程

1. 抢占领地——短跑单元 (4课时)

抢占领地就是短跑单元 (4课时),需要速度才能夺取优势领地。在每个单元都围绕"学、练、赛、评"开展教学,在该小主题单元中,学生要学习蹲踞式起跑、起跑后的加速跑、途中跑、冲刺跑。学习之后,要给学生练习起跑与加速跑的组合练习、加速跑与途中跑的组合练习、途中跑与冲刺跑的组合练习以及短跑完整技术环节练习。学练之后,可以模拟战争情境进行考验快速起动的黑白追人比赛,考验快速反应的听数字起跑比赛。小主题单元最终比赛形式还是要以项目考核形式进行,也就是50米计时跑比赛,记录学生成绩,并且给出努力目标。告诉学生,成绩高者有机会做先锋,给学生动力,也是为最后的军事比赛做铺垫、打基础。学练赛之后,教师要对学生动作、成绩进行点评,学生要分析自己与他人动作。要注意,过程性评价贯穿学练赛的每一个环节,贯穿每一节课。抢占领地单元活动图如图6-2所示。

国防教育及课程思政设计意图:战士比拼团队速度,抢先占领优势领地。短距离往返跑接力赛,考验学生快速起动能力以及短跑技术动作水平和速度能力,思考同伴上场顺序,体会战士作战为抢占先机,赢得优势领地的心情和重要性。

图6-2 "抢占领地"活动图

2. 飞跃战壕——蹲踞式跳远单元 (3课时)

飞跃战壕就是踞式跳远单元 (3课时),跳得远,射程大,才能跨越更宽的战壕到达目的地。在这个小主题单元中,要学习蹲踞式跳远的助跑、起跳、腾空、落地四个技术环节。学习之后,要练习助跑与起跳的组合练习,起跳与腾空的组合练习,腾空与落地的组合练习以及完整蹲踞式跳远练习。学练之后,可以进行蹲踞式跳远团队比赛,就是成绩累加，或者跳越小垫子个数练习，还可是垫子叠加高度跳跃比赛，最后以项目考核——蹲踞式跳远测试作为最后比赛形式，并且告诉学生，成绩高者有机会做操作官。例如，运用体操垫或者小栏架设置成战壕，在越过战壕同时改善学生腾空步技术动作，这既是教学情境也是教学辅助手段，在辅助同时及时进行干预，改善、提高动作质量和心理品质。教学环节中还体现出过程性评价。例如，对动作相对正确的同学进行表扬评价，对动作错误的同学进行指导和纠错，待学生改正进步后，及时进行鼓励性评价，真正地做到评价贯穿于每一个环节。飞跃战壕活动图如图6-3所示。

图6-3 "飞跃战壕"活动图

国防教育及课程思政设计意图：战士团队合作，越过敌人挖掘的战壕，跳得越远歼灭敌人机会就越大；创设蹲踞式跳远接力赛，考验学生跳跃能力与肌肉爆发力水平，思考同伴出场顺序，体会战士作战时团结合作、互相帮助的精神。

3. 运送物资——仰卧起坐单元（3课时）

运送物资是仰卧起坐单元（3课时），单位时间内，做得多、做得快，才能更多地顺利地运送物资。这个单元要严格按照体育中考的操作要求进行学练，学习手的位置（手要扶于头后），肘膝关系（肘要触膝或超过膝），臀部动作（臀部不能起落），肩背动作（肩背要挨到垫子）。在学习之后，根据学生水平，可以先进行手臂带动做的练习，然后是手扶头后做的练习，肘过膝盖做的练习，锻炼腹部力量缓慢躺下做的练习，完整动作练习。学练之后，可以进行仰卧起坐团队比赛，仰卧起坐传接球比赛，仰卧举腿传接球比赛，以及最后的项目考核比赛——1分钟仰卧起坐。告诉学生，成绩高者有机会做保障组队长，是因为运送物资和保障组相关，所以这样命名，环环相扣，体现与国防的融合。运送物资活动图如图6-4所示。

国防教育及课程思政设计意图：战士团队作战，运送食物、衣物、武器等物资，运送越多越好。仰卧起坐传接球，考验学生仰卧起坐动作规格水平和能力，思考同伴位置顺序，体会战士作战时争分夺秒运送物资的重要性。

图 6-4 "运送物资"活动图

4. 持久作战——耐久跑单元（5课时）

持久作战，大家可想而知，是耐久跑单元（5课时），有好的体力、好的体能，才能持久作战。在这个单元中，要学习耐久跑的起跑、途中跑、终点跑、呼吸节奏、体力分配；主要练习途中跑，起跑与途中跑复合练习，途中跑与终点跑复合练习，定距跑体力分配；主要围绕团队精神进行定距团队比赛、定时团队比赛，以及考核项目800米计时跑。告诉学生，成绩高者有机会做将军，因为800米相对于其他项目来说对学生是最困难的，所以努力之后就有机会做将军。持久作战活动图如图6-5所示。

国防教育及课程思政设计意图：战士长途奔袭，持久作战。800米轮流领先跑，团队一起到达才算完成。考验学生耐力水平，学会合作，体会战士团结、共同奋斗的精神。

图 6-5 "持久作战"活动图

5. 修路搭桥——坐位体前屈

修路搭桥是坐位体前屈，要融入每一节课。根据每年的国家体质健康测试要求进行学练，学习膝关节动作、手臂动作、髋关节动作、脚的动作。练习手臂缓慢向前伸，髋关节折叠动作，膝关节伸直练习，坐位体前屈完整练习。可以进行团队比赛，横叉接力赛，竖叉接力赛，坐位体前屈考核。告诉学生，成绩高者有机会做指挥官，因为修路搭桥需要指挥官。修路搭桥活动图如图6-6所示。

国防教育及课程思政设计意图：战士团队合作，修路搭桥，范围越大越好。横叉接力赛，考验学生柔韧素质，思考同伴位置，体验战士的辛苦。

图 6-6 "修路搭桥"活动图

6. 军事演练（1课时）

军事演练（1课时）是正式比赛前学生分组复习、提高、思考的一节课。教师按照每个小单元的测试成绩将学生进行分组，做到公平分组，尽可能使每个组的实力均等，选派将军、指挥官、操作官、保障组队长、先锋分组之后，教师讲解军事比赛情境内容和要求，使学生清楚地掌握比赛规则。然后各小组分析动作、排兵布阵、预演、演习。在这个过程当中，教师观察，做好指导。

国防教育及课程思政设计意图：模拟实战演练，发挥想象力，体验火速增援的场景，各个指挥人员各司其职，在活动中注意自我保护和相互帮助，在真实的体验中涵养家国情怀和担当精神。

7. 军事比赛（1课时）

跨学科主题学习大单元教学即将结束时，创设一次"军事比赛"教学情境：以国家体质健康测试的五项为依托，具体用轮流领先跑 800 米＋25 米往返跑接力＋立定跳远接力＋仰卧起坐传接球＋横叉接力为比赛项目，采用分组积分制评判比赛结果，考验学生体能水平、动作技术，学会排兵布阵，体会强健体魄，保卫祖国的心情！

四支军队在军事演练课上已经分好。军事比赛内容为：抢占优势领地；持久作战能力；开炮最大射程；物资供给运送充足；便于作战，修路搭桥的范围。分别对应 25 米往返跑接力；800 米轮流领先跑；立定跳远接力赛；仰卧起坐传接球；横叉接力。采用积分制，如每一个小项目，第一名的军队积 4 分，第二名积 3 分，第三名积 2 分，第四名积 1 分，最后累计相加等于总分数。教师做裁判、记录成绩。教师点评学生动作技术、战术运用和成绩；学生评价自己组和各组的表现；最后，教师要询问学生日常锻炼方法和国防的重要性。

课例点评

亮点是能够将田径类教材内容与国家体质健康测试时间、学生实际体能水平需求、全民国防教育日、国防教育情境进行统筹整合，设计了跨学科主题学习大单元教学。每一个教学情境创设都符合融合学科教育理念，学生比较喜欢，觉得新颖，达到预想效果。探索过程中练习方法手段，所有老师可能都用过，但如果加上预设的教学情境，学生会非常兴奋，不觉得枯燥。提出驱动性问题，让学生带着问题和任务学习，让学生主动学习、主动思考、主动分析。跨学科主题教学活动体现了教师综合能力，在备课设计中，每一个新点子都需要教学实践不断验证。教学活动中会有一些不喜欢体育的学生或是对教学情境不感兴趣，学习、练习和比赛的积极性不高。所以在今后的教学中，要针对这些现象、这些学生，再做足功课，因材施教，调动他们的学习兴趣，发现和放大他们的闪光点，真正做到调动每一位学生的积极性，真正做到关注到每一位学生。作为一线体育教师，在未来教学工作实践中，应继续研读体育教材、学习国防教育知识、理解相关文件政策，使体育教学中的跨学科主题学习更加丰富、完善、科学、多样，为体育教育和国防教育事业添砖加瓦！

天津市第七中学这节课将国防教育与体育课程相结合。教师通过开展一系列国防教育实践活动，既增强了学生体质也加强了学生对国防教育相关内容的理解与把握，取得了良好的教育效果。这也为其他学校在中小学体育课程一体化视角下开展国防教育提供了有益借鉴。

（二）案例分析与启示

国防教育是国家安全和发展的重要基石，体育课程是中小学教育的重要组成部分。将国防教育与体育课程相结合，可以更好地增强学生的身体素质和国防意识。本节将对国防教育进中小学体育课程一体化体系视角进行分析，并以案例为依据，提出相应的启示。

需要明确国防教育进中小学体育课程一体化的意义。这一体系旨在将国防教育与体育课程相结合，通过体育课程的形式，让学生在锻炼身体的同时，增强国防观念。这一体系对于增强学生的身体素质和国防意识具有重要意义。接着，需要对案例进行分析。以天津市第七中学为例，该校将国防教育与体育课程相结合，通过组织国防教育活动，如国防知识竞赛、国防主题运动会等，让学生在参与体育活动的过程中，增强国防意识。同时，学校还组织学生参观国防教育基地，让学生亲身感受国防教育的魅力。通过对该案例的深入分析，可以得出以下启示。首先，学校应当注重国防教育与体育课程的结合，通过体育活动，让学生在锻炼身体的同时，增强国防观念。其次，学校应当加强国防教育活动的组织，让学生有更多的机会参与国防教育活动，从而增强国防意识。最后，学校应当注重实践教育，组织学生参观国防教育基地，让学生亲身感受国防教育的魅力。

国防教育进中小学体育课程一体化体系对于增强学生的身体素质和国防意识具有重要意义。通过对案例的深入分析，可以得出相应的启示，即学校应当注重国防教育与体育课程的结合，加强国防教育活动的组织，注重实践教育。只有这样，我们才能更好地推进国防教育进中小学体育课程一体化体系，增强学生的国防意识和身体素质。

七、小结

国防教育进中小学体育课程一体化体系是新时代我国教育改革的重要举措。这一体系旨在提高学生的身体素质，培养学生的国防意识，增强学生的民族自豪感和责任感，促进学生的全面发展。通过这一体系，我们可以看到我国在教育领域的创新和进步。国防教育进中小学体育课程一体化体系有利于提高学生的身体素质。体育课程是学生锻炼身体、提高身体素质的重要途径。通过将国防教育融入体育课程，可以激发学生的运动热情，提高学生的运动技能，增强学生的身体素质。国防教育进中小学体育课程一体化体系有利于培养学生的国防意识。体育课程是培养学生爱国情怀、民族自豪感和责任感的重要途径。通过将国防教育融入体育课程，可以增强学生的国防意识，提高学生的国防素养。最后，国防教育进中小学体育课程一体化体系有利于促进学生的全面发展。体育课程是培养学生全面发展的重要途径。通过将国防教育融入体育课程，可以培养学生的创新思维、团队合作精神和领导能力，促进学生的全面发展。[1]

综上所述，国防教育进中小学体育课程一体化体系是我国新时代教育改革的重要举措，有利于提高学生的身体素质，培养学生的国防意识，增强学生的民族自豪感和责任感，促进学生的全面发展。

第二节　中小学国防体育一体化教学研究

国防体育一体化教学研究是我国中小学体育教育领域中的一个重要课题。随着我国国防事业的不断发展，国防体育教育在中小学教育中的地位和作用日益凸显。中小学国防体育一体化教学研究旨在探讨如何在中小学体育教育中更好地融入国防体育教育内容，从而增强学生的国防意识和身体素质，为培养具有国防意识、爱国情怀、勇敢顽强、自强不息的新一代公民奠定基础。

国防体育教育在我国中小学教育中具有重要地位和作用。国防体育教育旨在培养学生的爱国主义情感，增强学生的国防意识和身体素质，为维护国家主权、安全和发展利益提供有力的支持。在中小学阶段，学生的思想品德和身体素质是他们未来发展的基础，国防体育教育正是为了培养具有良好品德素质和强健体魄的社会主义建设者和接班人。研究中小学国防体育一体化教学问题具有现实意义。当前，我国正面临复杂多变的国际形势，国防安全问题日益凸显。在这样的背景下，增强学生的国防意识和身体素质显得尤为重要。中小学国防体育一体化教学研究可以为中小学体育教育提供新的思路和方法，有助于推动中小学体育教育的改革和发展。研究成果还可以为政府部门制定国防体育教育政策提供理论支持，促进国防体育教育的普及和深化。在中小学国防体育一体化教学研究中，需要关注以下几个方面：一是如何将国防体育教育内容融入中小学体育教育体系，形成具有中国特色的中小学国防体育教育体系；二是研究中小学国防体育教育课程的设计和实施策略，提高教育质量和效果；三是探讨中小学国防体育教育的师资培养和培训问题，加强师资队伍建设；四是研究中小学国防体育教育的评价机制，确保教育目标的实现。

中小学国防体育一体化教学研究是一项具有重要现实意义的课题。通过对该问题

---

[1] 韩林姣，江海宇，徐鹏程. 中小学国防教育的内容与方式［J］. 教书育人，2023（29）：21-23.

的研究，可以为中小学体育教育提供新的思路和方法，为培养具有国防意识和身体素质的新一代公民奠定基础。同时，研究成果还可以为政府部门制定国防体育教育政策提供理论支持，促进国防体育教育的普及和深化。

一、国防体育一体化教学的理论基础

（一）教育学

教育学是研究教育现象和教育过程的学科，其研究内容包括教育目标、教育内容、教育方法、教育评价等方面。在国防体育一体化教学中，教育学的理论指导主要体现在教育目标的设定和教学内容的设置上。例如，教育目标应包括培养学生的国防意识和身体素质，教育内容应包括体育技能、国防知识、军事体能等方面。

（二）心理学

心理学是研究人类心理现象和行为规律的学科，其研究内容包括认知心理学、发展心理学、社会心理学等方面。在国防体育一体化教学中，心理学的理论指导主要体现在学生的心理素质和行为习惯的培养上。例如，应注重学生的心理健康和情绪管理，提高学生的自律性和团队协作能力。

（三）体育学

体育学是研究体育现象和体育规律的学科，其研究内容包括体育理论、体育教育、体育训练等方面。在国防体育一体化教学中，体育学的理论指导主要体现在体育技能和体能的培养上。例如，应注重学生的体育技能和体能训练，提高学生的体育素养和竞技水平。

二、国防体育一体化教学的实践应用

（一）教育实践

在教育实践中，国防体育一体化教学得到了广泛的应用。例如，在一些学校中，国防体育一体化教学已成为必修课程，旨在培养学生的国防意识和身体素质。教育实践还体现在教学方法和教学内容的创新上，如采用军事体能训练、模拟战斗场景等教学方式，增强学生的国防意识和体能素质。

（二）社会实践

在国防体育一体化教学中，社会实践也是重要的实践应用。例如，一些学校会组织学生参加军事体能比赛、军事训练等实践活动，以增强学生的国防意识和身体素质。社会实践还体现在社会公益活动上，如组织学生参加志愿服务、公益宣传等活动，以提高学生的社会责任感和爱国情怀。

三、国防体育教学与其他学科的关系

国防体育教学是中小学体育教育的重要组成部分，旨在培养学生的国防意识和身体素质，提高学生的国防素养和国家安全意识。与其他学科的关系密切，具体表现在以下几个方面：

（一）国防体育教学与国家安全密切相关

国家安全是一个国家生存和发展的重要保障，而国防体育教学可以帮助学生了解国家安全的重要性，增强国家安全意识。国防体育教学还可以培养学生的身体素质和战斗能力，提高他们应对突发事件和战争的能力，从而保障国家安全。

（二）国防体育教学与青少年身心发展密切相关

青少年是国家的未来，他们的身心健康是国家和民族发展的重要基础。国防体育教学可以帮助学生保持健康的身体和心理状态，增强他们的体质和免疫力，提高他们的抗压能力和适应能力，从而促进青少年的全面发展。

（三）国防体育教学与团队合作密切相关

团队合作是现代社会中不可或缺的一部分，国防体育教学可以帮助学生培养团队合作精神和团队协作能力。在国防体育教学中，学生需要相互配合，共同完成各种任务，这可以培养他们的团队意识和协作能力，提高他们的沟通能力，从而在团队合作中更好地发挥作用。

国防体育教学与其他学科的关系非常密切，它不仅可以提高学生的身体素质和国家安全意识，还可以促进学生的全面发展，培养他们的团队合作精神和团队协作能力。因此，在中小学体育教育中，国防体育教学是非常重要的一部分，应该得到充分的重视和推广。

四、国防体育一体化教学的优势

（一）提高学生身体素质

国防体育一体化教学注重学生的身体素质和体能训练，通过体育锻炼的方式，提高学生的身体素质和体能，增强学生的身体素质和免疫力，提高学生的运动能力和体能素质。

（二）培养团队合作精神

国防体育一体化教学注重团队协作和集体主义精神，通过团队训练和比赛，培养学生的团队合作意识和集体主义精神，提高学生的协作能力和沟通能力，培养学生的集体荣誉感和责任感。

（三）增强学生的国防意识

国防体育一体化教学注重国防教育的融入，通过体育教育的方式，增强学生的国防意识和国防素养，让学生了解国防知识和国防技能，增强学生的国防意识和国家安全意识。

五、国防体育一体化教学存在的问题

（一）教学资源不足

国防体育一体化教学需要大量的体育场地、器材和师资力量，但是现有的教学资源往往无法满足教学需求，导致教学效果不佳。

（二）师资力量薄弱

国防体育一体化教学需要大量的体育教师和教练员，但是现有的师资力量往往不

足，导致教学质量低下，无法满足学生的需求。

（三）教学内容单一

国防体育一体化教学需要结合国防教育的内容，但是现有的教学内容往往单一，无法满足学生的需求，导致教学效果不佳。

（四）教学方式单一

国防体育一体化教学需要采用多种教学方式，如课堂教学、实地训练、比赛等，但是现有的教学方式往往单一，无法满足学生的需求，导致教学效果不佳。

综上所述，国防体育一体化教学是一种融合国防教育与体育教育的新型教学模式，具有提高学生身体素质、培养团队合作精神等优势，但同时也存在教学资源不足、师资力量薄弱、教学内容单一、教学方式单一等问题。因此，需要加强教学资源的投入、师资力量的培养、教学内容的丰富和教学方式的多样化，以提高国防体育一体化教学的效果。

六、结论和启示

中小学国防体育一体化教学是必要的，但目前存在一些问题，如教学内容单一、教学方式单一、教师专业水平不足等。因此，有必要加强对中小学国防体育一体化教学的研究，探索更加有效的教学方法和策略，提高教师的素质和能力，以促进中小学国防体育一体化教学的改革和发展。提出的启示和建议主要包括以下几个方面。

（一）注重实践

中小学国防体育一体化教学应该注重实践，将教学内容与实际相结合，增强学生的实践能力和操作能力。教师应该设计一些具有实践性的教学活动，如实地模拟军事训练、户外拓展等，让学生在实践中感受国防体育的魅力，增强学生的国防意识和身体素质。

（二）注重学生个性化发展

中小学国防体育一体化教学应该注重学生个性化发展，尊重学生的差异性和特长，为学生提供更加个性化的教学服务。教师应该根据学生的特点和兴趣，制定不同的教学计划和方法，以满足学生的个性化需求。

（三）加强教师培训

中小学国防体育一体化教学的实施需要一支高素质的教师队伍。因此，应该加强对教师的培训和提高，提高教师的素质和能力，以更好地开展中小学国防教育一体化教学。

（四）加强政策支持

中小学国防体育一体化教学需要政策支持，需要政府和社会各界的关注和支持。因此，应该加强对中小学国防教育一体化教学的政策支持，鼓励和引导各级政府和学校开展中小学国防教育一体化教学。

通过对中小学国防体育一体化教学的研究，提出了一些有益的启示和建议，以促进中小学国防教育一体化教学的改革和发展。

第七章　影响国防教育进中小学体育课程的基本因素与解决措施

随着我国国防安全的日益严峻，加强国防教育已经成为全社会共同的责任。然而，国防教育融入中小学体育课程仍然面临着诸多困难和挑战。加强对国防教育进中小学体育课程的因素及解决措施研究，对于提高国防教育的实效性和普及率具有重要意义。首先，需要明确影响国防教育进中小学体育课程的因素。这些因素可能包括政策法规、教育资源、师资力量、教育观念等。其中，政策法规是推动国防教育进中小学体育课程的基础，但实施过程中可能会面临政策执行不到位、法规规定模糊等问题。教育资源是实施国防教育进中小学体育课程的重要保障，但我国现有的教育资源分布不均，部分地区缺乏足够的体育设施和器材。师资力量是国防教育进中小学体育课程的关键，但目前我国体育教师队伍的素质参差不齐，缺乏专业军事教育知识的教师比例较高。教育观念是影响国防教育进中小学体育课程的重要因素，一些学校和家长可能认为体育课程与国防教育无关，导致国防教育进中小学体育课程的实施困难。为了解决这些影响因素，我们需要采取相应的解决措施。首先，完善政策法规，明确国防教育进中小学体育课程的目标、内容和要求，加强政策执行的监督和检查。其次，合理配置教育资源，加大投入，提高体育设施和器材的配备水平，保障国防教育进中小学体育课程的实施。再次，加强师资队伍建设，提高体育教师的军事教育知识水平，培训专业军事教育知识的教师，提升师资力量。最后，改变教育观念，提高学校和家长对国防教育进中小学体育课程的认识和重视，形成全社会共同参与国防教育的良好氛围。总之，影响国防教育进中小学体育课程的因素多样，解决措施也需要综合施策。只有明确了影响因素，并采取相应的解决措施，才能推动国防教育进中小学体育课程的深入实施，提高国防教育的实效性和普及率。

第一节　影响国防教育进中小学体育课程的因素分析

一、政策法规因素

政策法规因素在推动国防教育进入中小学体育课程中起着至关重要的作用。政策法规是推动和规范国防教育进体育课程的基础和保障，需要不断完善和落实。以下将从政策法规的定义、作用和实施方面详细论述。

1. 政策法规的定义和作用

政策法规是指国家或地方政府、相关部门颁布的具有法律效力的规范性文件。政策法规是推动和规范国防教育进体育课程的基础和保障。国防教育是国家安全和发展的重要保障,而体育课程是培养国民身体素质和国防意识的重要途径。因此,政策法规的颁布和实施是推动国防教育进体育课程的重要手段。

政策法规在推动国防教育进体育课程中的作用主要表现在以下几个方面。

(1)规范和指导国防教育进体育课程的实施。政策法规对国防教育进体育课程的目标、内容、方式、时间等方面进行了规范和指导,为国防教育进体育课程的实施提供了明确的方向和标准。

(2)促进国防教育进体育课程的普及和深入。政策法规的颁布和实施可以提高人们对国防教育进体育课程的重视程度,促进其普及和深入。同时,政策法规的实施也可以推动体育教育与国防教育的融合,促进体育教育的发展。

(3)保障国防教育进体育课程的实施质量和效果。政策法规的实施可以对国防教育进体育课程的实施质量进行监督和检查,保障其实施质量和效果。同时,政策法规的实施也可以对国防教育进体育课程的实施效果进行评估和考核,促进其实施效果的提高。

2. 政策法规的实施

政策法规的实施是推动国防教育进体育课程的重要手段。以下从几个方面详细论述政策法规的实施。

(1)制定和完善政策法规。政策法规的制定和完善是推动国防教育进体育课程的重要前提。政府应当根据国家国防教育的战略需求,制定和完善相关政策法规,明确国防教育进体育课程的目标、内容、方式、时间等方面,为国防教育进体育课程的实施提供明确的指导。

(2)加强政策法规的宣传和教育。政策法规的宣传和教育是推动国防教育进体育课程的重要手段。政府应当加强政策法规的宣传和教育,提高人们对国防教育进体育课程的重视程度,促进其普及和深入。

(3)完善政策法规的执行和监督机制。政策法规的执行和监督是推动国防教育进体育课程的重要保障。政府应当完善政策法规的执行和监督机制,加强对国防教育进体育课程的实施质量进行监督和检查,保障其实施质量和效果。

政策法规是推动国防教育进体育课程的基础和保障,需要不断完善和落实。政策法规的制定和完善、宣传和教育、执行和监督机制的完善是推动国防教育进体育课程的重要手段。只有不断完善和落实政策法规,才能更好地推动国防教育进体育课程,为国家安全和发展作出更大的贡献。

二、教育体制因素

教育体制因素是影响国防教育进入中小学体育课程实施的关键因素之一。在当前的教育体制下,国防教育往往被忽视或者被视为次要内容。因此,教育体制的改革和调整是促进国防教育进入体育课程实施的重要手段。

教育体制的改革和调整应该以提高国防教育在教育体系中的地位和作用为目标。对教育政策、课程设置、教学方法等方面进行全面的改革和调整。例如，可以在课程设置中增加国防教育课程，并将其纳入体育课程之中。此外，还可以通过教育政策的支持和引导，鼓励学校和教育机构将国防教育纳入教学内容之中。

除了改革和调整教育体制，还需要加强国防教育的宣传和普及。这可以通过多种途径实现，如开展国防教育活动、组织国防教育宣传月、建立国防教育网站等。这些活动可以提高公众对国防教育的认识和理解，促进国防教育进入体育课程的实施。

教育体制的改革和调整以及国防教育的宣传和普及是促进国防教育进入中小学体育课程实施的关键因素。只有通过全面的改革和调整，加强国防教育的宣传和普及，才能使国防教育真正成为体育课程的一部分，从而增强学生的国防意识和身体素质，为国家的安全和发展作出贡献。

三、师资力量因素

在我国中小学体育课程中，国防教育已经成为一项重要的教育内容。然而，在实施过程中，师资力量因素成为推进国防教育进体育课程的关键。增强体育教师的国防教育意识和能力，不仅有助于提升体育课程的质量，更是实现国防教育目标的重要保障。

首先，体育教师作为体育课程的主要实施者，其对国防教育的理解和认识直接影响着课程的实施效果。因此，增强体育教师的国防教育意识和能力，是推进国防教育进体育课程的首要任务。其次，体育教师在教学过程中，需要将国防教育理念融入体育教学中，以增强学生的国防意识。然而，这需要体育教师具备一定的国防教育知识和能力。因此，加强体育教师的国防教育培训，增强其国防教育意识和能力，是推进国防教育进体育课程的必要条件。此外，为了增强体育教师的国防教育意识和能力，教育部门应当制定相应的培训计划，定期组织体育教师参加国防教育培训。同时，还应当鼓励体育教师积极参与国防教育相关活动，通过实践锻炼，增强其国防教育意识和能力。最后，学校应当加强对体育教师的激励机制，鼓励其在国防教育进体育课程中发挥积极作用。通过设立奖励制度，对表现突出的体育教师给予奖励，激发其参与国防教育进体育课程的积极性和热情。

总之，增强体育教师的国防教育意识和能力，是推进国防教育进体育课程的关键。教育部门、学校和社会应当共同努力，通过制定培训计划、加大培训力度、设立奖励制度等措施，增强体育教师的国防教育意识和能力，为推进国防教育进体育课程提供有力保障。

四、家长与社会的期望因素

在国防教育进中小学体育课程的实施过程中，家长和社会的期望因素扮演着至关重要的角色。家长与社会的期望不仅直接影响着国防教育的质量，而且还会推动学校和社会力量共同参与国防教育进体育课程的实施。

首先，家长对国防教育的期望是影响国防教育进体育课程实施的重要因素。在当前社会背景下，国家安全和国防意识越来越受到重视，家长对子女的国防教育有着更高的期望。希望学校能够将国防教育纳入体育课程，通过体育教育培养子女的国防意识和爱国情怀。同时，家长还希望学校能够提供丰富的国防教育资源，如组织国防教育活动、邀请专业人士举办讲座等，以提高子女的国防素养。其次，社会的期望也对国防教育进体育课程实施产生影响。随着国家对国防教育的重视，社会对国防教育的期望也越来越高。社会期望学校能够将国防教育纳入体育课程，通过体育教育培养学生的国防意识和爱国情怀。同时，社会还期望学校能够加强与国防教育相关的实践活动，如组织学生参观军事基地、参加国防知识竞赛等，以增强学生的国防意识。此外，社会还期望学校能够加强与国防教育相关的师资培训，增强教师的国防教育意识和教学能力，以确保国防教育进体育课程的实施质量。

为了满足家长和社会的期望，学校和社会应采取一系列措施共同推进国防教育进体育课程的实施。首先，学校应当加强与家长、社会的沟通，了解他们对国防教育的期望，并积极回应他们的关切。通过家长座谈会、公开信等形式，向家长和社会通报国防教育进体育课程的实施情况，听取他们的意见和建议。同时，学校还应主动邀请家长和社会参与国防教育活动，共同推动国防教育进体育课程的实施。其次，学校应当加强国防教育进体育课程的师资培训，增强教师的国防教育意识和教学能力。学校应当定期组织教师参加国防教育培训，增强教师的国防教育意识和教学能力。同时，学校还应鼓励教师参加国防教育相关的竞赛和研讨会，以提高他们的教学水平。此外，学校还应当加强与国防教育相关的教材建设，确保国防教育进体育课程的实施质量。最后，学校应当加强与国防教育相关的实践活动，增强学生的国防意识。学校应当组织学生参观军事基地、参加国防知识竞赛等实践活动，以增强学生的国防意识。同时，学校还应当加强与国防教育相关的课程设置，如开设国防教育选修课、组织国防教育主题活动等，以提高学生的国防素养。

总之，家长和社会的期望是推动国防教育进体育课程实施的重要因素。为了满足他们的期望，学校和社会应当采取一系列措施共同推进国防教育进体育课程的实施。通过加强与家长、社会的沟通、增强教师的国防教育意识和教学能力以及加强国防教育相关的实践活动，学校和社会能够共同推动国防教育进体育课程的实施，培养学生的国防意识和爱国情怀。

五、体育课程设置因素

体育课程在中小学教育中扮演着至关重要的角色，不仅可以促进学生的身体健康，还可以培养他们的意志力、团队精神和领导力等综合素质。然而，当前的体育课程设置中，国防教育相关内容的比重较低，导致国防教育在体育课程中的实施效果不理想。因此，本书将探讨影响国防教育进中小学体育课程的基本因素，并提出相应的解决措施，以提高国防教育在体育课程中的实施效果。

（一）体育课程设置因素

体育课程的设置需要考虑多种因素，其中最重要的因素包括课程目标、课程内容、课程时间、课程地点、课程形式和课程评价等。针对国防教育进中小学体育课程的设置，以下几个因素需要特别关注：

1. 课程目标

体育课程的设置应该与学校的总体教育目标相一致，同时要注重国防教育内容的比重，以培养学生的国防意识和爱国情怀。

2. 课程内容

体育课程的内容应该包括国防教育相关内容，如在体育课上进行国防教育宣传、讲解国防知识、开展国防教育实践活动等。

3. 课程时间

体育课程的时间应该合理分配，以确保国防教育内容的实施和体育训练的平衡。例如，可以在体育课上安排一定的时间进行国防教育宣传，同时保证学生的体育训练时间。

4. 课程地点

体育课程的地点应该多样化，以满足学生的不同需求。例如，可以组织学生到校外的国防教育基地进行实地参观，以增强学生的国防意识。

5. 课程形式

体育课程的形式应该多样化，以吸引学生的兴趣和参与度。例如，可以组织国防知识竞赛、国防主题的运动会等活动，以增强学生的国防意识和爱国情怀。

6. 课程评价

体育课程的评价应该注重国防教育相关内容的比重，以评估学生对国防教育的了解和理解程度。

（二）提高国防教育进体育课程的实施效果

针对以上体育课程设置因素，提出以下解决措施，以提高国防教育在体育课程中的实施效果。

1. 加强师资培训

体育教师应该加强国防教育相关内容的培训，以提高他们在体育课程中进行国防教育的能力。

2. 加强课程设计

体育课程的设计应该充分考虑国防教育相关内容的比重，以制定合理的课程内容和时间安排。

3. 开展主题教育活动

体育教师可以组织主题教育，如国防知识竞赛、国防主题的运动会等，以增强学生的国防意识和爱国情怀。

4. 加强课程评价

体育教师应该在课程评价中注重国防教育相关内容的比重，以评估学生对国防教育的了解和理解程度。

综上所述，体育课程的设置需要增加国防教育相关内容的比重，提高国防教育进体育课程的实施效果。针对影响国防教育进中小学体育课程的基本因素，本书部分提出了相应的解决措施，以提高国防教育在体育课程中的实施效果。

六、教学方法与手段因素

教学方法与手段是影响国防教育进入中小学体育课程的重要因素之一。在当前社会背景下，国防教育的重要性日益凸显，将其融入体育课程中，对于培养学生的国防观念、增强学生的身体素质和提高学生的综合素质具有重要的意义。然而，如何将国防教育有效地融入体育课程，提高体育课程的吸引力和学生的参与度，是当前教育工作者面临的一个重要课题。

首先，教学方法与手段的多样化是提高国防教育进入体育课程吸引力的关键。传统的体育教学方法，如示范、讲解、练习等，虽然能够帮助学生掌握体育技能，但对于国防教育的融入效果并不明显。因此，教师应当采用多种教学方法和手段，以提高国防教育进入体育课程的吸引力。例如，可以通过案例教学、情景模拟、角色扮演等方式，让学生在参与体育活动的过程中，了解国防知识，增强国防观念。其次，现代信息技术的发展为国防教育进入体育课程提供了新的手段。教师可以利用多媒体、网络平台等工具，为学生提供丰富的国防教育学习资源。例如，可以通过观看国防教育纪录片、阅读国防教育书籍、参加国防教育活动等方式，让学生在体育课程中，接触到更多的国防知识，提高学生的国防观念。再次，教师应当注重国防教育与体育技能的结合。体育技能的掌握，可以提高学生的身体素质，增强学生的体魄。而国防教育，则可以培养学生的爱国主义情感，增强学生的民族自豪感。因此，教师应当将国防教育与体育技能相结合，通过体育活动，让学生在锻炼身体的同时，接受国防教育，提高学生的国防观念。最后，教师应当注重国防教育与学生的个性发展。每个学生都有自己独特的个性和兴趣，教师应当根据学生的特点，采用不同的教学方法和手段，以提高国防教育进入体育课程的吸引力。例如，对于喜欢运动的学生，教师可以采用运动比赛、体育训练等方式，让学生在运动中接受国防教育；对于喜欢音乐的学生，教师可以采用音乐表演、音乐创作等方式，让学生在音乐中接受国防教育。

教学方法与手段是影响国防教育进入中小学体育课程的重要因素之一。教师应当采用多种教学方法和手段，提高国防教育进入体育课程的吸引力。同时，教师还应当注重国防教育与体育技能的结合，注重国防教育与学生的个性发展，以提高国防教育进入体育课程的效果。

七、国防教育与体育课程的融合程度因素

国防教育与体育课程的融合程度是影响国防教育进中小学体育课程的基本因素之一。国防教育与体育课程的融合程度，将直接影响国防教育的实效性和普及率。因此，探讨国防教育与体育课程融合程度的影响因素以及解决措施，对于提高国防教育的实效性和普及率具有重要意义。

国防教育与体育课程的融合程度受到多种因素的影响。其中，体育课程的设计和实施是影响国防教育与体育课程融合程度的重要因素之一。体育课程的设计应该注重培养学生的身体素质和国防意识，体育课程的实施应该注重国防教育的渗透。如果体育课程的设计和实施能够充分考虑国防教育的因素，那么国防教育与体育课程的融合程度就

会得到提高。其次，教育政策也是影响国防教育与体育课程融合程度的重要因素之一。教育政策应该注重国防教育的普及和实效性，注重体育课程的设计和实施。如果教育政策能够充分考虑国防教育的因素，那么国防教育与体育课程的融合程度就会得到提高。再次，师资力量也是影响国防教育与体育课程融合程度的重要因素之一。师资力量包括教师的专业素质和数量。如果教师的专业素质和数量足够高，那么国防教育与体育课程的融合程度就会得到提高。如果教师的专业素质和数量不足，那么国防教育与体育课程的融合程度就会受到影响。

解决国防教育与体育课程融合程度不高问题的主要措施包括以下几点：

（一）体育课程的设计和实施应该注重培养学生的身体素质和国防意识，体育课程的实施应该注重国防教育的渗透。

（二）教育政策应该注重国防教育的普及和实效性，注重体育课程的设计和实施。

（三）提高教师的素质和数量，确保国防教育与体育课程的融合程度得到提高。

国防教育与体育课程的融合程度直接影响国防教育的实效性和普及率。因此，应该注重提高国防教育与体育课程的融合程度，并采取相应的措施来解决国防教育与体育课程融合程度不高的现象。

第二节　国防教育进中小学体育课程的解决措施与建议

一、完善政策法规明确国防教育与体育课程的融合要求

国防教育是国家安全和发展的重要基石，体育课程是中小学教育的重要组成部分。将国防教育与体育课程融合，不仅有助于增强学生的身体素质和国防意识，还可以培养学生的爱国主义情感和集体主义精神。然而，当前国防教育进体育课程的实施仍然存在一些问题，需要通过完善政策法规来规范和推动其发展。

（一）完善政策法规是推动国防教育进体育课程实施的关键

政策法规的制定需要明确国防教育与体育课程的融合要求，确保国防教育在体育课程中的有效实施。目前，我国已经有一些相关的政策法规，如《国防教育法》《体育法》等，但还需要进一步明确国防教育与体育课程融合的具体要求，如在体育课程中如何融入国防教育内容、如何评估学生的国防教育情况等。

（二）制定明确的政策法规还需要规范国防教育进体育课程的实施

政策法规的制定需要充分考虑国防教育与体育课程的特点和实际情况，制定出切实可行的规定和措施。例如，政策法规可以规定国防教育进体育课程的课时、内容、方式等，明确国防教育与体育课程的关系和地位，规范体育教师在教学中的行为和责任。

（三）政策法规的制定还需要加强监管和评估

在政策法规制定后，需要加强对其执行情况的监管和评估，确保国防教育进体育课程的实施得到有效落实。例如，可以通过定期检查、评估和考核等方式，对体育教师的教学质量和学生的国防教育情况进行评估，及时发现问题并采取措施加以解决。

完善政策法规明确国防教育与体育课程的融合要求制定明确的政策法规，规范国防教育进体育课程的实施，是推动国防教育进体育课程发展的重要手段。政策法规的制定需要充分考虑国防教育与体育课程的特点和实际情况，制定出切实可行的规定和措施，并加强监管和评估，以确保国防教育进体育课程的有效实施。

二、优化教育体制确保国防教育进体育课程的实施

国防教育进中小学体育课程是我国学校教育的一项重要任务，对于增强学生的国防意识、身体素质以及培养爱国主义精神具有重要意义。然而，在实际操作过程中，国防教育进体育课程的实施效果受到多种因素的影响，其中教育体制的优化是关键因素之一。从教育体制优化的角度出发，探讨如何确保国防教育进体育课程的实施以及提高其实施效果。

教育体制的改革和调整是确保国防教育进体育课程实施的基础。教育体制的改革和调整应充分考虑国防教育的特殊性，将国防教育与体育课程有机融合。一方面，应将国防教育纳入体育课程的教学内容，通过体育课程的学习，使学生了解国家安全、国防建设的重要性，增强国防意识。另一方面，应将体育课程与国防教育相结合，以体育活动为载体，培养学生的爱国主义精神，提高学生的身体素质。教育体制的改革和调整应注重教育资源的整合。国防教育进体育课程的实施需要充足的师资、教材和场地等资源。因此，教育体制的改革和调整应注重资源的整合，确保国防教育进体育课程的实施能够得到充分的保障。例如，可以设立国防教育专项基金，用于支持国防教育进体育课程的实施；加强与国防教育相关的学科和专业建设，为国防教育进体育课程的实施提供人才支持。教育体制的改革和调整应注重教育政策的制定和实施。教育政策是确保国防教育进体育课程实施的重要保障。教育政策应明确国防教育进体育课程的目标、内容和要求，确保国防教育进体育课程的实施能够有序、有效地进行。同时，教育政策还应加强对国防教育进体育课程实施情况的监督和检查，确保国防教育进体育课程的实施能够真正落到实处。最后，教育体制的改革和调整应注重教育与社会各界的合作。国防教育进体育课程的实施需要社会各界的支持和参与。教育体制的改革和调整应注重与社会各界的合作，共同推进国防教育进体育课程的实施。例如，可以加强与国防教育相关部门的合作，共同制定国防教育进体育课程的教学大纲和教材；加强与企业、社会组织和个人的合作，共同开展国防教育活动，提高国防教育进体育课程的实施效果。

教育体制的改革和调整是确保国防教育进体育课程实施的基础和关键。只有通过教育体制的改革和调整，才能真正实现国防教育进体育课程的目标，提高国防教育进体育课程的实施效果。

三、加强师资培训提高体育教师开展国防教育的能力

国防教育在我国中小学体育课程中占有重要地位，然而，教师队伍在开展国防教育方面的能力却存在一定的不足。因此，加强师资培训，提高体育教师开展国防教育的能力，成为当前中小学体育课程改革的重要任务。实际工作中应从以下几个方面加强师资培训、提高体育教师开展国防教育能力的措施。

（一）加大对体育教师的国防教育培训力度

通过定期举办国防教育培训班、研讨会等形式，使体育教师深入了解国防教育的重要性，掌握国防教育的相关知识和技能。此外，还可以组织实地考察、模拟演练等活动，使体育教师在实际操作中提高国防教育能力。

（二）建立健全教师培训制度

完善体育教师培训体系，明确培训目标、内容和要求，确保培训工作有序进行。同时，建立激励机制，鼓励体育教师参加培训，提高其培训积极性。

（三）提高培训质量

在培训过程中，注重理论与实践相结合，注重培养体育教师的实际操作能力。此外，要注重培训效果的评估，对培训效果进行科学、客观的评价，以提高培训质量。

（四）注重培训师资队伍建设

选拔一批具有丰富经验和专业知识的体育教师担任培训师，提高培训师资队伍的整体素质。同时，注重培训师资的培训和发展，提高其开展国防教育的能力。

（五）加强培训教材建设

编写适用于体育教师的国防教育教材，使其能够更好地开展国防教育活动。此外，要定期更新教材，使其适应时代发展的需要。

（六）加强师资培训的国际合作

通过与国际相关机构的合作，引进国际先进的国防教育理念和方法，提高我国体育教师的国防教育能力。

总之，加强师资培训，提高体育教师开展国防教育的能力，是推动我国中小学体育课程改革的重要手段。只有通过采取有效的措施，提高体育教师开展国防教育的能力，才能更好地实现国防教育的普及和深入。

四、加强家校合作形成共同关注国防教育的合力

国防教育在我国的教育体系中占有重要地位，对于培养学生的国防意识和爱国情怀具有不可替代的作用。然而，在中小学体育课程中，国防教育的实施却面临着诸多困难。为了更好地推进国防教育进体育课程，家校合作成了一个不可或缺的因素。

（一）家校合作是推动国防教育进体育课程实施的重要手段

学校作为国防教育的主要实施场所，需要加强国防教育的宣传和推广，让家长和学生了解国防教育的意义和价值。而家长作为学生的监护人，也需要关注国防教育，了解国防教育的内容和目标，并积极参与国防教育的实施。只有家校双方都重视国防教育，才能够形成合力，共同推进国防教育进体育课程的实施。

（二）家校合作需要加强沟通与合作

学校应该定期向家长发送国防教育的宣传材料，让家长了解国防教育的进展和成果。同时，学校也应该邀请家长参加国防教育的相关活动，让家长更深入地了解国防教育的意义和价值。而家长也应该积极参与学校组织的国防教育活动，与学校共同推进国防教育进体育课程的实施。只有家校双方加强沟通与合作，才能够形成合力，共同推进国防教育进体育课程的实施。

（三）家校合作需要共同关注国防教育进体育课程的实施

学校应该定期向家长汇报国防教育进体育课程的实施情况，让家长了解国防教育进体育课程的进展和成果。同时，学校也应该邀请家长参与国防教育进体育课程的实施，让家长深入了解国防教育进体育课程的内容和目标。而家长也应该关注国防教育进体育课程的实施情况，积极参与国防教育进体育课程的实施，为学生营造良好的学习氛围。只有家校双方共同关注国防教育进体育课程的实施，才能够形成合力，共同推进国防教育进体育课程的实施。

总之，家校合作是推动国防教育进体育课程实施的重要手段。学校需要加强国防教育的宣传和推广，让家长和学生了解国防教育的意义和价值；家长需要积极参与国防教育，了解国防教育的内容和目标，并积极参与国防教育的实施。只有家校双方都重视国防教育，才能够形成合力，共同推进国防教育进体育课程的实施。

五、丰富体育课程设置增加国防教育相关内容的比重

国防教育是国家安全的重要组成部分，对于增强国民的国防意识和国防素质具有重要意义。然而，在当前的中小学体育课程中，国防教育相关内容的比重并不高，导致国防教育的实施效果受到一定程度的影响。为了提高国防教育在体育课程中的实施效果，丰富体育课程设置，增加国防教育相关内容的比重显得尤为重要。

丰富体育课程设置，提高国防教育相关内容的比重，能抬升其在体育课程中的地位。当下中小学体育课程里，国防教育内容常遭漠视，致施行成效不佳。增加比重能增进学生对国防教育的兴趣和参与度，强化实施效果。课程中的国防教育内容过于笼统，提高比重能增强针对性和实用性，提升效果。同时，因相关内容缺乏社会效益而难以引发广泛关注，增加比重可改善这一状况，增强效果。

丰富体育课程设置，增加国防教育相关内容的比重，在体育课程设置中增加国防教育相关内容的比重，可以提高国防教育进体育课程的实施效果。为了实现这一目标，有必要采取一系列措施，如加强国防教育相关内容的教材建设，提高体育教师对国防教育的认识和重视程度，加强国防教育与体育课程的融合等。只有通过这些措施的实施，才能真正提高国防教育在体育课程中的实施效果，为增强国民的国防意识和国防素质作出贡献。

六、改进教学方法提高国防教育在体育课程中的吸引力

国防教育在我国的教育体系中占有重要的地位，然而，在中小学体育课程中，国防教育的实施却面临一定的困难。如何提高国防教育在体育课程中的吸引力，是当前亟待解决的问题。

教学方法的改进是提高国防教育在体育课程中吸引力的关键。传统的国防教育方式往往过于枯燥，难以引起学生的兴趣。因此，我们需要采用多种教学方法和手段，以提高国防教育在体育课程中的吸引力。一种有效的教学方法是结合体育课程的内容进行国防教育。例如，在体育课中进行队列训练时，可以讲解军队的纪律和队列要求，让学生在实际的训练中体验到国防教育的意义。另一种有效的教学方法是利用多媒体技术进

行国防教育。例如，可以通过观看国防教育视频、阅读国防教育书籍等方式，让学生更加直观地了解国防教育的重要性。此外，还可以通过组织国防教育主题活动，提高国防教育在体育课程中的吸引力。例如，可以组织国防教育知识竞赛、国防教育主题班会等活动，让学生在参与中更加深入地了解国防教育。除了改进教学方法，提高国防教育在体育课程中的吸引力，还需要从制度上进行改革。例如，可以设立国防教育体育课程，将国防教育纳入体育课程的教学内容中，确保国防教育在体育课程中的地位。

改进教学方法和提高国防教育在体育课程中的吸引力，是当前提高国防教育在中小学体育课程中实施的关键。只有通过多种教学方法和手段的运用，以及制度上的改革，才能使国防教育在体育课程中得到更好的实施，从而提高国防教育的实效性。

七、加强国防教育与体育课程的融合形成全方位的教育体系

国防教育与体育课程的融合已经成为我国中小学教育中不可或缺的一部分。在当前国家安全和发展战略背景下，加强国防教育与体育课程的融合，形成全方位的教育体系，对于提高中小学生综合素质、培养社会主义建设者和接班人具有重大意义。国防教育与体育课程融合，能形成全方位的教育体系。主要体现在以下三个方面。

（一）国防教育与体育课程融合有利于提高学生的综合素质

在现代社会，国家安全和发展战略的实现离不开全体国民的积极参与和贡献。因此，加强国防教育与体育课程的融合，有助于培养学生具备强烈的爱国主义情怀和民族自豪感，提高学生的国防观念和国家安全意识。同时，体育课程的训练和锻炼有助于培养学生的身体素质、心理素质和团队合作精神，提高学生在面对困难和挑战时的应对能力，为国家安全和发展战略的实现奠定基础。

（二）国防教育与体育课程融合有助于培养学生的家国情怀

体育课程中的很多项目都蕴含着国防教育的元素，如射击、手榴弹、战术等。通过这些项目的训练，学生可以了解和感受到国防教育的严肃性和重要性，从而增强对国家的认同感和归属感。同时，国防教育与体育课程融合有助于培养学生的家国情怀，使学生在享受体育运动的快乐的同时，更加珍惜和热爱自己的国家。

（三）国防教育与体育课程融合有助于形成全方位的教育体系

当前，我国已经形成了一个由家庭教育、学校教育和社会教育组成的全方位教育体系。国防教育与体育课程融合，可以进一步丰富和完善这一教育体系，提高教育的整体质量和效益。同时，国防教育与体育课程融合也有助于形成全民参与、全民支持的国家安全教育体系，增强全社会的安全意识和应急能力。国防教育与体育课程融合需要政府、学校、家庭和社会的共同参与。政府应加大投入，完善相关政策，为国防教育与体育课程融合提供有力保障。学校应积极探索和实践，将国防教育与体育课程融合纳入教育教学体系，提高教育质量。家庭应关注学生的成长，支持学校开展国防教育与体育课程融合工作。社会应积极参与，共同营造全民关心、支持国防教育的良好氛围。

加强国防教育与体育课程的融合，形成全方位的教育体系，是我国中小学教育发展的重要方向。通过国防教育与体育课程的深度融合，可以培养学生的综合素质、家国

情怀，形成全民参与、全民支持的国家安全教育体系，为我国国家安全和发展战略的实现提供有力支持。

第三节 主要结论与解决措施

一、主要结论

国防教育在我国的教育体系中占有重要的地位，其对增强全民国防意识和增强民族凝聚力具有不可替代的作用。然而，在当前的中小学体育课程中，国防教育的融入程度并不高，影响了国防教育的普及和深化。为了推进国防教育进中小学体育课程，需要深入分析影响国防教育进体育课程的因素，并提出相应的解决措施。深入分析了影响国防教育进中小学体育课程的因素发现，影响因素主要包括以下几个方面。

首先，教育政策法规。我国的国防教育政策法规对于国防教育进中小学体育课程的实施具有重要的指导作用。然而，当前我国相关法律法规对于国防教育进体育课程的具体实施方式、课程内容、教学方式等并没有明确的规定，导致国防教育在体育课程中的融入程度不高。其次，教师教育水平。教师是国防教育进中小学体育课程实施的主体，其教育水平直接影响了国防教育进体育课程的实施效果。然而，当前我国中小学体育教师的军事理论教育、国防教育知识和技能水平普遍较低，影响了国防教育进体育课程的实施效果。再次，学校体育课程设置。学校体育课程设置直接影响着国防教育进体育课程的实施。然而，当前我国中小学体育课程设置普遍偏重于技能培训，忽视了国防教育的融入，导致国防教育进体育课程的实施受到限制。最后，家长和社会观念。家长和社会观念对于国防教育进中小学体育课程的实施具有重要的影响。然而，当前我国家长和社会普遍认为体育课程应以技能培训为主，忽视了国防教育的重要性，导致国防教育进体育课程的实施受到限制。

二、解决措施

针对以上影响因素，本研究提出了一系列相应的解决措施，以推进国防教育进中小学体育课程。首先，应完善国防教育政策法规，明确国防教育进体育课程的具体实施方式、课程内容、教学方式等，为国防教育进体育课程的实施提供法律依据。其次，应加强教师教育，提高教师的教育水平，包括军事理论教育、国防教育知识和技能水平等，以提高国防教育进体育课程的实施效果。再次，应调整学校体育课程设置，将国防教育融入体育课程，以提高国防教育进体育课程的实施效果。最后，应加强家长和社会的教育引导，提高家长和社会对国防教育的认识，以形成支持国防教育进体育课程的社会氛围。

综上所述，影响国防教育进中小学体育课程的因素多样，需要从政策法规、教师教育、学校体育课程设置、家长和社会观念等多个方面进行解决。只有通过全面深入的分析，提出有针对性的解决措施，才能推进国防教育进中小学体育课程，提高国防教育的普及和深化。

三、教育实践的启示

（一）强调了国防教育在体育课程中的重要地位

在当前国家安全和发展战略背景下，国防教育已经成为我国教育体系的重要组成部分。将国防教育融入体育课程，有助于培养学生的国防意识和爱国主义精神，增强学生的国防观念和国家安全意识。因此，教育实践应当注重国防教育的融入，提高学生的国防素质。

（二）强调了体育课程在国防教育中的重要作用

体育课程作为学生日常学习生活的重要组成部分，具有塑造学生身体素质、培养团队合作精神和增强学生心理素质等功能。将国防教育融入体育课程，可以有效提升学生的身体素质，增强学生的体能和抗压能力，从而更好地服务于国防事业。因此，教育实践应当重视体育课程在国防教育中的作用，探索将国防教育与体育课程相结合的有效途径。

（三）提出了一系列推动国防教育进体育课程的实施策略

这些策略包括加强政策支持、完善教育体系、创新教育方式等。这些策略为教育实践提供了有益的借鉴和参考，有助于推动国防教育进体育课程的实施。因此，教育实践应当借鉴本研究的实施策略，积极探索国防教育进体育课程的有效途径。

（四）还强调了教育实践中的创新与实践

本研究在理论研究的基础上，紧密结合实际教育场景，探讨了国防教育进体育课程的实施策略。这种研究方法和实践探索，为教育实践提供了有益的启示，有助于推动教育实践的创新与发展。因此，教育实践应当借鉴本研究的创新实践方法，积极探索国防教育进体育课程的新途径。

对教育实践具有重要的启示作用，有助于推动国防教育进体育课程的实施，增强学生的国防意识和身体素质。教育实践应当借鉴本研究的启示，积极探索国防教育进体育课程的有效途径，推动教育实践的创新与发展。

第八章　国防教育进中小学体育课程体系的建设和开发的基本步骤

近年来，我国中小学体育课程体系得到了长足的发展。体育课程体系的建设与开发需要遵循一定的步骤，以确保课程的科学性、系统性和完整性。国防教育作为国家安全的重要组成部分，近年来在我国得到了前所未有的重视。在当前国际形势下，国防教育不仅是提高国民素质、培养民族精神的重要手段，更是维护国家主权、安全和发展利益的关键因素。中小学阶段是国防教育的基础阶段，因此，深入研究国防教育在中小学体育课程体系中的建设与开发，对于提高学生的国防观念、培养学生的爱国主义情感具有重要意义。

（一）明确国防教育的目标

国防教育的目标是提高学生的国防观念，培养学生的爱国主义情感，增强学生的国防意识和集体主义精神。在中小学体育课程体系中，国防教育应将爱国主义教育、集体主义教育、国防法规教育等有机地融入体育课程中，通过体育活动的形式，使学生在锻炼身体的同时，接受国防教育，提高国防素质。

（二）构建科学合理的国防教育课程体系

国防教育课程体系应包括国防法规教育、爱国主义教育、国防意识教育、军事技能教育等内容。课程体系应根据学生的年龄、性别、兴趣等因素进行调整，以满足不同学生的需求。此外，课程体系还应注重课程内容的更新和拓展，以适应国防教育的最新要求。

（三）加强国防教育师资队伍建设

师资队伍是国防教育课程建设与开发的关键因素。学校应重视教师的选拔和培训，选拔具有一定国防教育知识和实践经验的教师，并定期组织教师参加国防教育课程建设与开发的相关培训。此外，学校还应加强教师之间的交流与合作，以提高国防教育课程建设的整体水平。

（四）注重国防教育课程的实践性

国防教育课程应注重实践性，通过组织学生参加军事技能训练、爱国主义教育活动等形式，使学生在实际操作中接受国防教育，提高国防素质。同时，学校还应加强与军队、国防科研单位的联系，为学生提供更多的实践机会。

（五）加强国防教育课程的评价与反馈

课程评价是课程建设与开发的重要环节，应建立科学、合理的评价体系，对国防教育课程进行定期评价。评价结果应作为课程调整和优化的依据，以提高国防教育课程的实效性。

总之，国防教育在当前社会中的重要性不言而喻。在中小学体育课程体系中，国防教育应将爱国主义教育、集体主义教育、国防法规教育等有机地融入体育课程中，通过科学合理的课程体系、强大的师资队伍、实践性课程、评价与反馈等环节，为我国中小学学生提供全面的国防教育。

第一节　国防教育进中小学体育课程体系的建设和开发的意义

国防教育是一种针对全体国民的教育形式，旨在增强国民的国防意识和爱国主义精神，提高国民的国防素质和国家安全保障能力[1]。国防教育的定义是指通过教育手段，对国民进行国防意识和爱国主义精神的培养，提高国民的国防素质和国家安全保障能力的教育活动。国防教育在我国的发展历程中，经历了从无到有、从小到大的发展过程。最初，国防教育主要是以军事训练和军事教育为主要形式，后来逐渐演变为包括国防知识、国防技能、国防意识等方面的教育内容。目前，国防教育已经成为我国教育体系中不可或缺的一部分，在提高国民国防意识和国家安全保障能力方面发挥了重要作用。在中小学体育课程体系中，国防教育也是非常重要的内容。体育课程是中小学教育的重要组成部分，不仅可以提高学生的身体素质，还可以培养学生的团队合作精神和体育精神。在体育课程中加入国防教育内容，可以增强学生的国防意识和国家安全保障能力，增强学生的爱国情怀和民族自豪感。同时，国防教育内容也可以在体育课程中得到更好的实践和应用，如射击、射箭、格斗等体育项目，可以模拟战争场景，让学生在体育活动中体验国防教育的意义和价值。

国防教育进中小学体育课程体系的建设和开发的基本步骤可以分为以下几个方面：

（一）确定国防教育的内容和目标

包括国防知识、国防技能、国防意识等方面。

（二）设计体育课程中的国防教育内容

包括教学内容、教学方法、教学评价等方面。

（三）组织体育教师进行国防教育培训

提高教师的教学能力和国防教育意识。

（四）开展体育课程中的国防教育教学实践

包括课堂教学、课外活动、竞赛等方面。

（五）建立国防教育体育课程的评价体系

包括教学效果评价、学生评价、教师评价等方面。

国防教育进中小学体育课程体系的建设和开发是一个系统工程，需要从多个方面

---

[1] 杨晓光. 陕西省高校国防生体育课程体系的研究［D］. 长春：东北师范大学，2012.

进行设计和实施，才能取得良好的效果。

第二节　国防教育进中小学体育课程体系的建设和开发的作用

国防教育进中小学体育课程体系的建设与开发是一项系统工程，基本步骤涵盖：明确目标、剖析现状、拟定策略、设计课程、开展评价及持续改进。本书将从体育课程体系的作用剖析其在中小学教育中的重要性，以及与国防教育的关联等方面展开详述。一方面，体育课程体系于中小学教育意义重大。它不仅能帮助学生提升身体素质、增强体质，还能培养学生的团队合作与竞技能力，提高自信与自尊。同时，能培育学生的领导才能与决策能力，使其拥有一定组织和管理能力。另一方面，体育课程体系与国防教育联系紧密。其重要性不仅体现于学生的全面素质教育，还在于对学生国防素质的培育。借由体育课程体系，学生能习得部分国防知识，如国防常识、军事技能等，进而增强国防意识与观念。然而，当下我国中小学体育课程体系在国防教育方面的建设存有一些问题。首先，国防教育内容不够丰富，缺乏针对性与实用性。其次，教学方法不够多元，欠缺趣味性与创新性。另外，师资力量不够雄厚，缺乏专业性与针对性。

针对以上问题，我们需要采取一些措施来加强中小学体育课程体系在国防教育方面的建设。一方面，我们应该丰富体育课程体系在国防教育方面的内容，使其更加具有针对性和实用性。另一方面，我们应该采用多样化的教学方法，提高体育课程体系在国防教育方面的趣味性和创新性。此外，我们还应该加强体育课程体系在国防教育方面的师资力量，提高其专业性和针对性。总之，国防教育进中小学体育课程体系的建设和开发是一个重要的任务，需要我们认真对待。只有加强体育课程体系在国防教育方面的建设，才能更好地提高学生的身体素质，增强学生的国防意识，培养学生的团队合作精神和竞技能力，提高学生的自信心和自尊心。

第三节　国防教育进中小学体育课程体系的建设和开发现状分析

（一）国防教育进中小学体育课程体系的建设和开发基本情况

国防教育进中小学体育课程体系的建设与开发是一个涉及多学科、多领域、多层面的综合性工程，对于增强我国青少年的国防意识和身体素质具有重要意义。本研究旨在梳理国内外关于国防教育进中小学体育课程体系的研究成果和发展趋势，为相关领域的研究和实践提供有益的借鉴。

从国际视角来看，发达国家如美国、英国、德国等，都将国防教育纳入基础教育体系，通过课程设置、师资培训、教学方法改革等方式，将国防教育与体育课程有机融合。例如，美国的国防教育课程体系涵盖了军事历史、国防政策、国家安全等方面的内容；英国的国防教育则以培养公民国防意识和参与国防事务的能力为目标；德国的国防教育则强调军事爱国主义和国防责任意识。在我国，国防教育进中小学体育课程体系的建设与开发也取得了一定的成果。2001年，我国教育部颁布了《中小学体育课程设置与教学大纲》，明确提出了国防教育在体育课程中的地位和作用。近年来，随着国家安全意识的增强和对国防教育的重视，国防教育进中小学体育课程体系的建设与开发逐渐受到重视。国内关于国防教育进中小学体育课程体系的研究主要集中在以下几个方面：一是研究国防教育进体育课程体系的理论框架和内容体系；二是研究国防教育进体育课程体系的教学方法和策略；三是研究国防教育进体育课程体系的实践案例和评估机制。然而，当前国防教育进中小学体育课程体系的建设与开发仍面临一些挑战。首先，国防教育的普及程度和质量仍有待提高，部分地区的国防教育设施不完善，师资力量不足，影响了国防教育进体育课程体系的实施。其次，体育课程体系与国防教育体系之间的融合仍有待加强，部分体育课程的设计和实施未能充分考虑国防教育的需求。最后，国防教育进体育课程体系的评价机制尚不完善，缺乏科学、系统的评价标准和评价方法。

总之，国防教育进中小学体育课程体系的建设与开发是一个长期、系统的工程，需要政府、学校、教师、家长等多方面的共同努力。未来，应加强国防教育进体育课程体系的理论研究、实践探索和制度建设，以期更好地服务于我国的国防事业和青少年学生的全面发展。

（二）国防教育进中小学体育课程体系的建设和开发存在的问题

国防教育进中小学体育课程体系的建设和开发是一个涉及多个方面的问题，需要深入研究存在的问题、分析现有研究中存在的不足和挑战。当前，中小学体育课程体系中缺乏国防教育的内容是一个较为普遍的问题。虽然有一些研究对这个问题进行了探讨，但多数研究仅停留在理论层面，缺乏实证研究的支持。此外，一些研究在探讨国防教育进体育课程体系的建设时，缺乏对实际情况的深入了解和考虑，导致提出的建议和措施难以实施。现有研究在探讨国防教育进体育课程体系的建设时，缺乏对国防教育与体育课程之间的关系进行深入探讨。国防教育是一种重要的国家安全教育，而体育课程则是一种重要的体育锻炼和教育方式。因此，国防教育与体育课程之间存在着密切的联系，需要深入探讨它们之间的互动关系，以便更好地将国防教育融入体育课程体系中。现有研究在探讨国防教育进体育课程体系的建设时，缺乏对国防教育与体育课程目标之间的关系进行深入探讨。国防教育与体育课程目标之间存在着密切的联系，需要深入探讨它们之间的关系，以便更好地将国防教育融入体育课程体系中。此外，还需要进一步研究如何将国防教育与体育课程目标相结合，以实现更高效的中小学体育课程体系建设和开发。

总之，当前研究在探讨国防教育进中小学体育课程体系的建设和开发时，存在一些问题和挑战。因此，后续研究需要深入探讨这些问题和挑战，以便为国防教育进中小学体育课程体系的建设和开发提供更加科学、合理、有效的建议和措施。

第四节　国防教育进中小学体育课程
体系的建设和开发的基本步骤

（一）确定目标和内容

1. 确定国防教育进中小学体育课程体系的目标基本步骤

国防教育进中小学体育课程体系的建设和开发是一项重要的教育改革，旨在增强学生的国防意识和身体素质。为了确保其有效实施，需要遵循一系列的基本步骤。具体实践工作中应设定明确的目标和内容，以保证国防教育进中小学体育课程体系的有效实施。

在确定目标和内容时，需要考虑以下几个因素：学生的年龄、身体状况、文化背景、兴趣和需求。同时，还需要考虑国防教育的核心价值，如爱国主义、集体主义、荣誉感等。为了设定明确的目标和内容，需要遵循以下步骤。

（1）确定目标层次：需要确定国防教育的目标层次，如短期、中期和长期目标。短期目标通常是为了增强学生的身体素质和国防意识，中期目标则是为了培养学生成为有用的公民，长期目标则是为了塑造学生的国防观念，使其成为有责任的公民。

（2）确定具体目标：在确定了目标层次后，需要进一步确定具体目标。具体目标应该明确、可衡量和可实现。

（3）确定内容层次：在确定了目标和具体目标后，需要进一步确定国防教育进中小学体育课程体系的内容层次。内容层次应该包括基础、进阶和高级三个层次。基础层次的内容应该简单明了，进阶层次的内容应该更深入、更具体，高级层次的内容应该更加复杂、更具挑战性。

（4）确定内容要素：在确定了内容层次后，需要进一步确定国防教育进中小学体育课程体系的内容要素。内容要素应以国防素养家国情怀、忧患意识、英雄气概和国防参与为统领，聚焦国防技能的军事基础体能、基本军事技能和基本战地防护技能三个方面内容，兼顾国防观念和国防知识等国防教育的主要内容，结合中小学生的年龄、身体状况、文化背景、兴趣和需求来确定。

（5）制定教学计划：在确定了目标和内容后，需要制定详细的体育课程计划，并将其纳入中小学体育课程体系中。教学计划应该包括教学目标、教学内容、教学方法和教学评价等。

2. 确定国防教育进中小学体育课程的目标体系

《国防教育进中小学课程教材指南》指出，国防教育在中小学课程教材中育人立意更加精准鲜明，整体布局更加系统完整，主题内容更加凸显。课程教材在提升学生国防素养方面的育人功能显著增强[①]。因此，国防教育的总目标聚焦学生国防素养主要包含以下四个方面。

---

① 中华人民共和国教育部，2021.《国防教育进中小学课程教材指南》[EB/OL].［2021-11-23］. http://jtj. pds.gov.cn/contents/18158/448846.html.

（1）家国情怀。具体表现为对国家的高度认同感、归属感、责任感和使命感；深刻理解国防是每个公民的责任与义务，具有国家和人民利益高于一切、为了国家的富强和中华民族的伟大复兴而奋不顾身的奉献精神。

（2）忧患意识。具体表现为认清国家安全面临的现实挑战和潜在危机，对霸权主义的本质有清醒的认识，知道战争的威胁一直存在，具有防患于未然和"安而不忘危，存而不忘亡，治而不忘乱"的意识，克服和平麻痹思想。

（3）英雄气概。具体表现为崇尚军人的英武，敬仰卫国英雄、革命先烈，自觉向为国防作出突出贡献者看齐，锤炼刚毅、勇敢的品格；敢于面对各种困难和挑战，在国家利益受到威胁、侵犯时能够挺身而出，具有置个人得失、生死于度外的勇气。

（4）国防参与。具体表现为对国防事业的支持和热爱，积极参与军事训练，掌握基本军事技能，主动参加国防科普和科技探究活动、拥军优属活动，养成纪律意识、团队精神，自觉履行国防义务，积极参与国防建设[①]。

结合中小学生的身心发展的特点、运动技能形成规律根据以及体育课程标准的要求，依据《国防教育进中小学课程教材指南》中对国防技能的具体要求，将国防教育进中小学体育课程细化目标为以下几个方面。

①小学阶段。

低年级：发展走、跑、跳、投、支撑、滚动、爬行、钻越、躲避等基本运动技能，重点发展柔韧性与灵敏性，强化纪律教育、团队精神和意志品质训练，培养学生不怕苦、不怕累、耐寒暑、抗风雨的品格与能力。

中年级：进一步加强支撑、跳跃、悬垂、攀登、翻越等基本运动技能训练，重点发展速度与协调性，初步了解止血、包扎等防护救护技能，提高学生环境适应能力，培养学生勇敢和坚毅的精神。

高年级：全面提高学生的一般体能，增加踢打、躲闪、角力、抢夺、负重、越障等运动技能的训练，重点发展速度、肌肉力量和心肺耐力，学习卧倒、匍匐前进、模拟投弹等单兵军事技能和校内定向运动，初步了解固定、搬运等防护救护技能，培养学生顽强、团结精神和合作能力。

②初中阶段。

全面提高学生的一般体能和军事基础体能，重点发展速度、肌肉力量、心肺耐力，开展定向运动，学习具有格斗技术的军体操，学习简易的军事障碍跑技能，进一步训练战地防护救护技能，培养学生勇往直前的品质和崇军尚武精神。

③高中阶段。

全面提高学生的一般体能，开展大型集会、野外活动、紧急疏散相关的集体配合行动训练，加强格斗技能、军事障碍跑、单兵技能训练和野外训练、拉练活动，参与实景性军事游戏与演练，掌握必要的战地防护救护技能，进一步培养刚毅顽强的品质，树立从军卫国志向。

---

① 中华人民共和国教育部，2021.《国防教育进中小学课程教材指南》[EB/OL]．[2021-11-23]．http://jtj.pds.gov.cn/contents/18158/448846.html.

3. 确定国防教育进中小学体育课程的内容体系

体育与健康课程是落实国防教育的核心课程，中小学国防教育进体育与健康课程内容体系的建设需要了解《国防教育进中小学课程教材指南》相关要求，中小学课程教材国防教育内容与体育课程关系密切的国防技能包括军事基础体能、基本军事技能和基本战地防护救护技能三方面的内容。

（1）军事基础体能：包括支撑、越障、攀登、负重、定向运动等需要的力量、速度、耐力、灵敏性、协调性，可通过体能训练提升。

（2）基本军事技能：包括射击、投弹、格斗等保护自己、消灭敌人所需要的技术和能力，可通过模拟作战训练发展。

（3）基本战地防护救护技能：包括使用掩体和人防设施设备等方面的技术和能力，可通过模拟防空袭和核化生武器训练发展；包括止血、包扎、简单固定等方面的技术和能力，可通过模拟战时救护训练发展。[①]

结合《义务教育体育与健康课程标准（2022年版）》《普通高中体育与健康课程标准（2017年版2020年修订）》以及《国防教育进中小学课程教材指南》相关要求，整合国防教育核心素养与体育与健康学科核心素养，强化体育学科与国防教育之间内在联系，要着力加强有关国防技能培养方面的内容。进一步细化国防教育进中小学体育课程的内容体系为以下几个方面：

①小学阶段。

低年级：以《义务教育体育与课程标准（2022年版）》中基本运动技能为主要内容发展学生走、跑、跳、投、支撑、滚动、爬行、钻越、躲避等移动性、非移动性和操控性基本运动技能，重点开展柔韧性与灵敏性的体能训练。开展符合学生身心特点的跨学科主题学习活动，将国防教育与体育与健康课程有机结合，创设的情境以"小小特种兵"为主题，融入走、跑、跳、攀、爬、越等基本运动技能学练，培养学生不怕困难、勇敢顽强的意志品质，激发学生不怕吃苦的精神。

中年级：以《义务教育体育与健康课程标准（2022年版）》中体能、专项运动技能中田径和体操等项目发展学生支撑、跳跃、悬垂、攀登、翻越等基本运动技能训练，重点开展速度与协调性的体能训练。开展军体主题运动会、校内定向运动和军事体育相关内容跨学科主题学习活动，在不同项目情境学练中引导学生扮演战士、消防员等不同角色，发扬中国人民解放军的优良传统教育，促进学生理解发展体能的作用，以及所承担角色任务的重要性。结合健康教育水平二的内容，初步了解止血、包扎等防护救护技能，提高学生环境适应能力，培养学生勇敢和坚毅的精神。

高年级：以《义务教育体育与健康课程标准（2022年版）》中体能、专项运动技能的中华传统体育、新兴体育、体操和田径等项目发展学生踢打、躲闪、角力、抢夺、负重、越障等运动技能的训练，重点开展以速度、肌肉力量和心肺耐力为主的体能训练。运用专项技能中球类项目开展基本的集体配合行动训练，培养学生顽强、团结精神和合

---

① 中华人民共和国教育部，2021.《国防教育进中小学课程教材指南》[EB/OL].[2021-11-23]. http://jtj.pds.gov.cn/contents/18158/448846.html.

作能力。开展军体专题活动、军体运动会及校内定向运动等形式的跨学科主题学习活动，将卧倒、匍匐前进、模拟投弹等单兵军事技能融入跨学科主题学习活动之中，全面提高学生的一般体能。结合健康教育水平三的内容，初步了解固定、搬运等防护救护技能，并与其他学习内容相融合达到灵活运用。

②初中阶段。

以《义务教育体育与健康课程标准（2022年版）》中体能、专项运动技能中的体操、田径、中华传统体育和新兴体育等项目帮助学生掌握具有格斗技术的军体操，简易的军事障碍跑技能，重点发展学生速度、肌肉力量、心肺耐力的体能训练。利用专项技能中球类项目引导学生进行较为复杂、具有实用性的集体配合行动训练。开展军体专题活动、军体运动会、军事体育竞赛等跨学科主题学习活动，全面提高学生的一般体能和军事基础体能。结合健康教育水平四的内容学习战地防护救护技能，培养学生勇往直前的品质和崇军尚武精神。

③高中阶段。

以《普通高中体育与健康课程标准（2017年版2020年修订）》中必修必学的体能和必修选学的武术与民族民间传统体育类、田径类和体操类内容为核心，开展具有实战性的格斗技能、军事障碍跑和单兵技能训练等能力，开展较为正规的野外训练、拉练活动。开展军事训练、模拟性野外生存训练、军体运动会、军事体育竞赛等跨学科主题学习活动，全面提高学生的一般体能，对学生的体能弱项进行针对性锻炼。运用必修选学的球类项目引导学生开展与大型集会、竞赛活动、紧急疏散相关的集体配合行动训练。将必修必学的健康教育内容融入实景性军事游戏与演练，学习必要的战地防护救护技能，进一步培养学生刚毅顽强的品质，树立从军卫国志向。

总之，为了保证国防教育进中小学体育课程体系的有效实施，需要遵循一系列的基本步骤，包括确定目标和内容。在确定目标和内容时，需要考虑学生的年龄、身体状况、文化背景、兴趣和需求，并设定具体、明确、可衡量和可实现的目标。同时，还需要确定内容层次和内容要素，并制定详细的体育课程计划。通过这些步骤，可以确保国防教育进中小学体育课程体系的有效实施，增强学生的国防意识和身体素质。

（二）设计教学计划和课程

国防教育进中小学体育课程体系的建设和开发是一个涉及多方面因素的系统工程，需要经过多个步骤的逐步推进。在设计和制定适合学生的教学计划和课程方面，以下是几个基本步骤：

1. 明确教学目标和内容

在设计和制定适合学生的教学计划和课程之前，需要明确教学目标和内容。教学目标应该包括国防教育的目标，如增强学生的国防意识、提高学生的身体素质等。教学内容应该包括体育课程的各个方面，例如运动技能、身体素质、健康知识等。

2. 制定教学计划和课程大纲

在明确了教学目标和内容之后，需要制定教学计划和课程大纲。教学计划应该包括教学时间、教学内容、教学方法、教学评价等方面。课程大纲应该包括课程名称、课程目标、课程内容、教学方法、教学评价等方面。

3. 制定教学材料和资源

在制定教学计划和课程大纲之后,需要制定教学材料和资源。教学材料应该包括教材、课件、视频、音频、练习题等。资源应该包括场地、器材、设备、网络资源等。

4. 设计和制作教学课件和视频

在制定教学材料和资源之后,需要设计和制作教学课件和视频。教学课件应该根据教学计划和课程大纲的要求,设计出合适的教学内容,并配以适当的图片、图表、动画等。教学视频应该根据教学内容的要求,拍摄出清晰、生动、有趣的教学视频。

5. 制定教学评价标准和方式

在设计和制定适合学生的教学计划和课程之后,需要制定教学评价标准和方式。评价标准应该包括学生的国防意识、身体素质、运动技能、健康知识等方面。评价方式应该包括课堂观察、测试、作业、综合评价等方面。

国防教育进中小学体育课程体系的建设和开发是一个系统工程,需要经过多个步骤的逐步推进。在设计和制定适合学生的教学计划和课程方面,需要明确教学目标和内容,制定教学计划和课程大纲,制定教学材料和资源,设计和制作教学课件和视频,制定教学评价标准和方式,以提高国防教育的实施效果。

(三)实施教学过程和评价

国防教育进中小学体育课程体系的建设和开发是一个涉及多个方面和环节的过程。实施教学过程和评价是其中非常重要的环节,能够检验国防教育进中小学体育课程体系的实际效果,为课程体系的改进和完善提供参考和依据。

在实施教学过程中,教师需要根据国防教育进中小学体育课程体系的教学大纲和教学计划,结合学生的实际情况和体育水平,设计出合适的教学内容和教学方法,并组织学生进行体育训练和实践。教师需要注重培养学生的体育兴趣和爱好,提高学生的体育技能和身体素质,同时也要注重培养学生的国防意识和爱国情怀,让学生在体育训练和实践的过程中,更好地了解国防知识和国家安全意识。

在评价方面,需要采用科学、合理、客观的评价方法和标准,对学生的体育技能和身体素质、国防意识和爱国情怀等方面进行评价。评价方法和标准应该与国防教育进中小学体育课程体系的教学目标和内容相符合,且包括平时考核、期中考试、期末考试、体育技能比赛、国防知识竞赛等多种形式,能够全面、客观地反映学生的实际情况和体育训练的效果。评价结果应该及时反馈给学生和教师,为学生和教师提供改进和提高的参考和依据。

在国防教育进中小学体育课程体系的建设和开发中,实施教学过程和评价是两个不可分割的环节。只有通过科学、合理、客观的评价方法和标准,对学生的体育技能和身体素质、国防意识和爱国情怀等方面进行评价,才能够全面、客观地反映学生的实际情况和体育训练的效果,从而为课程体系的改进和完善提供参考和依据。

(四)改进和完善

在国防教育进中小学体育课程体系的建设和开发过程中,分析在实施过程中遇到的问题和挑战是十分重要的环节。通过深入分析实施过程中出现的问题,可以找出问题根源，进而提出针对性的改进和完善措施，从而提高课程体系的实施效果。

1. 实施过程中可能会出现师资不足的问题

这可能是由于学校体育教师数量有限，或者是教师对国防教育知识的了解和掌握不足。为了解决这个问题，学校可以加强师资培训，提高教师的国防教育知识水平，同时也可以积极引进具有相关知识和经验的师资力量，以弥补师资不足的问题。

2. 实施过程中可能会出现课程内容不完善的问题

这可能是由于课程体系的设计和开发不够完善，或者是课程内容与实际需求不符。为了解决这个问题，学校可以邀请相关专家和教育工作者对课程体系进行评估和修改，确保课程内容符合实际需求，提高课程的实用性和针对性。此外，实施过程中还可能会出现学生参与度不高的问题。这可能是由于课程内容和形式不够吸引学生，或者是学生对国防教育的认识不足。为了解决这个问题，学校可以采用多种教学方法和手段，如引入实际案例、组织实践活动等，以提高学生的参与度和兴趣，从而促进课程体系的实施。最后，实施过程中还可能会出现评价机制不完善的问题。这可能是由于缺乏有效的评价标准和评价方法，或者是评价结果无法客观反映课程实施效果。为了解决这个问题，学校可以制定合理的评价标准和评价方法，确保评价结果客观、公正，从而为课程体系的改进和完善提供有力支持。

总之，在国防教育进中小学体育课程体系的建设和开发过程中，需要深入分析实施过程中出现的问题和挑战，并提出针对性的改进和完善措施，以提高课程体系的实施效果。

第五节　小结与建议

一、国防教育进中小学体育课程体系建设和开发的小结

国防教育是现代国家教育体系的重要组成部分，是保证国家未来安全和发展的重要基础。在中小学体育课程体系中融入国防教育，不仅可以提高学生的身体素质和体育素养，还可以培养学生的国防意识和爱国主义精神，具有重要的意义和价值。

融入国防教育的体育课程可以提高学生的身体素质和体育素养。体育课程是学生日常学习和生活中不可或缺的一部分，是培养学生的身体素质和体育素养的重要途径。在体育课程中融入国防教育，可以让学生在锻炼身体的同时，了解国防知识和国家安全意识，提高身体素质和体育素养。[1]

融入国防教育的体育课程可以培养学生的国防意识和爱国主义精神。国防教育是保证国家未来安全和发展的重要基础，而体育课程是培养学生的爱国主义精神的重要途径。在体育课程中融入国防教育，可以让学生了解国家安全和发展的重要性，增强学生

---

[1] 王英. 新时代中小学国防教育与体育教育融合的课程构建[C]//中国国际科技促进会国际院士联合体工作委员会. 2023年教育理论与实践科研学术研究论坛论文集（四）.[出版者不详]，2023：3.

的国防意识和爱国主义精神。

  融入国防教育的体育课程可以促进学生的全面发展。体育课程不仅可以提高学生的身体素质和体育素养，还可以培养学生的道德品质和社交能力。在体育课程中融入国防教育，可以让学生在锻炼身体的同时，培养自己的道德品质和社交能力，促进学生的全面发展。

  综上所述，国防教育进中小学体育课程体系建设和开发的意义和价值是多方面的，不仅可以提高学生的身体素质和体育素养，还可以培养学生的国防意识和爱国主义精神，促进学生的全面发展。因此，在中小学体育课程体系中融入国防教育是一项重要的工作，需要得到重视和推广。

二、国防教育进中小学体育课程体系建设和开发的建议

  国防教育进中小学体育课程体系建设和开发的基本步骤已经得到了广泛的关注和讨论。在当前国际政治经济环境下，国防教育已经成为一种重要的教育方式，将国防教育纳入中小学体育课程体系建设和开发，不仅可以提高学生的身体素质，还可以增强学生的国防意识和国家安全意识。

  为了更好地实现这一目标，一方面需要根据国家、市相关文件制定一个详细的国防教育进体育课程的标准和教学纲要。这个标准和纲要应该明确地规定国防教育的目标和内容，以及体育课程的具体内容和教学方法。另一方面，需要在中小学体育课程中增加国防教育的内容。这个内容应该包括国防教育的意义、国家安全的重要性、国防意识和国家安全意识的培养等方面。此外，还需要加强对体育教师和教练员的培训和指导，增强他们的国防教育意识和能力。

  在课程设计和开发方面，需要采用一些创新的方法和技术。例如，可以利用虚拟现实、增强现实等技术，为学生提供更加生动、真实的国防教育体验。还可以利用互联网和社交媒体等平台，加强国防教育与体育课程的联系和互动，提高学生的参与度和学习效果。

  在课程实施方面，需要注重学生的个体差异和不同需求。例如，可以根据学生的年龄、性别、身体素质等因素，制定不同的国防教育体育课程计划和教学方案。还可以利用体育竞赛、文化活动等方式，增强国防教育的趣味性和吸引力，提高学生的参与度和学习效果。

  最后，需要加强对国防教育进中小学体育课程体系建设和开发的评估和反馈。可以建立一些评估指标和评价体系，对课程的效果和质量进行评估和反馈。同时，还需要及时调整和优化课程内容和教学方法，以适应学生的需求和变化。

  国防教育进中小学体育课程体系建设和开发是一项系统工程，需要我们采取一系列的措施和步骤，以增强学生的国防意识和国家安全意识，增强学生的身体素质和体育能力。同时，还需要注重课程设计和开发的创新性和科学性，以适应学生的需求和变化，使国防教育进中小学体育课程体系建设和开发真正成为一种有效的教育方式。

第九章　国防教育进中小学体育课程的实施策略模型构建

第一节　国防教育进中小学体育课程的实施策略

国防教育和中小学体育课程的融合，是一个具有重要意义的课题。随着国家安全和民族振兴的需要，国防教育越来越受到重视，而中小学体育课程则肩负着培养青少年运动能力、健康行为和体育品德等学科核心素养的重要任务。因此，将两者融合在一起，既有助于提升学生的国防意识和身体素质，又有助于增强学生的民族自豪感和集体荣誉感。国防教育和中小学体育课程的融合，可以有效地提高学生的身体素质和运动能力。通过体育教育和体育锻炼，学生可以增强身体素质，提高运动能力，从而更好地应对未来的挑战和困难。同时，国防教育也可以通过体育课程的形式，向学生传授国防知识和技能，增强学生的国防意识和国家安全观念。国防教育和中小学体育课程的融合，还可以有效地培养学生的团队合作精神和集体荣誉感。在体育课程中，学生需要进行团队合作，共同完成各种体育项目。通过这些活动，学生可以培养团队合作精神和集体荣誉感，从而更好地适应未来的社会和工作环境。总之，将国防教育和中小学体育课程融合在一起，是一个具有重要意义的课题。因此，我们需要深入研究和探索，建立一套有效的国防教育和中小学体育课程融合的实施策略模型，为提高学生的身体素质和爱国情怀，作出更大的贡献。

一、体育课程在中小学学校教育中的作用和重要性

体育课程在中小学教育中扮演着至关重要的角色。它不仅有助于提高学生的身体素质，还能培养学生的团队精神和领导力等。因此，体育课程的重要性不容忽视。

体育课程有助于提高学生的身体素质。通过参加体育课程，学生可以锻炼身体，增强体质，提高体能。这不仅有助于学生的身体健康，还可以提高他们的学习能力和注意力。因为身体健康是学习的基础，只有身体健康，才能更好地学习。体育课程有助于培养学生的团队精神和领导力。在体育课程中，学生需要合作完成各种体育活动，如篮球、足球等。通过这些活动，学生可以学会如何与队友合作，如何协调和配合，从而培养出良好的团队精神和领导力。这些能力在学生的日常生活中也是非常重要的，可以让

他们更好地与别人相处，更好地完成任务。此外，体育课程对于学生的心理健康也有积极影响。通过参加体育课程，学生可以释放压力，减轻焦虑和抑郁等心理问题。同时，体育课程还可以增强学生的自信心和自尊心，让他们更加积极地面对生活和学习中的挑战。

总之，体育课程在中小学教育中的作用和重要性不容忽视。它可以提高学生的身体素质，培养学生的团队精神和领导力，以及增强学生的心理健康。因此，我们应该在中小学教育中加强体育课程的建设，让体育成为学生成长的重要组成部分。

二、国防教育与体育课程的融合和相互促进

国防教育是我国教育体系中不可或缺的一部分，旨在增强学生的国防意识和爱国主义精神。而体育课程则有助于提高学生的动能力、健康行为和体育品德等学科核心素养水平，培养学生的团队合作精神和体育竞技能力。将国防教育与体育课程相结合，可以实现两者的相互促进和共同发展，为学生的全面发展提供更加全面的教育。如何将国防教育融入体育课程呢？首先，教师应该将国防教育理念贯穿于体育教学的全过程中，注重培养学生的爱国主义精神和国防意识。例如，在体育课程的教学中，可以设置一些与国防教育相关的活动，如军事体能训练、军事技能演练等，让学生在锻炼身体的同时，了解国防知识，增强国防意识。其次，教师应该将国防教育与体育课程相结合，制定一些具有国防教育意义的体育活动。例如，可以设置一些国防主题的体育比赛，如军事障碍赛、军事定向越野等，让学生在参与体育活动的过程中，了解国防知识，提高身体素质。此外，教师还应该注重国防教育与体育课程的融合，将国防教育与体育课程的教学内容相结合，提高学生的学习兴趣和学习效果。例如，在体育课程的教学中，可以设置一些与国防教育相关的内容，如军事体能训练、军事技能演练等，让学生在锻炼身体的同时，了解国防知识，提高身体素质。最后，教师还应该注重国防教育与体育课程的相互促进，在体育课程的教学中，注重国防教育的作用，在国防教育的实施中，注重体育课程的促进作用。例如，在国防教育的实施中，可以设置一些与体育课程相关的内容，如军事体能训练、军事技能演练等，让学生在锻炼身体的同时，了解国防知识，提高身体素质。国防教育与体育课程的融合和相互促进，不仅可以实现两者的相互促进和共同发展，而且可以为学生的全面发展提供更加全面的教育。因此，教师应该在体育课程的教学中，注重国防教育的实施，在国防教育的实施中，注重体育课程的促进作用，以实现国防教育与体育课程的融合和相互促进，为学生提供更加全面的教育，促进学生全面发展。

三、国防教育进中小学体育课程的实施策略

（一）课程设置和教学内容

国防教育是现代教育体系中不可或缺的一部分，可以增强学生的国家安全意识和国防观念，培养学生的爱国主义精神。将国防教育融入体育课程中，可以让学生在锻炼身体的同时，也能够学习到国防知识，提高学生的综合素质。

在课程设置中加入国防教育内容，可以让国防教育贯穿整个体育课程，让学生在

学习体育技能的同时，也能够学习到国防知识。例如，在课程中，可以加入一些国防教育的内容，比如介绍我国的军事装备和武器，让学生了解这些装备的性能和作用，增强学生的国防意识。还可以介绍一些国防体育项目，比如射箭和射击，让学生了解这些项目在军事上的应用，增强学生的国防观念。

设计相关的教学活动，可以让国防教育更加生动有趣，让学生更加愿意参与。例如，可以组织一些模拟军事演习的活动，让学生模拟军队战斗的场景，学习如何协作和指挥，增强学生的国防意识和团队协作能力。还可以组织一些国防知识比赛，让学生在游戏中学习国防知识，提高学生的学习兴趣和积极性。

在体育课程中融入国防教育，不仅可以提高学生的身体素质和运动能力，也可以增强学生的国防意识和爱国主义精神。因此，体育教师应该在课程设置和教学内容上进行创新，将国防教育融入体育课程中，为学生的全面发展作出贡献。

（二）教学方法和手段

在将国防教育融入中小学体育课程的过程中，教学方法和手段的选择至关重要。为了更好地实现国防教育的目标，体育课程的教学方法和手段应当具有针对性、趣味性和实效性。以下几种方法和手段可以在国防教育融入体育课程的过程中发挥重要作用。

情景模拟是一种非常有效的教学方法。通过模拟各种实际情境，学生可以更好地理解和掌握国防教育的内容。例如，在体育课上，可以模拟军事训练的场景，让学生在模拟的过程中了解和体验军事生活的艰苦和乐趣。这种方法可以激发学生的兴趣，使他们更加主动地参与到国防教育中来。案例分析也是一种非常重要的教学方法。通过分析典型的国防教育案例，学生可以更好地理解国防教育的意义和价值。例如，可以分析我国历史上一些著名的军事战役，让学生了解我国军队的英勇和智慧。这种方法可以帮助学生树立正确的国防观念，增强他们的爱国情怀。最后，实地考察是一种非常直观的教学方法。通过实地考察，学生可以亲身感受国防教育的真实情况，增强他们的国防观念。例如，可以组织学生参观军事基地、博物馆等地方，让他们了解我国军队的现代化建设和发展情况。这种方法可以提高学生的参与度，使他们更加深入地了解国防教育的重要性。

总之，情景模拟、案例分析和实地考察等教学方法和手段在将国防教育融入中小学体育课程的过程中发挥着重要作用。通过这些方法和手段，可以激发学生的兴趣，增强他们的国防观念，使他们更加热爱祖国，为我国的国防事业贡献自己的力量。

（三）师资培训和评估体系

国防教育进中小学体育课程的实施策略模型构建是当前我国教育领域的一个热点话题。体育课程作为中小学教育的重要组成部分，不仅能够提高学生的身体素质，还能够培养学生的团队合作精神和爱国主义情怀。然而，如何将国防教育融入体育课程中，如何提高体育教师在将国防教育融入体育课程方面的能力，以及建立相应的评估体系是当前面临的关键问题。

需要明确的是，体育教师在将国防教育融入体育课程中的能力是至关重要的。体育教师是体育课程实施的主体，他们不仅需要具备扎实的体育教学技能，还需要具备一定的国防教育知识。然而，当前我国体育教师在国防教育方面的知识储备不足，这就需要加强师资培训。师资培训是提高体育教师在将国防教育融入体育课程方面能力的重要手段。我们可以通过举办国防教育培训班、组织研讨会、开展讲座等形式，对体育教师进行系统培训。培训内容可以包括国防教育的理论知识、实际操作技能、教学策略等方面，以提高体育教师在国防教育方面的知识储备和教学能力。此外，建立相应的评估体系也是提高体育教师在将国防教育融入体育课程方面能力的重要手段。评估体系可以对体育教师的教学效果进行客观、公正的评价，激励教师不断提高自己的教学水平。评估体系可以包括教学效果评价、学生满意度评价、教师自我评价等方面，以全面评估体育教师在将国防教育融入体育课程方面的能力。在实施过程中，需要注意以下几点：

1. 师资培训和评估体系需要与国防教育课程的设置相结合

我们可以根据国防教育课程的内容和要求，设计相应的培训和评估体系，以确保培训和评估的有效性和针对性。

2. 师资培训和评估体系需要与体育课程的教学实践相结合

我们可以通过实际教学案例分析、教学实践指导等方式，帮助体育教师更好地将国防教育融入体育课程中。

3. 师资培训和评估体系需要与教师的教学反馈相结合

我们可以通过定期收集教师的教学反馈，了解他们在将国防教育融入体育课程方面的需求和困难，以便及时调整培训和评估体系。

总之，提高体育教师在将国防教育融入体育课程方面的能力，以及建立相应的评估体系，是我国当前体育教育领域的一个紧迫任务。只有通过加强师资培训和评估体系的建设，才能更好地推动国防教育进中小学体育课程的实施，为培养学生的爱国主义情怀和增强身体素质作出更大的贡献。

（四）模型构建和实证研究

1. 模型构建的理论基础和逻辑框架

国防教育进中小学体育课程的实施策略模型构建是一个十分重要的课题，涉及中小学体育课程改革、国防教育、学生健康成长等多个方面。为了更好地推进这一课题，我们需要构建一个科学、合理、可行的模型，以便更好地指导实践。

①在模型构建的理论基础方面，我们可以从教育学、心理学、社会学等多个角度进行探讨。教育学方面，我们可以借鉴教育学的理论，如学习理论、教学理论、教育管理理论等，为模型构建提供教育学的支持。心理学方面，我们可以借鉴心理学的理论，如认知心理学、发展心理学、社会心理学等，为模型构建提供心理学的支持。社会学方面，我们可以借鉴社会学的理论，如社会结构理论、社会变迁理论、社会互动理论等，为模型构建提供社会学的支持。

②在模型的逻辑框架方面，我们可以考虑因果关系、交互作用等概念。因果关系指的是某一因素引起另一因素的变化，而交互作用指的是两个或多个因素相互作用，共同影响结果。这些概念可以为模型构建提供逻辑支持，帮助我们更好地理解模型中的各个因素之间的关系。

③在模型构建的具体实践中，我们需要根据实际情况进行具体设计。例如，在模型中，我们可以将国防教育、体育课程、学生健康成长等因素进行综合考虑，并设计相

应的策略，以实现国防教育进中小学体育课程的实施。在模型中，我们可以考虑各个因素之间的因果关系和交互作用，以便更好地指导实践。

国防教育进中小学体育课程的实施策略模型构建是一个十分重要的课题，需要我们从教育学、心理学、社会学等多个角度进行探讨，并设计相应的模型，以实现国防教育进中小学体育课程的实施。

2. 研究方法和实验设计

在探讨国防教育进中小学体育课程的实施策略模型构建时采用的研究方法包括文献分析、案例研究和实证研究。

实验设计分为三个阶段。第一阶段，收集和整理相关文献资料，对国防教育进中小学体育课程的研究现状、实施策略和存在问题进行梳理和总结。第二阶段，选择具有代表性的案例，深入剖析案例中的实施策略和实际效果，为构建模型提供实证依据。第三阶段，以实际中小学体育课程为实验对象，对国防教育进中小学体育课程的实施策略进行实验设计和实施，以验证模型的有效性和可行性。

在实验设计过程中，遵循以下原则。首先，科学性原则，确保实验设计符合科学规律，具有可操作性和实用性。其次，实用性原则，确保实验设计能够解决实际问题，对国防教育进中小学体育课程的实施策略提供有益借鉴。最后，创新性原则，确保实验设计具有一定的创新性，能够推动国防教育进中小学体育课程的发展。

实验实施过程中，严格遵循实验设计和方案，确保实验的顺利进行。具体实验内容包括国防教育进中小学体育课程的实施策略设计、实施过程的观察和记录、实施效果的评估和分析。通过实验的实施，将验证国防教育进中小学体育课程的实施策略模型的有效性和可行性，为构建国防教育进中小学体育课程的实施策略模型提供科学依据。

综上所述，通过文献分析、案例研究和实证研究等方法，构建国防教育进中小学体育课程的实施策略模型。实验设计将遵循科学性、实用性、创新性原则，确保实验的顺利进行。实验实施过程中严格遵循实验设计和方案，验证模型的有效性和可行性。本实验为国防教育进中小学体育课程的实施策略提供有益借鉴，推动我国国防教育进中小学体育课程的发展。

3. 结果与分析

国防教育进中小学体育课程的实施策略模型构建过程中，通过对天津市多所学校的调查和分析得到了一些重要的结果。

首先，中小学体育课程中融入国防教育的内容，可以有效地增强学生的国防意识和国家安全意识。通过对学生的问卷调查和课堂观察发现，在体育课程中加入国防教育的内容，可以激发学生的爱国热情，增强他们的国防观念，同时也能够提高学生的动能力、健康行为和体育品德等学科核心素养。其次，实施国防教育进中小学体育课程的策略模型，需要考虑到不同地区、不同学校、不同年级的特点，制定出适合当地情况的国防教育体育课程实施方案。在实施过程中，需要注重教学内容的合理性和科学性，注重教学方法和手段的创新和多样性，注重教学效果的评估和反馈。最后，提出了以下几点建议。一是，政府和教育部门应该加大对国防教育进中小学体育课程的投入和支持，提高体育课程的质量和水平。二是，学校应该注重国防教育的普及和推广，增强教师的国防教育意识和能力,加强体育课程的国防教育内容的设计和实施。三是,家长和社会应该积极参与和支持国防教育进中小学体育课程的实施,增强学生的国防意识和国家安全意识,培养他们的爱国情怀和民族自豪感。

国防教育进中小学体育课程的实施策略模型构建,是一项复杂而重要的工作,需要政府、学校、家长和社会的共同努力和合作。只有这样,才能有效地增强学生的国防意识和国家安全意识,培养他们的爱国情怀和民族自豪感,为国家的安全和稳定作出贡献。

四、小结和展望

(一)结论和发现

国防教育与体育课程融合能够有效增强学生的身体素质和国防意识。融合后的体育课程不仅能够增强学生的体能和技能,还能够培养他们的爱国主义精神和集体主义意识。同时,融合后的体育课程也能够提高学生的学习兴趣和学习动机,增强学生的学习效果和成果。

然而,在实施国防教育与体育课程融合的过程中,也存在一些问题和挑战。首先,如何平衡国防教育和体育课程的内容和时间,是一个需要解决的问题。其次,如何将国防教育与体育课程融合得更加贴近学生的实际需求和兴趣,也是一个需要考虑的问题。最后,如何评估国防教育与体育课程融合的效果,也是一个需要解决的问题。

在实施国防教育与体育课程融合的过程中,需要采取一系列的策略和措施。首先,需要建立一个完善的国防教育与体育课程融合的教材和教学大纲,确保国防教育和体育课程的内容和时间得到合理的平衡和安排。其次,需要加强教师培训和教育,增强教师的国防意识和体育教学能力,确保国防教育与体育课程融合的实施效果。最后,需要建立一个完善的评估机制,对国防教育与体育课程融合的效果进行评估和反馈,不断改进和提高国防教育与体育课程融合的实施效果。

国防教育与体育课程融合是一种有益的尝试,可以有效增强学生的身体素质和国防意识,同时也能够培养学生的学习兴趣和学习动机。然而,在实施国防教育与体育课程融合的过程中,也需要注意一些问题和挑战,并采取一系列的策略和措施,确保国防教育与体育课程融合的实施效果。

(二)研究的贡献

基于国防教育进中小学体育课程的实施策略模型构建的研究,旨在为中小学体育课程的改革提供理论支持和实践指导。研究的贡献主要体现在以下两个方面。

1. 理论贡献

在理论贡献方面,对国防教育和中小学体育课程融合进行了深入探讨,提出了相应的实施策略模型。这一模型为国防教育和中小学体育课程的融合提供理论框架,有助于指导教育工作者在实践中更好地实施这一融合。此外,该模型还强调了国防教育与体育课程的有机结合,有助于提高学生的综合素质,培养具有国防意识和身体素质的新时代公民。

2. 实践贡献

在实践贡献方面，针对不同年级、不同地区的中小学体育课程，提出了相应的实施策略。这些策略有助于提高体育课程的针对性和实效性，促进国防教育与体育课程的有机融合。此外，这些策略还有助于增强学生的国防意识和身体素质，为我国国防事业培养更多优秀人才。

（三）未来研究方向

随着我国国防建设的不断推进，国防教育在中小学体育课程中的重要性日益凸显。然而，如何将国防教育有效地融入中小学体育课程，增强体育教师的国防教育意识，以及探索其可能的应用前景，是我们未来需要深入研究和探讨的问题。

未来研究方向之一是如何增强体育教师的国防教育意识。体育教师作为体育课程的主要实施者，其国防教育意识的强弱直接关系国防教育的实施效果。因此，需要加强对体育教师的国防教育培训，增强国防教育意识。具体措施可以包括定期组织国防教育讲座、开展国防教育主题研讨会、举办国防教育比赛等，以激发体育教师对国防教育的热情和兴趣。国防教育在中小学体育课程中的具体应用策略也是我们今后需要探索的内容。这包括如何将国防教育与体育课程有机结合，如何在体育教学中融入国防教育内容，以及如何评估国防教育在体育课程中的实施效果。可以通过实证研究、案例分析等方法，总结出一些具有借鉴意义的国防教育进中小学体育课程的实施策略。国防教育进中小学体育课程的应用前景也十分广阔。随着国防教育的深入发展，国防教育进中小学体育课程将会成为我国国防教育体系的重要组成部分。通过体育课程中的国防教育，可以培养学生的爱国主义情感，增强学生的国防观念，提高学生的身体素质，为我国的国防事业作出贡献。

综上所述，国防教育进中小学体育课程的实施策略模型构建是一个值得深入研究和探讨的课题。需要加强对体育教师的国防教育培训，探索国防教育在中小学体育课程中的具体应用策略，同时，也要关注国防教育进中小学体育课程的应用前景。相信在不久的将来，国防教育进中小学体育课程将会取得更大的发展，为我国的国防事业作出更大的贡献。

第二节　国防教育进中小学体育课堂要重视教学方式变革

国防教育和体育教育是我国基础教育的重要组成部分，对于培养学生的综合素质和爱国情怀具有不可替代的作用。随着国家安全形势的日益严峻，国防教育的地位和作用日益凸显，将国防教育融入中小学体育课堂已经成为一种紧迫的需求。国防教育是指通过各种形式的教育手段，向学生传授国防知识和技能，增强学生的国防意识和爱国主义精神。国防教育是国家安全的重要组成部分，是维护国家主权和领土完整的重要保障。同时，国防教育也是提高全民国防素质的重要途径，是增强全民国防意识、提高全民国防素质、促进国家安全和发展的重要手段。在中小学阶段，国防教育可以培养学生的爱国情怀和民族自豪感，增强学生的社会责任感和使命感，提高学生的综合素质和自我管理能力。体育教育是指通过各种形式的教育手段，向学生传授体育知识和技能，增强学生的身体素质和体育意识。体育教育是提高全民健康水平的重要途径，是促进全民身心健康、提高全民体育素质和促进社会和谐稳定的重要手段。在中小学阶段，体育教育可以培养学生的身体素质和运动能力，增强学生的体育意识和竞技能力，促进学生的身心健康和全面发展。同时，体育教育也是提高学生的团队合作精神和集体意识的重要途径，可以培养学生的社会适应能力和自我管理能力。将国防教育融入中小学体育课堂，可以增强学生的国防意识和爱国主义精神，增强学生的身体素质和运动能力，培养学生的团队合作精神和集体意识，提高学生的社会适应能力和自我管理能力。同时，将国防教育融入中小学体育课堂也可以促进体育教育的发展，提高体育教育的质量和水平，促进体育教育与国防教育的融合。国防教育与体育教育是中小学教育的重要组成部分，将国防教育融入中小学体育课堂已经成为一种紧迫的需求。国防教育与体育教育的融合可以提高学生的综合素质和爱国情怀，增强学生的身体素质和运动能力，培养学生的团队合作精神和集体意识，提高学生的社会适应能力和自我管理能力。因此，我们应该重视教学方式变革，将国防教育与体育教育融合到中小学体育课堂中，以更好地发挥国防教育与体育教育的综合效益。

一、体育教学方式变革的理论和实践

国防教育与体育教育在中小学课堂中的重要性日益凸显。在当前国家安全和社会稳定的背景下，国防教育是提高国民素质和维护国家安全的重要手段。而体育教育则是提高学生身心健康水平，增强学生的体质和运动能力，促进学生的全面发展的重要途径。因此，在中小学课堂中，国防教育与体育教育应该是相辅相成、相互促进的。在中小学体育课堂中，重视教学方式变革是实现国防教育与体育教育相结合的关键。传统的体育教学方式往往注重技能的传授和竞技的训练，而忽视了学生的国防意识和体育素养的培养。因此，在中小学体育课堂中，应该注重教学方式的创新和变革，以提高国防教育与体育教育的实效性。首先，应该注重国防教育与体育教育的融合。在体育教学过程中，应该注重国防教育的渗透，将国防教育与体育技能的传授相结合，使学生在学习体育技能的同时，也能够增强国防意识和体育素养。例如，在篮球教学中，可以让学生了解篮球的历史、战术和比赛规则，同时也可以教育学生如何使用篮球来维护国家安全。其次，应该注重国防教育与体育教育的互动。在体育教学过程中，应该注重国防教育与体育教育的互动，使学生在学习体育技能的同时，也能够增强国防意识和体育素养。例如，在足球教学中，可以让学生了解足球的历史、战术和比赛规则，同时也可以教育学生如何使用足球来维护国家安全。最后，应该注重国防教育与体育教育的综合。在体育教学过程中，将国防教育与体育技能的传授相结合，以提高国防教育与体育教育的实效性。例如，在武术教学中，可以让学生了解武术的历史、战术和比赛规则，同时也可以教育学生如何使用武术来维护国家安全。

国防教育与体育教育在中小学课堂中的重要性日益凸显，而教学方式变革则是实现这一目标的关键。在中小学体育课堂中，应该注重国防教育与体育教育的融合、互动和综合，以提高国防教育与体育教育的实效性。

（一）体育教学方式变革的理论和实践

体育教学方式变革是指在体育教育中采用新的教学方式和方法，以提高学生的体育素质和能力，培养学生的体育兴趣和爱好。体育教学方式变革的理论基础包括教育学、心理学、社会学、体育学等学科，其中教育学是体育教学方式变革的基础，强调体育教育应该注重学生的全面发展，注重培养学生的体育兴趣和爱好，注重体育教学的趣味性和生动性。心理学和社会学是体育教学方式变革的重要理论基础，强调体育教学应该注重学生的心理需求和社会需求，注重培养学生的体育意识和体育精神。体育教学是体育教学方式变革的实践基础，强调体育教学应该注重体育技能的培养，注重体育教学的科学性和合理性。

体育教学方式变革的实践案例包括体育课程改革、体育教学方法改革、体育教学模式改革等。体育课程改革是指对体育课程内容和教学方式进行改革，以提高学生的体育素质和能力。例如，将传统的体育课程改为体育活动课程，增加学生的自主选择权和参与度，提高学生的体育兴趣和爱好。体育教学方法改革是指对体育教学方法进行改革，以提高学生的体育兴趣和爱好。例如，采用游戏化教学、情景教学等新的教学方法，增加学生的参与度和趣味性。体育教学模式改革是指对体育教学模式进行改革，以增强学生的体育意识和体育精神。例如，采用团队运动、竞技运动等新的教学模式，培养学生的团队精神和竞技意识。

（二）国防教育在中小学体育课堂中的现状和问题分析

国防教育是国家安全和发展的重要组成部分，对于培养青少年的爱国主义情感和国防意识具有重要作用。然而，当前中小学体育课堂中的国防教育实施情况存在一些问题，需要引起重视并进行教学方式变革。

1. 现状分析

国防教育进中小学体育课主要包括以下几个方面。

（1）爱国主义教育。通过体育比赛、训练等活动，培养学生的爱国情感，增强国防观念、民族自豪感和集体荣誉感。

（2）国防知识教育。通过讲解、演示等方式，让学生了解国防理论、国防形势、国防历史、国防法规、国防常识等方面的知识，明确国家安全和发展的重要性和国防建设的必要性，增强国防意识。

（3）体能运动技能。通过体育课程的学习，提高学生的身体素质、运动技能和健康水平，增强国防力量。

2. 中小学体育课中的国防教育实施中存在的问题。

（1）国防教育内容过于单一。当前中小学体育课堂中的国防教育内容主要包括爱国主义教育、国防知识教育和体育锻炼，内容过于单一，缺乏针对性和深度。

（2）国防教育方式单一。当前中小学体育课堂中的国防教育方式主要包括讲解、演示和体育锻炼，方式单一，缺乏创新性和趣味性。

（3）国防教育效果不佳。当前中小学体育课堂中的国防教育实施情况存在一些问题，如国防教育内容过于单一、国防教育方式单一等，导致国防教育效果不佳。

3. 解决措施

针对上述问题，可以从以下几个方面进行解决。

（1）多样化国防教育内容。针对当前国防教育内容过于单一的问题，可以尝试多样化国防教育内容，如增加军事历史、军事科技、军事文化等方面的内容，增强国防教育的针对性和深度。

（2）创新国防教育方式。针对当前国防教育方式单一的问题，可以尝试创新国防教育方式，如引入军事模拟、军事体验、军事竞赛等形式，增强国防教育的趣味性和互动性。

（3）提高国防教育效果。针对当前国防教育效果不佳的问题，可以加强国防教育师资培训、开展国防教育比赛、制定国防教育计划等措施，提高国防教育的实际效果。

综上所述，当前中小学体育课堂中的国防教育实施情况存在一些问题，需要引起重视并进行教学方式变革。只有多样化国防教育内容、创新国防教育方式、提高国防教育效果，才能使国防教育在中小学体育课堂中发挥更大的作用，为国家安全和发展贡献力量。

二、体育教学方式变革的需求和现状

国防教育是中小学体育教育的重要组成部分，而体育教学方式则是实现国防教育目标的关键。因此，本书将从体育教学方式变革的需求和现状分析入手，探讨当前中小学体育教育中国防教育进课堂的方式变革的需求和现状。

（一）体育教学方式变革的需求

国防教育进中小学体育课堂需要体育教学方式进行相应的变革。具体而言，体育教学方式变革的需求包括以下几个方面。

1. 提高体育教学的针对性和实效性

体育教学应该更加注重针对学生的实际情况进行个性化教学，提高教学的针对性和实效性。在国防教育进中小学体育课堂中，体育教学应该注重培养学生的身体素质和国防意识，提高学生的国防素质。

2. 创新体育教学方式

体育教学方式应该不断创新，以适应学生的发展和时代的需求。在国防教育进中小学体育课堂中，体育教学方式应该注重创新，采用多种教学方式，如情境教学、体验式教学、合作学习等，以提高学生的学习兴趣和参与度。

3. 加强体育教学与国防教育的融合

体育教学应该与国防教育相结合，将国防教育融入体育教学中，以增强学生的国防意识和身体素质。在国防教育进中小学体育课堂中，体育教学应该注重将国防教育融入体育教学的各个环节中，如体育竞赛、体育训练等，以提高学生的国防素质。

（二）体育教学方式变革的现状

当前，中小学体育教学方式变革的现状如下几个方面。

1. 体育教学方式不断创新

随着社会的发展和科技的进步，体育教学方式不断创新，如情境教学、体验式教学、合作学习等。这些教学方式的出现，为体育教学注入了新的活力，提高了学生的学习兴趣和参与度。

2. 体育教学方式融合度不断提高

体育教学与国防教育的融合度不断提高，如国防体育课程、国防体育训练等。这些体育教学方式的出现，为国防教育进中小学体育课堂提供了有力的支撑。

3. 体育教学方式改革面临一些挑战

体育教学方式改革面临一些挑战，如师资不足、教学资源不足等。这些问题需要得到解决，以促进体育教学方式改革的发展。

综上所述，国防教育进中小学体育课堂需要对体育教学方式进行相应的变革。体育教学方式变革的需求包括提高体育教学的针对性和实效性、创新体育教学方式、加强体育教学与国防教育的融合等。当前，体育教学方式变革的现状包括体育教学方式不断创新、体育教学方式融合度不断提高，但面临一些挑战。

（三）国防教育在体育课堂中的实践案例分析

国防教育在我国教育体系中占有重要地位，它旨在培养学生的爱国主义情感、集体主义精神和国防观念。然而，传统的国防教育方式往往较为单一，难以引起学生的兴趣。因此，如何将国防教育融入中小学体育课堂，实现教学方式的变革，显得尤为重要。本部分将以体育课堂中的实际案例为依据，探讨国防教育在体育课堂中的实践效果。

案例 1：七年级足球脚背外侧运球教学设计[①]（表 9-1）

1. 指导思想

以"健康第一"为指导思想，激发学生主动、积极参与体育与健康课程的学习，理解足球对自身发展的价值。尊重学生的差异，让每名学生在体育课程的学习中体验运动的快乐，针对初中学生身心发展特点，努力为学生营造一个宽松和谐的课堂氛围。在足球技术教学中创设一定情境增强学生学习能力，培养学生主动求知、乐于思考、相互合作的能力。游戏活动中磨砺学生的意志品质、提升身体运动能力，强化对足球运动的体验，感受足球魅力，完善自己的人格。

2. 学情分析

本课教学对象为初中男生，独生子女居多，个性比较鲜明，乐于表现自己，身体素质存在差异，具备了独立思考、判断、概括等能力，在足球基本技能方面具备了一定基础。渴望学习比赛中较为实用的足球战术，不断激发学生的学习兴趣和练习的积极性。教学中要让学生把动体与动脑很好地结合起来，给学生提供再认识所学知识以及合理应用所学动作的机会，从而增强教学效果。

3. 教材分析

运球是用脚连续控制球的技术。运球技术动作连贯，方向、速度变化多，而且

---

① 唐广训（天津市第八十二中学，300170）

经常与过人技巧连接起来，在比赛中运用得合理，将会取得以多打少的人数优势，突破防守创造射门得分的时机。而脚背外侧运球是常用的运球技术，脚背外侧运球不仅可做直线运球也可做曲线运球，是初中学生重点学习运球技术。教学中应让学生认识到传球比运球快得多，应多传球，减少盲目运球，应本着能传不运的原则加快推进速度。

教学重点：脚推拨动作和触球部位。

教学难点：用力大小与跑速的协调配合。

4. 教学目标

（1）能描述脚背外侧运球的技术要领；初步学会脚背外侧运球，80%的学生能够基本掌握脚背外侧运球技术，并能在练习和游戏比赛中较合理地运用运球技术。

（2）在游戏的情境中提高速度、耐力、灵敏等身体素质，发展核心力量，形成锻炼习惯。

（3）在学、练和比赛的过程中表现出遵守规则、团结合作、公平竞争和吃苦耐劳的品质，进一步培养学生足球兴趣。

5. 教学程序

（1）队形队列与准备活动（准备部分）。

队形队列：学生四列横队，进行原地转法和齐步走——立定练习。培养学生团队意识和集体主义精神。

准备活动：将学生成一路纵队运球绕足球场慢跑进行热身活动，教师带领做足球功能性操6~8节后，增强肌肉、心肺和神经系统能力，为足球学习做好准备。

（2）主体部分（技术学练）。

①组织与场地布置。

将学生分为人数均等的四列横队，这样的组织与场地布置利于教师选位，减少重复调队，节省时间，提高效率，还能保证学生安全。运球比赛时将学生分为四个小组，讲解点评学生适当集中即可解决掉队问题，如讲解示范时教师可位于两组之间，练习时教师也可站在足球场边线上，学生都在教师视野之内便于观察、管理、交流。

②安全措施。

安全隐患：学生对足球控制能力不强，经常出现足球不在可控范围之内，场上球多容易出现脚踩球现象；学生精神不集中，容易出安全隐患。

防范措施：行动听指挥，教师鸣哨所有技术动作停止；提醒学生随时观察场上情况；教学中不允许大脚踢球，传递球采用地滚方式。

③教法与学法。

采用"完整教学法"，运用信息技术、要领提示、模仿，有球练习和游戏比赛的递进形式促进技术掌握。

学法上不断增加难度，设置不同的练习内容，使学生进一步掌握脚背外侧运球技术。

④学、练、赛、评四步骤。

过渡环节：采用多种熟悉球性的练习，为后续学习做铺垫。

在"学"的环节采用观看视频导入本课；然后观看教师的示范动作；技术口诀：脚跟抬、脚背翻、脚背外侧触中间。重心低、快步频，轻拨多触抬头看。学习中以小组学习为基础，在教师指导下，采用互教互学交流的方法，掌握改进技术不足。

在"练"的环节，步骤一：采用"一拨一踩""二拨一踩""三拨一踩"过渡到直线快速运球；步骤二：斜向45°运球，"一拨一踩"练习；步骤三：绕标志物的"8"字运球。采用"拨、踩"主要让学生控制运球速度，结合口诀让学生记牢、会用。通过师生点评，分析动作，提出改进意见达到共同完成本课预期的目标。

在"赛"的环节，设置"足球搬运工"运球比赛，针对教材重难点提出让学生思考战术要点和价值点，不失时机地对学生进行勇敢果断、不断进取等优良品质的教育。在体能练习的部分采用"功能性动作"练习，发展学生的体能，提高了本课的运动负荷。

在"评"的环节，采用参与态度评价、技能评价、体能评价，做好过程性学、练、赛的记录，尤其是利用"竞赛"评调动学练的积极性。

（3）放松整理与讲评（结束部分）。

放松整理：学生成四列横队，在教师语言提示下，采用肌肉放松调节情绪的方法，使学生的身心得到放松，为下一节课的学习做好准备。

总结本课的学习情况，强化要点、评价学习情况，清整场地器材。

6. 本课亮点

本课试图通过信息技术、战术要领"口诀"和多种形式的练习来强化技术学习与运用，通过设置"学、练、赛、评"四环节激发学生练习兴趣，逐步递进的方式满足学生获取知识与提高技能的需求，达到预期教学目标。

7. 效果预计

因在教学目标的制定和教材重、难点的分析方面，教法与学法的选择遵循了教学原则和学生生理、心理特点，预计会顺利地达到本课制定的教学目标。

练习密度预计：50%~55%；生理负荷预计：140~160次/分。

案例评析：足球作为世界上最受欢迎的体育项目之一，具有广泛的群众基础。在足球课堂中，教师可以结合国防教育的理念，将国防教育与足球运动相结合，使学生在享受足球运动乐趣的同时，培养国防观念。例如，教师可以在足球比赛中强调团队合作精神，让学生明白在战场上，一个团结协作的团队才能取得胜利。此外，教师还可以在足球训练中，引入国防教育的相关知识，如战术布置、战场模拟等，使学生在实际操作中感受国防教育的魅力。

表 9-1　七年级足球脚背外侧运球课时计划

教材	足球	课时	第 3 课时	课型	新授课
学段	初中	年级	初一年级	班级	1、2 班
班级人数	40 人	性别	男生	教师	唐广训
教学目标	\multicolumn{5}{l}{1. 能描述脚背外侧运球的技术要领；初步学会脚背外侧运球，80% 的学生能够基本掌握脚背外侧运球技术，并能在练习和游戏比赛中较合理的运用运球技术 2. 在游戏的情境中提高速度、耐力、灵敏等身体素质，发展核心力量，形成锻炼习惯 3. 在"学、练、赛"过程中表现出遵守规则、团结合作、公平竞争和吃苦耐劳的品质，提升进一步培养学生足球兴趣}
教学内容	\multicolumn{5}{l}{足球：脚背外侧运球}
教学重点	\multicolumn{5}{l}{脚的推、拨球动作和触球部位}

课的结构	课的内容	教学过程与方法	组织与要求	时间	次数	强度
	一、集合整队 二、宣布课的任务与要求 三、队列队形 1. 二列四列队形变换 2. 原地转法 四、准备活动 （一）绕场地慢跑 （二）功能性足球操 1. 正面捧砸 2. 体转捧砸 3. 斜劈斜砸 4. 体侧捧砸 5. 半蹲捧砸	1. 体委整队 2. 师生问好 3. 宣布本课目标和要求 4. 检查着装，安排见习生 5. 教师呼号做、学生练习 与学生慢跑 教法： 1. 教师做示范 2. 带领学生做球操	组织：二列横队。 ○○○○○○○○○○ ○○○○○○○○○○ ▲ 要求： 1. 快、静、齐 2. 精神饱满 3. 认真听讲解 4. 协调、整齐划一 组织：一路纵队 要求：摆臂协调	1′ 1′ 2′	1～2 次 1 圈	小 中
准备部分						

续表

课的结构	课的内容	教学过程与方法	组织与要求	时间	次数	强度
准备部分	6. 箭步捧砸 7. 侧蹲捧砸 8. 跨步跳停	3. 提示学生按质完成动作，语言提示动作要点	组织：四列横队（学生站在球托之后） 要求： 1. 认真做足球操 2. 充分活动关节 3. 做足球操时控制好足球	4'	2×8	中
主体部分	一、导入阶段 球性练习 1. 脚内侧拨球 2. 前脚掌踩球 3. 脚底碾踩球 4. 颠球 二、学 （一）观看视频导入本课	教法： 教师讲解示范，组织学生练习；辅导、纠错、帮助 教法： 1. 观看视频，明确重点。 2. 教师讲解示范动作，组织学生进行学习 3. 教师巡回指导纠错 4. 个别辅导，及时反馈信息	组织：四列横队 OOOOOOOOOO OOOOOOOOOO OOOOOOOOOO OOOOOOOOOO ▲ 组织：四列横队，学生适当集中 要求：认真听讲，积极思考	3'	10次	中
				2'	1次	小
	（二）学习脚背外侧运球 1. "口诀"提示 2. 学生模仿	口诀：脚跟抬，脚背翻，脚背外侧触中间，重心低，快步频，轻拨多触抬头看	组织：如下图 学法：学生集体模仿练习	2'	3次	

续表

课的结构	课的内容	教学过程与方法	组织与要求	时间	次数	强度
主体部分	三、练 （一）直线运球 1. 一拨一踩 2. 二拨一踩 3. 三拨一踩 4. 直线快速运球 （二）斜向45°运球：一拨一踩 （三）曲线运球：绕标志物的"8"字运球	教法： 1. 教师提示学生避免发生撞人犯规 2. 巡回指导各组练习，个别辅导，集中纠错 3. 设置不同的练习目标，引导学生进行练习 4. 优生示范，点评分析 5. 再次组织学生练习 6. "口诀"进行自评、互评	要求：认真听讲，仔细观察，了解动作要点 要求： 1. 身体重心不要有起伏，身体眼上球路变化 2. 利用抬头观察四周情况注意脚与球光看球 3. 单脚或双脚交替运球推拨轻柔 4. 随时观察场上情况，注意安全	10′	2次	小 中、大
	四、赛 （一）足球搬运工 学生分成人数均等的小组，在规定场地内进行游戏。学生用脚定终点，第二名学生快速跑到终点，把终点内方块运回到起点方块内，先完成的小组获胜	教法： 1. 教师讲解比赛的方法和要求 2. 明确分组 3. 组织小组比赛 4. 教师巡回指导，学生评价总结比赛中的实际运用情况	组织：如下图 要求： 1. 采用脚背外侧运球 2. 球运进方块内的球不许出方块。不得用手，本方队员也不得帮忙完成 3. 起点击掌接力	10′	2次	大

续表

课的结构	课的内容	教学过程与方法	组织与要求	时间	次数	强度
主体部分	（二）体能 1. 平板支撑 2. 平板支撑（脚） 3. 持球单腿硬拉 五、评 （一）参与态度评价 （二）技能评价 （三）比赛运用评价	教法 1. 教师方法要求 2. 组织学生进行体能练习 3. 每个体能练习30秒，或10次 评 教学全过程中采用多种形式的评价方式进行 1. 学生自评价 2. 学生互评价 3. 教师点评	组织如下图： （组织图示） 要求： 1. 身体平直 2. 量力而行，挑战自我 3. 练习过程遵守纪律，诚实守信。 比赛与评价 1. 在比赛过程中，小组成员互相学习，体会技术动作 2. 小组长做好记录，利用赛评调动学练的积极性	6′ 2′	10次	大 小
结束部分	一、放松活动 二、课的小结 三、宣布下课 四、收还器材	1. 做放松操 2. 引导学生自评、互评 课 3. 课堂小结 4. 宣布下课，送还器材	组织：四列横队 要求： 1. 放松充分，轻松自然心情愉快。 2. 认真听讲 3. 收还器材	3′	2×8	小

续表

课的结构	课的内容	教学过程与方法	组织与要求	时间	次数	强度
安全防范	1. 安全隐患：学生对足球控制能力不强，经常出现足球不在可控范围之内，场上球多容易出现脚踩球现象；学生精神不集中，容易出现安全隐患 2. 防范措施：行动听指挥，教师鸣哨所有技术动作停止；提醒学生随时观察场上情况；传递球采用地滚方式，教学中不允许大脚踢球					
场地器材	足球40个、标志物4个、球托40个。					
练习密度	50%	心率曲线				
教学反思	本课教学内容安排合理，设计力求环环相扣，练习难度有梯度，紧紧围绕课的重难点开展一系列的活动，力求从课的开始到结束让学生球不离脚，用足球贯穿始终，教学目标基本实现，达到了预期目的。分层练习要关注男女生学习的差异，加强巡回和个别指导；素质练习可以和球性练习内容拓展，变化结合					

* 练习密度预计：50%~55%　　　生理负荷预计：140~160次/分

案例 2：篮球后掩护配合教学设计[①]（表 9-2）

1. 指导思想

以"健康第一"为指导思想，激发学生积极、主动地参于体育与健康课程学习，理解篮球对自身发展的价值。尊重学生的差异，让每名学生在体育课程的学习中体验运动的快乐。可针对高二学生身心发展特点，努力为学生营造一个宽松和谐的课堂氛围。以体育学科核心素养发展为目标，在篮球战术教学中创设比赛环境增强学生自主、合作学习能力，培养学生主动求知、乐于思考、相互合作的能力。实战中磨砺学生的意志品质、提升身体运动能力，加强学生对篮球运动的完整体验，在感受篮球魅力的同时，完善自己的人格。

2. 学情分析

本课教学对象为高二年级男生篮球选项班，身体素质较好，具备了独立思考、判断、概括等能力，尤其是经过高一篮球选项课的学习后，在篮球的运、传、投基本技能方面具备了一定基础。单个技术的学习已经不能满足需求，渴望学习比赛中较为实用的篮球战术。这些为篮球战术的学习提供了身体、技术和兴趣的保障。教学中要让学生把动体与动脑很好地结合起来，给学生提供再认识所学知识以及合理应用所学动作的机会，从而增强教学效果。

3. 教材分析

篮球后掩护战术是篮球比赛中进攻突破防守常用的战术之一，简单实用易于被学生掌握，有一定的观赏性和挑战性，深受学生喜欢，学生对于基本战术的学习很感兴趣。在以往的教学中，比较注重后掩护相关基本技术和战术路线教学，而对于比赛中如何运用关注较少。因此，本次课中设置半场 5 对 5 比赛环节，旨在让学生在较为真实的比赛环境中运用后掩护战术配合，以技战术为载体提升学生的身体能力和集体合作意识。

教学重点：掩护时的身体姿势。

教学难点：对掩护时机的把握。

4. 教学目标

（1）能描述后掩护的技术要点及配合的方法；初步学会后掩护战术，并能将运、传球、投篮技术与后掩护配合战术结合运用到比赛中。

（2）在创设比赛和游戏的情境中提高核心肌群和下肢力量等素质，发展一般体能和专项体能，形成锻炼习惯。

（3）在学、练和比赛的过程中表现出遵守规则、团结合作、公平竞争和吃苦耐劳的品质。

5. 教学程序

（1）队形队列与准备活动（准备部分）。

队形队列：学生四列横队，进行原地转法和齐步走——立定练习。培养学生团队

[①] 唐广训，天津市第八十二中学

意识和集体主义精神。

准备活动：将学生成一路纵队运球绕篮球场慢跑进行热身活动，教师带领做篮球功能性操6~8节后，增强肌肉、心肺和神经系统能力为篮球学习做好准备。

（2）主体部分（技术学练）。

①组织与场地布置。

将学生分为人数均等四列横队，这样的组织与场地布置利于教师选位，减少重复调队，节省时间，提高效率，还能保证学生安全。分组比赛时将学生分到四个小组，两个小组一个半场进行教学比赛，讲解点评学生适当集中即可解决调队问题，如讲解示范时教师可位于两组之间，练习时教师也可站在篮球场边线上，学生都在教师视野之内便于观察、管理、交流。

②安全措施。

安全隐患：身体对抗有身体接触存在风险，场上球多容易出现脚踩球现象。

防范措施：行动听指挥，教师鸣哨所有技术动作停止立刻持球在手；提醒学生随时观察场上情况；比赛中不允许戴眼镜，可戴护目镜。

③教法与学法。

采用"分解——完整教学法"，运用信息技术、要领提示、徒手模仿，有球练习和教学比赛的递进形式促进战术的掌握。

学法上不断增加难度，设置不同的练习内容，使学生进一步掌握掩护配合的战术。

④学、练、赛、评四步骤。

在"学"的环节采用观看视频导入本课；然后学习后掩护基本动作；进而学习后掩护后转身跑；最后学习后掩护配合形式促进学生掌握技术战术动作。学习中以小组学习为基础，在教师指导下，采用互教互学交流的方法，掌握改进技术上的不足。

在"练"的环节，则采用2对1后掩护练习；半场2对2后掩护投篮；半场2对2后掩护传球。同时凝练战术口诀。掩护队员："一到二转三要球"。持球队员："一突二看三投/传球"让学生记牢、会用。通过师生点评，分析动作，提出改进意见达到共同完成本课预期的目标。

在"赛"的环节，设置半场5对5固定防守位置比赛和半场5对5消极防守比赛，针对教材重难点提出让学生思考战术要点和价值点，不失时机地对学生进行勇敢果断、不断进取等优良品质的教育。在体能练习的部分采用"功能性动作游戏"练习，既能发展学生的体能，也提高了本课的运动负荷，还对学生进行诚实守信、团队精神的培养。

在"评"的环节，采用信息技术及时统计练习数据，做好对参与态度评价、技能评价、体能评价和战术运用评价，做好过程性学、练、赛的记录，尤其是利用"竞赛"评价调动学练的积极性。

（3）放松整理与讲评（结束部分）。

放松整理：学生成四列横队，在教师语言提示下，采用肌肉放松调节情绪的方法，使学生的身心得到放松，为下一节课的学习做好准备。

总结本课的学习情况，强化要点、评价学习情况，清整场地器材。

6. 本课亮点

本课试图通过信息技术、战术要领"口诀"和"限制条件"比赛环节等形式来强化战术学习与运用，通过设置"学、练、赛、评"四环节激发学生练习兴趣，逐步递进的方式满足学生获取知识与提高技能的需求，达到预期教学目标。

7. 效果预计

因在教学目标的制定和教材重难点的分析、教法与学法的选择上遵循了教学原则和学生生理、心理特点，预计会顺利地达到本课制定的教学目标。

练习密度预计：50%~55%；生理负荷预计：140~160次/分。

案例评析：篮球运动在我国中小学体育课堂中也占有重要地位。教师可以将国防教育与篮球运动相结合，使学生在篮球运动中培养国防观念。例如，在篮球比赛中，教师可以强调纪律意识，让学生明白在战场上，遵守纪律、服从命令是取得胜利的关键。此外，教师还可以在篮球训练中，引入国防教育的相关知识，如战术布置、战场模拟等，使学生在实际操作中感受国防教育的魅力。

此外，还可以通过其他体育项目，如乒乓球、羽毛球、排球等，将国防教育与体育课堂相结合。这些项目同样具有广泛的群众基础，教师可以根据实际情况，灵活运用国防教育理念，使学生在体育课堂中接受国防教育。

通过实际案例分析，我们可以看到国防教育在体育课堂中的实践效果。在体育课堂中，学生不仅能够享受到运动的乐趣，还能够培养国防观念，增强集体主义精神。这种教学方式变革，有助于提高学生的爱国情怀，为我国的国防事业贡献力量。

总之，国防教育在体育课堂中的实践案例分析表明，将国防教育与体育课堂相结合，实现教学方式的变革，是一种行之有效的方法。这种方法不仅能够提高学生的运动水平，还能够培养学生的国防观念，为我国的国防事业贡献力量。然而，如何更好地将国防教育与体育课堂相结合，还需要教育工作者进一步研究和探索。

三、教学方式变革的原因和影响

教学方式变革的原因主要有两个方面。一方面，传统的教学方式已经无法满足学生的需求。传统的教学方式往往注重技能的传授和训练，而忽视了学生的兴趣和个性发展。此外，传统的教学方式往往过于枯燥和单一，难以激发学生的学习兴趣和动力。另一方面，国防教育在中小学体育课堂中的重要性日益凸显。随着国家安全的日益紧迫，国防观念的培养已经成为教育的重要任务之一。因此，我们需要探索新的教学方式，以更好地培养学生的国防观念和爱国主义精神。

教学方式变革的影响也是显而易见的。首先，教学方式变革可以更好地满足学生的需求。通过引入新的教学方式和教学方法，我们可以更好地激发学生的学习兴趣和动力，提高他们的学习效果。其次，教学方式变革可以更好地培养学生的国防观念和爱国主义精神。通过将国防教育与体育教学相结合，我们可以更好地培养学生的国防观念和爱国主义精神，增强他们的社会责任感和使命感。最后，教学方式变革可以更好地促进学生的个性发展。通过引入新的教学方式和教学方法，我们可以更好地发掘学生的个性和特长，促进他们的全面发展。

表 9-2 篮球模块教案

模块	篮球		课时	第 3 课时	课型	新授课
学段	高中		年级	高二年级	班级	篮球选项
班级人数	24 人		性别	男生	教师	唐广训
教学目标	1. 能描述后掩护的技术要点及配合的方法；初步学会后掩护战术，并能将运、传球、投篮技术与后掩护配合战术结合运用到比赛中。 2. 在创设比赛和游戏的情境中提高核心肌群和下肢力量等素质，发展一般体能和专项体能。 3. 在学、练和比赛的过程中表现出遵守规则，团结合作，公平竞争和吃苦耐劳的品质，形成锻炼习惯					
教学内容	篮球战术基础配合：后掩护配合					
教学重点	掩护时的身体姿势			教学难点	对掩护时机的把握	
课的结构	课的内容	教学过程与方法	组织与要求 组织图、要求	时间	次数	强度
	一、集合整队 二、宣布课的任务与要求 三、队列队形 1. 二四列队形变换 2. 原地转法 3. 齐步走——立定 四、准备活动	1. 体委整队 2. 师生问好 3. 宣布本课目标和要求 4. 检查着装，安排见习生 5. 教师呼敬，学生练习	组织：二列横队 〇〇〇〇〇〇〇〇〇〇〇〇 〇〇〇〇〇〇〇〇〇〇〇〇 ▲ 要求： 1. 快、静、齐 2. 精神饱满 3. 认真听讲解 组织：四列横队 要求：协调一致，整齐划一 组织：一路纵队	1'		
准备部分	（一）绕篮球场运球慢跑	与学生一起运球慢跑		1'	1~2 次	小
				2'	1 圈	中

续表

教学重点	掩护时的身体姿势	教学难点		对掩护时机的把握
准备部分	（二）功能性篮球操 1. 正面捶砸 2. 体转捶砸 3. 斜劈斜砸 4. 体侧捶砸 5. 半蹲捶砸 6. 箭步捶砸 7. 侧蹲捶砸 8. 跨步跳停	要求：运球慢跑时要左右手交替运球 组织：四列横队 教法： 1. 教师呼做示范 2. 带领学生做篮球操 3. 提示学生按质完成动作，语言提示动作要点 要求： 1. 认真跟老师做篮球操 2. 充分活动各个关节 3. 做篮球操时控制好篮球	4'	2×8 中
主体部分	一、学 （一）观看视频导入本课 （二）学习后掩护基本动作：学习后掩护后转身跑 （三）学习后掩护配合	教法： 1. 观看视频，提出问题，引出篮球比赛中配合的重要性 2. 教师讲解示范动作，组织学生进行学习 3. 教师巡回指导纠错 4. 设置不同的练习目标，引导学生进行练习 5. 个别辅导，及时反馈信息。 动作要点：重心下降，两脚开立。双膝微曲；双臂屈肘于胸前，上体稍前倾，扩大掩护面积 组织：四列横队，前两排蹲下，后两排站立，集合时将篮球放在球托上 ○○○○○○○○ ○○○○○○○○ ○○○○○○○○ ○○○○○○○○ ▲ 要求：认真听讲，积极思考 组织：如图	2' 3'	1次 6次 4次 中

续表

教学重点	掩护时的身体姿势		教学难点	对掩护时机的把握	
主体部分	二、练 （一）2对1后掩护练习 （二）半场2对2后掩护投篮 （三）半场2对2后掩护传球	教法： 1. 教师提示学生避免发生撞人犯规，转身动作简洁迅速 2. 巡回指导各组练习，个别辅导，集体纠错 技术口诀： 掩护队员：一到二转三要球 持球队员：一突二看三投/传球 4. 再次组织学生练习	学法：学生集体模仿练习。将前排学生当作被掩护对象，作掩护后转身跑 要求：认真听讲，仔细观察，了解后掩护动作要点。避免冲撞被掩护队员 组织：如图 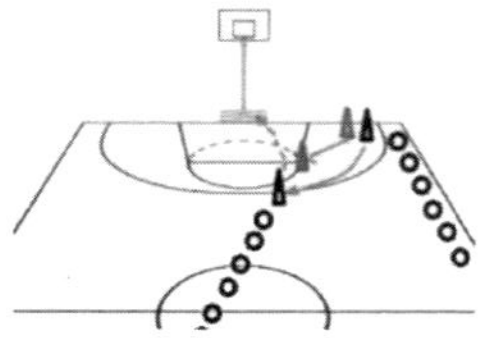	2′	3次
	三、赛 （一）半场5对5固定防守位置比赛 （二）半场5对5消极防守比赛	教法： 1. 教师讲解比赛的方法和要求 2. 明确分组 3. 组织小组比赛。每组进攻防守2分钟，2分钟后交换攻防，计算最后得分。小组比赛分为两个阶段，阶段一为防守位置固定，只站位不做防守动作；阶段二防守队员可以移动，但没有手臂动作 4. 教师巡回指导，教师、学生评价总结比赛中的实际运用情况	要求： 1. 身体重心不要有起伏，掩护队员动作迅速 2. 避免冲撞，注意时机和突破角度 3. 每组出1位学生防守 4. 随时观察场上情况，注意安全	10′	20次 中、大

续表

教学重点	掩护时的身体姿势	教学难点		对掩护时机的把握
主体部分	（三）体能 1. 平板支撑运球接力 2. 平板支撑腹下传球接力 3. 俄罗斯转体接力 4. 集体深蹲传球接力 5. 集体分腿跨传球接力	组织：如图 学生分为两个半场进行分组比赛 教法： 1. 教师讲解游戏方法、规则和要求 2. 组织学生进行体能练习 3. 每个体能练习30秒，计算全组完成的个数，所有练习完成后计算总成绩，分数高获胜 4. 多环节，全过程评价	8′	
		要求： 1. 突破队员动作要很要快，分球要及时，方法要合理 2. 掩护队员要把握掩护和后转身的时机 3. 进攻必须采用后掩护配合方法 4. 进行5对5比赛，每队2分钟的进攻时间，攻防交换 组织：	6′	2次 中、大

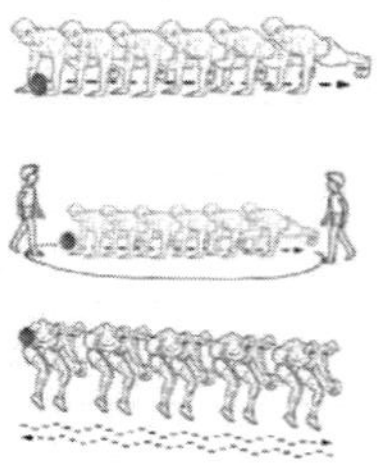

续表

教学重点	掩护时的身体姿势		教学难点	对掩护时机的把握	
主体部分	四、评 （一）参与态度评价 （二）技能评价 （三）战术运用评价	教学全过程中采用多种形式的评价方式进行 评： 1. 学生自我评价 2. 学生之间互相评价 3. 教师点评	要求： 1. 传递过程中球不能离开手 2. 转体接力时只能臀部接触地面 3. 深蹲、分腿蹲接力时全队动作一致，起立时传接球 4. 练习过程遵守纪律，诚实守信 比赛与评价： 1. 在比赛过程中，小组成员互相学习，体会技术战术动作，明确传球，运球和突破的时机 2. 每位小组长做好记录，利用赛评调动小组练习的积极性	2′ 3′	大 1次 小 2×8 小
结束部分	一、放松活动 二、课的小结 三、宣布下课 四、收还器材	1. 组织学生积极放松 2. 引导学生自评，互评本课 3. 教师对本课进行小结 4. 宣布下课，送还器材	组织：四列横队 要求： 1. 放松要充分，轻松自然心情愉快，大胆评价与分析 2. 认真听讲 3. 值日生收还器材		

续表

教学重点	掩护时的身体姿势	教学难点	对掩护时机的把握
安全防范	1. 安全隐患：身体对抗有身体接触存在风险，场上球多容易出现脚踩球现象 2. 防范措施：行动听指挥，教师鸣哨所有技术动作停止立刻持球在手；提醒学生随时观察场上情况；比赛中不允许戴眼镜，可戴护目镜		
场地器材	篮球 21 个，标志物 4 个，球掩 25 个。		
练习密度	50%	心率曲线	
教学反思	在教学活动中采用"分解——完整教学法"，运用信息技术，要领提示，徒手模仿，有球练习和教学比赛的递进形式促进战术的掌握。尤其是采用视频微课的形式让学生直观、形象的掌握该教学的要点。教学中采用学、练、赛、评四步骤采用互教互学交流的方法，掌握改进技术上的不足。视频微课的采用极大地提升课堂教学效果，有力地促进学生技能体验、技能掌握、让学生在较为真实的比赛情境中体验、掌握和运用技术、战术动作。在"评"的环节，采用信息技术及时统计数据，做好对参与态度评价、技能评价、体能评价和战术运用评价，做好过程性学、练赛的记录、信息技术的运用还有所欠缺，尤其是利用"竞赛"评价调动学练的积极性不足之处，信息技术的运用还有所欠缺，受体育学科特点限制如何广泛地使用信息技术支持教学工作仍有很多工作要完成		

* 练习密度预计：50%~55%   生理负荷预计：140~160 次/分

综上所述，国防教育在中小学体育课堂中起着至关重要的作用，而教学方式的变革也势在必行。通过深入研究，我们发现传统的教学方式已经无法满足学生的需求，因此，我们需要探索新的教学方式。教学方式的变革不仅可以更好地满足学生的需求，还可以更好地培养学生的国防观念和爱国主义精神，促进学生的全面发展。

四、对国防教育和体育教育实践的启示

国防教育是中小学教育的重要组成部分，体育教育也是中小学教育的重要内容。然而，传统的国防教育和体育教育方式已经不能满足现代社会对国防和体育教育的要求。因此，需要对国防教育和体育教育进行改革，以适应现代社会的发展。

需要认识到国防教育和体育教育是相互关联的。国防教育旨在培养学生的爱国情怀和民族自豪感，增强学生的国防意识和国家安全意识。而体育教育则有助于提高学生的身体素质和运动能力，增强学生的意志力和团队合作精神。因此，在中小学体育课堂中，应该注重国防教育，将国防教育与体育教育相结合，增强学生的国防意识和体育素质。需要注重教学方式的变革。传统的国防教育和体育教育方式已经不能满足现代社会对国防和体育教育的要求。因此，需要对国防教育和体育教育进行改革，以适应现代社会的发展。在体育课堂中，可以通过组织国防教育活动，如军事训练、国防知识竞赛等，来增强学生的国防意识和国家安全意识。同时，也可以通过体育比赛、运动队等形式，培养学生的团队合作精神和体育素质。需要加强教师队伍建设。教师是国防教育和体育教育的重要实施者。因此，需要加强教师队伍建设。可以通过组织教师培训、开展教师竞赛等方式，提高教师的教育教学水平和专业素质。同时，也可以通过加强教师的管理和考核，激励教师不断提高教育教学水平和专业素质。

综上所述，基于主题"国防教育进中小学体育课堂要重视教学方式变革"的研究结果，对国防教育和体育教育实践具有重要的启示。我们需要注重国防教育和体育教育的相互结合，注重教学方式的变革，加强教师队伍建设，以适应现代社会对国防和体育教育的要求。

五、小结与展望

（一）研究小结

国防教育进中小学体育课堂要重视教学方式变革。通过对中小学体育课堂教学的深入研究，提出了以国防教育为主题的教学方式变革策略，并对其进行了实证分析。研究结果显示，采用国防教育为主题的教学方式，可以有效地增强学生的国防意识和身体素质，增强学生的民族自豪感和凝聚力，培养学生的爱国主义精神和集体主义精神。

国防教育进中小学体育课堂要重视教学方式变革。这一结论强调了教学方式变革在国防教育中的重要性，为中小学体育课堂教学提供了新的思路和方法。同时，还强调了国防教育在中小学体育课堂中的重要性，认为国防教育是中小学体育课堂教学的重要组成部分，对于学生的全面发展具有重要的意义和价值。

通过对中小学体育课堂教学的实证分析，发现采用国防教育为主题的教学方式，可以有效地增强学生的国防意识和身体素质。具体来说，采用国防教育为主题的教学方

式，可以激发学生的爱国热情和民族自豪感，增强学生的集体主义精神和团队合作意识，培养学生的坚韧不拔和自律精神。此外，采用国防教育为主题的教学方式，还可以提高学生的身体素质和运动技能，增强学生的体育意识和健身意识。

通过对中小学体育课堂教学的比较分析，发现采用国防教育为主题的教学方式，相对于传统的体育课堂教学方式，具有更加明显的优势。具体来说，采用国防教育为主题的教学方式，可以更好地激发学生的爱国热情和民族自豪感，增强学生的集体主义精神和团队合作意识，培养学生的坚韧不拔和自律精神。此外，采用国防教育为主题的教学方式，还可以提高学生的身体素质和运动技能，增强学生的体育意识和健身意识。

通过对中小学体育课堂教学的案例分析，提出了一些具体的国防教育进中小学体育课堂的教学方式变革策略。这些策略包括：以国防教育为主题进行课堂教学，通过案例教学、情景模拟等方式，让学生深入了解国防知识和国家安全问题；以国防教育为主题进行课外活动，通过组织学生参加国防教育活动、参观国防教育基地等方式，让学生亲身体验国防教育的意义和价值；以国防教育为主题进行体育竞赛，通过组织学生参加国防知识竞赛、国防技能比赛等方式，激发学生的爱国热情和民族自豪感。

国防教育进中小学体育课堂要重视教学方式变革的研究已经取得了显著的成果。本研究强调了教学方式变革在国防教育中的重要性，为中小学体育课堂教学提供了新的思路和方法。同时，本研究还强调了国防教育在中小学体育课堂中的重要性，认为国防教育是中小学体育课堂教学的重要组成部分，对于学生的全面发展具有重要的意义和价值。此外，本研究还通过对中小学体育课堂教学的实证分析和案例分析，提出了一些具体的国防教育进中小学体育课堂的教学方式变革策略，为中小学体育课堂教学提供了新的思路和方法。

（二）对未来研究的建议

国防教育在中小学体育课堂中的重要性不容忽视，而体育教育作为中小学教育的重要组成部分，其教学方式变革也是当前教育界所关注的热点问题。本部分旨在探讨国防教育进中小学体育课堂的教学方式变革，并针对未来研究提出一些建议。

针对未来研究，有以下几点建议：

（1）应该加强对国防教育进中小学体育课堂的教学方式变革的研究，深入探讨各种教学方式的应用效果和存在的问题，为教学方式的创新提供参考。

（2）应该加强对体育教育与国防教育相结合的研究，探讨如何将两者有机结合，提高学生的学习兴趣和学习效果。此外，还应该加强对实践教学的研究，探讨如何在体育教育中融入实践教学，提高学生的实际操作能力和实践能力。

（3）还应该注重跨学科的研究，将国防教育、体育教育、心理学等领域相结合，探讨国防教育进中小学体育课堂的教学方式变革对学生身心发展的影响，为未来的研究提供新的思路。国防教育进中小学体育课堂的教学方式变革是一项重要的任务，需要教育界和学术界的共同努力。未来研究应该注重实践和创新，为国防教育和体育教育的发展提供新的思路和参考。

第三节　开展跨学科主题学习活动

国防教育进体育与健康课程本身就具有跨学科融合的学习过程，跨学科主题学习是学生掌握国防技能、学习战场急救知识和培养正确价值观的重要方式和途径。《义务教育课程方案（2022年版）》明确要求"加强课程内容的内在联系，突出课程内容结构化，探索主题、项目、任务等内容组织方式原则上，各门课程用不少于10%的课时设计跨学科主题学习"。《义务教育体育与健康课程标准（2022年版）》提出跨学科主题学习贯穿整个义务教育阶段，并设置了"钢铁战士"国防教育主题的跨学科学习活动。根据学生年龄、认知、体能和技能水平分别设置了"小小特种兵""英雄小少年""智勇双全小战士""忠诚的祖国卫士"四个水平学习主题示例供教师参考学习。《普通高中体育与健康课程标准（2017年版2020年修订）》虽然没有明确提出跨学科主题学习，但在课程性质章节里明确表示"与生物学、化学、物理学、社会学、心理学、艺术学等学科有着广泛的关联性"，为高中体育与健康课程开展跨学科主题学习活动奠定理论基础。运动技能和国防技能是跨学科主题学习的核心载体，二者具有紧密的联系，如发展体能、技能和战略战术合理运用。教学中可以结合英雄事迹、历史战役、国家国防事业、阅兵典礼、军事训练、模拟战场战斗、救援救护等情境演练发展体能，提高技能运用和环境适应能力。[1]在品德素养方面都以培养学生的爱国主义、集体主义精神、纪律意识、责任担当、不畏艰难等素质发挥应有的作用。

一、国防教育进体育课程开展跨学科主题学习的指导思想与理论依据

落实立德树人是教育的根本任务，学校体育课程对学生的影响至关重要，事关"培养什么人、怎样培养人、为谁培养人"的核心问题。《义务教育体育与健康课程标准（2022年版）》根据新时代的变化对学校体育提出新的目标和要求。聚焦学科核心素养，进一步优化课程结构，设立跨学科主题学习活动，加强学科间相互关联，带动课程综合化实施，强化实践性要求。[2]体育课程以健身育人为引领，通过内容组织形式构建主题式学习方式，关注教学内容、体能与技能、学练与比赛，形成体育基础知识、运动技能和重要概念与其他相关学科有机融合，提高融会贯通、举一反三的能力。[3]体育学科强调"身体练习为主要手段"基本特征，而国防教育中国防技能则突出基础体能、军事技能和基本战地救护技能。因此，体育学科和国防教育有着千丝万缕的联系。例如，军事体能包括支撑、越障、攀登、负重等内容，国防技能的发展离不开体育课程的支持。体育课程本身就具有多学科紧密联系的特点，应与多学科融合发挥育人功能，促进全面发展。开展国防教育与体育学科的跨学科主题学习，能帮助学生从多个视角认识国防教育

---

[1] 许晓研，车杰平. 小学国防教育融入学校体育的探讨［J］. 体育师友，2023，46（01）：36-38.

[2] 曹海辉. 体育核心素养指导下跨学科"主题"课程的模型构建及路径选择［J］. 体育科技文献通报，2022，30（11）：163-164+188+207+256.

[3] 徐营. 小学体育结构化教学的特色与策略研究［J］. 小学教学研究，2023（34）：75-77.

与体育课程相关实际问题，在解决问题的过程中初步掌握国防知识，形成国防观念。跨学科主题学习是学生提高国防教育与其他学科融合能力以及课程思政的重要方式和途径。引导学生在国防教育与体育课程学习中形成家国情怀、忧患意识、英雄气概和国防参与等核心素养，促进国防知识技能的学习与运用。国防教育与体育课程开展跨学科主题学习要立足于核心素养，要结合国防教育与体育课程的目标体系，增强课程教材功能，注重培育学生运动能力、健康行为、体育品德的同时还要培养学生的家国情怀、忧患意识、英雄气概和国防参与，使学生成为社会主义事业的建设者、保卫者和接班人。

二、国防教育进体育课程开展跨学科主题学习的设计逻辑

跨学科主题学习属于课程教学的一部分，跨学科学习建立在学科学习基础之上，在进行国防教育与体育学科跨学科主题学习教学设计时，要兼顾国防教育素养与体育学科核心素养，通过融合的国防教育与体育科学的知识、技能、理论进行整个教学计划的设计。因此，国防教育与体育学科跨学科主题学习教学设计从跨学科教研活动、核心素养为统领、学科逻辑特征、教学内容选择、选择适切的实施路径和学习效果评价六个具体环节来分析国防教育与体育学科跨学科主题学习的设计逻辑。

（一）开展跨学科教研活动

开展跨学科主题学习，放在第一位的应该是积极开展跨学科教研活动。现实生活中的问题是复杂的，需要多学科知识来解决。教师的教学习惯、思维模式依旧具有显著的学科思维模式，打破原有学科思维模式的习惯，关键就是积极开展跨学科教研活动。联合教研活动可以让教师们从另一个学科角度去审视已经存在的问题，从不同的学科角度思考解决问题的方法思路。跨学科主题学习的"主题"在反复研讨争论中得以确立，这样的研究主题问题真实可操作性强。因此，实施跨学科主题学习一个有效路径就是双师型授课甚至多位教师进行联合授课，以问题为抓手的跨学科主题学习活动体现教师综合能力。例如，国防教育进体育课堂教学设计之初，邀请军人或者具有军事背景的教师参与备课、上课，具有军事背景的教师从主题选择、教学进度分析、国防知识应用、教学过程再设计，提出自己的建议，有效地弥补体育教师国防知识的不足。

（二）以核心素养为统领

跨学科的综合素养是建立在学科核心素养基础之上，以情境问题为抓手，呈现展开教学达到育人的教学目标。相关的学科核心素养统领整个跨学科主题学习全过程，不同学科核心素养不是孤立存在而是存在着千丝万缕的内在联系。跨学科素养第一表征就是综合性，不同学科核心素养之间的关系是相互补充和相互促进，构成了学生的核心素养。课程标准对各学科的核心素养进行了准确的概括。例如，体育学科的核心素养主要包括运动能力、健康行为和体育品德三个维度，而国防教育的核心素养则是包括家国情怀、忧患意识、英雄气概和国防参与四个维度。国防教育与体育学科跨学科主题学习就是充分运用国防教育和体育学科相关的知识、方法，以解决国防教育无法解决的问题。国防教育与体育学科核心素养最大关联性表现在运动，突出的身体实践活动。同时，无论是国防教育还是体育学科的核心素养培育不仅局限于实践操作等方面，还更为注重正确的体育品德、家国情怀、团队合作、社会责任等关于正确价值观和必备品质的素养的

培育。因此，国防教育和体育的跨学科项目学习所形成的跨学科核心素养是对学科核心素养的一种补充，两者之间也会相互促进。

（三）突出学科逻辑特征

国防教育与体育学科都有自身的知识结构、内容体系。义务教育阶段体育与健康课程强调"以身体练习为主要手段，以体育与健康知识、技能和方法为主要学习内容，以发展学生核心素养和增进学生身心健康为主要目的"[1]。而国防教育主要内容则是包括国防观念、国防知识和国防技能三个方面。两个学科最大的特点在于都具有基础性、实践性的特点。当然除了共同点之外国防教育与体育还具有本学科独有的特点。例如，体育学科的健身功能、培育体育品德以及国防教育的国家防备和抵抗侵略，直至武装颠覆和分裂，保卫国家的主权、统一、领土完整等。国防教育与体育学科都是学校教育的重要组成部分，对促进学生德智体美劳全面发展具有非常重要的价值。因此，设计国防教育与体育跨学科项目式学习的应基于两个学科的学科逻辑，突出实践性和基础性两大特点，以国防教育和体育学科的实践性为设计的逻辑起点，聚焦真实复杂的情境问题，这些问题都可以通过一定的主题、任务或者具体的项目统筹设计国防教育与体育跨学科主题学习活动。以体育学科运动属性的学科逻辑为体育课堂教学基础，进一步提升拓展提供理论知识支持。两个学科无论是内在知识内容体系还是外在活动方式上，都存在密切的联系。

（四）跨学科教学内容选择

在设计国防教育与体育跨学科主题学习活动时，要考虑两个学科核心素养的要求，同时依据两个学科的逻辑结构进行教学内容选择。第一，需要教师建立跨学科意识，深入理解国防教育与体育学科之间内在联系，认识到国防教育与体育两个学科可以互相借鉴和促进。第二，教师还要深入学习国防教育与体育学科的基础知识，了解掌握国防的基本技能、规则和概念。第三，寻找国防教育与体育学科之间的交叉点。例如，国防基础体能的跑、跳、投等基本技能与体能和专项运动技能的联系。因此，在选择国防教育与体育学科跨学科学习主题内容时，既要立足于体育学科内容，还要关注与国防教育主题学习内容的相关军事技能的知识，围绕跨学科素养和教学内容进一步整合国防教育与体育学科的相关知识与方法。教学内容安排上，国防教育主题学习活动内容应该和体育学科学习的内容进度相匹配，这样便于安排相关的教学活动。例如，小学高年级阶段要提高学生一般体能，引导学生增加踢打、躲闪、脚力、抢夺、负重等运动技能训练。同时，体育教学内容也有自己的安排。如何让国防教育与体育学科的教学内容密切联系需要进行顶层设计。国防教育与体育学科跨学科主题学习内容的选择还要根据学生的学情，选择的内容适合不同学生的需求。例如，角力与负重的跨学科主题学习比较适合男生；战场救护的主题学习女生比较适宜等。

（五）选择适切的实施路径

国防教育与体育学科跨学科主题学习的实施路径主要包括探究、情境教学等实施

---

[1] 中华人民共和国教育部. 义务教育体育与健康课程标准（2022年版）[S]. 北京：北京师范大学出版社，2022.

路径，教师可以根据教学内容、目标和学生情况，有针对性地选择实施路径。运用情境教学方法的步骤为：第一，创设情境。教师根据教学内容和目标，创设真实感和生动的与国防教育相关的主题情境，吸引学生的注意力。第二，角色扮演。学生根据情境，扮演不同的角色，如运动员、裁判、教练等，通过模拟实践来探究物理原理在体育中的应用。第三，交流讨论。学生在角色扮演过程中，进行交流和讨论，分享对国防教育与体育学科应用的理解和体验。总结反思：教师引导学生对学习过程进行总结和反思，点拨学生在跨学科学习中的问题和不足，并鼓励学生提出改进意见。情境教学法可以为学生提供更加生动、形象的学习体验，帮助学生将国防教育与体育学科知识应用于实际生活中，提高其综合素质和能力。

（六）关注学习效果评价

国防教育与体育学科跨学科主题学习的评价是教学过程的重要组成部分，跨学科项目式学习的评价应当围绕相关学科的学业质量标准进行设计。通过综合性评价，全面了解学生的学习情况和进步，发现学生的优点和不足之处，进而提出改进措施和建议。同时，综合性评价还可以促进教师和学生之间的互动和交流，提高教学质量和学习效果。例如，教学中能用体育学科侧向滑步推实心球、跑步、跳跃的运动技能，促进学生掌握国防技能生成。最为显性的成果表现为，学生能独立组织与开展体能练习，体能达到《国家学生体质健康标准（2014年修订）》的规定的水平。其学习成果具体表现为，形成不同运动项目的运动成绩成果和认知规律性成果。跨学科项目学习的成果不仅局限于可观察、可测量的学习成果上，还表现在隐含学习成果中的情感、态度和价值观等要素上。学习中表现出抗挫折能力和良好的心态，能适应不同环境的各种变化，做到遵守规则、尊重裁判、尊重对手，主动克服困难、挑战自我，能正确看待比赛胜负。

三、国防教育背景下跨学科"钢铁战士"学习主题示例

体育运动与国防教育具有许多共通之处，主要体现在培养学生的爱国主义和集体主义精神，合理运用战略战术和发展体能，强调纪律意识、勇敢顽强、不畏艰难、责任担当等。体育与健康课程和国防教育的跨学科学习，可以结合英雄事迹、历史战役、国家国防事业发展等内容，组织学生观看阅兵典礼、军事训练等视频资料，模拟战场战斗、救援救护等情境演练，恰当运用《孙子兵法》的战术思维分析体育比赛中敌我双方的特点等；帮助学生在主题学习过程中发展体能，运用和巩固适应环境、应对突发事件等技能，提高战术思维和应变能力，培养学生不怕困难、顽强拼搏、敢于担当的高尚品格。学习主题示例参见表9-3[①]。

---

① 中华人民共和国教育部. 义务教育体育与健康课程标准（2022年版）[S]. 北京：北京师范大学出版社，2022.

表 9-3 "钢铁战士"学习主题示例

水平	学习主题	说明
水平一	小小特种兵	结合中国人民解放军的发展壮大历程等开展国防启蒙教育,在创设的情境中融入走、跑、跳、攀、爬、越等基本运动技能学练,培养学生不怕困难、勇敢顽强的意志品质,激发学生不怕吃苦的精神
水平二	英雄小少年	结合中国人民解放军的优良传统教育,在体能训练中引导学生扮演战士、消防员等不同角色,促进学生理解发展体能的作用,以及所承担角色任务的重要性
水平三	智勇双全小战士	结合国防科普、武装力量和国防建设成就等资料学习,在对抗性的武术、球类等运动项目学练中创设多变的情境,培养学生的战术思维、预判能力和应变能力
水平四	忠诚的祖国卫士	结合革命先烈的英雄事迹,在田径、体操等运动项目学练中模拟军事训练场景,引导学生灵活运用所学运动技能,培养学生迎难而上、不怕受伤、挑战自我的钢铁意志

第四节 国防教育进中小学体育课堂与文化场馆及国防教育基地的合作

随着国家安全意识的提高,国防教育在我国教育体系中越来越受到重视。体育课堂作为学生日常学习生活的重要组成部分,如何将国防教育融入其中,增强学生的国防观念,增强国家安全意识,是一个亟待解决的问题。在当前的国际形势下,国防教育在中小学体育课堂中的重要性日益凸显。体育课堂不仅是学生身体素质和运动技能的培养场所,更是国防教育的有效载体。将国防教育融入体育课堂,可以提高学生的国防观念,增强国家安全意识,有利于培养学生的爱国主义精神,为维护国家主权和领土完整,实现国家富强和民族振兴提供有力的精神支撑。然而,当前我国中小学体育课堂中的国防教育仍存在一些问题。首先,国防教育的教育内容和方法较为单一,缺乏针对性和实效性。其次,体育课堂与国防教育之间的融合度不够,导致国防教育在体育课堂中的地位和作用得不到充分发挥。最后,体育教师在国防教育方面的专业知识和能力不足,影响了国防教育在体育课堂中的实施效果。针对这些问题,有必要采取有效措施加强中小学体育课堂中的国防教育。首先,教育部门应制定相应的政策和规定,将国防教育纳入体育课程体系,明确国防教育在体育课堂中的地位和作用。其次,学校和教育机构应加大对体育教师的培训力度,提高他们在国防教育方面的专业知识和能力。最后,学校和教育机构应加强与文化场馆和国防教育基地的合作,共同推进国防教育在体育课堂中的实施。总之,加强中小学体育课堂中的国防教育,需要教育部门、学校和教育机构的共同努力。只有通过多方合作,才能有效推动国防教育在体育课堂中的深入实施,为培养具有国防观念和国家安全意识的新一代公民作出积极贡献。

一、国防教育的现状与问题

国防教育是我国国家安全和发展的重要保障，也是青少年学生成长过程中必不可少的一部分。然而，当前我国国防教育的现状并不理想，存在一些问题和挑战。当前，我国国防教育的目标已经从单纯的军事教育转变为全面的国家安全教育，包括国家安全、领土完整、国家利益等方面。在国防教育的内容方面，我国已经形成了比较完整的国防教育体系，包括国防知识、军事技能、爱国主义教育、国防法律法规等方面的内容。同时，国防教育方式也不断创新，包括课堂教学、实践活动、网络教育、军事训练等多种形式。然而，当前我国国防教育还存在一些问题，其中，国防教育意识淡薄是当前最为严重的问题之一，一些人对国防教育的重视程度不够，甚至存在对国防教育的误解和偏见。教育方式过于注重传统的课堂教学，忽视了实践活动和网络教育的重要性。

为了解决当前国防教育存在的问题，加强与文化场馆及国防教育基地的合作是必要的。文化场馆和国防教育基地是重要的国防教育资源，具有丰富的教育资源和设施，可以为国防教育提供更多的支持和帮助。加强与文化场馆的合作，可以通过举办国防教育活动、开展国防教育展览等方式，提高全民对国防教育的认识和理解，增强全民的国防观念和爱国情怀。不仅如此，文化场馆还可以提供一些国防教育资源，如军事博物馆、战争遗址等，为国防教育提供更多的实践机会。加强与国防教育基地的合作，可以通过开展国防教育活动、组织军事训练等方式，提高全民的国防素质和军事技能，增强全民的国防实力和应对突发事件的能力。同时，国防教育基地也可以提供一些国防教育资源，如军事技能训练、国防知识竞赛等，为国防教育提供更多的实践机会。

二、文化场馆与国防教育基地的作用

国防教育是我国基础教育的重要组成部分，其目的是增强学生的国防观念，提高国防素质。[①] 然而，传统的国防教育方式往往存在一定的局限性，如教学内容单一、实践环节不足等。因此，加强文化场馆与国防教育基地的合作，将国防教育与体育、文化、历史等多种元素相结合，是提高国防教育质量的有效途径。

（一）文化场馆在国防教育进体育课程中的作用

文化场馆，如博物馆、美术馆、科技馆等，具有丰富的教育资源和独特的文化氛围。这些场馆不仅可以为国防教育提供丰富的教学内容，还可以通过举办各类展览、讲座等活动，提高学生的文化素养和爱国情怀。在国防教育中，文化场馆的作用主要体现在以下几个方面：

文化场馆可以为国防教育提供丰富的教学内容。博物馆、美术馆等场馆中，陈列着大量的文物、艺术品、科技成果等，这些内容与国防教育密切相关，可以为国防教育提供丰富的教学素材。例如，在博物馆中，可以组织学生参观军事博物馆，了解我国军队的历史、现状和发展；在美术馆中，可以组织学生参观军事美术作品展览，了解我国

---

① 修瑜. 普通高校国防体育课教学内容构建研究［D］. 天津：天津体育学院，2024.

军事文化的传承和发展。文化场馆可以为学生提供良好的学习氛围。在文化场馆中，学生可以感受到浓厚的文化气息，这种氛围有利于激发学生的学习兴趣，提高学习效果。此外，文化场馆还具有较高的艺术价值，可以为学生提供欣赏艺术、陶冶情操的机会，有利于提高学生的审美能力。文化场馆可以为国防教育提供实践环节。在文化场馆中，学生可以亲身感受和体验军事文化，如参观军事博物馆、体验军事模拟训练等。这些实践环节可以增强学生的国防观念，提高国防素质。

（二）国防教育基地在国防教育进体育课程的作用

国防教育基地，如国防科技园、军事训练营等，具有丰富的实践教学资源和先进的军事科技装备。这些基地可以为国防教育提供实践教学的场所，帮助学生更好地理解和掌握国防知识。在国防教育中，国防教育基地的作用主要体现在以下几个方面：

一方面，国防教育基地可以为学生提供实践教学的场所。在国防教育基地中，学生可以亲身体验军事训练、参观军事设施等，从而加深对国防知识的理解和掌握。另一方面，国防教育基地可以为学生提供先进的军事科技装备。在国防教育基地中，学生可以接触到各种先进的军事装备，如坦克、飞机、火炮等，这些装备可以帮助学生更好地理解和掌握军事科技的发展。此外，国防教育基地可以为学生提供军事文化体验的机会。在国防教育基地中，学生可以参观军事历史文物、体验军事模拟训练等，这些活动可以帮助学生更好地了解我国军队的历史、现状和发展。

文化场馆与国防教育基地在国防教育中具有重要的作用。加强文化场馆与国防教育基地的合作，将国防教育与体育、文化、历史等多种元素相结合，有利于提高国防教育的质量，培养具有全面素质的人才。

三、文化场馆与国防教育基地在国防教育中的实施策略

国防教育是我国基础教育的重要组成部分，旨在增强学生的国防意识和爱国情怀，增强国家安全意识。在中小学体育课堂中加强国防教育，可以帮助学生更好地了解国防知识，提高身体素质，增强团队合作精神。文化场馆和国防教育基地是国防教育的重要场所，具有重要作用。从教育内容、教育方式、教育效果等方面分析文化场馆与国防教育基地在国防教育中的实施策略。

（一）教育内容

文化场馆和国防教育基地的教育内容丰富多样，可以满足不同年龄段学生的需求。在文化场馆中，可以组织学生参观博物馆、艺术馆等，了解历史、文化、科技等方面的知识，提高学生的文化素养。在国防教育基地中，可以组织学生参观军事博物馆、军事装备陈列馆等，了解国防知识、国防历史、国防科技等方面的内容，增强学生的国防意识。

（二）教育方式

文化场馆和国防教育基地的教育方式灵活多样，可以激发学生的学习兴趣。在文化场馆中，可以组织学生参观展览、讲座、演出等活动，让学生亲身感受文化的魅力，提高学生的学习兴趣。在国防教育基地中，可以组织学生参观军事演练、军事装备展示、军事历史展览等活动，让学生亲身感受国防的魅力，提高学生的学习兴趣。

（三）教育效果

文化场馆和国防教育基地的教育效果显著，可以提高学生的综合素质。在文化场馆中，学生可以了解历史文化、艺术文化、科技文化等方面的知识，提高文化素养和人文素养。在国防教育基地中，学生可以了解国防知识、国防历史、国防科技等方面的内容，增强国防意识，增强国家安全意识。

综上所述，文化场馆和国防教育基地在国防教育中具有重要作用。在中小学体育课堂中加强国防教育，加强文化场馆和国防教育基地的合作，可以更好地提高学生的综合素质，为维护国家安全作出贡献。

四、加强文化场馆与国防教育基地合作的效果分析

国防教育进中小学体育课堂是当前我国教育改革的重要内容之一。然而，传统的国防教育方式往往缺乏趣味性和互动性，难以引起学生的兴趣和参与。因此，加强文化场馆与国防教育基地的合作，将国防教育与体育课堂相结合，是一种增强学生的国防意识和身体素质的有效方式。

加强文化场馆与国防教育基地的合作，可以采用多种方式。例如，学校可以组织学生参观国防教育基地，了解国防科技的发展和军事历史，增强学生的国防意识。同时，学校也可以与国防教育基地合作，开展国防主题的体育活动。例如，军事障碍跑、军事射击等，提高学生的身体素质和国防技能。此外，学校还可以与文化场馆合作，开展国防主题的文艺演出。例如，军事歌舞、军事戏剧等，增强学生的文化素养和国防意识。

加强文化场馆与国防教育基地的合作，可以带来多种效果。首先，可以增强学生的国防意识。通过参观国防教育基地，学生可以更加深入地了解国防科技的发展和军事历史，增强自己的国防意识。其次，可以提高学生的身体素质。通过开展军事障碍跑、军事射击等体育活动，学生可以锻炼身体，提高身体素质，增强国防技能。最后，可以提高学生的文化素养。通过开展军事歌舞、军事戏剧等文艺演出，学生可以提高自己的文化素养和审美能力。

加强文化场馆与国防教育基地的合作，可以带来多种合作效果。首先，可以提高学生的参与度。通过参观国防教育基地和开展国防主题的体育活动，学生可以更加积极地参与国防教育，增强自己的国防意识和身体素质。其次，可以提高教师的教学质量。通过与文化场馆合作，教师可以获得更多的教学资源和素材，提高教学质量。最后，可以提高学校的品牌影响力。通过与文化场馆合作，学校可以提高自己的品牌影响力，增强学校的社会认可度。

综上所述，加强文化场馆与国防教育基地的合作，是一种增强学生的国防意识和身体素质的有效方式。通过多种合作方式，可以实现多种效果，包括增强学生的国防意识、提高学生的身体素质、提高学生的文化素养、提高教师的教学质量、提高学校的品牌影响力等。

五、加强文化场馆及国防教育基地合作的积极意义与困难

（一）积极意义

加强与文化场馆合作有助于丰富体育课堂的国防教育内容。文化场馆通常具有丰富的军事历史和文化底蕴，可以为学生提供更为丰富、直观的国防教育素材。例如，博物馆、纪念馆等场馆可以展示我国军事历史的发展变迁，使学生更加深入地了解国防知识。通过与文化场馆的合作，体育课堂的国防教育内容将更加丰富多样，有助于提高学生的学习兴趣和参与度。加强与文化场馆合作有助于拓宽学生的国防教育视野。文化场馆通常会举办各类国防教育活动，如军事历史讲座、军事知识竞赛等。通过参与这些活动，学生可以了解到国防教育的最新动态，拓宽国防教育的视野。同时，文化场馆还为学生提供了一个与军事文化亲密接触的机会，有助于培养学生的国防意识。加强与文化场馆合作有助于提高体育课堂的国防教育质量。体育课堂作为中小学教育的重要组成部分，对于培养学生的身体素质和意志品质具有重要作用。通过与文化场馆合作，体育课堂的国防教育将更加注重理论与实践相结合，提高国防教育的实际效果。此外，文化场馆还可以为学生提供军事体育训练场地，进一步丰富体育课堂的内容。

（二）挑战与困难

加强与文化场馆及国防教育基地合作对于提高中小学体育课堂的国防教育效果具有重要意义。然而，在实际操作中，这一合作方式也面临一定的挑战和困难。首先，学校、文化场馆及国防教育基地之间的合作机制尚不完善。目前，学校、文化场馆及国防教育基地之间的合作主要依赖于政府政策的支持和引导，缺乏长期的、稳定的合作机制。因此，在实际操作中，合作过程中可能出现信息不对称、资源配置不合理等问题，影响合作效果。其次，学校、文化场馆及国防教育基地之间的人员培训和交流不足。为了提高体育课堂的国防教育质量，学校、文化场馆及国防教育基地之间需要加强人员培训和交流。然而，在实际操作中，这一方面需要投入大量的人力、物力和财力，另一方面也可能受到人员流动、培训内容重复等因素的影响。最后，家长、社会对国防教育的重视程度不足。国防教育是关系到国家安全的重大问题，然而，在实际操作中，家长、社会对国防教育的重视程度不足，导致学校、文化场馆及国防教育基地之间的合作难以得到有效支持。

综上所述，加强与文化场馆及国防教育基地合作对于提高中小学体育课堂的国防教育效果具有重要意义。然而，在实际操作中，这一合作方式也面临一定的挑战和困难。因此，有必要进一步完善合作机制，加强人员培训和交流，提高家长、社会对国防教育的重视程度，以促进中小学体育课堂的国防教育水平的提高。

六、小结与实践意义

（一）小结

首先，国防教育在中小学体育课堂中具有重要地位。体育课堂是实施国防教育的重要载体，通过体育课程的设计与实施，可以有效提高学生的身体素质，培养他们的团队精神和集体观念，同时也有助于增强学生的国防观念和民族自豪感。然而，目前中小

学体育课堂中的国防教育存在一些问题，如国防教育内容过于单一、缺乏实践性等。其次，文化场馆与国防教育基地在国防教育中具有重要作用。文化场馆与国防教育基地是开展国防教育的理想场所，可以为学生提供丰富的国防教育素材和资源。通过参观文化场馆与国防教育基地，学生可以更加直观地了解国防知识，增强国防观念。此外，文化场馆与国防教育基地还可以举办各类国防教育活动，提高学生的国防素养。最后，加强文化场馆与国防教育基地的合作对于提高国防教育质量具有重要意义。通过双方合作，可以共享资源，共同设计开发国防教育课程，提高课程的针对性和实效性。同时，双方还可以共同举办各类国防教育活动，提高学生的参与度和兴趣。此外，双方还可以共同开展国防教育研究，为国防教育提供理论支持。

综上所述，国防教育在中小学体育课堂中具有重要地位，文化场馆与国防教育基地在国防教育中具有重要作用。加强文化场馆与国防教育基地的合作，可以提高国防教育质量，培养学生的国防观念和民族自豪感。因此，有必要进一步加强文化场馆与国防教育基地的合作，为中小学体育课堂中的国防教育提供有力支持。

（二）实践意义

国防教育进中小学体育课堂是一项重要的任务，不仅能够提高学生的身体素质，更能够培养他们的国防意识和爱国主义精神。然而，要将国防教育融入体育课堂并非易事，需要与文化场馆和国防教育基地进行深入合作，才能实现这一目标。本部分将从实践意义上分析国防教育进中小学体育课堂与文化场馆和国防教育基地合作的必要性和重要性。

国防教育进中小学体育课堂的实践意义在于，体育作为一门重要的学科，不仅可以提高学生的身体素质，更能够培养他们的意志力和团队合作精神。在体育课堂上，可以通过一些具体的实践方式，将国防教育融入其中。例如，可以通过一些体育项目，如篮球、足球、乒乓球等，来培养学生的国防意识。比如，在足球比赛中，可以通过模拟战争场景来培养学生的团结协作精神。在篮球比赛中，可以通过模拟军队行军等方式，来培养学生的国防意识。

将国防教育融入体育课堂的实践意义还在于，体育和文化场馆是相辅相成的。文化场馆是学生学习和娱乐的重要场所，如博物馆、图书馆、艺术馆等。这些场馆不仅能够提供丰富的文化资源，更能够提供一些实践平台，如军事博物馆、国防教育基地等。通过与文化场馆和国防教育基地的合作，可以为学生提供更多的实践机会，让他们更好地了解国防知识，增强国防意识。

加强文化场馆和国防教育基地的合作，是实现国防教育进中小学体育课堂的必要条件。文化场馆和国防教育基地是学生了解国防知识的最佳场所，它们拥有丰富的文化资源和实践平台。通过与文化场馆和国防教育基地的合作，可以为学生提供更多的实践机会，让他们更好地了解国防知识，增强国防意识。此外，通过合作，还可以为学生提供更多的实践机会，如组织学生参观军事博物馆、国防教育基地等，以提高学生的实践能力。

综上所述，国防教育进中小学体育课堂与文化场馆和国防教育基地的合作，是实现国防教育进中小学体育课堂的必要条件，也是增强学生国防意识和爱国主义精神的重要途径。通过加强文化场馆和国防教育基地的合作，可以为学生提供更多的实践机会，提高学生的实践能力，培养学生的国防意识和爱国主义精神。

第五节　信息化技术在国防教育进中小学体育课程中的应用

随着信息技术的不断发展，其在国防教育中的应用也得到了广泛的关注。信息化技术在国防教育中的应用，不仅能够提高国防教育的效率和质量，还能够增强学生的国防意识和爱国情怀。在中小学体育课程中，信息化技术也能够发挥重要的作用。随着国家安全的日益复杂化和严峻挑战，国防教育的任务也变得越来越重要。中小学是国防教育的基础，因此，在中小学体育课程中融入信息化技术，可以增强学生的国防意识和爱国情怀，增强学生的身体素质和体育技能。同时，信息化技术在国防教育中的应用也能够提高国防教育的效率和质量，降低国防教育的成本，提高国防教育的效果。在当前社会，国防安全已经成为国家发展的重要问题，而国防教育进中小学体育课程则是培养青少年国防意识和身体素质的有效途径。然而，传统的体育课程往往缺乏趣味性和创新性，难以激发学生的学习兴趣和参与热情。因此，引入信息化技术，如数字化教学资源、虚拟现实技术等，可以有效提高体育课程的趣味性和创新性，提高学生的学习兴趣和参与热情。国防教育进中小学体育课程存在一些问题，如教学内容单一、教学方式单一、缺乏实践性等。这些问题导致了学生的学习效果不佳，难以达到国防教育的目的。因此，引入信息化技术，如数字化教学资源、虚拟现实技术等，可以有效提高体育课程的实效性，增强学生的国防意识和身体素质。在当前的信息化技术环境下，数字化教学资源、虚拟现实技术等已经得到了广泛的应用。然而，这些技术在国防教育进中小学体育课程中的应用还存在一些问题，如技术难度较大、成本较高、教师缺乏相关技能等。因此，需要进一步研究信息化技术在国防教育进中小学体育课程中的应用的可行性，以及如何提高体育课程的趣味性和实效性。需要对现有的数字化教学资源、虚拟现实技术等进行深入的研究，分析其应用效果和存在的问题，并提出相应的解决方案。同时，还需要对教师进行培训，提高其数字化教学技能和虚拟现实技术的应用能力，以更好地推广信息化技术在国防教育进中小学体育课程中的应用。

一、信息化技术在国防教育进中小学体育课程中的应用现状

随着科技的飞速发展，信息化技术已经成为现代教育的重要组成部分。在我国，国防教育进中小学体育课程中的应用已经取得了一定的成果。本部分将对信息化技术在国防教育进中小学体育课程中的应用现状进行分析。

在信息技术在国防教育中的应用现状方面，我们可以看到，近年来，我国政府高度重视国防教育，并将其纳入国家教育体系。在这一背景下，信息化技术在国防教育中的应用越来越广泛。而体育课程作为国防教育的重要组成部分，信息化技术在其中的应用也越来越广泛。例如，在体育课程的设计、教学方法和评估等方面，信息化技术已经

得到了广泛的应用。通过网络平台、移动应用等方式，为学生提供丰富的体育课程学习资源。同时，利用虚拟现实、人工智能等技术，为学生创设真实的体育课程环境，提高学生的学习兴趣和参与度。

此外，在信息化技术在国防教育进中小学体育课程中的应用现状方面，我们还可以看到，我国政府和相关部门已经出台了一系列政策，鼓励和指导信息化技术在国防教育进中小学体育课程中的应用。例如，国家教育部颁布了《中小学体育与健康课程标准》，明确了体育课程在国防教育中的重要地位和作用。同时，国家体育总局也出台了《体育课程信息化建设指南》，为体育课程的信息化建设提供了指导。

综上所述，信息化技术在国防教育进中小学体育课程中的应用现状呈现出良好的发展态势。未来，随着科技的进一步发展，信息化技术在国防教育进中小学体育课程中的应用将更加广泛和深入，为提高国防教育的质量和效益，培养学生的国防观念和爱国情怀，作出更大的贡献。

二、信息化技术在国防教育中的应用

随着信息技术的飞速发展，我国国防教育逐渐与信息化技术相结合，为国防教育注入了新的活力。本书将详细论述信息化技术在国防教育进中小学体育课程中的应用，分析信息化技术在国防教育中的应用现状和效果。

（一）对信息化技术在国防教育中的应用分析

信息化技术在国防教育中的应用主要包括以下几个方面：

1. 信息化技术在国防教育中的教学内容更新

随着科技的进步，国防教育需要不断更新教学内容，以适应新时代的需求。信息化技术为国防教育提供了丰富的教学资源，有助于提高教学质量和效果。

2. 信息化技术在国防教育中的教学方式变革

传统的国防教育主要以课堂教学为主，而信息化技术的应用为国防教育带来了新的教学方式。例如，网络平台、虚拟现实、多媒体教学等，可以提高学生的学习兴趣，增强国防教育的趣味性和互动性。

3. 信息化技术在国防教育中的评价方式改进

传统的国防教育评价方式主要以考试成绩为主，而信息化技术为国防教育评价提供了更加客观、全面的评价方式。例如，通过网络平台发布作业、测试题等，可以实时查看学生的学习进度和成绩，有利于教师及时调整教学策略。

（二）信息化技术在国防教育中的应用现状和效果

根据相关调查和研究，信息化技术在国防教育中的应用取得了显著的成效。

1. 信息化技术提高了国防教育的教学质量和效果

通过信息化技术的应用，国防教育的教学内容得到了更新，教学方式得到了变革，评价方式得到了改进，从而提高了国防教育的教学质量和效果。

2. 信息化技术拓宽了国防教育的覆盖范围

信息化技术的应用使得国防教育可以跨越地域、时间的限制，进一步拓宽了国防教育的覆盖范围。

3. 信息化技术增强了国防教育的互动性和趣味性

信息化技术的应用为国防教育带来了新的教学方式，如网络平台、虚拟现实等，这些新的教学方式可以提高学生的学习兴趣，增强国防教育的趣味性和互动性。

4. 信息化技术为国防教育提供了丰富的教学资源

信息化技术为国防教育提供了大量的教学资源，如电子书籍、教学视频、在线课程等，这些资源可以丰富国防教育的教学内容，提高教学效果。

综上所述，信息化技术在国防教育进中小学体育课程中的应用具有重要的意义。通过信息化技术的应用，国防教育可以得到进一步的改革和发展，为提高国防教育的质量和效果提供有力支持。同时，信息化技术在国防教育中的应用也为其他领域的发展提供了有益的借鉴和启示。

三、信息化技术在中小学体育课程中的应用

随着信息化技术的不断发展和普及，其在中小学体育课程中的应用也越来越广泛。本部分将详细论述信息化技术在中小学体育课程中的应用，分析信息化技术在中小学体育课程中的应用现状和效果。

（一）信息化技术在中小学体育课程中的应用分析

信息化技术在中小学体育课程中的应用主要包括体育教学资源的数字化、体育训练数据的实时监测和分析、体育教学活动的网络化和智能化等方面。数字化体育教学资源包括视频、音频、图像等多种形式，能够帮助教师更好地传授体育知识和技能，提高学生的学习兴趣和参与度。实时监测和分析体育训练数据能够帮助教师及时发现问题，调整训练计划，提高训练效果。网络化和智能化的体育教学活动能够实现教学资源的共享和协作，提高教学效率和质量。

（二）信息化技术在中小学体育课程中的应用现状

目前，信息化技术在中小学体育课程中的应用已经取得了显著的成果。一方面，数字化体育教学资源的建设得到了加强，许多学校和体育部门已经开始建设自己的数字体育教学资源库，为学生提供了更加丰富和多样的体育学习资源。另一方面，体育训练数据的实时监测和分析得到了重视，许多学校和体育部门已经开始使用体育训练管理系统，对学生的训练数据进行实时监测和分析，及时发现问题并调整训练计划。

（三）信息化技术在中小学体育课程中的应用效果

信息化技术在中小学体育课程中的应用已经取得了许多积极的效果。一方面，数字化体育教学资源的建设为学生提供了更加丰富和多样的体育学习资源，能够激发学生的学习兴趣和参与度，提高学生的学习效果。另一方面，体育训练数据的实时监测和分析能够帮助教师及时发现问题，调整训练计划，提高训练效果，从而提高学生的体育水平和健康状况。此外，信息化技术还能够实现教学资源的共享和协作，提高教学效率和质量，为体育教育的发展提供了新的思路和方向。

信息化技术在中小学体育课程中的应用不仅为学生提供了更加丰富和多样的体育学习资源，还能够帮助教师及时发现问题，调整训练计划，提高训练效果，提高学生的

体育水平和健康状况，为体育教育的发展提供了新的思路和方向。

四、信息化技术在体育课堂教学中的应用

随着科技的飞速发展，信息化技术在各个领域的应用越来越广泛，其中在体育课堂教学中的应用也越来越重要。在国防教育进中小学体育课程中信息化技术可以有效地提高体育课堂教学的质量和效果。

（一）信息化技术在体育教育中的应用现状

信息化技术在体育教育中的应用越来越广泛。其中，最为常见的应用是体育教学软件和体育教学微视频。体育教学软件可以提供多种体育教学课程和训练方法，方便教师进行教学。体育教学微视频则可以让学生在家中自主学习体育知识和技能，提高学生的学习兴趣和积极性。此外，信息化技术还可以在体育教学以及比赛中应用。例如，通过视频回放和数据分析，帮助老师和学生发现问题改进教学提高比赛水平。

（二）信息化技术在体育课堂教学中的应用效果

信息化技术在体育课堂教学中的应用效果显著。通过体育教学软件和体育教学微视频，学生可以更加全面地了解体育知识和技能，提高学习效率和质量。同时，通过体育比赛的视频回放和数据分析，教师和学生可以更加准确地评估比赛表现，并制定出更好的训练计划。此外，信息化技术还可以帮助学生更好地掌握体育技能。例如，通过虚拟现实技术模拟各种体育场景，提高学生的技能水平。

五、信息化技术在国防教育进中小学体育课程中的应用前景

随着信息化技术的不断发展和普及，其在国防教育进中小学体育课程中的应用前景广阔。通过信息化技术，可以更好地推广国防教育，增强学生的国防意识和爱国情怀。同时，信息化技术还可以帮助学生更好地掌握体育技能，提高身体素质，增强国防力量。信息化技术在国防教育进中小学体育课程中的应用现状和效果。信息化技术在体育教育中的应用越来越广泛，体育教学软件和体育教学视频是当前最常见应用，信息化技术在体育教育中的应用效果显著，可以帮助学生更好地掌握体育技能，提高身体素质，增强国防力量。

（一）信息化技术在国防教育中的作用和效果

随着信息技术的飞速发展，其在国防教育中的应用日益广泛。国防教育是提高国民素质、增强民族凝聚力、保卫国家安全的重要手段。信息化技术在国防教育中的应用，不仅可以提高国防教育的效率，而且可以提高国防教育的质量。

首先，信息化技术在国防教育中具有提高教育效率的作用。传统的国防教育方式主要依赖于课堂讲授和实地参观，这种方式往往需要大量的人力、物力和时间。而信息化技术则可以有效地提高国防教育的效率。例如，可以通过网络平台进行在线教育，学生可以随时随地进行学习，不受时间和地点的限制。此外，信息化技术还可以通过虚拟现实、模拟战争等方式，提高学生的学习兴趣和参与度。[1] 其次，信息化技术在国防教

---

[1] 刘鹏. 新时代背景下青年思想政治教育个性化研究[J]. 现代商贸工业，2022，43（S1）：301-302.

育中具有提高教育质量的作用。传统的国防教育方式往往注重知识的传授,而忽视了学生的实践能力和创新能力的培养。而信息化技术则可以有效地提高国防教育的质量。例如,可以通过虚拟现实、模拟战争等方式,让学生亲身体验国防教育的实际应用,增强学生的实践能力和创新意识。此外,信息化技术还可以通过大数据分析、人工智能等技术,为学生提供个性化的学习服务,提高学生的学习效果。再次,信息化技术在国防教育中具有增强国防意识的作用。国防教育不仅仅是知识的传授,更重要的是要培养学生的国防意识。信息化技术可以通过网络平台、手机应用等方式,向学生传递国防知识,增强学生的国防意识。此外,信息化技术还可以通过虚拟现实、模拟战争等方式,让学生亲身体验国防教育的实际应用,增强学生的国防意识。最后,信息化技术在国防教育中具有提高国家安全的作用。国防教育是维护国家安全的重要手段。此外,信息化技术还可以通过大数据分析、人工智能等技术,为学生提供个性化的学习服务,提高学生的学习效果。同时,信息化技术还可以通过虚拟现实、模拟战争等方式,让学生亲身体验国防教育的实际应用,增强学生的国防意识。

综上所述,信息化技术在国防教育中的作用和效果十分显著。不仅可以提高教育效率,提高教育质量,增强国防意识,还可以提高国家安全。因此,应该加强信息化技术在国防教育中的应用,推动国防教育的现代化。

(二)信息化技术在中小学体育课程中的应用现状

随着信息化技术的发展,其在中小学体育课程中的应用也越来越广泛。然而,在实际应用中,还存在一些问题。首先,在信息化技术在中小学体育课程中的应用现状方面:

1. 教学内容的多样化

随着信息化技术的发展,体育课程的内容也在不断丰富和多样化。例如,在传统的体育课程中,学生主要进行体能训练和运动技能的练习。而随着信息化技术的发展,体育课程的内容已经扩展到运动生理学、运动心理学、运动社会学等多个领域。这些新的教学内容,不仅可以提高学生的学习兴趣,也可以帮助学生更好地理解运动科学知识。

2. 教学方式的多样化

在传统的体育课程中,学生主要是通过教师示范、学生模仿等方式进行学习。而随着信息化技术的发展,体育课程的教学方式也在不断多样化。例如,学生可以通过网络视频、体育 APP 等方式进行自主学习,也可以通过体育游戏、虚拟现实等方式进行互动学习。这些新的教学方式,可以提高学生的学习效果,也可以激发学生的学习兴趣。

3. 教学效果的提升

信息化技术在中小学体育课程中的应用,不仅可以提高学生的学习兴趣,也可以提高学生的学习效果。例如,通过体育 App,学生可以随时随地进行体能训练,可以更好地掌握运动技能。通过虚拟现实,学生可以更好地理解运动科学知识,也可以更好地进行实践操作。这些新的教学方式,可以提高学生的学习效果,也可以提高学生的运动水平。

信息化技术在中小学体育课程的实际应用中存在一些问题。首先，在中小学体育课程中应用信息化技术还存在一些问题。例如，一些学校缺少足够的信息化设备，难以满足学生的需求；一些教师欠缺足够的信息化技术水平，无法有效运用信息化技术开展教学。其次，信息化技术在中小学体育课程中的应用仍需要进一步摸索。例如，怎样更好地将信息化技术与体育课程相融合，如何更有效地应用信息化技术提升学生的学习效果等问题，均需我们深入探究。

总体来说，信息化技术在中小学体育课程中的应用，为体育课程的发展提供了新的思路和方向。然而，在实际应用中，还存在一些问题需要我们深入探讨。我们需要进一步探索信息化技术在中小学体育课程中的应用，以提高学生的学习效果，提高学生的运动水平。

（三）信息化技术在体育教学活动中的应用现状

随着信息技术的不断发展，其在教育领域的应用也越来越广泛。在中小学体育课程中，信息化技术的应用不仅能够提高教学质量，还能够培养学生的创新能力和实践能力。然而，当前我国信息化技术在中小学体育课程中的应用现状仍存在一些问题，需要我们进一步加以改进。

信息化技术在中小学体育课程中的应用现状总体上呈现出良好的发展趋势。近年来，我国政府高度重视教育信息化建设，投入大量资金支持教育信息化的发展。在中小学体育课程中，信息化技术的应用已经逐渐成为一种趋势，很多学校都开始尝试将信息化技术引入体育课程，以提高教学质量和学生的学习兴趣。例如，通过使用体育教学软件、体育教学视频等，教师可以更加直观地呈现体育动作和技巧，提高学生的学习效果。此外，信息化技术还可以帮助学生更好地掌握体育知识和技能，提高学生的体育素养。然而，尽管信息化技术在中小学体育课程中的应用呈现出良好的发展趋势，但仍存在一些问题。首先，信息化技术在中小学体育课程中的应用范围还不够广泛。目前，大多数学校只是在部分体育课程中使用信息化技术，而在其他课程中并没有得到广泛应用。此外，信息化技术在体育课程中的应用还存在一些技术难题，如如何将信息化技术与体育课程有机地结合在一起、如何提高信息化技术的教学效果等。其次，信息化技术在中小学体育课程中的应用水平还不够高。虽然一些学校已经开始尝试将信息化技术引入体育课程，但仍然存在一些学校没有采用信息化技术，或者采用的信息化技术水平不高。此外，教师在应用信息化技术进行体育教学时，还存在一些问题，如如何合理运用信息化技术、因此如何提高信息化技术的教学效果等。最后，信息化技术在中小学体育课程中的应用还存在一些安全隐患。随着信息化技术在体育课程中的应用越来越广泛，一些安全隐患也逐渐暴露出来，如如何保障学生在使用信息化技术进行体育教学时的安全、如何防止学生在使用信息化技术时出现技术故障等问题需要解决。

综上所述，虽然我国信息化技术在中小学体育课程中的应用呈现出良好的发展趋势，但仍存在一些问题。为了更好地推进信息化技术在中小学体育课程中的应用，我们需要加强信息化技术在体育课程中的普及，提高教师的信息化技术水平，加强信息化技术在体育课程中的安全保障。只有这样，我们才能够更好地发挥信息化技术在中小学体育课程中的作用，提高学生的体育素养，培养学生的创新能力和实践能力。

（四）信息化技术在国防教育中的作用和效果

随着科技的不断进步，信息技术已经成为当今社会不可或缺的一部分，其在国防教育中的作用和效果也日益受到重视。本部分将详细论述信息化技术在国防教育中的作用和效果。

1. 信息化技术在国防教育中的作用

（1）提高国防教育的实效性。信息化技术可以为国防教育提供更加丰富、生动、直观的教材和教学资源，使得国防教育更加贴近实际，具有更高的实效性。

（2）提高国防教育的覆盖面。信息化技术可以实现远程教育、在线教育等形式的国防教育，使得国防教育覆盖面更加广泛，能够吸引更多的学生参与。

（3）提高国防教育的便捷性。信息化技术可以实现国防教育的智能化、自动化，使得国防教育更加便捷、高效，能够更好地满足学生的学习需求。

2. 信息化技术在国防教育中的效果

（1）增强学生的国防意识。信息化技术可以为国防教育提供更加丰富、生动、直观的教材和教学资源，使得学生更加深入地了解国防知识，增强国防意识。

（2）提高学生的国防技能。信息化技术可以为学生提供更加丰富、多样化的国防技能训练资源，使得学生更加熟练地掌握国防技能，提高国防能力。

（3）提高学生的创新能力和综合素质。信息化技术可以为国防教育提供更加丰富、多样化的教学资源，使得学生更加深入地了解国防科技，培养学生的创新能力和综合素质。

总之，信息化技术在国防教育中的作用和效果非常显著，可以提高国防教育的实效性、覆盖面、便捷性，同时也能够增强学生的国防意识、国防技能、创新能力和综合素质。因此，我们应该积极推广和应用信息化技术，将其运用到国防教育中，为国防事业的发展作出更大的贡献。

六、信息化技术在国防教育进中小学体育课程中的实践分析

（一）研究结果的分析

通过对信息化技术在中小学体育课程中的应用进行深入研究，发现信息化技术在国防教育进中小学体育课程中的应用具有以下几个特点。

1. 信息化技术在中小学体育课程中的应用已经越来越广泛

随着科技的不断进步，中小学体育课程也逐渐引入了信息化技术，如智能运动鞋、运动 APP、虚拟现实技术等。这些技术的应用不仅能够提高学生的运动效果，还能够提高学生的学习兴趣和学习动力。

2. 信息化技术在国防教育进中小学体育课程中的应用可以增强学生的国防意识和身体素质

国防教育进中小学体育课程的目的是培养学生的国防意识和身体素质，而信息化技术可以有效地实现这一目标。例如，通过智能运动鞋和运动 App，学生可以更好地了解自己的运动状态，提高运动效果，从而更好地达到国防教育进中小学体育课程的目的。

3. 信息化技术在国防教育进中小学体育课程中的应用可以提高学生的自主学习能力和合作能力

信息化技术可以为学生提供更多的学习资源和学习工具，如智能运动鞋和运动APP等。这些资源可以帮助学生更好地自主学习，提高自主学习能力。同时，通过使用这些工具，学生可以更好地合作，提高合作能力。

（二）原因和影响

一方面，信息技术在中小学体育课程中的应用越来越广泛，这是因为科技的不断进步和人们对体育教育的需求不断提高。另一方面，信息化技术在国防教育进中小学体育课程中的应用可以增强学生的国防意识和身体素质，这是因为国防教育进中小学体育课程的目的是培养学生的国防意识和身体素质。此外，信息化技术在国防教育进中小学体育课程中的应用还可以提高学生的自主学习能力和合作能力，这是因为信息化技术可以为学生提供更多的学习资源和学习工具，帮助学生更好地自主学习，提高自主学习能力，同时，通过使用这些工具，学生可以更好地合作，提高合作能力。

通过对信息化技术在中小学体育课程中的应用进行深入研究，发现信息化技术在国防教育进中小学体育课程中的应用具有广泛性、增强国防意识和身体素质、提高自主学习能力和合作能力等特点。信息化技术在国防教育进中小学体育课程中的应用具有重要的意义和价值，未来还需要进一步的研究和探索，以期更好地实现国防教育进中小学体育课程的目的。

（三）实际应用价值

随着信息技术的不断发展，国防教育进中小学体育课程中的应用也逐渐得到重视在探讨信息化技术在国防教育进中小学体育课程中的应用，研究结果的实际应用价值探讨，以期为相关领域的实践提供有益的参考。

本研究通过对信息化技术在国防教育进中小学体育课程中的应用进行深入研究，得出以下结论：

1. 信息化技术在国防教育进中小学体育课程中的应用，可以提高学生的体育素养

通过使用信息化技术，学生可以更加深入地了解体育知识，提高体育技能，增强身体素质。同时，信息化技术还可以帮助学生更好地掌握国防教育知识，增强国防意识。

2. 信息化技术在国防教育进中小学体育课程中的应用，可以提高体育教学质量

通过使用信息化技术，体育教师可以更加方便地组织教学，提高教学效果。同时，信息化技术还可以帮助体育教师更好地掌握学生的身体状况，制定更加合理的教学计划。

3. 信息化技术在国防教育进中小学体育课程中的应用，可以促进体育课程的改革

通过使用信息化技术，体育课程可以更加注重学生的个性化发展，提高课程的实用性和针对性。同时，信息化技术还可以帮助体育课程更好地适应时代发展的需要，提高课程的适应性。

基于以上研究结果，我们可以得出以下实际应用价值探讨：

1. 信息化技术在国防教育进中小学体育课程中的应用，可以增强学生的国防意识

和身体素质

在信息化技术的支持下,体育教师可以更好地组织教学,提高教学效果,使学生更加深入地了解国防教育知识和体育技能,从而增强学生的国防意识和身体素质。

2. 信息化技术在国防教育进中小学体育课程中的应用,可以促进体育课程的改革

在信息化技术的支持下,体育课程可以更加注重学生的个性化发展,提高课程的实用性和针对性,从而促进体育课程的改革。

3. 信息化技术在国防教育进中小学体育课程中的应用,可以提高体育教师的教学质量和教学效果

在信息化技术的支持下,体育教师可以更好地掌握学生的身体状况,制定更加合理的教学计划,从而提高体育教师的教学质量和教学效果。

信息化技术在国防教育进中小学体育课程中的应用,具有重要的实际应用价值。通过使用信息化技术,可以增强学生的国防意识和身体素质,促进体育课程的改革,提高体育教师的教学质量和教学效果。因此,我们应进一步推广信息化技术在国防教育进中小学体育课程中的应用,以提高国防教育进中小学体育课程的质量。

七、小结与展望

(一)研究小结

通过对信息化技术在国防教育进中小学体育课程中的应用得出以下主要结论:首先,信息化技术在国防教育进中小学体育课程中的应用具有显著的教育效果。通过引入信息化技术,体育课程得以更加生动、形象地呈现,从而提高学生的学习兴趣和参与度。此外,信息化技术还能够有效促进学生的体育技能和体能素质的提高,为学生的全面发展提供了有力的支持。其次,信息化技术在国防教育进中小学体育课程中的应用有助于增强学生的国防意识。通过体育课程中融入国防教育内容,可以增强学生的国防观念,激发他们的爱国热情,为维护国家安全和稳定作出贡献。再次,信息化技术在国防教育进中小学体育课程中的应用可以有效降低体育课程的教学成本。相比于传统的体育课程教学方式,信息化技术可以大大降低体育教学设备和场地的投入成本,同时还可以节省大量的教学时间和人力资源,为学校节约了大量的资金和资源。最后,本研究还发现,信息化技术在国防教育进中小学体育课程中的应用需要考虑学生的年龄、性别、身体状况等因素,以确保教学效果和安全。此外,还需要加强教师培训和指导,提高教师运用信息化技术进行体育教学的能力和水平。

综上所述,信息化技术在国防教育进中小学体育课程中的应用具有重要的教育意义和现实价值。未来,需要进一步深入研究信息化技术在体育课程中的应用方式和方法,为提高体育教育质量和国防教育水平作出更大的贡献。

(二)研究贡献

学术贡献方面,对信息化技术在中小学体育课程中的应用的研究,并提出了相关的理论和实践方法。通过对信息化技术在体育课程中的应用进行系统的研究,提出了信息化技术在国防教育进体育课程中的作用机制,并探讨了信息化技术在国防教育进体育课程中的应用方法和策略。这些理论和方法为体育教育领域的研究提供了新的思路和方

向，也为体育教育实践提供了新的工具和手段。

社会价值方面，对信息化技术在国防教育进中小学体育课程中的应用进行探讨，并提出了相关的理论和实践方法。通过对信息化技术在体育课程中的应用进行系统的研究，提出了一种基于信息化技术的国防教育进体育课程的设计方法，该方法可以有效地提高体育课程的质量和效率。还提出了一种基于信息化技术的体育训练方法，该方法可以有效地提高运动员的训练效果和成绩。这些研究成果对于提高中小学体育课程的质量和效率，促进学生的身体健康和全面发展具有重要的社会价值。

本研究对信息化技术在中小学体育课程中的应用进行了深入探讨，并提出了相关的学术贡献和社会价值。通过本研究，我们提出了一种基于信息化技术的体育课程设计方法，该方法可以有效地提高体育课程的质量和效率；我们还提出了一种基于信息化技术的体育训练方法，该方法可以有效地提高运动员的训练效果和成绩。这些研究成果对于提高中小学体育课程的质量和效率，促进学生的身体健康和全面发展具有重要的社会价值。

（三）启示和建议

1. 信息化技术为国防教育提供了新的教学手段

信息化技术的发展为国防教育提供了新的教学手段，可以提高国防教育的教学质量和效率。例如，通过多媒体、网络等信息化技术手段，可以实现国防教育的远程教学，扩大了国防教育的覆盖面，为更多的学生提供了接受国防教育的机会。

2. 信息化技术有助于增强学生的国防意识

通过信息化技术手段，可以设计出具有互动性和趣味性的国防教育课程，激发学生的学习兴趣，增强学生的国防意识。例如，可以通过虚拟现实技术，让学生亲身体验军事训练、战斗模拟等场景，增强学生的国防意识和自我保护能力。

3. 信息化技术可以促进体育课程与国防教育的融合

信息化技术可以促进体育课程与国防教育的融合，提高学生的体育素质和国防素质。例如，可以通过体育竞赛、军事体能训练等方式，将国防教育融入体育课程中，提高学生的国防素质和体育水平。

第六节 虚拟技术在国防教育进中小学体育课程中的实践应用

一、研究背景

虚拟技术的发展及其在教育领域的应用，特别是在国防教育和体育教育中的应用，一直是教育界关注的焦点。虚拟技术作为一种新兴技术，具有高度的交互性和沉浸性，能够为教育带来全新的体验和教学方式。在国防教育和体育教育中，虚拟技术可以有效地提高学生的学习兴趣和学习效果。在国防教育中，虚拟技术可以模拟各种战争场景，让学生在虚拟环境中亲身体验战争的压力和挑战，从而更好地理解国防的重要性。此外,虚拟技术还可以模拟各种军事技能的训练,如射击、驾驶等,让学生在虚拟环境中进行模拟训练,提高其技能水平。虚拟技术在国防教育中的应用,可以增强学生的国防意识,增强其国防素质。在体育教学活动中,虚拟技术可以模拟各种体育运动的场景,让学生在虚拟环境中进行体育学习、训练和比赛,从而提高学生的运动技能和国防素养。此外,虚拟技术还可以模拟各种体育动作的分解和讲解,让学生在虚拟环境中进行学习和掌握。虚拟技术在体育教育中的应用,可以提高学生的体育技能和体育素养,增强其体育意识和体育精神。然而,虚拟技术在教育领域的应用还面临着一些挑战。其一,虚拟技术的应用需要大量的资金投入,这对一些经济条件较差的学校来说是一个难题。其二,虚拟技术的应用需要高度的技术支持和维护,这对一些技术水平较低的学校来说也是一个难题。此外,虚拟技术的应用还需要与传统的教学方式相结合,以保证其教学效果的提高。

综上所述,虚拟技术在国防教育和体育教育中的应用具有重要的意义。然而,虚拟技术在教育领域的应用还面临着一些挑战,需要进一步研究和探讨。

二、虚拟技术在国防教育中的应用分析

随着科技的不断进步,虚拟技术在国防教育中的应用越来越广泛。进一步分析虚拟技术在国防教育中的实践应用,包括虚拟训练、虚拟模拟等。

虚拟训练是虚拟技术在国防教育中的一个重要应用。虚拟训练可以模拟真实的战争环境,为学生提供更加真实、逼真的训练体验。虚拟训练还可以模拟各种复杂的军事场景,如山地、沙漠、丛林等,让学生在虚拟环境中掌握各种军事技能。虚拟训练还可以模拟不同的战争情境,如空战、海战、陆战等,让学生更好地理解战争的本质和规律。虚拟模拟是虚拟技术在国防教育中的另一个重要应用。虚拟模拟可以模拟各种军事行动,如战略部署、战术演练、指挥调度等,为学生提供更加真实、逼真的模拟环境。虚拟模拟还可以模拟各种自然灾害和人为灾害,如地震、台风、恐怖袭击等,让学生更好地掌握应对各种灾害的能力。虚拟技术在国防教育中的应用还可以提高学生的创新能力和思维能力。虚拟技术可以模拟各种复杂的军事场景,让学生在虚拟环境中进行创新和探索。虚拟技术还可以模拟各种自然灾害和人为灾害,让学生更好地理解灾害的规律和应对方法。虚拟技术在国防教育中的应用还可以提高学生的协作能力和沟通能力。虚拟技术可以模拟各种军事行动,让学生在虚拟环境中进行协作和沟通。虚拟技术还可以模拟各种自然灾害和人为灾害,让学生更好地掌握应对各种灾害的协作和沟通能力。虚拟技术在国防教育中的应用还可以提高学生的自主学习能力。虚拟技术可以模拟各种军事场景,让学生在虚拟环境中自主学习和探索。虚拟技术还可以模拟各种自然灾害和人为灾害,让学生更好地掌握应对各种灾害的自主学习能力。

综上所述,虚拟技术在国防教育中的应用具有重要的意义。虚拟技术可以创设较为真实的模拟练习环境,提高学生在虚拟环境中的沟通与协作能力,并让学生在有意识的虚拟环境设计中不断提高快速反应能力,从而让学生解决问题能力得以不断提高。

三、虚拟技术在中小学体育课程中的应用分析

随着科技的飞速发展，虚拟技术在各个领域的应用越来越广泛，体育教育领域也不例外。虚拟技术在中小学体育课程中的应用，如虚拟体育课程的设计、虚拟体育训练等，不仅能够提高体育教育的效果，还能够为学生提供更为丰富、多样的体育课程体验。详细论述虚拟技术在中小学体育课程中的应用分析。

首先，虚拟体育课程的设计。在传统体育课程中，教师通常会根据教学目标和课程内容，设计相应的教学计划和教学方法。然而，这种传统的教学方式往往受到时间和空间的限制。而虚拟体育课程的设计，则可以打破时间和空间的限制，为学生提供更为灵活、自主的学习方式。例如，教师可以根据学生的兴趣和特长，设计相应的虚拟体育课程，如虚拟足球、虚拟篮球等。同时，学生可以根据自己的需求和进度，自主选择学习时间和学习内容，提高学习的主动性和积极性。其次，虚拟体育训练。虚拟体育训练是一种利用虚拟技术，为学生提供更为丰富、多样的体育训练方式。与传统的体育训练方式相比，虚拟体育训练具有以下优点：一是虚拟体育训练可以模拟真实的体育场景，为学生提供更为真实的体育训练体验；二是虚拟体育训练可以根据学生的个体差异，制定相应的训练计划，提高训练效果；三是虚拟体育训练可以为学生提供更为丰富的训练内容，满足学生的多样化需求。例如，教师可以根据学生的体质和体能状况，设计相应的虚拟体育训练课程，如虚拟跑步、虚拟游泳等。同时，学生可以根据自己的需求和进度，自主选择训练时间和训练内容，提高训练的自主性和针对性。最后，虚拟技术在中小学体育课程中的应用，还有助于提高学生的体育素养和综合素质。通过虚拟体育课程的设计和虚拟体育训练的实施，学生可以更加深入地了解和掌握体育知识和技能，提高体育素养。同时，虚拟体育课程的设计和虚拟体育训练的实施，还可以培养学生的创新思维和团队协作能力，提高学生的综合素质。

综上所述，虚拟技术在中小学体育课程中的应用，如虚拟体育课程的设计、虚拟体育训练等，具有诸多优点，不仅能够提高体育教育的效果，还能够为学生提供更为丰富、多样的体育课程体验。然而，虚拟技术在中小学体育课程中的应用，还需要教师和教育工作者不断探索和研究，以提高虚拟技术在中小学体育课程中的应用水平。

四、虚拟技术在体育教学活动中的优势与挑战

虚拟技术是一种基于计算机技术和网络技术的综合性技术，具有模拟真实场景、互动性强、节省成本、提高效率等特点，因此在教育领域得到了广泛的应用。在国防教育中，虚拟技术在中小学体育课程中的应用也是一个重要的研究方向。

（一）虚拟技术在体育教学活动中的优势

1. 提高体育教学活动的效率

虚拟技术可以通过模拟真实的运动场景，让学生在虚拟的环境中进行体育学习、训练，从而避免因天气、场地等因素影响体育学习、训练的进行。同时，虚拟技术还可以为学生提供各种不同的运动场景和学习训练方式，让学生可以根据自己的兴趣和需求

选择适合自己的运动方式，从而提高体育教育的效率。

2. 降低体育教学活动的成本

虚拟技术可以为学生提供一种经济、安全、方便的体育锻炼方式，从而降低训练成本。通过网络平台为学生提供各种不同的体育锻炼方式，学生可以在家里进行体育锻炼，不需要花费大量的资金和时间去参加传统的体育锻炼。

3. 提高体育教学活动的趣味性和互动性

虚拟技术可以通过模拟真实的运动场景，为学生提供更加真实的体育教学活动体验，从而提高学生的兴趣和参与度。虚拟技术还可以通过互动性的设计，为学生提供更加丰富的体育教学活动方式，从而提高体育锻炼的趣味性和互动性。

（二）虚拟技术在体育教学活动中的挑战

1. 网络安全和隐私保护问题

虚拟技术在体育教学活动中的应用，可能会涉及学生的个人隐私和网络安全问题。虚拟技术需要通过网络平台进行使用，学生需要将自己的个人信息和体育锻炼数据上传到网络平台，这可能会导致个人信息泄露和网络安全问题。

2. 体育教学活动的科学性和真实性问题

虚拟技术虽然可以通过模拟真实的运动场景来提高体育锻炼的趣味性和互动性，但虚拟技术并不能完全代替真实的体育锻炼。虚拟技术可能会影响学生的体育锻炼效果，从而影响学生的身体健康。

五、虚拟技术在国防教育中的应用

在国防教育中，虚拟技术可以被广泛应用于中小学体育课程中，从而提高国防教育的效率和质量。虚拟技术可以通过模拟真实的战争场景，让学生在虚拟的环境中进行体育锻炼，从而提高学生的身体素质和战斗力。[1] 同时，虚拟技术还可以为学生提供各种不同的运动场景和训练方式，让学生可以根据自己的兴趣和需求选择适合自己的运动方式，从而提高国防教育的效率。

（一）虚拟技术在国防教育中的实践应用

虚拟技术在国防教育中的应用已经成为一种新兴的趋势，为国防教育带来了新的机遇和挑战。虚拟技术可以有效地提高训练效果，降低训练成本，提高训练的灵活性和安全性，为国防教育带来了全新的可能性。在国防教育中，虚拟技术可以用于模拟各种战争场景，提高学生的实战能力。[2] 例如，在虚拟战争中，学生可以模拟各种作战情况，学习如何应对不同的战斗环境，提高应对复杂战场的能力。虚拟技术还可以用于模拟各种军事演练，如空降、海战等，提高学生的军事素养和技能。虚拟技术还可以用于提高训练效果。在传统的训练中，学生需要到实地进行训练，受到自然环境、气候等因素的影响，训练效果难以保证。而使用虚拟技术进行训练，可以模拟各种不同的训练环境，让学生在安全、可控的环境中进行训练，提高训练效果。此外，虚拟技术还可以进行个

---

[1] 武斌. 学校体育教育技术装备的管理与使用[J]. 冰雪体育创新研究，2023（15）：91-93.
[2] 郭佳元. 浅析科技飞速发展背景下技工院校体育课的发展[J]. 成才，2023（07）：120-121.

性化训练，根据学生的不同特点和能力，制定个性化的训练计划，提高训练效果。虚拟技术还可以用于降低训练成本。传统的训练需要投入大量的资金和人力资源，而使用虚拟技术进行训练，可以节省大量的资金和人力资源。虚拟技术还可以实现远程训练，学生可以在家中进行训练，不需要到实地进行训练，节省了时间和成本。虚拟技术在国防教育中的应用，为国防教育带来了全新的可能性。通过虚拟技术，可以提高训练效果，降低训练成本，提高训练的灵活性和安全性，为国防教育带来了全新的机遇和挑战。

例1：基于VR游戏沉浸式国防教育案例[①]

国产的VR游戏《二战之中国战场》作为网络版联机游戏，需要一个联网的教学环境，同时，VR相关的硬件设备也需要统一管理，因此，建议在高等学校的计算机房组织实施。为了便于国防教育的组织实施，如果条件允许，可以对学校的计算机房稍加布局。例如，教学场景的布置包括教练席、导演席、红（蓝）双方席位、观众席位等，其基本布局如图9-1所示。其中，应充分考虑对抗双方的席位设置，一般采用屏幕相对的形式，避免相互干扰和偷看屏幕。当教学中引入语音通讯时，为保证公正公平，应在各个席位之间设立隔音墙。大屏幕的设置应便于解说和观众查看，便于授课教员和导演协调、讲评。

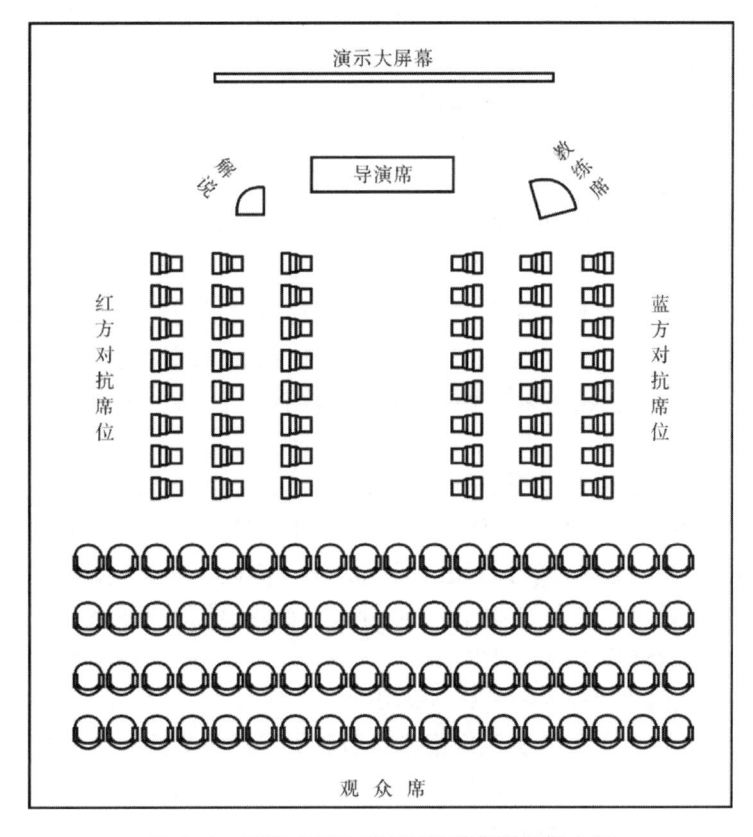

图9-1 沉浸式国防教育环境的教学场景布局

---

① 张志勇，刘鹤松，邱国俊等. 基于虚拟现实技术的沉浸式高等学校国防教育模式研究[J]. 大学教育，2018（11）：26-28.

为了进一步增加沉浸效果，要从模拟实际战场环境的角度出发，通过模拟声、光、电、烟雾、气味、温度等基本自然环境特征，进一步渲染逼真的战场环境。例如，可以通过挂壁画、铺设伪装网等措施，模拟战场指挥所的基本环境；通过放音响，模拟战场枪炮声、空袭声、呻吟声等，营造战场紧张的声响氛围；通过闪光灯，模拟战场闪点、爆炸等的光效应；通过释放人工烟雾，模拟战场烟雾环境；通过调节室内温度，模拟战场环境温度的变化；通过释放人工气味，模拟战场硝烟的味道等。同时，战场氛围的烘托还可采用模拟与实物相结合的方式进行模拟。例如，条件允许的情况下，可设置在一个非封闭、通透的环境中，周围设置铁丝网、堑壕等野战工事，并燃烧汽油弹、释放烟幕弹等，以求达到逼真的战场效果。

（二）虚拟技术在中小学体育课程中的实践应用

虚拟技术作为一种新兴的教育技术，已经越来越广泛地应用于中小学体育课程中。虚拟技术在中小学体育课程中的实践应用，不仅能够提高学生的参与度，还能够提高教学质量。本部分将从这两个方面进行详细论述。

1. 提高学生参与度

虚拟技术在中小学体育课程中的实践应用，可以有效地提高学生的参与度。传统的体育课程往往存在着学生参与度低、积极性不高等问题。而虚拟技术则可以提供更加丰富多样的体育课程内容，激发学生的学习兴趣，提高学生的参与度。例如，在虚拟体育课程中，学生可以体验到各种不同的体育项目，如滑雪、攀岩、足球等，这能够激发学生的学习兴趣，提高学生的参与度。

2. 提高教学质量

虚拟技术在中小学体育课程中的实践应用，还能够有效地提高教学质量。传统的体育课程存在着教师难以全面掌握学生身体情况、教学内容单一等问题。而虚拟技术则可以提供更加全面、个性化的体育课程内容，提高教学质量。例如，在虚拟体育课程中，教师可以根据学生的身体情况，制定更加个性化的训练计划，提高学生的训练效果。此外，虚拟体育课程还能够提供更加全面的教学内容，如运动生理学、运动心理学等，提高学生的体育素养。

虚拟技术在中小学体育课程中的实践应用，具有提高学生参与度和提高教学质量等优点。但是，虚拟技术在中小学体育课程中的实践应用也存在一些问题，如虚拟体育课程的师资力量不足、虚拟体育课程的安全问题等。因此，在推广虚拟技术在中小学体育课程中的实践应用时，需要加强师资力量建设，保障虚拟体育课程的安全，以促进虚拟技术在中小学体育课程中的广泛应用。

3. 虚拟技术在国防教育中的优势与局限性

虚拟技术在国防教育中的实践应用已经引起了广泛的关注。虚拟技术是一种利用计算机模拟技术，通过构建虚拟环境，模拟真实场景，为用户提供沉浸式的体验。在国防教育中，虚拟技术可以有效地提高训练效果，降低训练成本，并且具有其他一些优势。然而，虚拟技术在国防教育中的应用也存在一些局限性，需要我们进行深入地探讨。

虚拟技术在国防教育中的优势主要体现在以下几个方面。一是，虚拟技术可以提高训练效果。通过虚拟技术，学生可以在不受到实际环境限制的情况下，进行各种军事技能的训练。这种训练方式可以有效地提高学生的技能水平，并且可以随时随地进行训练，提高了训练的效率。二是，虚拟技术可以降低训练成本。传统的军事训练需要投入大量的人力、物力和财力，而虚拟技术可以大大降低这些成本。三是，虚拟技术还可以模拟各种复杂的军事场景，为军事训练提供了更加真实的模拟环境，有利于提高训练的质量和效果。然而，虚拟技术在国防教育中的应用也存在一些局限性。其一，虚拟技术的安全问题是一个亟待解决的问题。虚拟技术需要大量的网络资源，因此网络安全问题在虚拟技术中显得尤为重要。如果虚拟技术被黑客攻击，可能会导致军事信息泄露，对国家安全造成威胁。其二，虚拟技术可能会对学生的隐私造成侵犯。虚拟技术需要大量的个人信息，如位置信息、通信记录等，这些信息可能会被用于商业目的，对学生的隐私造成侵犯。

虚拟技术在国防教育中的优势和局限性都需要我们进行深入的探讨。虚拟技术可以有效地提高训练效果，降低训练成本，并且具有其他一些优势，如提高学生的技能水平、模拟各种复杂的军事场景等。然而，虚拟技术在国防教育中的应用也存在一些局限性，如网络安全、隐私保护等问题。因此，我们需要在充分考虑虚拟技术在国防教育中的优势和局限性的基础上，探索更加有效、安全、合理的国防教育方式。

4. 虚拟技术在中小学体育课程中的优势与局限性

虚拟技术在中小学体育课程中的应用已经成为教育领域的一种新兴趋势。虚拟技术在中小学体育课程中的应用可以提高学生的参与度和教学质量，但也存在一些局限性。

虚拟技术在中小学体育课程中的优势主要体现在以下几个方面。一是，虚拟技术可以提高学生的参与度。传统的体育课程往往需要学生在户外进行运动，可能会受到天气等因素的影响。而虚拟技术可以通过网络平台，让学生在家中就能参与体育课程，提高了学生的参与度。二是，虚拟技术可以提高教学质量。虚拟技术可以通过模拟真实的体育场景，让学生在虚拟环境中进行训练，从而提高学生的技能水平。三是，虚拟技术还可以提供实时的数据反馈，帮助教师了解学生的训练情况，进一步提高教学质量。然而，虚拟技术在中小学体育课程中也存在一些局限性。其一，虚拟技术的安全问题是一个需要关注的问题。在虚拟体育课程中，学生的个人信息、位置信息等可能会被泄露，从而导致网络安全问题。其二，虚拟体育课程可能会导致学生的隐私保护问题。在虚拟体育课程中，学生可能会遇到一些不必要的骚扰，从而影响学生的学习体验。

虚拟技术在中小学体育课程中的应用是一种新兴趋势，具有很多优势。然而，虚拟技术在中小学体育课程中也存在一些局限性，需要我们在实践中不断探索和完善。

5. 虚拟技术在体育教育中的创新与实践

虚拟技术作为一种新兴的技术手段，正在不断地改变着各个领域的传统模式，体育教育也不例外。虚拟技术在体育教育中的应用，不仅可以提高体育教育的效率和质量，还可以为学生提供更加丰富、多样的体育学习体验。虚拟技术在体育教育中的创新实践入手，探讨虚拟技术在中小学体育课程中的应用。

（1）虚拟体育课程的设计。

虚拟体育课程的设计是虚拟技术在体育教育中的一个重要应用。虚拟体育课程的设计可以通过虚拟现实技术、人工智能技术等手段，为学生提供更加真实、直观的体育学习体验。虚拟体育课程的设计可以根据学生的年龄、性别、身体条件等因素，设计出不同的体育课程，满足学生的个性化需求。虚拟体育课程的设计还可以通过虚拟现实技术，为学生提供更加真实的体育场景，让学生在虚拟场景中进行体育训练。例如，学生可以在虚拟足球场上进行足球训练，可以在虚拟篮球场上进行篮球训练，可以在虚拟田径场上进行田径训练等。通过虚拟体育课程的设计，学生可以更加直观地感受到体育运动的乐趣和挑战，提高学生的体育兴趣和参与度。

（2）虚拟体育训练。

虚拟体育训练是虚拟技术在体育教育中的另一个重要应用。虚拟体育训练可以通过虚拟现实技术、人工智能技术等手段，模拟真实的体育场景，为学生提供更加真实、直观的体育训练体验，让学生在虚拟场景中进行体育训练，提高学生的体育技能和体能。虚拟体育训练还可以根据学生的身体条件、技能水平等因素，设计出不同的体育训练课程，满足学生的个性化需求。例如，对于一些身体条件较弱的学生，可以设计出一些低强度的虚拟体育训练课程，让他们在虚拟场景中进行体育训练，提高他们的体能和身体素质。虚拟技术在体育教育中的应用，不仅可以提高体育教育的效率和质量，还可以为学生提供更加丰富、多样的体育学习体验。虚拟体育课程的设计和虚拟体育训练，是虚拟技术在体育教育中的两个重要应用，为体育教育的发展提供了新的思路和方法。

六、小结与展望

（一）研究小结

虚拟技术在国防教育进中小学体育课程中实践应用的研究小结如下：虚拟技术在国防教育中的应用，特别是在中小学体育课程中的应用，发现虚拟技术在国防教育中的应用具有以下优势。首先，发现虚拟技术在国防教育中的应用可以提高学生的学习兴趣和参与度。虚拟技术可以为学生提供更加生动、真实的体验，让学生更加深入地了解国防知识和技能。例如，在虚拟现实环境中，学生可以亲身体验飞行、潜水等国防技能。其次，发现虚拟技术在中小学体育课程中的应用可以增强学生的身体素质和国防意识。虚拟技术可以为学生提供更加多样化和个性化的体育课程。例如，虚拟现实环境下进行的运动训练和体能测试等，可以更好地满足学生的需求。此外，虚拟技术还可以通过模拟战争场景等手段，增强学生的国防意识，让学生更加深入地了解国防知识和技能。最后，虚拟技术在国防教育中的应用还存在一些问题。例如，虚拟技术的成本较高，对于一些经济条件较差的地区和学校来说，难以承担。此外，虚拟技术的安全性也是一个需要关注的问题。在虚拟现实环境中，学生可能会遇到一些安全问题，如虚拟现实眼镜的疲劳、眩晕等。因此，在应用虚拟技术时，需要考虑这些问题，并采取相应的措施进行解决。

总之，虚拟技术在国防教育中的应用具有很多优势，如可以提高学生的学习兴趣和参与度，增强学生的身体素质和国防意识等。但是，虚拟技术在国防教育中的应用也存在一些问题，如成本较高、安全性等问题。因此，在应用虚拟技术时，需要综合考虑这些问题，并采取相应的措施进行解决。

（二）启示与展望

随着科技的不断进步，虚拟技术在国防教育中的应用也将会越来越广泛，因此在中小学体育课程中应用虚拟技术也将成为一个重要的发展方向。虚拟技术在国防教育中的应用可以为学生提供更加丰富和多样的虚拟现实课程体验。例如，在虚拟现实环境中进行游泳、攀岩等运动，这些运动可以为学生提供更加真实的体验，提高学生的参与度和学习兴趣。虚拟技术在国防教育中的应用可以为学生提供更加安全、便利的体育课程。虚拟技术可以为学生提供安全的体育课程环境。例如，在虚拟现实环境中进行足球、篮球等运动，这些运动可以在室内进行，避免天气和场地等限制，提高学生的学习效率和体育素养。

虚拟技术在国防教育中的实践和应用，为学生提供了更加丰富、安全、创新、灵活的体育课程体验。未来的研究方向可以包括如何更好地将虚拟技术应用于体育课程中，如何提高虚拟技术在国防教育中的应用水平，如何更好地利用虚拟技术来增强学生的体育素养和国防意识等。

第七节　国防教育进中小学体育课程的管理与评价体系的构建

一、研究背景

国防教育在中小学教育中的地位日益凸显，随着我国国防安全的日益重要，体育课程作为中小学教育的重要组成部分，如何将国防教育融入其中，增强学生的国防意识，是一个亟待解决的问题。体育课程是中小学教育中非常重要的组成部分，不仅可以增强学生的体质，还可以培养学生的团队合作精神、领导力和自我管理能力等。将国防教育融入体育课程中，可以增强学生的国防意识，培养中小学生的爱国情感和民族自豪感，同时也可以增强学生的身体素质和心理素质，使中小学生更好地应对未来的挑战。在构建国防教育进中小学体育课程的管理与评价体系时，需要考虑以下几个方面。一是，需要明确国防教育在体育课程中的地位和作用，将其纳入体育课程的课程标准和教学计划中，确保国防教育得到充分地重视和落实。二是，需要建立一套完整的国防教育体育课程的教学内容和教学方法，确保国防教育与体育课程的教学内容相符合，同时也要注重教学方法和手段的创新，提高学生的学习兴趣和参与度。在构建国防教育进中小学体育课程的管理与评价体系时，需要建立一套科学合理的评价体系，对学生的国防意识和身体素质进行评价。评价体系应该包括评价内容、评价方法和评价标准等方面。评价内容应该全面涵盖国防意识和身体素质等方面，评价方法应该科学合理，评价标准应该明确具体，能够客观公正地评价学生的国防意识和身体素质。国防教育进中小学体育课程的管理与评价体系的构建是一个长期而复杂的过程，需要政府、学校、教师和家长的共同努力。政府应该加强对国防教育的重视，加大投入，完善政策，促进国防教育与体育课程的融合。学校应该建立健全的国防教育体育课程的组织和管理机制，加强对教师的培训和管理，增强教师的国防意识和教学能力。教师应该注重教学方法和手段的创新，注重学生的实践和体验，增强学生的国防意识和身体素质。家长应该积极参与国防教育体育课程的建设和管理，关注孩子的学习和成长，为孩子的未来发展打下坚实的基础。国防教育进中小学体育课程的管理与评价体系的构建是一项重要而紧迫的任务，需要政府、学校、教师和家长的共同努力，以增强学生的国防意识和身体素质，培养他们的爱国情感和民族自豪感，为中华民族的伟大复兴作出贡献。

二、构建国防教育进体育课程的管理与评价体系的意义

构建国防教育进体育课程的管理与评价体系，以推动国防教育与体育课程的融合，增强学生的国防意识和身体素质。国防教育是国家安全的重要组成部分，体育课程是提高学生身体素质和意志力的重要途径。将两者结合起来，不仅能够提高学生的综合素质，而且能够增强学生的国防意识，提高学生的爱国情怀。

构建国防教育进体育课程的管理与评价体系的意义主要体现在以下几个方面。首先，可以推动国防教育与体育课程的进一步融合。在当前的国际形势下，国防安全是国家安全的重要组成部分，而体育课程则是提高学生动能力、健康行为和体育品德学科核心素养的重要途径。将两者结合起来，可以更好地培养学生的国防意识和身体素质，提高学生的爱国情怀。其次，可以增强学生的国防意识和身体素质。国防教育是国家安全的重要组成部分，而体育课程则是提高学生身体素质和意志力的重要途径。将两者结合起来，可以更好地培养学生的国防意识和身体素质，提高学生的爱国情怀。最后，本研究可以提高学生的综合素质。国防教育是国家安全的重要组成部分，而体育课程则是提高学生身体素质和意志力的重要途径。将两者结合起来，可以更好地培养学生的综合素质，提高学生的爱国情怀。

综上所述，本研究对于推动国防教育与体育课程的融合，增强学生的国防意识和身体素质，具有重要的理论和实践意义。

三、国防教育进中小学体育课程的管理与评价体系概述

体育课程是中小学教育的重要组成部分，是提高学生身体素质、培养运动技能、养成健康生活方式的重要途径。然而，随着社会的发展和时代的变迁，体育课程的管理与评价体系也需要不断进行改进和完善。国防教育进中小学体育课程的管理与评价体系的研究，旨在为体育课程的管理与评价提供科学、有效地组织、管理、评价和指导，以提高体育课程的教学质量和效果。

体育课程的管理与评价体系是指对体育课程进行科学、有效的组织、管理、评价和指导，以提高体育课程的教学质量和效果。它主要包括以下几个方面：

1. 体育课程的组织与管理

体育课程的组织与管理是指对体育课程的教学内容、教学方法、教学过程等进行科学、合理的组织和管理，以确保体育课程的教学质量和效果。在组织与管理方面，需

要考虑课程的教学目标、教学内容、教学方法、教学时间、教学场地、教学师资等因素，并制定相应的组织和管理方案，以保证体育课程的顺利开展。

2. 体育课程的评价与反馈

体育课程的评价与反馈是指对体育课程的教学质量和效果进行科学、客观的评价，并根据评价结果进行反馈和改进。在评价与反馈方面，需要采用科学、合理的方法和指标，对体育课程的教学质量和效果进行全面、客观的评价，并及时反馈给学生、家长和教师，以便于及时调整和改进教学方法和内容，提高体育课程的教学质量和效果。

3. 体育课程的师资培训与评价

体育课程的师资培训与评价是指对体育教师的师资水平、教学能力、教学效果等进行科学、客观的评价，并制定相应的培训计划和评价标准，以提高体育教师的师资水平和教学能力。在师资培训与评价方面，需要采用科学、合理的方法和指标，对体育教师的师资水平、教学能力、教学效果进行全面、客观的评价，并及时反馈给体育教师，以便于及时调整和改进教学方法和内容，提高体育课程的教学质量和效果。

4. 体育课程的实践与创新

体育课程的实践与创新是指在体育课程的组织与管理、评价与反馈、师资培训与评价等方面，积极进行实践与创新，以提高体育课程的教学质量和效果。在实践与创新方面，需要采用科学、合理的方法和指标，对体育课程的组织与管理、评价与反馈、师资培训与评价等方面进行实践与创新，以提高体育课程的教学质量和效果。

国防教育进中小学体育课程的管理与评价体系的研究，旨在为体育课程的管理与评价提供科学、有效的组织、管理、评价和指导，以提高体育课程的教学质量和效果。它主要包括体育课程的组织与管理、评价与反馈、师资培训与评价、实践与创新等方面，需要采用科学、合理的方法和指标，进行深入的研究和探讨，以期为体育课程的管理与评价提供有益的参考和借鉴。

四、国防教育在中小学体育课程中管理与评价的现状

（一）国防教育在中小学体育课程中的现状

国防教育在中小学体育课程中的现状整体一般，还有一部分学校对国防教育的重视程度不够，缺乏系统的管理和评价体系。国防教育在中小学体育课程中的重要性得到了广泛认同。随着国家安全的日益严峻，国防教育在中小学体育课程中的地位越来越重要。我国政府高度重视国防教育，将其纳入国家教育体系，并制定了一系列政策文件和规定，明确要求各级教育部门和学校将国防教育贯穿于体育课程中。然而，在实际操作中，国防教育在中小学体育课程中的现状并不完全理想。虽然大部分学校都能认识到国防教育的重要性，但在具体实施过程中，还存在一些问题。

国防教育在中小学体育课程中的重视程度不够。一些学校将体育课程的重点放在了技术性和竞技性上，忽视了国防教育的教育价值。此外，一些学校在国防教育方面的师资力量不足，缺乏专业的教育人才，这也影响了国防教育在体育课程中的有效实施。缺乏系统的管理和评价体系。目前，我国尚未建立起完善的国防教育在中小学体育课程中的管理和评价体系。虽然一些学校制定了相关的政策和规定，但缺乏具体的操作细则

和评价标准,导致国防教育在体育课程中的实施缺乏科学性和规范性。为了解决这些问题,需要采取一系列措施。首先,学校应当加强国防教育的宣传和教育,提高师生对国防教育重要性的认识。其次,学校应当加强师资队伍建设,提高国防教育在体育课程中的教育质量。最后,建立健全国防教育在中小学体育课程中的管理和评价体系,确保国防教育在体育课程中的有效实施。

总之,国防教育进中小学体育课程中的实施现状仍存在一些问题,为了进一步提高国防教育进中小学体育课程中的教育质量,需要加强宣传和教育,提高师资队伍水平,并建立健全的管理和评价体系。

(二)国防教育在中小学体育课程中管理与评价体系的设计

国防教育进中小学体育课程的管理与评价体系的构建是一项重要的教育改革任务。体育课程作为学生全面发展的重要组成部分,其管理与评价体系的科学性和有效性直接影响到体育教育质量的提高。本研究设计了一套科学、有效的体育课程管理与评价体系,包括课程设置、教学内容、教学方法、评价标准等方面。

在课程设置方面,充分考虑了国防教育的特点和体育课程的目标,将国防教育与体育教育相结合,制定了符合学生身心发展的体育课程体系。同时,根据学生的兴趣和特长,设置了多样化的体育课程,激发学生的学习兴趣,提高学生的体育素养。在教学内容方面,注重教学内容的科学性和实用性。根据国防教育的特点,将军事体能训练、军事技能训练等内容融入体育课程,提高学生的身体素质和军事素质。同时,结合学生的兴趣和特长,设置了一系列的体育课程,如篮球、足球、乒乓球等,丰富学生的体育体验,提高学生的体育素养。在教学方法方面,本研究注重教学方法的多样性和创新性。采用多种教学方法,如示范、讲解、练习、比赛等,提高学生的学习兴趣和体育技能。同时,结合国防教育的特点,采用军事化管理方式,如队列训练、体能训练等,提高学生的军事素质和团队协作能力。在评价标准方面,制定了科学、合理的评价标准。评价标准应充分考虑学生的身心发展特点,结合国防教育的特点,评价学生的身体素质、军事素质、体育技能等方面。同时,评价标准应具有可操作性和实用性,便于教师和学生进行自我评价和反思。

综上所述,本研究设计的体育课程管理与评价体系,包括课程设置、教学内容、教学方法、评价标准等方面。该体系有助于提高体育教育质量,培养学生的身体素质和军事素质,为国防教育进中小学体育课程提供科学、有效的管理和服务。

五、国防教育在中小学体育课程中管理与评价体系的局限性

国防教育进中小学体育课程的管理与评价体系的构建旨在深入探讨国防教育在我国中小学体育课程中的实践与管理问题。然而,国防教育进中小学体育课程的管理与评价体系的构建还存在一定的局限性,主要表现在对部分学校的调查和观察,可能存在一定的偏差。一是,所选取的学校样本数量有限,且这些学校分布在天津市不同地区,样本的多样性不足,可能无法全面反映全国中小学体育课程的实际情况,研究成果的普遍性和代表性可能会受到限制。此外,对于一些地区的学校,由于经济、文化等因素的影响,可能会存在一些特殊的情况,这些情况可能会影响到本研究结果的适用性。二是,

对国防教育进中小学体育课程的管理与评价体系的构建，主要是基于已有的理论框架和实践经验，而未充分考虑不同地区、不同学校、不同学生的差异性，可能导致管理策略和评价标准的适用性不足。三是，对国防教育进中小学体育课程的管理与评价体系的构建，也未充分考虑学生的个体差异和兴趣爱好等因素，可能影响学生的学习积极性和参与度。四是，还可能受到研究方法的影响。研究采用的调查和观察方法，可能存在主观性和随机性，导致研究结果的误差和不确定性。例如，在问卷调查和观察过程中，调查员的主观意识可能会对结果产生影响。调查员可能会对某些问题有偏见，从而影响调查结果的客观性；观察员可能会因为某些原因而忽略了一些重要的信息，从而影响观察结果的准确性。五是，对国防教育进中小学体育课程的管理与评价体系的构建，也未充分考虑社会、政治、文化等因素的影响，可能影响研究的客观性和全面性。国防教育进中小学体育课程的管理与评价体系构建的局限性也表现为可能存在一定的片面性。本研究对国防教育进中小学体育课程的管理与评价体系的构建，主要是基于理论框架和实践经验，而未充分考虑学生的实际需求和利益，可能影响国防教育进中小学体育课程的实际效果。局限性还表现在可能存在一定的风险性。对国防教育进中小学体育课程的管理与评价体系的构建，主要是基于已有的理论框架和实践经验，而未充分考虑国防教育进中小学体育课程的风险和挑战，可能影响国防教育进中小学体育课程的实施效果。

综上所述，本研究结果的局限性主要表现在对部分学校的调查和观察，可能存在一定的偏差，对国防教育进中小学体育课程的管理与评价体系的构建，可能存在一定的片面性、风险性，需要进一步的研究和探讨。

六、小结与实践意义

（一）小结

在当前的中小学体育课程中，国防教育得到了积极的推进和实施。然而，研究发现，国防教育进中小学体育课程中存在一定问题，需要进一步加强管理和评价体系的建设。

从现状来看，中小学体育课程中的国防教育已受到广泛重视并得以实施。不少学校和地区将国防教育纳入体育课程，成为学校教育的重要组成部分。而且，许多学校开展了多样的国防教育活动，像军事夏令营、国防知识竞赛等，这些活动既增强了学生的国防意识与爱国情怀，又促进了学生的身心健康及综合素质提升。

然而，当前中小学体育课程中的国防教育仍存在一些问题：

（1）国防教育在体育课程中的地位和作用未得到充分认知与重视。许多学校和地区在设置体育课程时，忽略了国防教育的意义和价值，致使其地位和作用难以充分发挥。

（2）国防教育在体育课程中的实施和推进不够规范和系统，存在散乱无序的状况，缺少科学系统的规划与组织。

（3）国防教育在体育课程中的评价和考核体系不完善健全，缺乏科学有效的标准和方法。

为进一步强化中小学体育课程中的国防教育，需采取如下措施：

（1）提高对国防教育在体育课程中地位和作用的认识与重视，将其纳入体育课程规划和组织，列为重要内容。

（2）制定科学系统的国防教育体育课程规划和组织方案，规范推进其实施。

（3）建立完善的国防教育体育课程评价和考核体系，提升评价和考核的科学性与有效性。

综上所述，在当前的中小学体育课程中，国防教育得到了积极的推进和实施，但需要进一步加强管理和评价体系的建设。只有通过科学和系统的规划和组织，以及完善的评价和考核体系，才能更好地推进国防教育在中小学体育课程中的实施和发展。

（二）实践意义

国防教育与体育课程的融合已经成为当前教育领域的一个热门话题。针对国防教育进中小学体育课程的管理与评价体系的构建问题进行了深入探讨，旨在推动国防教育与体育课程的有机结合，增强学生的国防意识和身体素质，从而实现全面的教育改革。

国防教育与体育课程的融合对于增强学生的国防意识具有重要意义。在当前国际政治经济格局下，国家安全已经成为国家发展的重要基石。然而，随着社会的发展，青少年的国防意识却出现了淡化的现象。通过将国防教育融入体育课程，可以让学生在体育锻炼的过程中，增强国防观念，培养爱国主义精神，从而为国家的安全和发展作出贡献。国防教育与体育课程的融合有助于提高学生的身体素质。体育课程作为中小学教育的重要组成部分，其主要目的是培养学生的体育素养和身体素质。然而，传统的体育课程过于注重技能的培养，忽视了学生的身体素质和国防意识。通过将国防教育融入体育课程，可以使学生在锻炼身体的同时，增强国防观念，提高身体素质，为国家的安全和发展作出贡献。国防教育进中小学体育课程的管理与评价体系的构建对于推动国防教育与体育课程的融合具有重要意义。其一，需要建立一套完善的国防教育进中小学体育课程的管理机制，明确国防教育与体育课程的目标、内容、方法等，确保国防教育与体育课程的有效实施。其二，需要建立一套科学的国防教育进中小学体育课程的评价体系，对学生的国防意识和身体素质进行全面、客观的评价，为国防教育与体育课程的融合提供科学依据。

综上所述，本研究对于推动国防教育与体育课程的融合，增强学生的国防意识和身体素质，具有重要的实践意义。通过深入研究国防教育进中小学体育课程的管理与评价体系的构建问题，可以为教育改革提供有益的借鉴和启示。同时，本研究也为国防教育与体育课程的融合提供了理论支持和实践指导，有助于推动国防教育与体育课程的有机结合，为培养具有国防意识和身体素质的社会主义建设者和接班人作出贡献。

第十章　国防教育进中小学体育课程的逻辑关系与现实意义

国防教育是国家安全和发展的重要组成部分，它关乎国家的生死存亡，关乎民族的未来。而体育课程作为中小学教育的重要组成部分，不仅可以提高学生的身体素质，还可以培养学生的团队协作精神和集体荣誉感。将国防教育融入体育课程，不仅有助于提升学生的国防观念和民族自豪感，还可以增强学生的身体素质和心理素质，促进学生的全面发展与健康成长。随着我国国防事业的发展，国防教育越来越受到重视。国防教育不仅能够提高学生的国防观念，还可以增强学生的身体素质和心理素质。在体育课程中融入国防教育，可以帮助学生更好地理解国防的重要性，增强他们的爱国情怀，培养他们的团队合作精神。同时，体育课程还可以帮助学生提高身体素质，增强他们的体能，提高他们的心理素质，使他们能够在面对困难和挑战时更加坚强和勇敢。国防教育与体育课程的融合，可以提高学生的国防观念和民族自豪感，有助于提升学生的综合素质。在体育课程中，学生可以通过各种体育活动，如军事五项、射击、战术训练等，来了解国防知识和军事技能。这些活动不仅可以提高学生的身体素质，还可以增强他们的国防观念和民族自豪感，使他们更加热爱祖国，为国家的安全和发展作出贡献。[①]国防教育与体育课程的融合，还可以促进学生的全面发展与健康成长。体育课程可以提高学生的身体素质，增强体能，提高心理素质，使他们能够在面对困难和挑战时更加坚强和勇敢。同时，国防教育还可以帮助学生提高他们的爱国主义情感，培养他们的团队合作精神，使他们更加热爱祖国，为国家的安全和发展作出贡献。

总体来说，将国防教育融入体育课程，有助于提升学生的国防观念和民族自豪感，增强学生的身体素质和心理素质，促进学生的全面发展与健康成长。国防教育与体育课程的融合，是中小学教育中的一项重要任务，需要我们共同努力，为我国的国防事业和中小学教育事业作出更大的贡献。

---

① 邹佰峰，徐欣. 习近平关于教育优先发展的重要论述研究［J］. 大连大学学报，2023，44（06）：112-117+123.

第一节　国防教育与体育课程的逻辑关系

一、国防教育与体育课程目标的一致性

国防教育和体育课程是中小学教育中非常重要的两个方面，它们之间存在着紧密的联系和逻辑关系，对于学生的全面发展和素质提升有着至关重要的作用。

国防教育和体育课程的目标都是为了提高学生的综合素质，培养学生的爱国情怀和民族自豪感。国防教育的主要目的是培养学生的国防意识和爱国情怀，让学生了解国家的历史、文化、政治、经济等方面的知识，增强学生的民族自豪感和责任感。而体育课程则旨在培养学生的身体素质和运动能力，增强学生的健康意识和身体素质，提高学生的体育素养和运动水平。[1]

国防教育和体育课程的目标虽然不同，但它们之间存在着紧密的联系和逻辑关系。国防教育可以帮助学生更好地理解和认识体育的重要性，激发学生的运动兴趣和热情，提高学生的体育素养和运动水平。同时，体育课程也可以帮助学生更好地理解和认识国防教育的意义和价值，增强学生的爱国情怀和民族自豪感，提高学生的综合素质和能力。[2]

国防教育和体育课程之间的逻辑关系也体现在它们在中小学教育中的地位和作用上。国防教育是中小学教育的重要组成部分，是培养学生的爱国情怀和民族自豪感的重要途径之一。而体育课程则是培养学生的身体素质和运动能力的重要途径之一，是提高学生的体育素养和运动水平的重要手段之一。两者相辅相成，共同构成了中小学教育的完整体系。

国防教育和体育课程之间存在着紧密的联系和逻辑关系，对于学生的全面发展和素质提升有着至关重要的作用。通过国防教育和体育课程的有机结合，可以培养学生的爱国情怀和民族自豪感，提高学生的综合素质和能力，促进学生的全面发展。[3]

二、国防教育与体育课程内容的相关性

国防教育作为我国教育事业的重要组成部分，旨在提高全民国防观念，增强国防意识，提高全民身体素质，为捍卫国家主权、安全和发展利益奠定坚实基础。[4] 体育课程作为中小学教育的重要组成部分，旨在培养学生的身体素质，提高学生的体育素养，

---

[1] 邱烈峰，肖爽. 体育与健康学科核心素养评价指标体系构建［J］. 绵阳师范学院学报，2022，41（08）：124-132.

[2] 唐阳成. 高职院校国防体育运动体系构建的理论研究［J］. 佳木斯职业学院学报，2023，39（09）：178-180.

[3] 王英. 新时代中小学国防教育与体育教育融合的课程构建［C］//中国国际科技促进会国际院士联合体工作委员会. 2023年教育理论与实践科研学术研究论坛论文集（四）.［出版者不详］，2023：3.

[4] 赵亮. 陕西省高校国防生体育课程体系的研究J.陕西广播电视大学学报，2011，13（01）：85-88+96.

为学生的全面发展奠定基础。因此，国防教育与体育课程内容具有密切的相关性。

第一，体育课程中的许多内容都与国防教育密切相关。例如，军事体能训练作为国防教育的重要内容，旨在提高学生的体能素质，培养学生的战斗精神，为国防事业提供有力的支持。在体育课程中，学生可以学习到军事体能训练的基本技能，如立定跳远、俯卧撑、仰卧起坐等，这些技能在实际军事训练中具有很高的实用价值。此外，野外生存技能也是国防教育的重要内容。在现代社会，随着战争形态的变化，战场环境日益复杂，野外生存技能对于提高学生的生存能力和战斗力具有重要意义。在体育课程中，学生可以学习到野外生存技能的基本知识，如野外宿营、野外生存装备使用、野外生存急救等，这些技能在实际军事训练和野外救援行动中具有很高的实用价值。第二，体育课程对于国防教育具有重要的促进作用。体育课程的开展可以提高学生的身体素质，增强学生的体能素质，为国防事业提供有力的支持。同时，体育课程的开展也可以培养学生的团队合作精神，增强学生的集体荣誉感，为国防事业提供有力的精神支持。此外，体育课程的开展还可以增强学生的国防观念和国防意识。通过体育课程的学习，学生可以了解到国防事业的重要性和紧迫性，增强学生的国防观念和国防意识。同时，体育课程的开展也可以让学生更加深入地了解国家的军事战略和军事文化，为国防事业提供有力的智力支持。

国防教育与体育课程内容具有密切的相关性。体育课程中的许多内容都与国防教育密切相关，体育课程的开展对于国防教育具有重要的促进作用。因此，中小学教育应当重视体育课程与国防教育的有机结合，为学生的全面发展奠定坚实基础。

三、国防教育与体育课程实施的过程协调性

国防教育与体育课程在中小学教育中具有同等重要的地位，两者相互补充，共同促进学生的全面发展。国防教育强调国家安全、民族精神和公民素质的培养，体育课程则关注学生的身体健康和综合素质的提高。二者在教育目标、教育内容、教育方法等方面具有密切的联系，实现国防教育与体育课程实施的过程协调性，有助于提高学生的国防观念，增强学生的身体素质，培养学生的爱国主义情怀。

体育课程的实施过程可以作为国防教育的一种实践形式。体育课程的实践性、竞技性和团队合作性等特点，与国防教育的实践性、集体主义精神和爱国主义教育相吻合。通过体育课程的实施，可以有效培养学生的国防观念和爱国主义情怀。

例如，在体育课程的组织和实施过程中，可以融入国防教育的元素。一方面，可以组织学生参加国防教育活动，让学生了解国家安全、国防战略、军事科技等方面的知识，提高学生的国防观念。另一方面，可以开展军事体能训练，培养学生的体能素质和战斗精神，提高学生的应对突发事件的能力。此外，还可以组织学生参观军事基地、烈士陵园等国防教育场所，让学生亲身感受国防事业的重要性和军人的崇高品质。

体育课程的实施过程与国防教育相结合，可以提高学生的国防观念，培养学生的爱国主义情怀。同时，体育课程的实施过程也可以作为国防教育的一种实践形式，有利于学生将国防观念内化为自己的行为准则。

总之，国防教育与体育课程在中小学教育中具有同等重要的地位，实现国防教育

与体育课程实施的过程协调性，有利于提高学生的国防观念，增强学生的身体素质，培养学生的爱国主义情怀。体育课程的实施过程作为国防教育的一种实践形式，有助于培养学生的国防观念，增强学生的身体素质，为维护国家安全、建设强大国防作出贡献。

第二节　中小学体育课程中融入国防教育的现实意义

一、提升学生的国防观念和民族自豪感

国防教育是提高全民国防观念和民族自豪感的重要手段。将国防教育融入中小学体育课程中，不仅有助于学生更好地了解国防知识，增强国防观念，还能培养他们的民族自豪感。这种做法具有现实意义，因为体育课程是中小学教育的重要组成部分，具有广泛的影响力。

体育课程中的国防教育可以让学生更深入地了解国防知识。在体育课程中融入国防教育，可以让学生在锻炼身体的同时，了解国家安全、军事战略、国防科技等方面的知识。这些知识不仅有助于提高学生的综合素质，还能增强他们的国防观念。通过学习国防知识，学生可以更好地理解国家安全的重要性，从而更加珍惜和维护国家的安全。体育课程中的国防教育可以培养学生的民族自豪感。体育课程是展示国家体育成就的重要平台，通过体育课程中的国防教育，可以让学生了解我国在体育领域的辉煌成就，从而增强他们的民族自豪感。同时，体育课程中的国防教育还可以激发学生的爱国热情，让他们更加热爱祖国，为国家的繁荣和发展贡献自己的力量。体育课程中的国防教育有助于培养学生的团队精神和集体主义精神。[1] 在国防教育中，学生需要学会团结协作，共同完成任务。这种团结协作的精神在体育课程中同样适用，可以培养学生的团队精神和集体主义精神。这些品质对于学生个人的成长和国家的发展都具有重要意义。体育课程中的国防教育可以提高学生的综合素质。国防教育不仅涉及知识的学习，还涉及实践能力的培养。在体育课程中融入国防教育，可以让学生在锻炼身体的同时，提高自己的实践能力，从而提高自己的综合素质。这种综合素质对于学生的个人发展和国家的发展都具有重要意义。

将国防教育融入中小学体育课程中，具有重要的现实意义。这种做法可以提高学生的国防观念和民族自豪感，培养学生的团队精神和集体主义精神，提高学生的综合素质。我们应该在中小学体育课程中积极开展国防教育，为培养具有国防观念和民族自豪感的社会主义建设者和接班人作出贡献。

二、增强学生的身体素质和心理素质

在当前社会，学生的身体素质和心理素质日益受到重视，而体育课程中的军事体能训练、野外生存技能等，则能够有效地提高学生的身体素质和心理素质，增强学生的

---

[1] 韩林姣，江海宇，徐鹏程. 中小学国防教育的内容与方式 [J]. 教书育人，2023（29）：21-23.

抗压能力。

军事体能训练是体育课程中非常重要的一个环节。这种训练方式可以让学生在短时间内快速提高身体素质，包括力量、速度、耐力、协调性等方面。通过这些训练，学生可以更好地适应现代社会的快节奏生活，增强自己的身体素质和抗压能力。

野外生存技能也是体育课程中一个重要的内容。这种技能可以让学生在户外环境下生存，包括如何寻找水源、制作简易帐篷、生火取暖等。这些技能在紧急情况下非常有用，可以让学生更好地应对突发情况，提高自己的生存能力。

除了身体素质和生存技能，国防教育进中小学体育课程还可以提高学生的心理素质。通过参加军事体能训练和野外生存技能等活动，学生可以更好地面对挑战和困难，增强自己的心理素质和抗压能力。

总体来说，国防教育进中小学体育课程是一种非常有意义的尝试。通过这种课程，学生可以提高自己的身体素质和心理素质，增强自己的抗压能力，为未来的生活和事业打下坚实的基础。

三、培养学生的团队协作精神和集体荣誉感

国防教育进中小学体育课程是一种非常有意义的尝试。通过将国防教育与体育课程相结合，可以培养学生的团队协作精神，同时提高学生的集体荣誉感。

在体育课程中，团队运动是一种非常有效的教学方式。通过组织学生参加足球、篮球、排球等团队运动，在比赛中，每个学生都要为团队的成功而努力奋斗，这种团队协作的精神可以有效地促进学生的团队合作意识和集体荣誉感的培养。

集体项目也是体育课程中培养团队协作精神和集体荣誉感的重要方式。例如，拔河比赛、接力赛等集体项目，需要学生们的协调和配合，只有团结一致，才能取得比赛的胜利。在这个过程中，学生们不仅可以提高自己的身体素质，还可以培养自己的团队协作精神和集体荣誉感。[①]

除了团队运动和集体项目，体育课程中的其他项目也可以有效地培养学生的团队协作精神和集体荣誉感。例如，在足球课上，学生们需要学会如何与队友配合，如何为胜利而努力奋斗。在篮球课上，学生们需要学会如何与队友协作，如何为团队的成功而努力奋斗。在乒乓球课上，学生们需要学会如何与队友配合，如何为胜利而努力奋斗。

总体来说，体育课程中的团队运动、集体项目等，可以有效地培养学生的团队协作精神和集体荣誉感。通过这些活动，学生们不仅可以提高自己的身体素质，还可以培养自己的团队合作意识和集体荣誉感。这种教育方式对于学生的成长和发展具有非常重要的意义。

四、促进学生的全面发展与健康成长

国防教育是我国教育体系中不可或缺的一部分，旨在培养学生的爱国主义精神、

---

① 姜芳. 体育训练与竞赛对学生身心发展的影响[J]. 时代教育，2014（06）：158.

国防意识和国家安全观念。在中小学体育课程中融入国防教育，不仅可以提高学生的身体素质，更可以促进学生的全面发展与健康成长。

体育课程是中小学教育的重要组成部分，通过体育课程，学生可以锻炼身体，增强体质，培养良好的体育习惯和竞技意识。而国防教育则是培养学生的爱国主义精神、国防意识和国家安全观念的重要手段。通过国防教育，学生可以了解国家的安全形势，增强国家安全意识，树立正确的国家观念。

在体育课程中融入国防教育，可以提高学生的综合素质。体育课程中的国防教育内容，可以让学生了解到国防的重要性，增强学生的爱国情怀和责任感。同时，国防教育也可以在体育课程中渗透一些国防知识，如军事训练、武器使用、战术战略等，这些内容可以让学生更好地了解国防，增强学生的国防意识和国家安全观念。

在体育课程中融入国防教育，可以促进学生的全面发展。体育课程中的国防教育内容，可以激发学生的学习兴趣，提高学生的学习积极性和学习效率。同时，国防教育也可以在体育课程中渗透一些道德品质和心理素质的培养，如团队合作、领导力、坚韧不拔等，这些品质对于学生的全面发展非常重要。

在体育课程中融入国防教育，可以促进学生的健康成长。体育课程中的国防教育内容，可以让学生了解到健康的重要性，增强学生的健康意识。同时，国防教育也可以在体育课程中渗透一些健康知识和健身方法，如锻炼身体、饮食健康、卫生习惯等，促进学生的健康成长。

在中小学体育课程中融入国防教育，可以提高学生的综合素质，促进学生的全面发展与健康成长。同时，国防教育也可以在体育课程中渗透一些道德品质和心理素质的培养，如团队合作、领导力、坚韧不拔等，这些品质对于学生的全面发展非常重要。因此，在中小学体育课程中融入国防教育，是非常有益的。

第三节 中小学体育课程中融入国防教育的方法与策略

一、课程设置与教材编写

国防教育进中小学体育课程是当前教育改革的重要内容之一，也是我国教育事业发展的重要方向。体育课程作为中小学教育的重要组成部分，不仅能够培养学生的身体素质和运动能力，还能够培养学生的爱国主义精神和社会责任感。因此，在体育课程中融入国防教育，可以使体育课程更加贴近实际，更加符合学生的需求。

在体育课程的设置和教材编写中，应注重国防教育的融入。课程设置方面，学校可以结合国防教育的主题，设置一些与国防教育相关的体育课程，如军事体能训练、军事障碍训练等，让学生在锻炼身体的同时，也能够增强国防意识。教材编写方面，教师可以结合国防教育的主题，编写一些与国防教育相关的体育教材，如《国防体育教程》《国防体能训练教程》等，让学生在学习体育知识的同时，也能够了解国防教育的重要性和实际意义。

国防教育进中小学体育课程的融入，不仅可以提高学生的身体素质和运动能力，还能够培养学生的爱国主义精神和社会责任感。在体育课程中融入国防教育，可以使体育课程更加贴近实际，更加符合学生的需求。因此，学校和教育部门应该加强对国防教育进中小学体育课程的推广和实施，为我国的教育事业发展作出更大的贡献。

二、教学过程与方法指导

国防教育进中小学体育课程，是指在体育课程中融入国防教育的内容，旨在培养学生的国防观念，增强他们的国防意识，增强他们的身体素质。这种教育方式不仅能够帮助学生更好地了解国防知识，增强他们的爱国情怀，还能够提升他们的身体素质，增强他们的体能。在体育教学过程中，教师应注重国防教育的融入，通过教学方法指导，使国防教育与体育课程有机结合。具体来说，教师可以从以下几个方面入手。

首先，教师可以在体育课程的设计中融入国防教育的内容。例如，在教学过程中，教师可以结合课程内容，讲解一些国防知识，如国家安全、国防政策、军事历史等。这样不仅能够提升学生的国防意识，还能够激发他们的爱国情怀。其次，教师可以采用多种教学方法，使国防教育与体育课程有机结合。例如，教师可以采用小组合作、竞赛、实地考察等多种教学方法，让学生在体育课程中感受到国防教育的魅力。这样不仅能够提升学生的学习兴趣，还能够增强他们的团队协作能力。最后，教师可以组织一些国防教育活动，让学生在实践中感受国防教育的意义。例如，教师可以组织学生参观军事博物馆、军事基地等，让他们亲身体验国防教育的实践意义。这样不仅能够提升学生的国防意识，还能够增强他们的爱国情怀。

总体来说，国防教育进中小学体育课程，是一种新型的教育方式，它能够帮助学生更好地了解国防知识，增强他们的爱国情怀，提升他们的身体素质，增强他们的体能。教师应该注重国防教育的融入，通过教学方法指导，使国防教育与体育课程有机结合，从而为学生提供更加全面、深入的教育。

三、师资培训与教育资源整合

国防教育进中小学体育课程的逻辑关系与现实意义密切相关。体育课程作为学校教育的重要组成部分，不仅可以提高学生的身体素质，还可以培养学生的团队合作精神和竞争意识。而国防教育则是培养学生的爱国主义情感和国防意识，增强学生的民族自豪感和责任感。因此，将国防教育与体育课程结合起来，不仅可以提高学生的综合素质，还可以加强学生的国防意识。

师资培训是推动国防教育进中小学体育课程的重要手段。体育教师是体育课程的主要实施者，他们的专业素养和教学能力直接关系到国防教育的实施效果。因此，加强体育教师的师资培训，提高他们的国防教育能力，是推进国防教育进中小学体育课程的必要条件。

教育资源整合也是推动国防教育进中小学体育课程的重要手段。教育资源包括学校内的各种资源，如体育场馆、器材、设备等，也包括社会上的各种资源，如博物馆、纪念馆、军事博物馆等。将这些资源整合起来，可以丰富国防教育与体育课程的实践形式，提高学生的学习兴趣和参与度。

国防教育进中小学体育课程的实施，不仅可以提高学生的身体素质和体育技能，还可以培养学生的爱国主义情感和国防意识。同时，体育教师和学校应该加强师资培训和教育资源整合，提高国防教育进中小学体育课程的实施效果。只有这样，才能更好地推进国防教育进中小学体育课程，为培养学生的爱国主义情感和国防意识作出更大的贡献。

四、评价体系与激励机制

国防教育进中小学体育课程是一项十分重要的任务，不仅有助于增强学生的身体素质，提高体育竞技水平，更是培养学生的爱国主义情感和国防意识的重要途径。建立完善的评价体系与激励机制，可以更好地推动这项工作的开展，具体可以参考下述内容。

（一）建立完善的评价体系

评价体系是推动国防教育进中小学体育课程的重要手段之一。评价体系应该包括多个方面，如学生的体育成绩、国防教育的参与程度、学生的爱国主义情感等。评价体系应该具有科学性、客观性和公正性，能够真实反映学生的实际情况。同时，评价体系还应该注重学生的全面发展，不仅仅是体育成绩，还包括国防教育的参与程度、学生的爱国主义情感等方面。

（二）建立激励机制

激励机制是推动国防教育进中小学体育课程的另一个重要手段。激励机制应该包括多种形式，如奖励、惩罚、表彰等。激励机制应该具有针对性和可操作性，能够激发学生的积极性和主动性。同时，激励机制还应该注重公平性和合理性，避免出现不公平的情况。

（三）建立国防教育与体育课程的融合机制

国防教育与体育课程的融合是推动国防教育进中小学体育课程的重要途径之一。融合机制应该包括多个方面，如将国防教育与体育课程的内容、目标、教学方法等进行融合，将国防教育与体育课程的教学效果进行评估等。融合机制应该具有科学性、客观性和公正性，能够真实反映国防教育与体育课程的实际情况。

（四）加强师资队伍建设

师资队伍建设是推动国防教育进中小学体育课程的重要保障。应该加强师资队伍的建设，提高教师的素质和能力，促进教师的专业化、规范化发展。同时，应该加强对教师的培训和指导，提高教师的国防教育与体育课程教学能力。

国防教育进中小学体育课程是一项重要的任务，建立完善的评价体系与激励机制，可以更好地推动这项工作的开展。同时，建立国防教育与体育课程的融合机制，加强师资队伍建设，也是推动这项工作顺利进行的重要保障。只有全社会共同努力，才能真正实现国防教育进中小学体育课程的目标，培养出更多有爱国情怀、身体素质强、综合素质高的人才。

第四节 存在的问题与挑战

一、当前中小学体育课程中国防教育实施存在的问题

国防教育是中国特色社会主义教育的重要组成部分,是培养青少年国防意识和爱国主义精神的重要途径。然而,当前中小学体育课程中的国防教育存在一些问题,这些问题严重影响了国防教育的实施效果。

当前中小学体育课程中融入国防教育存在一些问题。首先,国防教育意识薄弱。在当前社会,许多学生和家长对于国防教育的重视程度不够,没有充分认识到国防教育对于国家和民族的重要性。其次,体育教师开展国防教育的能力不足。许多体育教师对于国防教育缺乏了解,缺乏开展国防教育的专业知识和技能。最后,教育资源配置不合理。当前中小学体育课程中的国防教育缺乏足够的教学资源和教材,导致国防教育的实施效果不佳。

为了解决这些问题,我们需要采取一些措施。首先,加强国防教育意识的宣传和普及,提高学生和家长对国防教育的认识和重视程度。其次,加强体育教师的培训和教育,提高其开展国防教育的能力和水平。最后,加强体育课程中的国防教育资源的配置和建设,提高国防教育的实施效果。

中小学体育课程中的国防教育是中国特色社会主义教育的重要组成部分,是培养青少年国防意识和爱国主义精神的重要途径。然而,当前中小学体育课程中的国防教育存在一些问题,需要我们采取措施加以解决。只有通过加强国防教育意识的宣传和普及,加强体育教师的培训和教育,加强体育课程中的国防教育资源的配置和建设,才能提高国防教育的实施效果,培养出更多具有爱国主义精神和国防意识的中小学生。

二、影响中小学体育课程中国防教育实施的因素

国防教育是中小学体育课程中非常重要的一部分,其目的是培养学生的国防意识和爱国情感,提高学生的身体素质和军事素养,促进学生的全面发展。然而,影响中小学体育课程中国防教育实施的因素较多,具体如下。

（一）政策法规

国防教育是国家安全的重要组成部分,因此政策法规对于中小学体育课程中国防教育实施有着重要的影响。国家政策法规的出台和实施,会直接影响到国防教育的实施内容和方式,以及实施过程中的监管和管理。

（二）学校管理

学校是实施国防教育的主要场所,学校管理对于中小学体育课程中国防教育实施也有着重要的影响。学校应该加强国防教育管理,制定相关的国防教育规章制度,明确国防教育的目标、任务、内容和要求,确保国防教育的顺利实施。

（三）师资力量

师资力量是实施国防教育的重要保障。教师应该具备一定的军事素养和国防教育知识，能够有效地组织和指导学生的国防教育活动。学校应该加强师资培训，提高教师的国防教育素质，确保国防教育的质量和效果。

（四）教育资源

国防教育需要一定的物质资源支持，如场地、器材、设备等。学校应该加强国防教育资源的建设和管理，确保国防教育资源的充足和有效。同时，学校也应该加强与社会的合作，利用社会资源，提高国防教育的实施效果。

（五）学生兴趣

学生的兴趣和参与度也是影响中小学体育课程中国防教育实施的重要因素。学校应该根据学生的兴趣和特点，制定适合的国防教育活动，提高学生的参与度和积极性。同时，学校也应该加强国防教育的宣传和普及，增强学生的国防意识和爱国情感。

综上所述，影响中小学体育课程中国防教育实施的因素较多，学校应该从多方面入手，加强国防教育的实施和管理，提高国防教育的质量和效果。

三、面临的挑战与困境

国防教育是提高国民素质、增强国家凝聚力的重要手段，而将其融入中小学体育课程中，对于培养学生的国防观念、增强国防意识具有重要的现实意义。然而，在实际操作过程中，中小学体育课程中融入国防教育面临诸多挑战与困境。

国防教育意识淡薄是中小学体育课程中融入国防教育面临的一个主要挑战。随着社会的发展，许多学生和家长的国防观念逐渐淡化，对国防教育的重视程度不够。他们认为体育课程主要是为了锻炼身体、培养竞技能力，而忽视了国防教育的重要性。这种观念导致国防教育在中小学体育课程中的地位边缘化，影响了国防教育的普及和深化。

体育教师开展国防教育的能力不足也是中小学体育课程中融入国防教育面临的困境之一。虽然近年来国家对国防教育的重视程度不断提高，但在中小学体育教师队伍中，具备国防教育专业知识、教学经验和能力的人员仍然较少。这使得体育教师在开展国防教育过程中缺乏专业指导，影响了国防教育在体育课程中的有效实施。

教育资源配置不合理也是中小学体育课程中融入国防教育面临的一个重要问题。在实际操作中，许多学校在国防教育方面的投入不足，导致国防教育资源严重匮乏。同时，现有的国防教育资源分布不均，一些地区和学校缺乏必要的国防教育设施和器材。这些因素都制约了中小学体育课程中融入国防教育的推进。

为了应对这些挑战与困境，我们需要采取一系列措施。其一，要加强对国防教育的宣传和普及，提高全社会的国防观念。学校、家庭和社会要共同参与，共同营造关心国防、热爱国防的良好氛围。其二，要加强体育教师的培训和教育，提高其开展国防教育的能力。教育部门要制定相应的培训计划，定期举办国防教育培训班，培养具有国防教育专业知识和教学能力的体育教师。此外，还需要加大国防教育资源的投入，优化教育资源配置，为中小学体育课程中融入国防教育提供有力的支持。

总之，中小学体育课程中融入国防教育对于培养学生的国防观念、增强国防意识具有重要的现实意义。然而，在实际操作过程中，中小学体育课程中融入国防教育面临诸多挑战与困境。只有通过加强国防教育宣传、提高体育教师素质、加大教育资源投入等多管齐下的方式，才能推动中小学体育课程中融入国防教育的深入发展。

第五节　对策与建议

一、完善政策法规，明确国防教育与体育课程的融合方向

国防教育是我国教育事业发展的重要组成部分，而体育课程则是中小学教育中不可或缺的一部分。将国防教育与体育课程融合，不仅可以提高学生的身体素质，还可以培养学生的国防意识和爱国主义精神。因此，完善政策法规，明确国防教育与体育课程的融合方向，是当前中小学体育课程改革中需要重点关注的问题。

需要明确国防教育与体育课程的融合方向。目前，我国国防教育与体育课程的融合还不够完善，存在着一些问题。例如，国防教育内容与体育课程内容相互独立，缺乏有效的融合机制；国防教育师资力量不足，缺乏专业化的师资队伍；国防教育与体育课程的融合缺乏明确的政策法规依据等。因此，需要进一步完善政策法规，明确国防教育与体育课程的融合方向。要加强国防教育师资力量的培养。体育课程中融入国防教育，需要有专业化的师资队伍来支持。目前，我国的国防教育师资力量还比较薄弱，缺乏专业化的师资队伍。因此，需要加强对国防教育师资力量的培养，提高师资队伍的专业素质和教学水平。要加强国防教育与体育课程的融合研究。目前，国防教育与体育课程的融合研究还不够深入，缺乏系统的理论体系。因此，需要加强对国防教育与体育课程融合的研究，建立系统的理论体系，为中小学体育课程中融入国防教育提供理论支持。最后，需要加强对国防教育与体育课程融合的实践探索。在实践中，需要积极探索国防教育与体育课程融合的有效途径和方法，为中小学体育课程中融入国防教育提供实践经验。

基于上述分析，完善政策法规，明确国防教育与体育课程的融合方向，对于中小学体育课程中融入国防教育具有重要意义。需要加强对国防教育师资力量的培养，加强国防教育与体育课程融合的研究，以及加强对国防教育与体育课程融合的实践探索，才能使国防教育与体育课程融合得到有效推进。

二、加强师资培训，提高体育教师开展国防教育的能力

国防教育在中小学体育课程中的融入是一项重要的任务，这不仅有助于增强学生的国防意识，提升他们的身体素质，更能够培养他们的爱国情怀。然而，这项工作的开展离不开一支具备专业知识和技能的教师队伍。因此，加强体育教师的师资培训，提高他们开展国防教育的能力，是中小学体育课程中融入国防教育的重要保障。

体育教师作为中小学体育课程的主要执行者，他们的专业知识和技能水平直接影响着国防教育的质量和效果。因此，加强体育教师的师资培训，可以提升他们的专业知

识和技能水平，使他们能够更好地开展国防教育活动。体育教师在开展国防教育活动中，需要具备一定的专业知识和技能，如国防知识、军事技能等。通过加强体育教师的师资培训，可以使他们掌握这些知识和技能，从而更好地开展国防教育活动。加强体育教师的师资培训，还可以提高他们的教学能力和组织能力。在开展国防教育活动时，体育教师需要具备一定的教学能力和组织能力，以便更好地组织和引导学生参与国防教育活动。加强体育教师的师资培训，还可以提高他们的科研能力。在开展国防教育活动时，体育教师需要具备一定的科研能力，以便更好地研究和探索国防教育的理论和实践。

总之，加强体育教师的师资培训，提高他们开展国防教育的能力，是中小学体育课程中融入国防教育的重要保障。只有通过加强体育教师的师资培训，才能使中小学体育课程中融入国防教育成为可能，从而更好地培养学生的国防意识和爱国情怀。

三、创新教学手段，丰富国防教育与体育课程的实践形式

国防教育是中小学教育中不可或缺的一部分，不仅能够增强学生的国防意识和国家安全意识，还能够培养学生的团队协作精神和身体素质。然而，传统的国防教育方式往往较为枯燥，难以引起学生的兴趣和参与度。因此，创新教学手段，丰富国防教育与体育课程的实践形式，是非常必要的。

创新教学手段，可以通过多种方式来实现。可以利用多媒体手段，如视频、图片、音频等，将国防教育与体育课程相结合，增强课程的趣味性和生动性。还可以利用互联网和社交媒体，开展国防教育与体育课程的线上教学，为学生提供更多的学习资源和机会。此外，还可以利用实地考察、实践活动等方式，让学生亲身感受国防教育的意义和价值，提高他们的参与度和学习效果。

丰富国防教育与体育课程的实践形式，可以让学生更加深入地了解国防教育和体育课程的意义和价值。可以开展国防教育和体育课程的综合性比赛，如国防知识竞赛、体育竞技等，激发学生的学习兴趣和竞争意识。还可以开展国防教育和体育课程的实践活动，如军事训练、野外生存等，让学生亲身体验国防教育和体育课程的实践意义和价值。

在创新教学手段，丰富国防教育与体育课程的实践形式的同时，还需要注重国防教育和体育课程的质量。教师应该注重教学内容的科学性和系统性，注重教学方法和手段的创新和实用，注重学生的参与度和学习效果。同时，学校和教育部门也应该加强对国防教育和体育课程的监管和管理，确保课程的质量和效果。

国防教育是中小学教育的重要组成部分，而体育课程则是培养学生的身体素质和团队协作精神的重要途径。通过创新教学手段，丰富国防教育与体育课程的实践形式，可以为中小学体育课程中融入国防教育提供实践指导，增强学生的国防意识和国家安全意识，培养学生的团队协作精神和身体素质。

四、加大教育投入，保障国防教育与体育课程的实施条件

国防教育是我国教育体系的重要组成部分，也是培养公民国防意识和国防观念的

重要途径。然而，在现实中，中小学体育课程中融入国防教育的实施条件并不十分完善，缺乏足够的资金保障。因此，加大教育投入，保障国防教育与体育课程的实施条件，为中小学体育课程中融入国防教育提供资金保障，具有十分重要的现实意义。

国防教育与体育课程的融合，可以使学生在锻炼身体的同时，也能够学习到国防知识。不仅能够提高学生的身体素质，增强他们的体育意识和体育精神，更能够培养学生的国防意识和国防观念。

只有足够的资金投入，才能够保证国防教育与体育课程的实施条件得到充分地保障。国家应该加大对国防教育的重视，增加国防教育的资金投入，同时也要鼓励社会各方面的力量，共同参与国防教育的建设。

加大教育投入，保障国防教育与体育课程的实施条件，还可以促进国防教育与体育课程的深度融合。学校应该加强对国防教育的宣传和普及，提高学生对国防教育的认识和理解。同时，学校也应该加强与国防部门的联系，充分利用国防部门的资源，为学生提供更加丰富的国防教育课程和实践活动。

加大教育投入，保障国防教育与体育课程的实施条件，对于增强学生的身体素质和国防意识具有十分重要的现实意义。只有加强国防教育与体育课程的融合，才能够更好地培养学生的国防意识和国防观念，增强他们的身体素质和体育意识。因此，加大教育投入，保障国防教育与体育课程的实施条件，为中小学体育课程中融入国防教育提供资金保障，具有十分重要的现实意义。

第六节 结论

一、研究成果总结

本研究旨在探讨国防教育与体育课程的关系，以及中小学体育课程中融入国防教育的现实意义、方法和策略。通过深入地研究和分析，我们得出了以下结论。

1. 国防教育与体育课程的关系密切

体育课程作为中小学教育的重要组成部分，不仅有助于学生的身体健康和运动能力的发展，还具有培养学生的团队合作精神和体育道德素质的重要作用。而国防教育则是培养学生的爱国主义精神和国防观念的重要途径。因此，将国防教育与体育课程结合起来，可以更好地实现学生的全面发展。

2. 中小学体育课程中融入国防教育的现实意义重大

随着国家的发展和安全形势的变化，国防教育越来越受到重视。中小学体育课程中融入国防教育，可以让学生从小接受国防教育的熏陶，培养他们的国防观念和爱国主义精神。同时，通过体育课程中的军事训练和军事游戏等活动，可以增强学生的身体素质和体能，提高他们的自我保护能力，从而更好地为国家和社会的安全和发展作出贡献。

3. 中小学体育课程中融入国防教育的方法和策略多样

我们可以通过课程设置、教材编写、教学方式等多种方式，将国防教育融入体育课程中。例如，在体育课程中加入军事体能训练、军事游戏等活动，让学生在游戏中学习国防知识，提高他们的国防观念。此外，我们还可以通过组织学生参加国防教育活动，如参观军事博物馆、参加国防知识竞赛等，让学生更好地了解国防知识，增强国防观念。

综上所述，中小学体育课程中融入国防教育的现实意义重大，方法和策略多样。本研究为中小学体育课程中融入国防教育提供了理论依据和实践指导，有助于推进国防教育的深入发展。

二、研究局限与展望

国防教育进中小学体育课程逻辑关系与现实意义的研究已经取得了一定的成果，但是本研究也存在一些局限，需要我们在未来的研究中加以改进和拓展。

首先，本研究的范围有限。虽然我们探讨了国防教育与中小学体育课程之间的逻辑关系和现实意义，但是由于时间和资源的限制，我们并没有涉及所有的方面。例如，我们没有涉及国防教育在体育课程中的具体实践和教学策略，也没有涉及国防教育与体育课程之间的互动和影响。因此，未来的研究可以进一步拓展研究范围，探讨更多的方面和细节。其次，本研究的方法单一。虽然我们采用了一些定量和定性相结合的研究方法，但是这些方法仍然比较单一，缺乏深度和广度。例如，我们没有采用案例研究或者历史研究等方法，也没有采用问卷调查或者访谈等方法。因此，未来的研究可以采用更多的研究方法，以获得更全面和深入的研究结果。最后，本研究的实践意义需要进一步强化。虽然我们已经认识到国防教育进中小学体育课程的逻辑关系和现实意义，但是我们需要进一步探讨这些意义在实际教学中的具体应用和效果。例如，我们可以探讨国防教育在体育课程中的具体实践和教学策略，以及这些策略对学生的身心健康和国防意识的影响。

总之，虽然本研究存在一些局限，但是我们会在未来的研究中加以改进和拓展。未来的研究可以从多个方面进行拓展和深化，例如，可以进一步探讨国防教育在体育课程中的具体实践和教学策略，可以采用更多的研究方法，以及可以强化本研究的实践意义。

三、对未来研究的建议

未来研究可从以下几个方面进行拓展和深化：

（一）扩大研究范围

国防教育与体育课程的关系在中小学教育中得到了广泛地应用和认可。这种关系并不仅限于中小学教育领域，其应用范围也可以扩展到其他领域。

在高等教育领域，国防教育与体育课程的关系同样重要。高等教育是培养人才的重要阶段，而国防教育则是培养未来国家领导人、军事将领、工程师、科学家等各个领域人才的重要环节。体育课程则是培养学生的身体素质、意志力、团队合作精神等综合素质的重要手段。因此，在高等教育中，国防教育与体育课程的关系同样密切。通过将国防教育与体育课程结合起来,可以更好地培养学生的综合素质,使其更好地适应未来社会的需求。

在企业培训领域,国防教育与体育课程的关系同样重要。企业是社会的重要组成部分,而企业员工则是推动社会发展的关键力量。企业员工需要具备良好的身体素质、意志力、团队合作精神等综合素质,才能够更好地完成工作任务,为企业的发展作出更大的贡献。因此,在企业培训中,国防教育与体育课程的应用也是必不可少的。通过将国防教育与体育课程结合起来,可以更好地培养员工的综合素质,使其更好地适应企业的工作要求。

在社区教育领域,国防教育与体育课程的关系同样重要。社区是社会的重要组成部分,而社区教育则是推动社会进步的重要手段。社区教育可以提供各种教育资源,包括体育课程、文化课程、科技课程等。通过将国防教育与体育课程结合起来,可以更好地培养社区居民的身体素质、意志力、团队合作精神等综合素质,使其更好地适应社区生活的要求。

国防教育与体育课程的关系并不仅限于中小学教育领域,其应用范围可以扩展到其他领域。通过将国防教育与体育课程结合起来,可以更好地培养学生的综合素质,使其更好地适应未来社会的需求。

(二)丰富研究方法

国防教育进中小学体育课程是一项重要的工作,不仅能够提高学生的身体素质,增强他们的国防观念,还能够培养他们的爱国主义情感。然而,这项工作在实际操作中面临着一些困难和挑战,比如如何将国防教育与体育课程有机结合起来,如何将国防教育融入体育课程的教学过程中等。因此,我们需要采用更多元的研究方法,来丰富我们的研究内容,更好地理解和解决这些问题。

实证研究是一种通过实际观察和数据收集来研究问题的方法。在国防教育进中小学体育课程的研究中,我们可以采用实证研究的方法,对不同地区、不同学校的中小学体育课程进行调查和分析,了解国防教育在体育课程中的实施情况,以及学生在体育课程中的国防教育体验。通过实证研究,我们可以更加准确地了解国防教育进中小学体育课程的现状和问题,为下一步的研究和制定政策提供基础。

案例分析是一种通过对具体案例的深入分析和研究来探索问题的方法。在国防教育进中小学体育课程的研究中,我们可以选择一些具有代表性的案例,对国防教育在体育课程中的实施情况进行深入分析,从中找出成功经验和问题所在,为下一步的研究和制定政策提供借鉴。案例分析的方法具有很强的实用性和可操作性,能够帮助我们更好地理解和解决实际问题。

除了实证研究和案例分析,我们还可以采用其他多种研究方法,如文献研究、问卷调查、深度访谈等。这些方法各有优缺点,可以根据研究问题的具体情况进行选择。例如,文献研究可以用来了解已有研究成果和理论基础,问卷调查可以用来收集学生的反馈和意见,深度访谈可以用来深入了解学校领导和教师的想法和看法。通过多种研究方法的综合运用,我们可以更加全面地了解国防教育进中小学体育课程的现状和问题,为下一步的研究和制定政策提供更加准确和全面的参考。

丰富研究方法，采用更多元的研究方法，如实证研究、案例分析等，是解决国防教育进中小学体育课程逻辑关系与现实意义的重要途径。通过实证研究和案例分析，我们可以更好地了解国防教育在体育课程中的实施情况，找出成功经验和问题所在；通过文献研究、问卷调查、深度访谈等方法，我们可以更加全面地了解国防教育进中小学体育课程的现状和问题，为下一步的研究和制定政策提供更加准确和全面的参考。

（三）提出针对性的对策和建议

国防教育在中小学体育课程中的实施是一项重要的任务，不仅可以增强学生的国防意识和身体素质，也可以提高他们的爱国情感和民族自豪感。[①]然而，在实际操作中，中小学体育课程中的国防教育实施存在一些问题，如教师对国防教育的重视程度不够、教学内容过于简单、教学方式单一等。因此，深入分析影响中小学体育课程中国防教育实施的因素，提出针对性的对策和建议，是非常必要的。

影响中小学体育课程中国防教育实施的因素有很多，其中包括教育部门对国防教育的重视程度、学校领导的认识、教师的培训和教育水平、教学内容和方式等。教育部门对国防教育的重视程度不够，会导致国防教育在中小学体育课程中的地位不够重要，从而影响国防教育的实施。学校领导对国防教育的认识不足，也会导致国防教育在体育课程中的地位不够重要，从而影响国防教育的实施。教师的培训和教育水平不足，会导致国防教育的教学内容过于简单，教学方式单一，从而影响国防教育的实施。

针对以上影响因素，提出以下对策和建议。

（1）教育部门应该加强对国防教育的重视程度，将国防教育纳入中小学体育课程中，并制定相关的政策和措施，确保国防教育在中小学体育课程中的实施。

（2）学校领导应该提高对国防教育的认识，将国防教育作为学校的重要工作之一，并制定相关的政策和措施，确保国防教育在中小学体育课程中的实施。

（3）加强教师的培训和教育水平，提高教师对国防教育的认识和能力，增加国防教育在体育课程中的教学内容，创新国防教育的教学方式，确保国防教育在中小学体育课程中的实施。

（4）建立和完善国防教育的教学内容和方式，确保国防教育在中小学体育课程中的实施。

国防教育在中小学体育课程中的实施是一项重要的任务，不仅可以增强学生的国防意识和身体素质，也可以提高他们的爱国情感和民族自豪感。然而，在实际操作中，中小学体育课程中的国防教育实施存在一些问题，如教师对国防教育的重视程度不够、教学内容过于简单、教学方式单一等。因此，深入分析影响中小学体育课程中国防教育实施的因素，提出针对性的对策和建议，是很有必要的。教育部门、学校领导、教师以及相关部门都应该重视国防教育在中小学体育课程中的实施，加强国防教育，增强学生的国防意识和身体素质，为祖国的繁荣发展作出贡献。

---

① 王英. 新时代中小学国防教育与体育教育融合的课程构建［C］// 中国国际科技促进会国际院士联合体工作委员会. 2023 年教育理论与实践科研学术研究论坛论文集（四）.［出版者不详］, 2023: 3.

附录：国防教育进中小学体育与健康课程跨学科主题案例设计与实施

案例1（水平一）：小小特种兵——体育与语文、音乐跨学科设计 [1]

本案例以《义务教育体育与健康课程标准（2022年版）》为导向，坚持"健康第一"的指导思想，立足学生核心素养，以《小红军潘冬子》为背景，在体育教学中创设国防教育情境"小小特种兵"。通过设计一系列体育活动，将体育、语文、音乐等学科知识进行学科融合，引导学生学习国防知识，提高语文、音乐的素养，掌握体育技能，发展学生的身体素质，增强体能。本案例贯穿对学生的德育教育，力图增强学生的国防观念，传承红色精神，培养学生的国防素养，磨炼意志品质，提高合作交往的能力，进而促进学生身心全面发展。

课例名片

年级：一年级

课时数：1课时

学科：体育、语文、音乐

主题分析

本案例以小交通员潘冬子的历史故事为背景，以传递情报为课程设计主线，培养爱国主义情怀。视频导入，激发低年级学生的学习兴趣，教师言简意赅的言语，丰富有趣的场地设计，引导学生快速自主地进入学习情境。学生通过体育、语文、音乐等知识和技能的运用，落实学、练、赛、评一体化，让学生在练习中自主掌握走、跑、跳、投等基本能力，提高学生的综合能力和运动技能。

素养指标

（1）学生通过本课学习和各个主题活动的完成，进一步掌握体育与语文、音乐等学科的知识与技能，提高发现探索和创新实践能力。

（2）通过以《小红军潘冬子》为背景，培养学生爱国主义情怀和责任感，发展学生灵敏、反应、协调、速度等身体素质，激励学生勿忘国耻，树立振兴中华的信仰。

---

[1] 张玉，项瑞根，天津海河教育园区南开学校

（3）通过"情报传递"的情境设计，培养学生快速适应新环境，在活动中顽强拼搏、相互帮助，团结协作的意志品质和集体意识。

学习目标

（1）了解小红军潘冬子在抗日历险中的英勇事例，学习小红军潘冬子的爱国主义精神，明确如何安全的在陌生的环境进行走、跑、跳、投等基本活动能力，掌握跑、跳、投的等基本的运动技能和动作方法。

（2）教师创设"情报传递"等四个主题活动，引导学生发挥想象力和创造力，发展学生力量、协调、灵敏等身体素质，增强学生体能。

（3）培养学生的积极进取、顽强拼搏的精神，树立积极参加体育活动的意识，养成友好相处、团结互助的行为习惯。

学习规划

充分了解一年级学生的身心特点，结合教材内容，教学中将爱国主义小故事融于教学中，创设"情报传递"的教学情境，寓教于乐，设计一系列有趣的主题活动。注重培养学生能力的多元化发展，通过采用自主学习、合作学习等加强学生的观察思考和表达能力；教师语言调动、及时引导、适时纠正，帮助学生轻松自然地快速理解掌握，最后通过掌握情报成功打掉敌方堡垒，获得成功过的体验。把《国防教育进中小学课程教材指南》的内容有机融入体育与健康课程，使学生真正成为体育课堂的小主人。学习流程图如图1所示。

学习过程

（一）教学准备

1. 材料

小交通员潘冬子视频片段。

2. 场地与器材

智能黑板1块、小垫子8块、大垫子8块、小跨栏架12个、标志桶8个、乒乓球拍4个、乒乓球4个、呼啦圈4个、小型标枪训练器4个、沙包若干个。

（二）准备部分

1. 情境导入

观看小交通员潘冬子教学视频部分片段，老师提问：请问故事发生时，小交通员潘冬子多大？他做了什么事情？如果你是潘冬子会怎么做？

2. 热身活动

教师口令指挥学生们进行队列队形练习，用音乐带领学生慢跑、自编徒手操，提示学生由快到慢，充分活动身体各关节部位，使身心做好准备，避免受伤。

3. 实时评析

观看小交通员潘冬子教学视频部分片段，了解小红军的故事背景。教师语言引导学生评价小交通员潘冬子的故事，几个针对性的问题引导学生快速进入角色，感受战争的残酷，激发学习热情和完成任务的激情，为后面的学习打好基础。

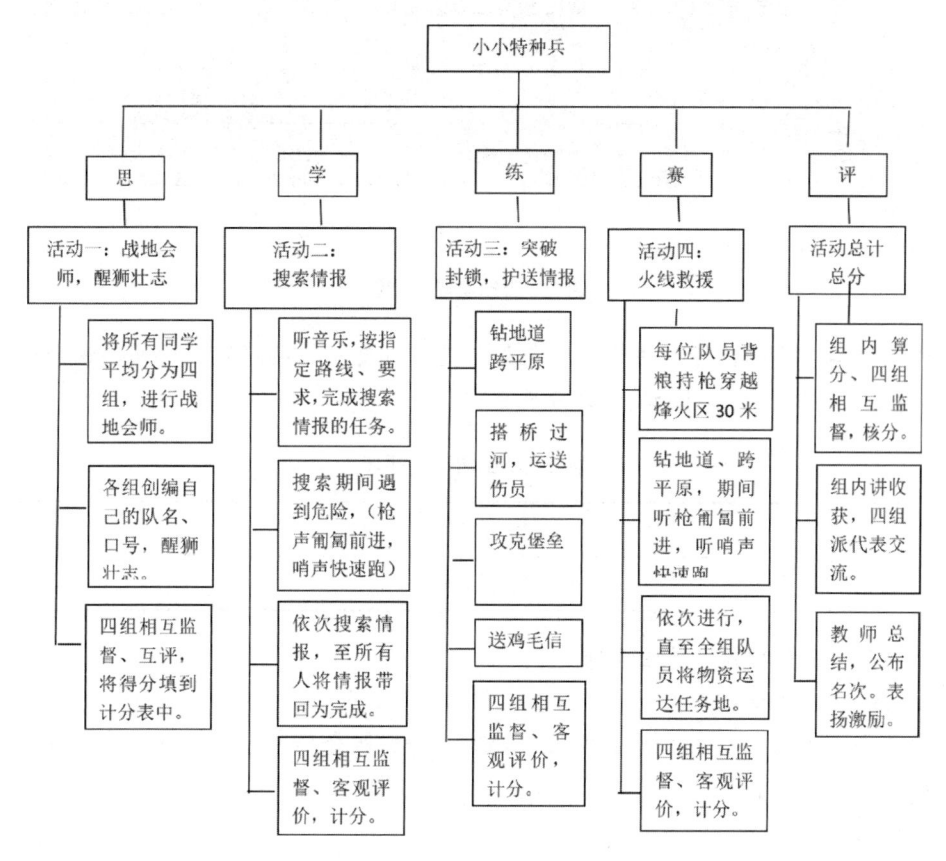

```
                            小小特种兵
          ┌──────┬──────┼──────┬──────┐
          思     学     练     赛     评
          │      │      │      │      │
        活动一  活动二  活动三  活动四  活动总计
        战地会师 搜索情报 突破   火线救援 总分
        醒狮壮志        封锁，护送情报
```

活动一	活动二	活动三	活动四	评
将所有同学平均分为四组，进行战地会师。	听音乐，按指定路线、要求，完成搜索情报的任务。	钻地道跨平原	每位队员背粮持枪穿越烽火区30米	组内算分、四组相互监督，核分。
各组创编自己的队名、口号、醒狮壮志。	搜索期间遇到危险，（枪声匍匐前进，哨声快速跑）	搭桥过河，运送伤员	钻地道、跨平原，期间听枪匍匐前进，听哨声快速跑	组内讲收获，四组派代表交流。
四组相互监督、互评，将得分填到计分表中。	依次搜索情报，至所有人将情报带回为完成。	攻克堡垒	依次进行，直至全组队员将物资运达任务地。	教师总结，公布名次。表扬激励。
	四组相互监督、客观评价，计分。	送鸡毛信	四组相互监督、客观评价，计分。	
		四组相互监督、客观评价，计分。		

图 1 学习流程框架图

（三）基本部分

活动一：战地会师，醒狮壮志

活动组织：将所有同学平均分为四组，醒狮为本小组命名，如雪豹突击队。创设团队口号壮志，如"狭路相逢勇者胜！"播放红色歌曲《东方红》。

评价：四组互评相互监督，每组创编的队名、口号积极、向上有正能量的各加2分。呼号壮志整齐有力加1分，不振奋人心不加分。自己将分填到计分表1中。

表 1 小组活动自评表

小组名称	活动一	得分
	战地会师，醒狮壮志	

活动二：搜索情报

活动组织：播放红歌《红星歌》，在规定位置开始快速跑，每组每名同学在转折处拿取一份"情报"（彩色纸条）返回，（期间听到枪声转变成匍匐前进，听哨声后还原快速跑），直至与下一位同学击掌，依次进行，所有人完成该小组即为完成任务。如图2所示。

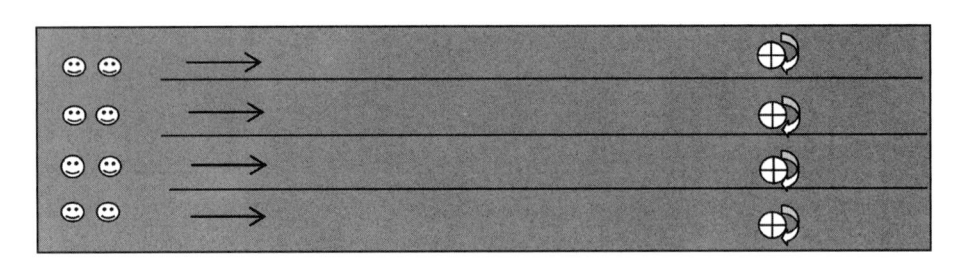

注：☺为学生　⊕为情报　→为路线　↻转弯方向

图 2　活动组织示意图

评价：各组互相监督，快速跑和匍匐前进及时变换。按照完成时间的快慢依次获得 4、3、2、1 分。自己将分填到计分表 2 中。

表 2　小组活动自评表

小组名称	活动二	得分
	搜索情报	

活动三：突破封锁，护送情报

活动组织：任务卡。

同学们根据教师设定的任务卡进行作战，共计四个任务障碍，依次完成相应任务后，同学们自行记分，即可完成作战任务。如图 3 所示。

组织图：

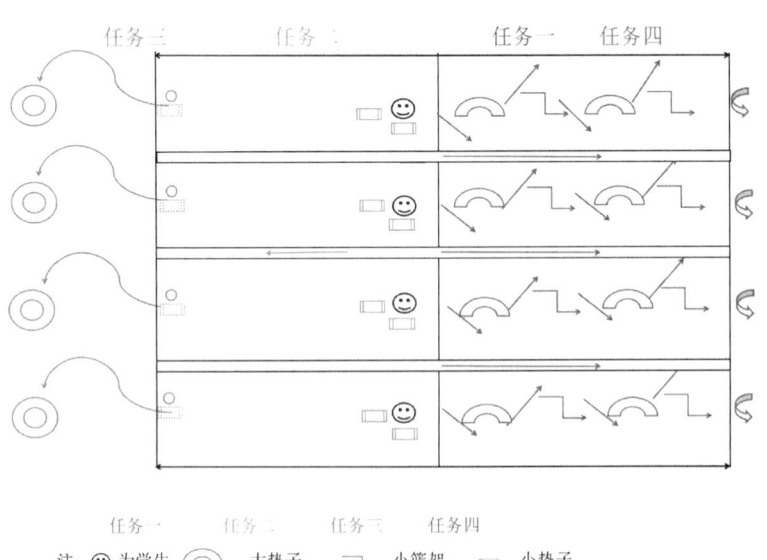

注：☺为学生　⌒大垫子　⌐小篮架　▭小垫子　○沙包　◎呼啦圈

图 3　活动组织示意图

评价：四个小组相互监督，按照各项任务的得分，进行最终的汇总。

任务1：钻地道跨平原

每位学生听着战地音乐《强军战歌》，依次钻过地道（大垫子），跨越平原（小篮架），绕过转折点（标志桶）回来与后方同学击掌，依次进行，所有人完成该小组即为完成任务。

评价：各组互相监督，钻跨结合，按照完成时间的快慢依次获得4、3、2、1分，自己将分填到计分表中。

任务2：搭桥过河，运送伤员

开动脑筋组内商量，选出四位搭桥员，利用小垫子搭建一座桥，成功将剩余所有人员转移到对面。教师引导学生想方法，如何搭建更快，一次运送几个人更安全等。听着红歌《团结就是力量》全队队员到达河对面即为完成任务。

评价：各组互相监督，掉下者为失败，需要回到起点重新开始，按照完成时间的快慢依次获得4、3、2、1分。自己将分填到计分表中。

任务3：攻克堡垒

播放红歌《中国人民志愿军战歌》学生分为四组将手榴弹（沙包），投到对面的堡垒（呼啦圈内上），以组为单位，投中记一分。

评价：各组互相监督，投进后滚出的不算成绩，最后以呼啦圈内的数量为主，依次计分。

任务4：送鸡毛信

播放红歌《红星闪闪》，每位同学单手持乒乓球拍，把乒乓球绕过障碍物运到终点，依次进行，全队完成后即位情报传递完成。

评价：各组互相监督，单手持拍不可中途换手，球若掉回到掉落地再次开始。按照完成时间的快慢依次获得4、3、2、1分。自己将分填到计分表3中。

表3 小组活动自评表

小组名称	活动三	分数	总分
	1. 钻地道跨平原		
	2. 搭桥过河，运送伤员		
	3. 攻克堡垒		
	4. 送鸡毛信		

活动四：火线救援

活动组织：播放红歌《中国人民解放军军歌》，每位队员负重，背着粮食（实心球）手持机枪（标枪训练器）穿越烽火区（钻地道跨平原，其间听见枪声匍匐前进）将物资运达任务地（30米），依次进行，直至全组队员都完成。如图4所示。

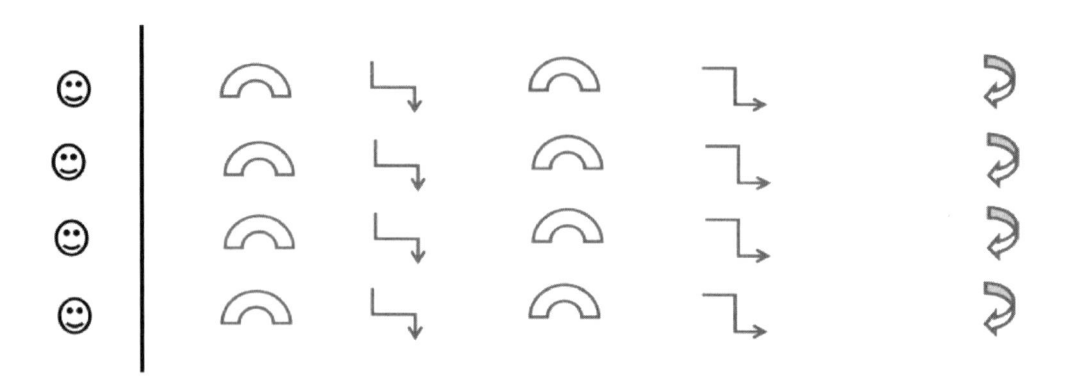

图 4　活动组织示意图

评价：各组互相监督，手持机枪，钻、跨、匍匐前进及时变换。按照完成时间的快慢依次获得 4、3、2、1 分。自己将分填到计分表 5 中。

表 4　小组活动自评表

小组名称	活动四	得分
	火线救援	

实时评析：每个活动环节插入了针对性的励志红色歌曲，枪声植入等音乐配置，以及钻地道跨平原、搭桥过河、运送伤员、攻克堡垒、火线救援等场地布置尽力还原真实作战场景，学生情境代入感强。学生按照教师设置的活动，积极动脑、相互协作、努力实践，依次完成任务。课堂学练氛围浓郁，教师在活动中通过言语适时引导、及时指导，不仅帮助学生快速掌握知识与技能，发展了体能，培养学生的安全意识和良好的运动习惯，在锻炼身体的同时，也让现在的学生体会到红军战士的不易，进行了德育教育，培养学生不畏艰辛，勇往直前的意志品质和爱国情怀。

（四）结束部分

教师吹响号角（口哨）集结部队（快快战队），播放音乐《我的中国心》进行放松拉伸。之后进行组内算分、核分（表 6），教师公布名次，引导学生分组讲一讲感受，如什么是获胜的秘诀？学到了什么？同时也可以进行自我反思，并派出一位代表交流，教师最后总结评价，表扬鼓励。

最后齐唱《国歌》，升华主题，进一步培养爱国精神，激发学生的民族自豪感、荣誉感。

课程结束：（师生再见）

表 5　活动积分汇总表

小组名称	战地会师醒狮壮志	搜索情报	突破封锁护送情报	火线救援	总分	名次

任务体会：

同学们，通过你们的团结协作，我们突破重围，顺利地将物资和情报送至指定地点，成功的完成了任务，取得了胜利，恭喜你们成为一名合格的特种兵战士。希望大家牢记历史，刻苦学习，坚持锻炼，为了祖国的强大贡献自己的一份力量！

课例点评

本案例遵循"健康第一，学生为主"的思想宗旨，积极落实新课改的要求。课前认真准备，精心研读教材和课标，充分考虑学生身心特点、场地、器械、气候、安全等。以小红军潘冬子为主题背景，各环节配置针对性意义的红色音乐，将体育与音乐相融合，鼓舞学生的志气，增强爱国主义情怀。通过钻地道跨平原、搭桥过河、运送伤员、攻克堡垒、火线救援等丰富、生动的场地布置将学生带入学习情景，为学生提供较为充分的感知，学生兴趣高，活动体验感强。练习中学生通过观察、尝试、比较、分析、交流等活动，促进学生多元化能力的培养。教师语言评价是一大亮点，适时引导，及时指导，言简意赅富有针对性，帮助学生在练习中快速掌握运动技能，身体素质、团队合作能力都得到较为充分的发展。醒狮壮志给学生搭建了展示的舞台，让学生自主创新，编排口号和队名，将体育与语文相融合，提高学生的语文素养，调动学生的主动参与意识，促进自主学习能力和沟通协作精神的养成，使学生充分感受到学习活动的乐趣。本课例既关注学生个体差异，更关注学生的社会适应和心理健康发展，引导学生团队间相互鼓励，注重团队意识的培养。学生轻松、自然、愉快地完成"学、练、赛"，在活动中获取成功的体验，在成功的喜悦中增强了自信，进一步养成爱国意识，将国防教育成功融入小学体育与健康课程，有效完成体育课程目标任务，促进学生身心全面发展。

（点评教师：张爱丽）

案例2（水平一）我是投弹小能手——体育与国防教育、品德教育跨学科设计[①]

特定的情景能够帮助学生明确目标、快速掌握正确动作技术，提升练习的积极性，而跨学科主题学习为这样的学习创造了条件，能够更好地帮助学生理解、掌握知识与技能，达成提升核心素养终极目标。本课题通过《长津湖》电影中伍万里精准投弹为战友赢得反击时机的片段为背景，通过一系列体育活动，将体育、德育、国防教育、音乐等学科进行融合串联，激发学生的学习兴趣，提高学生，增强保护自己和他人的意识。

课例名片

年级：二年级

课时数：1课时

学科：体育、国防教育、德育、音乐

主题分析

《义务教育体育与健康课程标准（2022版）》指出体育与健康课程要坚持"健康第

---

① 田莉，天津市昆明路小学滨海学校

一""立德树人"的指导思想，落实"教会、勤练、常赛"。本案例依托跨学科"我是投弹小能手"主题，学生通过"小小练兵场""投弹训练场""投弹擂台赛""攻占堡垒""打伏击"等多个场景，突破学生在投掷的操控中容易出现的直臂或侧向甩出、出手点低、发力顺序不正确或者不会发力等问题；通过情境、问题设置引领学生积极参与思考、实践、总结，培养学生对投掷运动的兴趣；采用探究、合作、游戏等多样化学习方法，让学生在游戏和比赛中理解并做到正确投掷动作、抓住时机精准进攻、学会保护自己快速隐蔽、预判移动中目标果断出击，感受同组协作战胜对手的力量，促进学生主动学习、积极思考、勇敢表现，提高学生的体能和运动技能水平，培养学生健康行为习惯和良好的体育品德，促进学生全面发展。

素养指向

（1）通过由下向上传递力量将沙包在头上快速投出，在不同的场景中通过调整角度、时机准确投准目标。

（2）积极参与练习，注意安全防范，在不同的场景下调整自己快速适应不同环境，与小伙伴主动分享、积极交流。

（3）勇于挑战，顽强拼搏，遵守规则，团结协作。

学习目标

（1）通过本次课构建的各种场景练习与游戏，知道投得准需要速度与角度，能说出如何才能精准击打的方法，能够根据不同情景变化准确击中高处、远处、移动中的目标；通过练习与游戏，上肢力量、上下肢协调性、速度与灵敏等体能得到发展。

（2）通过本次课的练习与游戏，知道安全地进行投掷活动的方法，在不同情境的挑战中控制好个人情绪，失利时不沮丧，成功时不傲慢，不指责不如自己的同伴；能够在不同情境变化时快速了解要求与方法；愿意与他人分享自己的经验，相互鼓励。

（3）在不同投掷情景转换中，乐于接受挑战，主动思考教师提出的问题；遵守游戏规则和练习顺序，"投弹擂台赛"中能根据个人的能力选择不同的距离练习，遇到困难不退缩，尝试不同的解决方法，各种比赛中与小伙伴团结合作，争取取得更好的成绩。

学习规划

本案例围绕跨学科主题"我是投弹小能手"进行活动设计，在准备部分采用"小小练兵场"的游戏调动学生积极性，帮助学生集中注意力，同时发展奔跑、爬行、跳跃、趴下、协作拉伸等基本运动能力，在《小小兵》《亮剑》背景音乐、《空袭警报》等声音元素的融入下，帮助学生在音乐引领下结合器械的合理摆放进行慢跑、S形跑、爬行、跳跃障碍、快速趴下、起身等练习，通过创设"搬运物资""协作翻越山岭"等情景来练习推、拉、提等动作活动肩关节，充分达到热身的效果。在基本部分通过"投弹训练场""投弹擂台赛""攻占堡垒""打伏击"等多个场景中不断提升投掷能力，感受击打高处目标、前方目标、移动目标等不同目标的角度、方法，提升学生在不同投掷情境中的调整能力和适应能力，提高分析问题、解决问题、总结结论的能力，不断提升学生的运用的能力，发展速度、灵敏、力量、协调等身体素质，促进学生安全意识和有序进行游戏的意识。本课例的课例框架如图5所示。

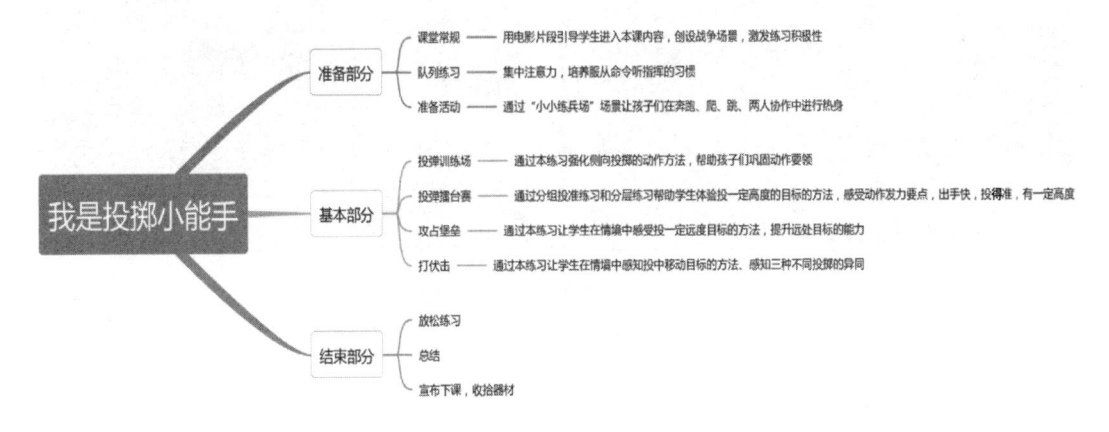

```
                          ┌─ 课堂常规 ── 用电影片段引导学生进入本课内容，创设战争场景，激发练习积极性
              ┌─ 准备部分 ─┼─ 队列练习 ── 集中注意力，培养服从命令听指挥的习惯
              │           └─ 准备活动 ── 通过"小小练兵场"场景让孩子们在奔跑、爬、跳、两人协作中进行热身
              │
              │           ┌─ 投弹训练场 ── 通过本练习强化侧向投掷的动作方法，帮助孩子们巩固动作要领
我是投掷小能手 ─┼─ 基本部分 ─┼─ 投弹擂台赛 ── 通过分组练习和分层练习帮助学生体验投一定高度的目标的方法，感受动作发力要点，出手快，投得准，有一定高度
              │           ├─ 攻占堡垒 ── 通过本练习让学生在情境中感受投一定远度目标的方法，提升远处投的能力
              │           └─ 打伏击 ── 通过本练习让学生在情境中感知投中移动目标的方法，感知三种不同投掷的异同
              │
              │           ┌─ 放松练习
              └─ 结束部分 ─┼─ 总结
                          └─ 宣布下课，收拾器材
```

图5　学习流程框架图

学习过程

（一）教学准备

1. 材料

电影《长津湖》伍万里精准投弹为同伴解围视频片段。

2. 场地与器材

篮板（墙上标志圈）6块、沙包人手一个、抢答按铃6个、小垫子20块、音响一台、电子大屏一台。

（二）准备部分

1. 情境导入

观看电影《长津湖》伍万里精准投弹，炸掉地方强火力碉堡的片段，老师提问：伍万里的投弹准不准？为什么他的哥哥和队友们都表扬他的精准投弹？

2. 热身活动

教师带领学生们进行队列队形的练习，引导学生成为小小兵并在《小小兵》的音乐下进行慢跑，随着《亮剑》背景音乐的开始，引导学生在急行军状态下（隐蔽）半蹲行进、S形跑（绕过战场障碍）、爬行（穿越敌人封锁网）、跳跃障碍（跨过战场高物），当《空袭警报》声音响起，提示学生快速趴下隐蔽，声音过去快速起身继续行进。在行进中间，通过"搬运物资""协作翻越山岭"等情境请同伴两人结组互推、一拉一提的练习，充分达到热身。活动路线及课堂实操如图6所示。

3. 实时评析

通过观看电影片段，了解精准投掷对于战士赢得战机的重要性和战胜敌人的主动性，感受战争的惨烈和现在美好生活的来之不易；通过音乐、情境声音的营造让本课情境的代入感更强烈，激发学生参与练习的积极性，提升练习的质量，保证热身效果。

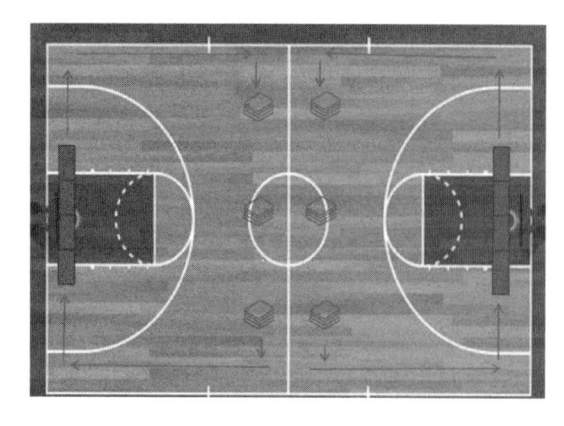

图 6　活动路线与课堂实操图

（三）基本部分

活动一：投弹训练场

活动进行：准备活动结束，进入"投弹训练场"。首先复习侧向投掷动作，然后分六组到达"投弹"练习区域进行投准练习。思考问题：如何才能将沙包准确打到篮板？

组织：准备活动结束，两组在中线处面对面体操队形散开，复习侧向投掷动作；然后分六组在"投弹"练习区域进行投准练习，投出后捡回并在队伍后方"打卡"返回。组织方式如图7所示。

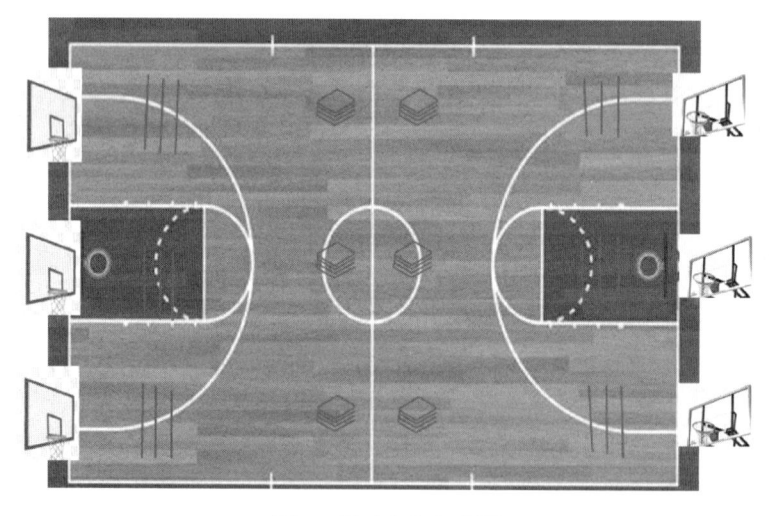

图 7　活动组织示意图

评价：相互观察同伴的"投弹"动作和效果，评价出本组最棒"小小兵"，请他担任"组长"，帮助改进其他同伴动作；能够三次（不一定连续）击中篮板的学生为"投弹能手"，能够连续三次击中篮板的为"投弹高手"，能够连续五次以上击中篮板的为"投弹专家"。

活动二：投弹擂台赛

活动进行：同活动一，要求学生在练习中连续三次投中可以向后移动一米（第二条线处），以此类推。教师请学生思考：如何才能投得响，也就是如何才能有力（打板有响声，响声越大越好）击中篮板？

组织：同活动一，要求学生站在五米处练习，采用侧向投掷将沙包集中篮板（打到板即可，或者墙上悬挂的标志圈），捡回沙包需要继续跑到队伍后方按响小铃打卡返回队伍尾部；三次连续打中可以向后退一米，以此类推。

评价：查看每人练习所在的距离，为有进步的同伴粘贴"投弹能手"，退后两个距离的是"投弹高手"，三个距离以上的是"投弹专家"。

活动三：攻占堡垒

活动进行：六组两两相对，躲在立起小垫子后方，听到口令和冲锋号后将沙包投向对方阵地方向。教师请学生思考：如何做才能保护好自己还能提高"投弹"成功率？

组织：六组在本组打卡后方立起小垫子搭建堡垒，听到冲锋号后教师左手边队伍向右手边堡垒投掷，听到鼓声时，教师右手边队伍向对面堡垒投掷，双方投掷完毕听口令统一捡拾沙包（就近）。组织如图 8 所示。

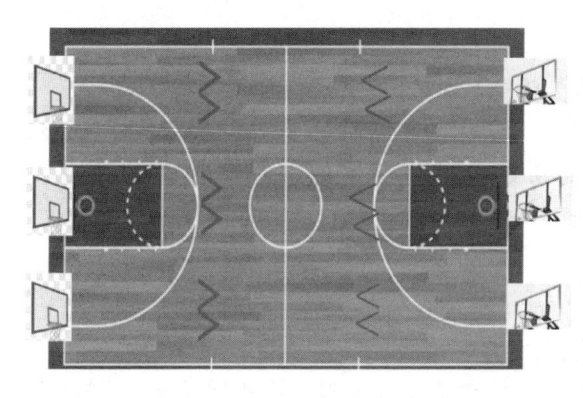

图 8 活动组织与课堂实操图（1）

评价：能够及时隐蔽自己，听信号投掷，击中对方堡垒（小垫子）或投到对方堡垒（小垫子）后方的沙包多者为胜利者。

活动四：打伏击

活动进行：五组在本方位置不动，准备伏击，其中一组从一侧移动到另一侧。教师请学生思考：怎样才能提高移动目标的成功率？

组织：五组在本方位置不动，准备伏击，从教师左手边第一组开始，每人在自己就近一侧中线与边线交互处准备，为了安全起见，每人将小垫子半折叠将头放在其中，保护自己的头，快速从中线一端跑向另一端；冲过伏击区域后将垫子交给教师右手边的最后一组同学，依次进行，直到每组都做过一次行军为止。组织如图 9 所示。

评价：击中行军队伍 1~2 次的为"投弹能手"，击中行军队伍 3 次的为"投弹高手"，击中行军队伍 4 次以上的为"投弹专家"。

实时评析：学生通过"投弹训练场""投弹擂台赛"等场景中感知投掷的正确动

作，感受投掷的方向、角度、力量；在"攻占堡垒"和"打伏击"的情境中，引导学生在模拟战争场景下学会保护、精准击中对方的方法，提升学生适应不同环境的能力，提升学生的安全意识、规则意识，提升思考、实践、总结、表达的能力。

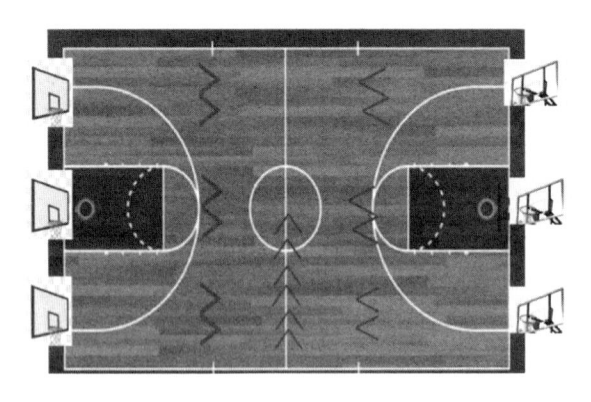

图9　活动组织与课堂实操图（2）

（四）结束部分

整理放松：教师带领学生在《在云端》的音乐下进行拉伸放松。

小结：教师请学生分享课上的收获与感受，教师引导学生感受投掷的乐趣，并结合国防教育明确精准击打目标在战场中的意义，引导学生珍惜和平幸福生活，致敬军人，热爱祖国。教师根据学生反馈为学生授予不同称号的投弹奖章，并统计各组情况，鼓励优胜组，激励后进组。（师生再见）

课例点评

本课例以二年级操控性运动技能中的投掷为基础，通过"小小练兵场""投弹训练场""投弹擂台赛""攻占堡垒""打伏击"等多个备战、对战场景创设，看似情境不断变化、热闹非凡，但其实一直围绕着投掷的动作技术及运用展开。通过多情境的练习与运用，真正让学生成为课堂的主体；在问题引领中，帮助学生突破在投掷的操控中容易出现的直臂或侧向甩出、出手点低、发力顺序不正确或者不会发力等问题；引领学生思考、总结、互助，让自主、探究、合作、游戏等多样化学习方法完美融合。本课在游戏和比赛中帮助学生理解并做到正确投掷动作、抓住时机精准进攻、学会保护自己快速隐蔽、预判移动中目标果断出击，感受同组协作战胜对手的力量，促进学生主动学习、积极思考、勇敢表现，提高学生的体能和运动技能水平，培养学生健康行为习惯和良好的体育品德，促进学生核心素养全面发展。本课充分体现了《义务教育体育与健康课程标准（2022年版）》理念所倡导的帮助学生"理解"知识与技能，具备技能运用的能力，为落实核心素养培养的路径提供了新的素材，是一节非常好的打破传统教学模式，尝试新教学思维的案例。

（点评教师：徐莉）

案例 3（水平二）操场再现"炸碉堡"，点燃拼搏爱国情——体育与历史跨学科设计[①]

本课以体育《新课程标准》的基本理念为依据，坚持"健康第一"教育理念，落实"教会、勤练、常赛"要求，注重"学、练、赛"一体化教学。通过创设操场再现"炸碉堡"，点燃拼搏爱国情的情景，提高学生在体育活动中综合运用国防教育及所学运动技能的能力，激发学生运动兴趣，从而发展学生的快速奔跑和跨越障碍的能力，弘扬学生爱国主义精神，培养学生相互合作、吃苦耐劳、果敢顽强的优良品质。

课例名片

年级：三年级

课时数：1 课时

学科：体育与健康、地理、历史

主题分析

如今的小学生，在和平的年代成长，绝大多数同学欠缺国防意识，随着生活水平的提高，很多小学生娇生惯养，出现怕苦怕累，纪律意识差等普遍问题，所以应该加强对小学生的国防教育。小学国防教育旨在引导学生发扬爱国主义精神，增强国防观念，掌握基本的国防知识，学习必要的国防技能，自觉履行国防义务。本案例以"董存瑞炸碉堡"为背景，在教学过程中模拟战斗英雄舍身炸碉堡，创设操场再现"炸碉堡"，点燃拼搏爱国情的情景，通过本次任务，了解革命先烈的英雄事迹。帮助学生升华爱国主义情怀，提高预判与应变，探究与创新等能力。提高学生走、跑、跳、攀、爬等技能水平，培养学生迎难而上，不怕困难、不怕受伤、挑战自我的钢铁意志。

素养指向

（1）通过布置各种障碍物，模拟不同地形地貌，提高学生走、跑、跳、攀、爬等基本运动技能。

（2）通过本次课，树立学生安全意识，预防运动损伤，养成良好的锻炼习惯。

（3）通过创设"炸碉堡"情景，培养学生迎难而上、不怕困难、挑战自我，勇敢顽强的意志品质。

学习目标

（1）通过以"董存瑞炸碉堡"为背景，了解革命先烈英雄事迹，提高学生走、跑、跳、攀、爬等基本运动技能。

（2）教师带领学生通过各种障碍物，提高学生反应速度、平衡能力、柔韧性等素质，在任务完成后，学生能够熟练掌握所学运动技能，科学进行体育锻炼，提高自身运动能力。

（3）学生们通过合作学习，体验成功通过障碍带来的快乐，培养学生自尊自信，团结协作，积极进取，勇于克服困难的精神。

[①] 肖世杰、王雨蔚，天津市蓟州区八一爱民学校

学习规则

操场再现"炸碉堡"，点燃拼搏爱国情案例以"董存瑞炸碉堡"为背景，引导学生在不同障碍下，开展各种障碍跑学练。本课目的是提高学生走、跑、跳、攀、爬等基本运动技能。通过结合革命先烈的英雄事迹，从思想上加强爱国主义精神的深入与升华，提高学生预判和应变能力，培养学生迎难而上、不怕受伤、挑战自我的钢铁意志。增强学生体质，提高学生的技能竞技水平，不断丰富学生的课余生活。对建设和巩固国防基础，维护祖国统一，培养高素质国防后备人才，凝聚全民族意志和力量，实现中华民族伟大复兴具有重要意义。本课例的课例框架如图10所示。

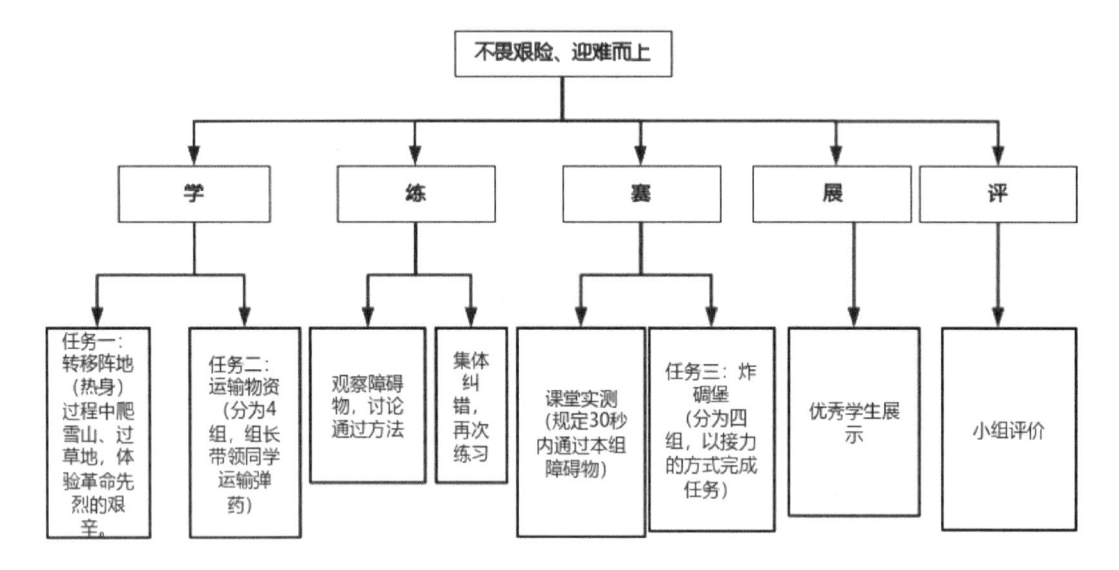

图10 学习流程框架图

学习过程

（一）教学准备

场地与器材

黑板1块、独木桥2个、跨栏8个、钻洞4个、体操垫2个、高低杠2个、手榴弹40个、导弹模型4个、图例8张。

（二）开始部分

1. 课堂常规

体委整队、报告出勤人数、师生问好、宣布本课内容、课堂要求、检查服装、安排见习生。如图11所示。

图 11　教学现场实操图

2. 队列练习

通过队列练习集中学生的注意力，增强组织纪律性，使学生很快就能进入学习状态。如图 12 所示。

图 12　教学现场实操图

（三）准备部分

任务一（转移阵地）

模拟红军长征，告知学生可能会遇到飞机轰炸、爬雪山、过草地、敌军偷袭等阻碍，让学生身心迅速地兴奋起来为身体练习做准备。

组织：教师带领同学们围绕障碍物慢跑，在慢跑过程中，提示学生前方可能遇到的各种障碍，并且做出相应的动作。如图 13、14 所示。

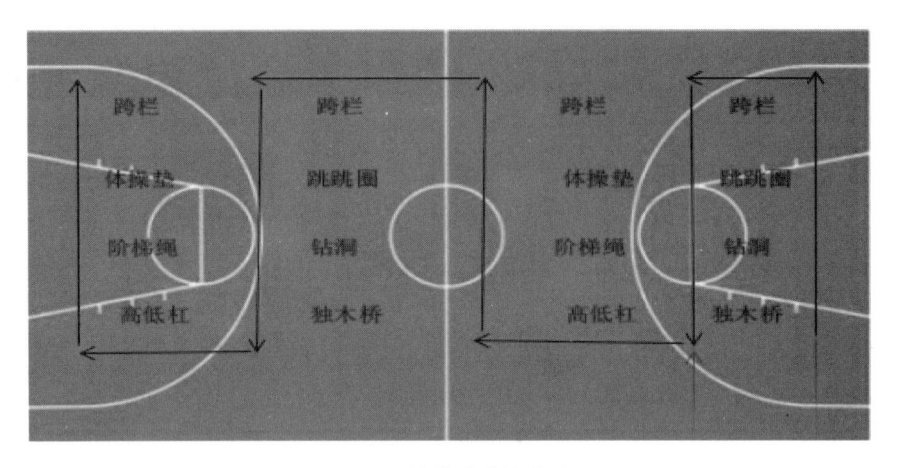

图 13　教学活动线路图

图 14　教学现场实操图

集体拉伸：教师带领学生进行全身拉伸，使学生的肌肉和关节充分得到活动，为教材的学习服务，同时防止运动损伤的出现。如图 15 所示。

图 15　教学现场实操图

任务二（运输物资）

模拟战争运输物资任务，学生通过跨过障碍物，进行运输物资任务（图16），充分提高学生的专项素质，同时能够更好地过渡到主教材的学习。

组织：各组组长带领本组同学到指定地点进行物资运输任务。

图16　教学现场实操图

（四）基本部分

1. 障碍跑

观看过障碍的动作图示（图17），通过自主探究的学习方法，让学生以小组合作的形式进行学习，每个小组设置不同的障碍，让学生自由尝试各种通过障碍的练习，充分发挥学生的想象力和创造力，学生边跳跃边思考，如何快速有效地通过障碍，小组合作，帮助同伴克服对障碍跑的恐惧心理。

图17　教学现场实操图

老师通过对比示范并讲解，引导学生进行正确的过障碍练习，学生练习过程中，教师巡视指导给学生更多的鼓励，激发学生学习的兴趣。纠错过程中多示范强调重难点，让学生更了解动作要领，更快掌握动作技术。如图18所示。

图 18　教学现场实操图

学生集体练习，进一步提高学生的动作技术。如图 19 所示。

图 19　教学现场实操图

优秀学生展示（图 20），给学生提供一个展示自我的机会，同时鼓励基础较差的同学，给予他们更多的关心。

图 20　教学现场实操图

课堂实测，通过对每名学生的课堂实测，关注个体差异，确保每个学生受益。（图 21）

图 21　教学现场实操图

2. 任务三（炸碉堡）

障碍跑接力，教师通过讲解方法、规则，学生了解董存瑞炸碉堡事件，将革命先烈英勇事迹融入教学情境中。引导学生模拟战斗现场，需要学生挺身而出，完成任务（障碍跑）。提示学生在完成任务过程中，注意自我保护，提高环境适应能力及应对各种突发情况的能力。学生通过角色扮演，想象自己是董存瑞，了解具体情况（包括前进路线、各种障碍物等）。通过练习发展学生的过障碍速度和快速奔跑能力，培养学生的主动参与性、遵守规则意识和集体荣誉感，锻炼学生积极进取、顽强拼搏的精神。组织示意图如图 22 所示。实操如图 23 所示。

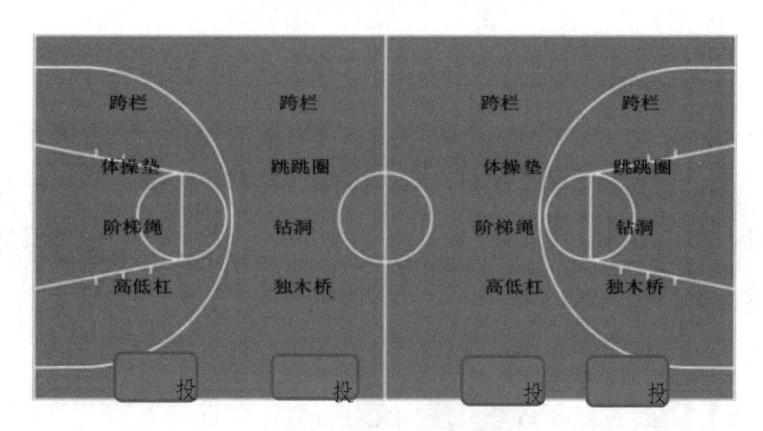

图 22　教学组织示意图

图 23　教学现场实操图

（五）结束部分

（1）本课小结：教师语言引导完成本课的总结（图24）。

课堂体会：同学们，通过本节课大家都了解到了革命先烈的不容易，我们的部队之所以能够百战百胜，是因为在中国共产党的领导下，我们听党指挥，能打胜仗，让我们一起呼号：请党放心，强国有我！（学生进行集体呼号）。

图24　教学现场实操图

（2）放松活动：跟随音乐《我和我的祖国》进行身体放松，全身心投入（图25）。

图25　教学现场实操图

（3）课后作业：布置课后作业。
（4）师生再见。

课例点评

体育教学中融合国防教育能够培养学生爱国主义情怀、提高学生身体素质、推动国防后备力量建设。在体育教学中融入国防教育的方式有很多，如规范课堂常规、利用队形队列、合理利用游戏、创设教学环境、提高运动技能水平、观看经典体育赛事、举行体育竞赛等。本案例以"董存瑞炸碉堡"为背景，将国防教育、历史等知识在"不畏艰险、迎难而上"情境中充分融合，引导学生在不同障碍下，开展各种障碍跑学练。目的是提高学生走、跑、跳、攀、爬等基本运动技能，通过结合革命先烈的英雄事迹，从思想上加强爱国主义精神的深入与升华，提高学生预判和应变能力，培养学生迎难而上、不怕受伤、挑战自我的钢铁意志。在教学中渗透国防教育能够帮助学生建立正确的人生观、世界观和价值观。不仅能让学生学会军事知识，掌握军事技能，增强纪律意识，培养良好习惯，形成不怕困难，坚韧不拔的意志品质，还能够提高学生身体素质，改善学生的精神面貌，增强自信心，培养学生爱国情怀。所以，在学校推进素质教育发展的同时，国防教育更是必不可少的，在体育教学中我们要充分认识国防教育的重要性，精心备课，钻研教材，积极在体育教学中融合国防教育，为国防后备力量打下良好基础！

（点评教师：靳德志）

案例 4：（水平二）"上步投掷沙包——驰援上甘岭"教学设计[①]

依据 2022 版体育新课标"跨学科主题学习中"促进体育课与国防教育相结合的育人理念，通过研究投掷沙包教材特点，深入挖掘课程思政育人资源设立"驰援上甘岭"的教学情境，将上一步投掷沙包教学与抗美援朝中的上甘岭战役相结合。结合四年级语文《黄继光》教学内容，提高学生在"驰援上甘岭"过程中的战斗意志，激励同学们学习中国人民志愿军在抗美援朝过程中的英勇无畏精神。

课例名片

年级：四年级

课时数：1 课时

学科：体育、语文

主题分析

《义务教育体育与健康课程标准（2022 年版）》在课程理念部分明确提出要培养学生正确的价值观、必备品格和关键能力，引导学生厚植爱国主义情怀。本案例围绕跨学科"钢铁战士"学习主题（水平二）进行活动设计，以"驰援上甘岭"为背景创设情境，以上甘岭战役为课程设计主线，通过跨过鸭绿江、越过"三八"线、攻占上甘岭等情境环节，逐渐增强本节课学习的情感体验，让学生在游戏"炸碉堡"的过程中感悟在上甘岭战斗中牺牲的特级战斗英雄黄继光的英雄事迹，在发展投掷能力的同时，培养学生向志愿军学习的大无畏的爱国主义精神。

---

① 张玉合，天津市红桥区实验小学

素养指向

（1）通过上一步投掷沙包练习，提高学生投掷能力与身体协调能力，发展学生体能。

（2）通过投掷的能力的提高，促使学生获得成就感，养成良好的锻炼习惯，促进学生的身心健康发展。

（3）使学生了解特级战斗英雄黄继光的英雄事迹，促进学生对"抗美援朝"不畏牺牲顽强斗争的革命主义精神的了解，培养学生团结拼搏的意志，激发学生爱国主义情怀。

学习目标

（1）通过以上甘岭战役为课堂学习背景，结合跨过鸭绿江、越过"三八线"攻占上甘岭课堂学习情境，让学生了解抗美援朝一些重要历史故事，通过各项投掷练习锻炼学生的投掷能力。

（2）在课堂教学中，根据动作技能形成规律，遵循循序渐进的原则，通过徒手动作、投过高度线、投过"三八"线、"炸碉堡"等环节增强学生的上肢力量，发展学生的投掷能力，同时培养学生的综合思维能力，以及组织与协调能力。

（3）学生通过自主学习以及合作学习，逐渐达成学习目标，提高学生学习的主动意识以及责任意识，帮助学生学习志愿军不怕困难的坚强意志品质，以及敢于牺牲的奉献精神。

学习规划

本案例围绕跨学科主题"驰援上甘岭"进行活动设计，在教学中开展以上甘岭战役为主题将体育、语文融合，学生在语文课堂中学习《黄继光》对上甘岭战役中黄继光同志为了减少战士伤亡，毅然用自己的胸膛挡住碉堡中敌人的火力点的英勇事迹，在本次课投掷练习过程中，设立"驰援上甘岭"的学习情境，让学生依次通过跨过鸭绿江、越过"三八"线、游戏炸碉堡等环节，逐渐增强感情体验。在游戏中下达要继承战斗英雄黄继光的意志，同学们要将手中的"炸弹"投进碉堡，端掉敌人的火力点，配合枪林弹雨的战斗音效，让学生获得身临其境的战斗体验。让学生在锻炼身体的同时，了解更多抗美援朝中的故事以及在战斗中涌现出来的英雄事迹。加强学生的国防观念教育，提高学生保家卫国的责任意识，树立像志愿军一样英勇无畏的英雄气概。本课例的课例框架如图26所示。

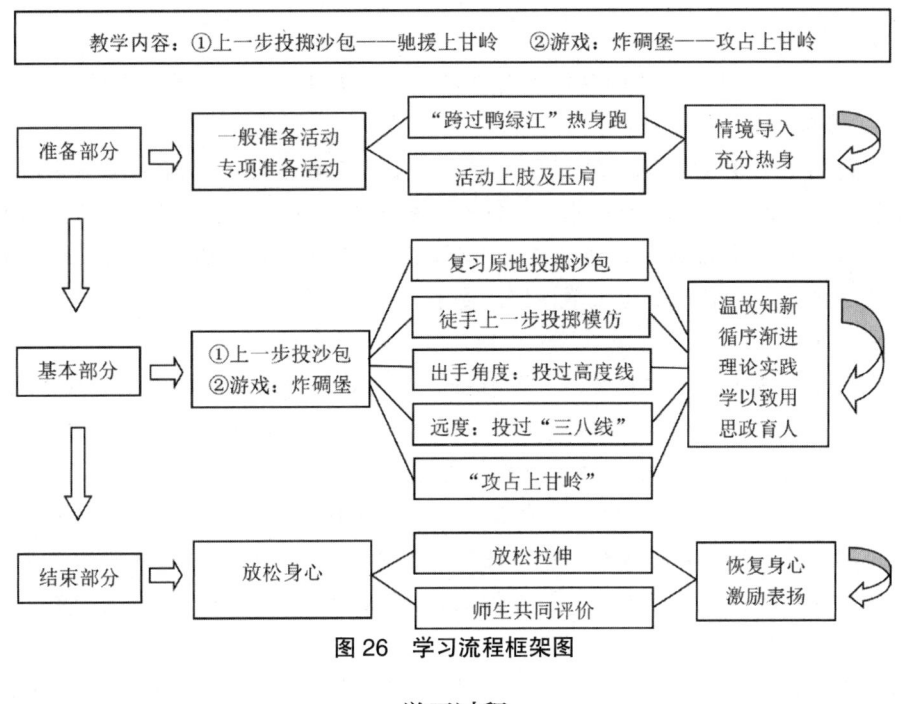

教学内容：①上一步投掷沙包——驰援上甘岭　②游戏：炸碉堡——攻占上甘岭

准备部分 ⇒ 一般准备活动／专项准备活动 → "跨过鸭绿江"热身跑／活动上肢及压肩 → 情境导入 充分热身

基本部分 ⇒ ①上一步投沙包 ②游戏：炸碉堡 → 复习原地投掷沙包／徒手上一步投掷模仿／出手角度：投过高度线／远度：投过"三八线"／"攻占上甘岭" → 温故知新 循序渐进 理论实践 学以致用 思政育人

结束部分 ⇒ 放松身心 → 放松拉伸／师生共同评价 → 恢复身心 激励表扬

图 26　学习流程框架图

学习过程

（一）教学准备

1. 材料

跨过鸭绿江、攻占"三八"线以及战斗英雄黄继光的挂图。

图 27　教学挂图

2. 场地与器材

小沙包 35 个、高度绳 1 根、小垫子 16 块、塑料盆 4 个、标志杆 1 根、小音箱、A4 纸若干张。

3. 注意事项

《黄继光》是人教版语文四年级下册内容，学生学习之后，开展本次教学。

（二）准备部分（7分钟）

首先是简单的课堂常规，体育委员整队，报告人数，师生问好，安排见习生，宣布本课教学内容为上一步投掷沙包，讲解重点要学会上步、蹬地、转体、肩上屈肘，快速挥臂动作，要争取做到动作协调连贯。强调安全意识：在投掷沙包练习时要听从指挥，注意适当距离，不能朝向同学投掷，要手递手传递沙包等。

情境导入：

首先向学生展示"跨过鸭绿江"的挂图，向同学们讲述美帝国主义不顾中国警告，越过三八线入侵朝鲜，并且轰炸我国东北边境的历史，我国被迫反击，并在1950年10月志愿军跨过鸭绿江奔赴朝鲜战场的抗美援朝历史故事。然后告知学生，志愿军在"三八线"附近的上甘岭战役中，伤亡很大。作为新时代的小战士，在这节课中我们学习抗美援朝精神，争做新时代好少年。现在我们要驰援上甘岭，帮助我们的志愿军消灭上甘岭的敌人。进行整队练习后，同样跨过鸭绿江，迅速奔赴前线。慢跑一圈，播放音乐《中国人民志愿军军歌》。

思政意图：创设跨过鸭绿江，驰援上甘岭的历史情境，帮助学生了解抗美援朝这段历史，提高学生对本节课的兴趣以及练习的积极性，同时增强学生保家卫国的爱国意识。

排头学生举旗，慢跑一圈后，即将到达"三八线"附近，体操队形散开，带领小战士们做音乐热身操。播放音乐《红星闪闪》，练习双人压肩、沙包自抛自接等动作，做好准备活动，杜绝运动损伤的发生。如图28所示。

图28 教学现场实操图

（三）基本部分（20分钟）

这一部分是课的主体部分，是解决教学重点与难点的关键，是"教"与"学"的重点，应充分发挥学生的主体地位，给学生充分的学习空间，让学生在玩中学，学中玩，从而达到锻炼身体的目的，基本部分分为以下几个练习步骤：

练习一：徒手动作练习

首先带领学生复习原地投沙包动作，引导学生说出蹬转、挥臂等动作要领。然后宣告这节课练习上一步投掷沙包，向学生做上一步投掷沙包完整动作示范，讲解动作要领，让同学们观看分解动作挂图，强调上步、蹬地、转体、肩上屈肘、快速挥臂如图29所示。根据人体机能掌握规律，让小战士们先练习徒手动作。"预备"：右脚右手在前，手持沙包在头的右斜上方。"1"：左脚上前一步，右手由下向后引，注意右腿适当弯曲，重心在右脚，做成原地投沙包动作。"2"：右脚蹬地，转体，肩上屈肘，挥右臂将沙包投出。学生初步掌握动作后，练习：预备，教师吹哨，所有学生一起喊"1、2"做动作，这样有助于提高学生的注意力。

图29 上一步投掷沙包分解动作

根据区别对待原则，询问是否有左手投掷的学生，告诉学生，左手投沙包，和教师的左右动作相反即可。

练习二：自主学练投掷一次

每人尝试投掷一次沙包。第一排同学投掷沙包，二三四排跟着一起做徒手动作。同样先预备，教师吹哨，同学们喊"1、2"将沙包投出。第一排同学投完，站到第四排，二三四排依次向前一步。循环投掷四次。最后一排同学投完后，每人捡四个沙包，放在排头位置。

安全提示：前三排投完不捡沙包，最后由第四排同学统一捡回，捡沙包时不跑、不抢。

练习三：投过高度线

第一轮投完后，向学生询问，刚才有的学生投得远近高低各不同，出手角度是投得高一点好，还是低一点好？找同学回答。然后讲解抛物线原理，出示抛物线挂图。告知学生以出手点为水平线，沙包抛出角度大约在40°至45°时能投得最远。然后挂上高度线，以排为单位，练习投掷沙包过高度线。投掷完第一次，根据个人感觉，在第二次投掷时可以根据自己身高情况，前后调整适当距离。每当站在第一排的学生投掷时，后边三排跟着一起做徒手动作。每排各投掷两次后，找优生示范，掌声鼓励，学生点评。

练习四：投过远度线（将炸弹投过"三八线"）

经过前面三轮练习，学生初步掌握上一步投掷沙包的动作。告知小战士们，我们接到战斗任务，要将敌人阻挡在"三八"线以外，同时向同学们展示"三八线"示意图，我们要将手中"炸弹"投过"三八线"。（图31）每排同学各投掷两次，依次轮换。然后再次进行优生展示，掌声鼓励。同样，第一排同学投掷时，后边三排同学一起跟着做徒手动作，增加学生练习密度，提高练习效果。找出具有代表性的学生展示，这样体现学生的主体作用，这样不但很好地发展了学生的自主练习能力，而且能培养学生积极参与体育运动的兴趣和爱好，能让学生拥有一个自我展示的空间，成为课堂的主人，增强了学生的自信心。

思政意图：让学生了解"三八线"在抗美援朝战争中的重要性，要求小战士们把"炸弹"投过三八线，激发学生兴趣，调动学生练习的积极性。

图30 教学现场实操图

游戏：炸碉堡——攻占上甘岭（10分钟）

向小战士们讲解，上甘岭位于"三八线"中段。在上甘岭战役中，敌人火力点隐藏在碉堡中，黄继光担任爆破敌人碉堡的任务，在手榴弹用尽情况下，黄继光用自己的胸膛堵住敌人的枪眼，壮烈牺牲，为战友们争取了胜利的机会。告知小战士们第二个战斗任务就是用手中的炸弹炸掉上甘岭上的碉堡，避免牺牲更多像黄继光一样的英雄战士，帮助志愿军攻克上甘岭。成四路纵队，每次四个排头向前跑出15米，匍匐到小垫子上，用手中的炸弹投进碉堡（图31）。通过跑动，能够锻炼学生下肢，促进学生上下肢全面协调发展。教师先示范动作，讲解方法与安全事项。学生每人练习一次。然后进行接力比赛。在游戏比赛过程中播放枪林弹雨战斗及冲锋号的音效，模拟真实战场情境。

图31 教学现场实操图

最后看哪组投进的"炸弹"最多，授予该组小战士"战斗英雄"称号。让获胜组同学将旗帜插到上甘岭阵地上，代表完成本节课的战斗任务，成功帮助志愿军攻占了上甘岭。

思政意图：学习黄继光炸碉堡的英雄事迹，让同学们缅怀革命先烈。将旗帜插到"上甘岭"阵地，代表完成本节课"驰援上甘岭"的战斗任务，回扣本节课学习主题。

（四）结束部分（3分钟）

做放松操。拉伸一下手臂，进行大雨小雨放松练习、小雨轻拍肘三次、中雨拍大臂五到七次，大雨拍肩膀十次以上，让学生手臂得到放松。

然后密集队形集合，进行课堂小结，让学生回答上一步投沙包动作要领，启发学生在现实生活中有哪些情形能够用到投掷动作，引导学生说出：打篮球、打羽毛球等。最后总结学生的课堂表现，同时根据学生自主评价量化表（表6），让学生自主评价本节课学习情况，布置作业，收送器械，培养学生爱护公物的好习惯。师生再见。

表6　学生自主评价量表

参与情况	参与兴趣浓厚，主动参与	参与兴趣较浓，能够参与	参与兴趣一般，被动参与
学习任务	学练中进步较大	学练中有一定进步	学练中进步不明显
学习表现	动作正确协调；能准确投过高度线和"三八线"	动作完成度一般；能投过高度线或"三八线"	动作不协调；不能投过高度线或"三八线"
自我评价	优秀"小战士" ★★★	合格"小战士" ★★	继续努力 ★

课后作业：回到家，右手持毛巾，上一步蹬地转体挥臂练习。

预计教学效果

（1）预计90%以上的学生能够初步掌握本课所学的动作技术；30%以上的学生能够较熟练地掌握动作技术。

（2）预计本课学生的运动强度为中等，最高心率140次/分左右，平均心率125次/分左右，练习密度为45%左右。让学生既出汗又脸带微笑，既能锻炼投掷能力，又能学习抗美援朝精神培养学生爱国主义情怀，从而开展体育课程思政，落实立德树人根本目的，促进学生身心健康全面发展。

本课特色

本次课以"驰援上甘岭"为学生课堂练习任务主线，从"跨过鸭绿江""投过三八线""纪念黄继光"到"攻占上甘岭"，课堂思政教育贯穿始终，能够有效促进学生对抗美援朝中上甘岭战役以及特级战斗英雄黄继光英雄事迹的了解，从而更好地对学生开展国防教育，激发学生爱国情怀。游戏环节授予获胜小组"战斗英雄"称号，让同学们对战斗英雄产生崇高的敬意。正如习近平总书记所说"崇尚英雄才会产生英雄，争做英雄才能英雄辈出。"

课例点评

《义务教育体育与健康课程标准（2022版）》中跨学科主题学习提出将国防教育渗透在体育课堂教学中。本节体育课张老师授课内容是四年级上步投掷沙包，该教材是在学会原地投掷沙包掌握了蹬地、转体、挥臂的基础上，学会手脚同时并用的投掷动作，是对投掷基本技术动作的进一步发展和提高。张老师运用情景"驰援上甘岭"为学生课堂练习任务主线，以情景式体验开展课堂国防教学，从而落实立德树人根本任务。该课有机地对学生进行国防观念、国防意识、军事技能、爱国主义等思想品德教育，教育学生爱党、爱社会主义、爱解放军，培养学生热爱集体、关心他人，团结友爱、机智果断、诚实勇敢、听从指挥、严守纪律、积极向上的进取精神和优良品质。

本课突出亮点：

一是，教育学生向解放军学习，培养学生听从指挥遵守纪律的好品质。向解放军学习一切行动听指挥是学习解放军的基本要求之一，解放军是小学生心目中的英雄，张老师在队列队形及游戏比赛教学中，为了能让学生做到排队快、静、齐，首先启发学生回想解放军叔叔集合时迅速、整齐的队伍，使学生知道解放军叔叔集合时能做到队快、静、齐，是因为他们一切行动听指挥，具有严密的组织性、纪律性。

二是，教育学生热爱祖国，从小培养学生的集体主义思想。热爱祖国是每一个人应具有的品质，体育课教学中也应注意培养学生的爱国思想。例如，在游戏环节，设立"炸碉堡——攻占上甘岭"的情境游戏，向学生讲解特级战斗英雄黄继光的英雄事迹，激发学生斗志。在战斗音效的伴奏下，通过跑、匍匐、投等动作体会作战时的技巧、方法有效地完成攻占上甘岭的课堂练习目标。最后请获胜组代表将志愿军旗帜插在上甘岭阵地，让学生体验通过共同努力获得战斗胜利的喜悦，帮助学生从小树立集体主义精神。

三是，改进教法、提高能力、培养兴趣。张老师在授课中注意到体育课中小学生因年龄小，理解能力差，并且又活泼好动的特点，所以渗透国防教育时特别注重创设情境。利用形象的画面，生动的语言，适时的激励，与讲解相结合，引发学生的好奇心，激发学生的学习兴趣。学生在锻炼身体的同时又加深了对国防知识的了解，学习和掌握了初步的军事技能，同时还使思想品德教育在体育教学中得到了延续，更加热爱祖国，加深爱国情怀。

（点评教师：成彦）

案例5（水平三）我是少年，强国有我——国防体育课教学设计[①]

通过体育课教学渗透国防教育是加强国防教育的一种新途径，是发扬革命传统和培养爱国主义精神的重要手段，符合新时期科学发展观对教育的新要求。本课以"军人实战演练"为背景，通过一系列体育活动，让学生明确"我是少年，强国有我"的责任感，激发学习兴趣，增强学习信心，提高身体机能，培养爱国主义情感。

课例名片

年级：五年级

课时数：3课时

学科：体育、心理

---

① 寇晓兰，天津市静海区大丰堆镇后明庄小学

主题分析

《中共中央国务院关于深化教育改革全面推进素质教育的决定》中明确指出：健康体魄是青少年为祖国和人民服务的基本前提，是中华民族旺盛生命力的体现。《中小学心理健康教育指导纲要》（2012）也指出：使学生增强调控情绪、承受挫折、适应环境的能力。本案例围绕跨学科"我是少年，强国有我"为学习主题，设计进行水平三教学内容，以"军事实战演练"为背景，在对抗比赛场景中，学生能勇敢、正确、合理地运用过障碍技术；形成开朗、合群、自立的健康人格；提高遵守规则的良好意识，表现出胜不骄，败不馁的良好心态，建立正确的胜负观。在小组团队练习中，养成互帮互助、自主学练的意识，有效提升核心素养。

素养指向

（1）通过指导学生利用所学知识通过各种障碍，提高学生的身体素质，增强体能。让学生形成团队合作、不畏困难、顽强拼搏、积极乐观、自信自强的良好心态。

（2）通过以"军事演练"为背景，学习军人奉献与忠诚的高尚品格，养成坚忍不拔、顽强拼搏、不断挑战自我的意志品质，形成为国争光的意识，提升爱国情感。

（3）在学练中，激发学习兴趣和探究精神，树立自信，乐于学习；树立集体意识，增强沟通能力；积极参与活动，形成开朗、合群、自立的健康人格；遵守比赛规则，表现出胜不骄，败不馁的良好心态，建立正确的胜负观。

学习目标

（1）在多种练习情境中，知道障碍跑运动的基础知识，学会高姿态和低姿态快速合理过障碍的动作方法及动作要领，并在对抗比赛场景中，能勇于、正确、合理地运用过障碍技术；在体能练习中，积极完成一般身体素质和专项身体素质练习的内容与任务，发展速度、弹跳、灵敏等素质，提高动作速度、位移速度、反应力、弹跳力的水平。

（2）通过多种情境及不同难度的障碍跑学练，注重与同伴之间的合作交流，共同完成障碍跑学练。学会在练习中积极观察、准确判断，选择合理的方法快速过障碍，享受在障碍跑练习中的乐趣。在合作学练中，能主动与同伴交流分享、关心帮助同伴，逐步形成乐观向上的心态。保持适当的学练间距，树立正确的安全意识，养成良好的日常锻炼习惯。

（3）通过多学科综合实践活动，以及在游戏比赛中的运用，学习解放军奉献与忠诚的高尚品格，养成坚忍不拔、顽强拼搏、不断挑战自我的意志品质。

（4）在学练中，培养学生的学习能力，激发学习兴趣和探究精神，树立自信，乐于学习；树立集体意识，善于与同学、老师交往，培养自主参与各种活动的能力，以及开朗、合群、自立的健康人格；比赛中提高遵守规则的良好意识，表现出胜不骄，败不馁的良好心态，建立正确的胜负观。在小组团队练习中，养成互帮互助、自主学练的意识，有效提升核心素养。

学习规划

本案例围绕跨学科主题"军事演习"创设情境,在教学中开展以"红蓝军决战"为主题将体育与心理学科紧密融合,通过引导学生了解中国军人军事训练的内容,在红军和蓝军的对抗赛中提高学练兴趣,感悟中国军人不畏困难、英勇战斗的拼搏精神,树立正确的人生观、价值观,激发爱国情感,形成"少年强则中国强"的意识,在对抗中、比拼中愉快地掌握障碍跑的各项技能,提升本领,发展体能。

学习过程

1. "巡防阵地"——钻、跨、匍匐过不同的障碍。

2. "抢占高地"——翻过障碍。

3. "寸土必争"——跨、钻、匍匐、翻越综合过障碍接力比赛。

任务:1. 动作回顾。

2. 学练翻越。

3. 综合运用。

呈现的作品:"红蓝决战"——快速过障碍比赛。

(1) 决战前夕——跨、钻、匍匐、翻越过多个障碍初赛。

(2) 红蓝决战——跨、钻、匍匐、翻越过多个障碍决赛。

表7 教学活动设计表

学习环节	学习过程	设计意图
一、课堂常规 1. 集合整队 2. 师生问好 3. 宣布内容 4. 安排见习生 二、热身活动 "奔赴战场"——军体拳	1. 给出集合信号,问候学生,视频导入"军事演习"情境 2. 听信号集合,向教师问好,积极投入课中,集合迅速、精神饱满 1. 组织学生集体进行军体拳套路以及双人对战演练,教师巡视、指导 2. 音伴下跟随教师进行军体拳套路及双人对战演练 3. 动作到位,活动充分	在中国军人集训中,勇敢参与、合作互助,同伴之间相互鼓励、相互交流,分享障碍跑的体会,养成吃苦耐劳、勇于拼搏、团结向上的优良品质
三、主体教学 1. "巡防阵地"——钻、跨、匍匐过不同障碍	1. 导入军事演习"巡防阵地"情境,引导学生回顾钻、跨、匍匐过障碍的要领,通过pad出示任务单,组织学生分组练习,提示方法并巡视、指导 2. 4人小组,队长带领观看pad明确练习内容与要求,练习时相互观察与帮助 3. 导入军事演习"抢占高地"的情境,提出问题:"如何翻过障碍?"示范讲解翻过障碍及保护帮助的方法,并指出动作要点:撑、上、转、下 4. 引导学生观看pad,明确动作方法要点,组织分组学练,指导纠错	通过小组成员的共同努力实现创意,培养学生创新意识和实践能力

续表

学习环节	学习过程	设计意图
2. "抢占高地"——翻过障碍 翻过90厘米高障碍 （1）跑动中翻过90厘米高障碍	1. 提出问题："如何在跑动中快速翻过障碍？"简述使用感应灯进行练习的方法，引导学生在练习中思考问题；巡视指导，对于掌握程度较高的小组，放置感应灯提高难度 2. 带着问题进行小组学练 3. 择优展示，引导学生互相评价；总结动作要点，再组织学生进行练习 4. 观察思考，客观评价，再练习 5. 快速、合理翻过障碍	能列举障碍跑的相关知识，障碍跑中能合理运用跨、翻、钻、匍匐等各项过障碍技术，完成障碍跑学练。在翻过障碍的练习中快速撑垫、迅速翻越，做到合理、快速过障碍，发展速度、上下肢、腰腹力量、协调、灵敏、平衡等体能
（2）跑动中过多个障碍 ——跨、钻、匍匐、翻过多个障碍	1. 利用pad引导学生了解练习方法，组织学生分组进行跨、钻、匍匐、翻过多个障碍的练习 2. 仔细观察，积极学练 3. 强调过障碍与快速跑衔接自然，引导学生互相评价 4. 相互帮助、纠正、鼓励、评价 5. 过多个障碍与快速跑衔接自然	
3. "寸土必争" ——跨、钻、匍匐、翻综合过障碍接力比赛	1. 导入"寸土必争"情境，利用pad引导学生了解比赛方法与规则，组织学生分组开展比赛，实时提醒，巡视观察 2. 明确方法与规则，积极参与比赛 3. 遵守规则，合理、快速过障碍	在教师引导和同伴互助中，探索模拟实战下的障碍跑练习。在尝试中主动与同伴交流，提升对障碍跑的认知，能在"对抗"中保持良好心态，适应环境。保持安全的学练间距，主动和同伴互助配合完成任务
4. "红蓝决战" ——快速过障碍比赛 （1）决战前夕——跨、钻、匍匐、翻越过多个障碍初赛 （2）红蓝决战——跨、钻、匍匐、翻越过多个障碍决赛	1. 导入"红蓝决战"情境，利用pad引导学生了解比赛方法与规则，强调跑动中用跨、钻、绕、匍匐等合理动作方法快速过障碍，组织学生体验 2. 认真观察，了解规则，积极挑战与思考 3. 遵守规则，跑动中快速、合理过障碍 4. 讲解比赛规则，组织学生分组轮转进行跨、钻、绕、匍匐过多个障碍比赛，提示跑动中用合理的方法快速过障碍 5. 了解规则，相互交流，积极挑战 6. 轮转有序，跑动中过障碍快速、合理	乐于参与特种精英训练、实战对抗等活动，提高规则意识。能在不同的学练情境中团队合作、互助交流，表现出不怕困难、勇敢顽强的意志品质

续表

学习环节	学习过程	设计意图
（3）师生竞赛	1. 引导学生向体育教师发出挑战，欢迎体育教师参加师生竞赛。 2. 礼貌邀请、欢迎教师参加比赛，勇于展示，积极参赛，相互学习与评价 3. 跑动中过障碍快速、合理 4. 教师提示放松要点，领做	引入"渗透技能"的情境，指导学生开展综合障碍赛道比赛学练，引导学生相互帮助，邀请优秀小组展示，相互间分享创意，共同进步 教师小结本课并提出表扬和鼓励
放松：拉伸操	1. 根据教师提示，模仿教师放松 2. 动作自然、放松	
小结讲评	1. 教师对本节课进行点评并且总结；布置作业，强调要求 2. 认真回顾课堂学练知识与技能，结合任务单完成情况进行自评与互评	

对班级中不同特质的学生的教学考虑

身心特征：本课授课对象为水平三的五年级，此学段学生已经具有一定的自我控制能力及一定的模仿能力，并且乐于同伴合作，对于新鲜的体育教材和不同的情境，具有较高的探索欲望。同时也存在自我约束能力一般，注意力集中时间短的特点，故以丰富的练习形式和游戏渗透教学。

技术起点：五年级的孩子已经具备一定跑的能力，已经掌握了正确的跑的姿势和一些直线跑、曲线跑的游戏，以爬、跳、钻、绕为主的障碍跑动作虽然简单，但组合动作对于五年级同学来说仍然有一定难度。本课为了避免单一的重复跑较为枯燥的形式，对单一动作的学练，采用各种有趣的军事演练情境，创设各种障碍跑的活动模拟新兵训练遇到的障碍，激发学生的学习热情和爱国情怀。

班情分析：这个班学生男女比例相当，男女生的基本身体活动能力相差不大，学习氛围浓厚。该水平段学生，对于国防军事主题情境兴趣浓厚，特别是男生善于模仿各种战争的动作，学生学习积极性高，红歌始终贯穿整堂课，学生的爱国意识在课中很好的体现。

课堂评价

1. 过程性评价：

从"运动能力""健康行为""体育品德"三个方面进行评价，选择针对性的观测点，侧重对健身实践做评价。

表8 课堂教学过程性评价表

评价方面	评价维度	评价观测点	评价标准	评价方式
运动能力	体能	全面发展多种体能	全面发展协调性、平衡能力、爆发力跳跃能力、肌肉力量等综合身体素质	体能测试
	运动认知与技战术运用	积极学练迁移运用	通过参与模拟实战演练，体验解放军的角色，理解角色任务的重要性，具备正确的战术思维和灵活应变能力	口头测试技术观测
	体育展示或比赛	主动展示积极参赛	在模拟实战对抗中，能够遵守比赛规则，合理运用障碍跑的基本技术和组合动作技术等	行为观察口头点评
健康行为	体育锻炼意识与习惯	科学锻炼	认识到体育运动的重要性，逐渐形成自主锻炼意识，能科学地参加体育锻炼，合理地安排活动内容	行为观察口头点评
	健康知识与技能的掌握	安全意识运用正确动作	在活动和比赛中有安全意识，能用科学合理的动作完成情境任务	行为观察口头点评
	情绪调控	积极乐观	在模拟实战对抗中能以良好心态对待胜负，积极应对挫折和失败，胜不骄，败不馁	行为观察口头点评
	环境适应	适应能力	在不同情景的障碍跑和实战对抗中，与同伴积极交流，融入团体，合作完成学习任务	行为观察口头点评
体育品德	体育精神	团结协作	在不同情景的障碍跑和实战对抗中，表现出自尊自信、勇敢顽强、积极进取、不怕困难、坚持到底的体育精神	行为观察口头点评
	体育道德	遵守规则	在体育学练中能够遵守规则、尊重裁判，诚信自律	行为观察口头点评
	体育品格	责任意识	在小组竞赛和练习中，明确自己的职责，认真负责	行为观察口头点评

2. 终结性评价

从动作技术标准检测技能学习的达成情况，采用自评、互评、师评方式。如表9所示。

表 9　课堂教学终结性评价表

学生姓名			日期		
等级评价	评价标准	师评	互评	自评
优秀	起跑后快速前进，对障碍物判断准确的同时能够运用合理的方法，熟练、灵活、快速越过障碍或障碍组合，动作连贯，衔接自然			
良好	较快速度的跑动中，对障碍物判断准确，同时能够运用合理的方法通过障碍或障碍组合，动作较连贯，衔接较自然			
等级评价	评价标准	师评	互评	自评
合格	在一定的速度下，对障碍物判断基本准确，能够运用合理的方法通过障碍或障碍组合			
有待提高	通过障碍、障碍组合的方式不合理或不能通过障碍物，跑动较慢			

课例点评

《中共中央国务院关于深化教育改革全面推进素质教育的决定》中明确指出：健康体魄是青少年为祖国和人民服务的基本前提，是中华民族旺盛生命力的体现。《中小学心理健康教育指导纲要》(2012)也指出：使学生增强调控情绪、承受挫折、适应环境的能力。本案例围绕跨学科"我是少年，强国有我"为学习主题，设计进行水平三教学内容，以"军事实战演练"为背景，通过指导学生利用所学知识通过各种障碍，提高学生的身体素质，增强体能，学习军人奉献与忠诚的高尚品格，养成坚忍不拔、顽强拼搏、不断挑战自我的意志品质，形成为国争光的意识，提升爱国情感，同时也让学生对团队合作、不畏困难、顽强拼搏、积极乐观、自信自强的良好品德有所感悟。在本案例中，教师将体育与心理学科有效融合，在对抗比赛场景中，学生能勇敢、正确、合理地运用过障碍技术；形成开朗、合群、自立的健康人格；提高遵守规则的良好意识，表现出胜不骄、败不馁的良好心态，建立正确的胜负观。在小组团队练习中，养成互帮互助、自主学练的意识，有效提升核心素养。本案例以"任务"导学，自主学练，利用pad给各小组提出学练要求及任务清单，帮助学生快速直观了解方法及要求。学生在竞赛和挑战中展示自我，主环节引入军事演练为主题，进行情境式任务挑战来激励学生参与学练的热情。在红蓝军对抗中更是将比赛推入高潮，通过障碍的速度比拼、小组的快速轮换，对培养学生自主学练意识上有很大帮助，在这样的状态下，学生能够更好、更快、更合理地完成障碍跑的学练任务，达到教学目标。

（点评人教师：张家桐）

案例6:（水平三）致敬英雄"伍万里"——体育与道法跨学科设计[①]

本课程以电影《长津湖》中的主人公伍万里为主线，通过一系列的篮球体育活动，将体育、道德与法治等知识进行融合，创设一个生动形象的国防教育情境，激发学生的学习兴趣，培养学生勤学苦练、团结合作的精神。将课程思政融入体育课堂教学中，从小培养学生的爱国情怀和民族自豪感，增强学生的国防意识和爱国观念，从而将体育核心素养的培养落到实处。

课例名片

年级：六年级

课时数：1课时

学科：体育、道德与法治

主题分析

跨学科主题学习是《义务教育体育与健康课程标准（2022年版）》中的五大主要课程内容之一。本案例围绕跨学科"钢铁战士"学习主题（水平三）进行活动设计，以《长津湖》战役为故事背景创设学习情境，以英雄人物伍万里为课程设计主线，引导学生主动了解伍万里的人物事迹，以少年英雄伍万里借助自身精湛的投掷技术为战争的胜利赢来转机为教学切入点，激发学生学习篮球投篮技术，同时巩固发展学生篮球脚步灵活性、运球、两人传接球、投篮、抢篮板球等多项技术动作，提高学生的篮球综合技术水平。

素养指向

（1）通过创设跨学科军事情境，引导学生自主训练并想尽办法克服困难完成多种"任务"，全面提高学生的身体素质，熟练掌握篮球基本技术，同时培养学生团结合作的体育精神。

（2）通过以长津湖战役中伍万里的人物事迹为主线，让学生深刻认识到这场战役的胜利来之不易，培养学生的国防意识和爱国主义精神。

（3）通过创设"躲避战场子弹""连续传递手榴弹""投掷手榴弹"等模拟战役情境，培养学生勇敢顽强、克服困难、坚韧不拔的意识品质。

学习目标

（1）通过以长津湖战役为背景，发展学生篮球运球、传接球、投篮等运动技术能力。

（2）教师通过创设任务情境，全面提高学生的脚步移动、反应速度、肌肉力量，在完成任务的过程中培养学生思维能力、组织与协调以及沟通与表达能力。

（3）学生为了完成情境任务，引导学生自主学习、合作学习，增强了学生相互交流，相互配合的机会，培养了学生团结合作、顽强拼搏的精神。

---

① 董晨阳，天津市雷锋小学

学习规划

通过借助抗美援朝电影《长津湖》中少年英雄伍万里的形象，以其精湛的投掷技术为兴趣激发点，调动学生争先模仿的心理，创设跨学科军事战役情景。在教学准备部分设置模拟战前大练兵的情景化学练热身任务，基本部分以"投掷手榴弹"情景化教学，即原地单手肩上投篮为主，在此情景中，教师在引导学生模仿榜样伍万里的同时，使学生以此为学习动机迅速掌握投篮技术动作。随后创设"炸毁敌营"主线情景任务，通过创设更加生动形象的情景描绘，进一步加强学生身临其境的感觉，从而让学生切身体会到革命先辈们英勇作战、不畏美国强敌、勇于承担的意志与勇气，同时也帮助学生突破学习重难点，强化篮球综合技术，提升运动能力。基于此，将篮球动作技术教学与国防教育相融合，从而将核心素养的培养落到实处。本课例框架如图32所示。

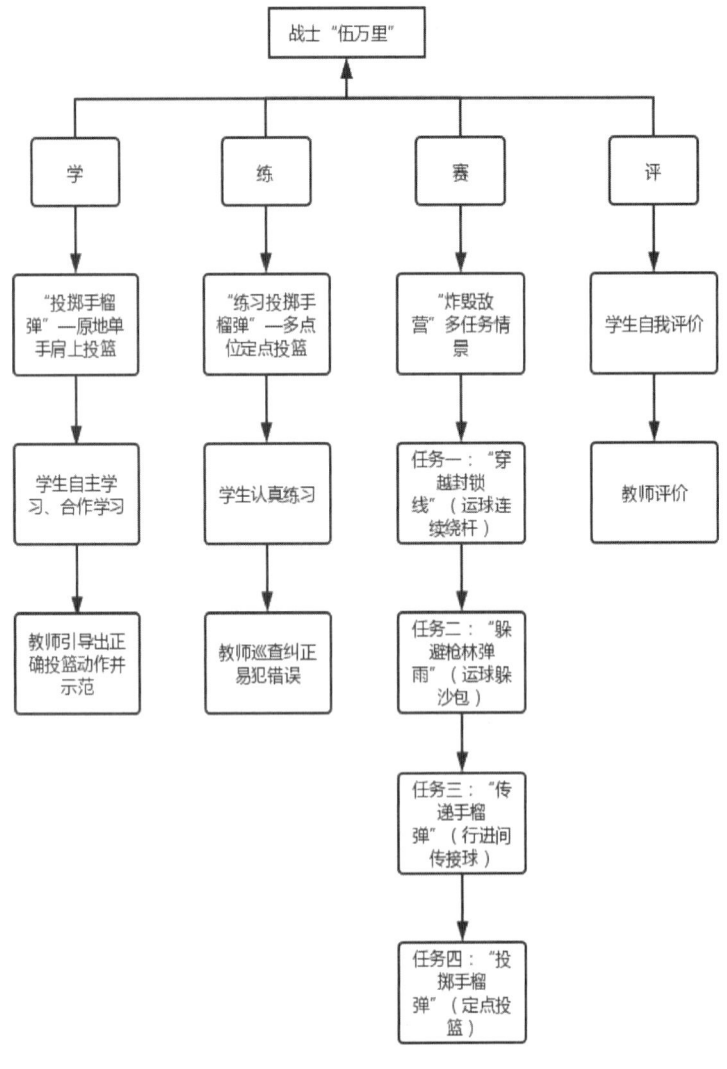

图 32　学习流程框架图

学习过程

（一）教学准备

1. 影像素材

长津湖战役中伍万里战斗情境的部分片段。

2. 场地与器材

篮球场一块、智能黑板一块、障碍杆10个、沙包20个、篮球筐一个、篮球20个、音响优盘一个、标志桶5个。

（二）准备部分

1. 情境导入

观看长津湖战役中伍万里的战斗景象。

教师提问：同学们想不想成为像伍万里一样的战斗英雄？

2. 热身活动

教师组织学生进行"战前大练兵"（队列队形练习）、"行军拉练"（慢跑）、"运输军需物资"（抱球蛇形穿越跑），如图33所示。

图33 教学现场实操图

3. 实时评析

通过观看长津湖部分战役片段，了解长津湖战役的重要性，通过视觉感知引发学生的情感共鸣，感受抗美援朝战争的艰苦卓绝，为后面的教学任务开启情感阀门和执行动力。

（三）基本部分

活动一："投掷手榴弹"——原地单手肩上投篮教学（图34）

活动进行：完成前面的情景化热身以后，学生观看长津湖战役中伍万里投掷手榴弹赢得战争胜利契机的电影片段，带领学生尝试自主进行投篮活动，并记录自己的进球数。

组织：学生通过观看情境导入的长津湖战役景象，引导学生尝试自主学习，看看能否可以把篮球投进篮筐，教师对投进的学生进行表扬和鼓励，并引导学生说出自己能够投进球的技巧。教师适当对学生的经验总结进行纠正和深化，并作出正确的技术动作示范，帮助学生建立正确的动作表象。

图 34　教学现场实操图

评价：学生根据教师制定的评分标准进行自我评价，每组同学自我评价以后进行打分，此活动满分10分。其中参与运动积极性，满分2分；是否能够用语言完全表达出投篮的动作要点，满分3分；投篮进球命中率达到10%、20%、30%、40%、50%，依次分别得分1、2、3、4、5分。活动学生自评如表10所示。

表 10　活动学生自评表

活动一	评价标准（10）	得分
"投掷手榴弹"——原地单手肩上投篮	参与投篮运动的积极性（2）	
	是否能够用语言完全表达出投篮的动作要点（3）	
	投篮进球命中率（5）	

活动二："练习投掷手榴弹"——多点位定点投篮

活动进行：学生完成单个点位的投篮练习以后，可以尝试让学生进行多点位多角度的投篮练习，帮助学生进一步巩固投篮动作。

组织：教师组织学生进行多点位定点投篮练习，帮助学生对投篮动作技术的巩固与提高，教师时刻关注学生的练习情况，必要时对学生进行重难点的指导教学。

评价：学生根据教师制定的评分标准进行自我评价，此活动满分10分。此项评价重点考量投篮动作是否标准以及投篮的进球情况。其中参与运动积极性，满分2分；投篮动作是否上下肢协调，动作连贯标准，满分3分；投篮进球命中率达到20%、30%、40%、50%、60%，依次分别得分1、2、3、4、5分。活动学生自评如表11所示。

表 11 活动学生自评表

活动二	评价标准（10）	得分
"投掷手榴弹"——多点位定点投篮	参与投篮运动的积极性（2）	
	投篮动作是否上下肢协调，动作连贯标准（3）	
	投篮进球命中率（5）	

活动三："炸毁敌营"："穿越封锁线"（运球连续绕杆过障碍）→"躲避枪林弹雨"（运球躲避沙包）→"传递手榴弹"（行进间传接球）→"投掷手榴弹"（定点投篮）

活动进行：学生完成多点位投篮以后，会安排一系列任务障碍需要同学们共同克服，同学们根据教师设定的任务表依次进行作战，每完成一个任务，同学们自行打分，把所得成绩记录在评价表中，从中体现了同学们的诚信度。

组织：教师创设一个"炸毁敌营"的军事战役情境，共计四个任务障碍，激发学生的兴趣，引导学生积极参与其中，并对学生进行国防教育和爱国主义精神的培养。

炸毁敌营 1：穿越封锁线——运球连续绕杆过障碍（图 35）

内容说明：队友们依次蛇形绕过障碍杆，尽可能保证不要碰到障碍杆也不要漏过障碍杆，运球时控制好球的行进路线，尽量保障球不脱离路线，并做好计时，填在任务表中。增强学生行进间运球能力和躲避障碍物能力，从而对之前学习内容进行巩固。

图 35 教学现场实操图

炸毁敌营 2：躲避枪林弹雨——运球躲避沙包（图 36）

内容说明：两人一组，一人负责扔沙包，另一人利用运球脚步躲避沙包，让自己尽可能不被沙包砸中，记录自己被沙包砸中的次数。增强学生运球脚步的灵活性，对学生之前所学内容进行巩固。

图36　教学现场实操图

炸毁敌营3：传递手榴弹——行进间传接球（图37）

内容说明：两人一组行进间传接球，尽可能保证传球的精准度，使球不要脱落，记录传球失误的次数。增强学生相互配合的默契程度，以及双手胸前传接球技术动作的熟练程度，对学生之前所学内容进行巩固。

图37　教学现场实操图

炸毁敌营4：投掷手榴弹——定点投篮（图38）

内容说明：进行最后环节定点投篮，也是最为重要的环节。学生尽可能要保证自己的投篮能够命中篮筐，投进与否是判断炸毁敌营是否成功的主要依据，并记录自己进球的数量。增强学生投篮能力，对本节课的学习内容进行巩固练习。

| 学习过程 | （三）基本部分 |

"炸毁敌营"：任务四 "投掷手榴弹"

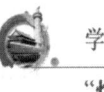

图38　教学现场实操图

炸毁敌营任务表

同学们根据教师设定的任务表来进行活动，每完成一项任务，同学们自行给自己的表现进行打分，并填写在记录表中。共计四个任务障碍，每组队员根据任务指示依次完成相应任务。

评价：学生根据教师制定的评分标准进行自我评价，此活动满分80分。每个环节满分20分，共计四个环节。加上之前两个活动获得的分数，最后合算总分，满分100分。评价表如表12所示。

（1）"穿越封锁线"：此环节满分20分，其中运球通过障碍杆速度满分10分，运球通过障碍杆是否出现违规行为，包括运球翻腕、走步、漏杆等，满分10分。

（2）"躲避枪林弹雨"：此环节满分20分，运球时利用脚步躲避障碍物是否灵活，全部躲避成功得满分，未躲避成功一次扣2分。

（3）"传递手榴弹"：此环节满分20分，其中两人传接球次数不得少于8次，少传球一次扣2分，满分10分；两人配合传球的默契程度，出现掉球一次扣2分，满分10分。

（4）"投掷手榴弹"：此环节满分20分，其中投篮动作是否标准流畅，满分10分；投篮是否进球，投丢一个扣2分，满分10分。

表 12　活动学生自评表

活动三	项目	标准	得分
炸毁敌营	穿越封锁线	运球通过障碍杆速度满分 10 分	
		运球通过障碍杆是否出现违规行为，包括运球翻腕、走步、漏杆等，满分 10 分	
	躲避枪林弹雨	运球时利用脚步躲避障碍物是否灵活，全部躲避成功得满分，未躲避成功一次扣 2 分，满分 20 分	
	传递手榴弹	两人传接球次数不得少于 8 次，少传球一次扣 2 分，满分 10 分	
		两人配合传球的默契程度，出现掉球一次扣 2 分，满分 10 分	
	投掷手榴弹	投篮动作是否标准流畅，满分 10 分	
		投篮是否进球，投丢一个扣 2 分，满分 10 分	
总分			

（四）结束部分

活动总结：教师根据学生任务执行情况进行分数核算，60 分以上及格，70~90 分良好，90 分以上优秀。各小组进行活动后的发言。教师根据学生的表现，对其进行总体评价。

活动体会与收获：

体育学科：重点学习了原地单手肩上投篮的技术动作，复习巩固了篮球脚步、运球、传接球、反应速度等内容。

道德与法治：教师引导提问。

（1）伍万里是一个怎样的人？

（2）同学们应该学习他什么的精神？

（3）在今后的学习和生活中我们应该怎么做？

引导学生感悟战士伍万里在极度严酷环境下坚守阵地奋勇杀敌，体现了他服从命令、视死如归、不退缩的革命精神。"去时少年身，归来忠烈魂"，正是因为有伍万里这样的革命先辈不怕牺牲，一心向国的付出，我们才能活在一个不再充满硝烟的年代。我们的和平与安定，是无数英雄先烈们用鲜血换来的。我们要铭记历史，珍惜当下！

课例点评

本课例利用跨学科主题教学的方式，借助少年英雄伍万里的形象，创设了一个军事化情景，融合了投篮教学与国防教育，让学生深入情景，并在情境中积极调动大脑思维，不断发展篮球技能，并进行积极尝试自主分析、合作探究解决问题。这样不仅可以激发学生的学习兴趣，而且可以让学生沉浸在国防教育之中，增强学生保家卫国的意识。本课例的设计巧妙之处在于融合的切入点恰当，显得不那么生硬。因为在实际的篮球课堂教学当中，学生们最感兴趣的部分就是投篮，再加上借助榜样的力量，即人民英雄伍万里投掷手榴弹精湛技艺的形象，会进一步叠加学生对于投篮动作的喜爱程度，真正把学生的积极性调动起来了。最后当所有的任务完成了以后，教师适当地进行提问，启发学生的思考，让学生在爱国意识上升到了一个新的高度。本课结尾教师引导并启发学生要继承发扬伍万里精神，让伍万里这颗种子，在每一位学生心中扎根、发芽、茁壮成长，从此之后人人皆是伍万里！

（点评教师：袁秀华）

案例7（水平四）传承红色基因筑体育强国梦—耐久跑——心肺耐力体能练习教学设计[①]

2022年4月教育部发布的《义务教育课程方案（2022年版）》明确提出，构建和加强课程内容和学生社会生活经验的知识链，全方位统筹和设计综合课程和跨学科主题的学习，注重培养学生在真实情境中运用所学知识解决现实问题的能力，强化课程协同育人功能。体育与健康课程跨学科主题学习要立足本学科核心素养，建立与其他学科密切相关、可迁移的知识链接，建立真实复杂的生活情境，帮助学生提高运动能力、学习健康知识、建立正确的体育品德，传承红色基因；通过多学科融合教学完成育人目标。

课例名片

年级：七年级

课时数：1课时

学科：体育、语文、历史

主题分析

本节课主要是以习近平新时代中国特色社会主义思想为指导，全面贯彻党的教育方针，遵循教育教学规律，落实立德树人根本任务，发展素质教育。本课采用情景教学贯穿始终，以红军长征历史故事为主线，以体育学科核心素养为依据，教师充分考量教材和学情的独特性，给学生创造一个生动且真实的学习场景和氛围；通过教师的启发和引导，从学生的需求出发，在教学中重视教学内容的基础性、教学方法的有效性和多样性，引导学生掌握体育与健康课程中田径项目耐久跑的基础知识、基本技能和方法以及体能的辅助练习。在体育活动中以体育人，发扬和传承红色基因，落实学科核心素养，培养学生正确的价值观、必备品格和关键能力。本节课结合信息技术、语文、历史等学科元素实现多学科融合，促进学生德智体美劳五育并举全面发展。

---

① 营帅，天津泰达实验学校

素养指向

（1）结合语文、历史等学科知识，帮助学生完成本课学练任务，提高学生运动能力和身体素质，掌握运动技能，培养学生迎难而上，坚持不懈的优良品质。

（2）本课以红军长征为背景，了解和感悟中国红军胜利的艰辛与不易，培养学生传承和发扬红色基因和爱国主义精神。

（3）本节课以"红军长征"为学练情景，培养学生吃苦耐劳、克服困难、敢于挑战、坚持不懈、团结协助的优良品质。

教材分析

耐久跑是人教版《体育与健康》水平四的教学内容，它是一种持续时间较长的有氧运动，对于发展学生心肺系统机能、提高运动能力具有促进作用。对于培养学生不畏艰难、敢于突破、吃苦耐劳等优良品质具有积极意义。该技术动作要领：两臂两腿蹬摆协调配合，步频较快，步长均匀，节奏稳定，合理分配体力。本单元共计六课时，本课为第一次课。通过耐久跑和心肺耐力辅助体能的学练逐渐提高中长跑能力，挖掘教材趣味性，激发学生学练兴趣，提高其运动能力和水平。

教学重难点

重点：途中跑的呼吸与步伐节奏协调配合。

难点：合理分配体力，疲劳时能坚持一段距离或一定时间。

学情分析

授课对象是七年级学生，本班共有43人，其中男生23人，女生20人。七年级的学生是形成自信心的重要阶段，此阶段学生活泼好动，思维活跃，求知欲、想象力、模仿力强，敢于、乐于接触新生事物，自控与自律的能力薄弱，情绪不稳定。

根据七年级学生生理、心理的特点在本单元教学过程中学生在教师的启发、引导下通过自主、合作、探究的学习方式激发学生学习兴趣，充分发挥学生主动性和主体性，能够让学生由浅入深，由易到难的掌握耐久跑的技术动作和心肺耐力体能练习的动作方法；在宽松和谐的气氛中体验成功。在教学中全面发展学生体能，引导学生形成健康行为，让每一位学生受益。

学习目标

（1）在本节课学练中学生能说出耐久跑的动作名称和方法；85%的学生能够掌握耐久跑的呼吸方法和动作要领，15%的能够基本掌握耐久跑的呼吸方法和动作要领。

（2）发展学生上下肢力量、灵敏协调性、空间感知能力，促进其身体机能水平的提升，提高学生心肺耐力等身体素质。

（3）在学练过程中培养学生安全意识，培育学生敢于挑战、突破自我、互帮互助的优秀品质。

学习规划

本案例围绕跨学科主题"红军长征"进行活动设计,在教学中开展红军长征为主题将体育、语文、历史等学科相融合,时刻围绕学练赛评一体化教学。通过语文《七律长征》一文引出本节课的学练情景,帮助学生巩固语文知识,积累语文素养。通过学练部分渗透历史知识,以红军在长征过程中的重要事件为学练情景,设置不同的学练任务,不仅可以巩固学生历史知识,提高历史的认知能力,还有助于学生身体素质和运动能力的提高。让学生在玩中学、学中练、练中悟,悟中成长。培养学生终身体育锻炼的意识,让学生明白,只有具有强健的体魄才能成为担当民族复兴大任的时代新人。

学习过程

本课在教学实践中融合红色精神,意识为先,行为为导、技能为核,思政辅助,创设历史情境以此促进和提高体育与健康课程的学练和质量。通过采用讲解法、动作示范法、启发式教学的方法进行教学,学生通过自主、探究、合作的学习方法学习耐久跑和心肺耐力体能练习的动作方法。

(一)开始部分(意识为先)

课堂常规,情景导入,队列练习:

集合,整队,了解学生情况,宣布本节课内容,安排见习生,强调安全。以《七律长征》导入,渗透语文知识和红色精神,结合队列队形练习,培养学生纪律意识,服从意识;提高学生节奏感、时空感,培养学生观察力、动作思维能力。

(二)准备部分(行为为导)

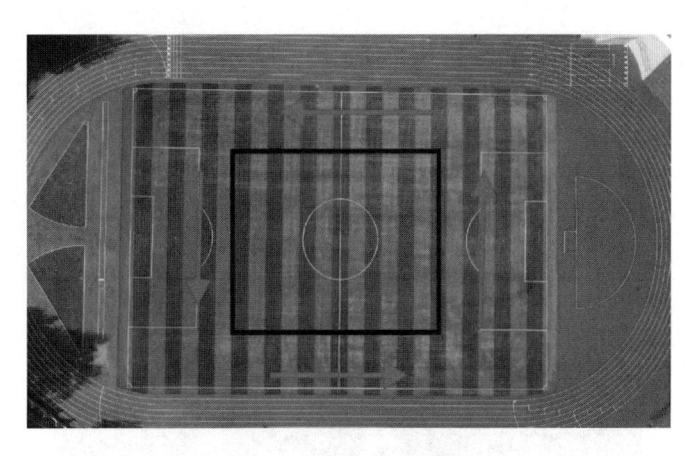

图 39 活动场地示意图

"红军越五岭"——热身准备,知识回顾:

慢跑热身,充分活动关节、肌肉、韧带,调动生理机能,克服生理惰性,回顾知识,为后面运动技能的学练做铺垫。活动场地如图 39 所示。

（三）基本部分（技能为核）

1. 安全措施

（1）安全隐患：学生慢跑时注意鞋带松紧问题避免摔倒，注意跑步前后距离避免发生碰撞，练习时学生注意力要集中。

（2）防范措施：遵守课堂规定，教师鸣哨停止所有学练动作；提醒学生时刻关注场上情况；学练中不允许嬉戏打闹，左顾右盼，交头接耳。保持安全距离，注意力集中。

2. 教法与学法

采用讲解法，动作示范法，完整教学法，要领提示、信息技术，徒手模仿，以递进形式促进学生技能掌握。

学法上基本动作诱导，设置不同形式的练习方式，使学生进一步掌握耐久跑动作要领和心肺耐力体能练习动作方法。

在学练过程中根据学生的学练情况和表现，适度且及时地进行红色精神渗透，如长征精神敢于挑战，迎难而上，突破自我，吃苦耐劳，助人为乐等优良品质。

3. 学练步骤

（1）回顾耐久跑技术动作要领和方法，采用"基本动作模式"诱导练习。

练习方法：原地两步一吸两步一呼。

要求：呼吸摆臂协调配合。

（2）将红军长征的情节引到课堂学练中，激发学生学练兴趣和主观能动性，以小组合作学练为主，改进技术学练，学生示范，师生点评，分析问题，提出改进意见，针对教材重难点不断提出让学生思考的技术点和价值点，共同完成本课预期目标，不失时机地对学生进行思政渗透。

练习方法：

"飞夺泸定桥"——跟着音乐节奏15米间歇折返跑。如图40所示。

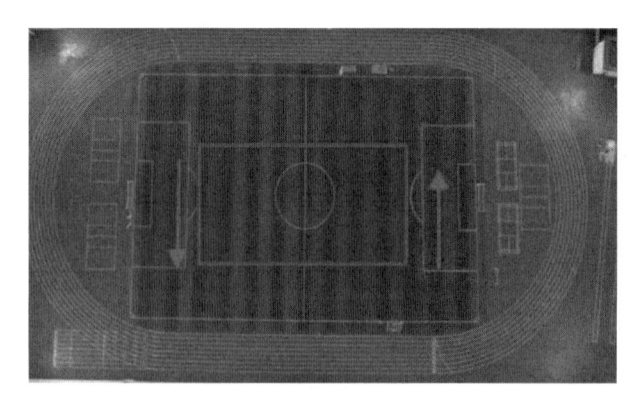

图40 活动场地示意图

要求：途中跑的呼吸与步伐节奏协调配合。如图41所示。

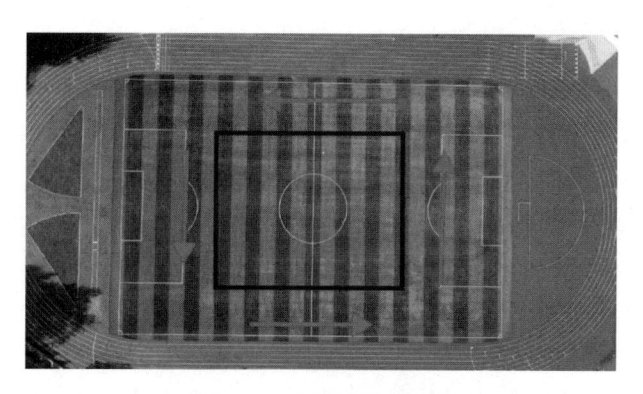

图41　活动场地示意图

"红军过雪山"——场地有氧节奏跑。如图42所示。
要求：合理分配体力，疲劳时能坚持一段距离或一定时间。

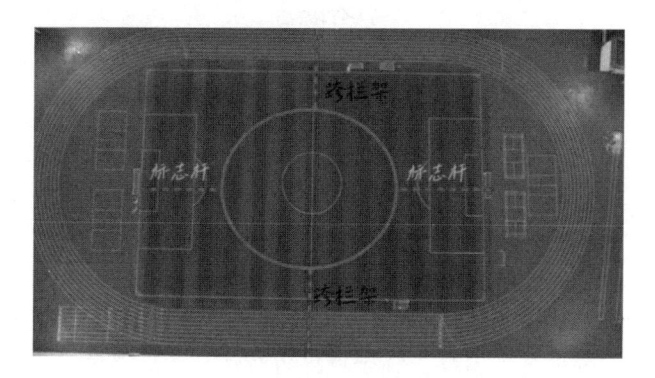

图42　活动场地示意图

"红军过草地"——场地障碍跑。如图43所示。
要求：合理分配体力，疲劳时能坚持一段距离或一定时间。
（3）提高心肺耐力机能水平。
练习方法：

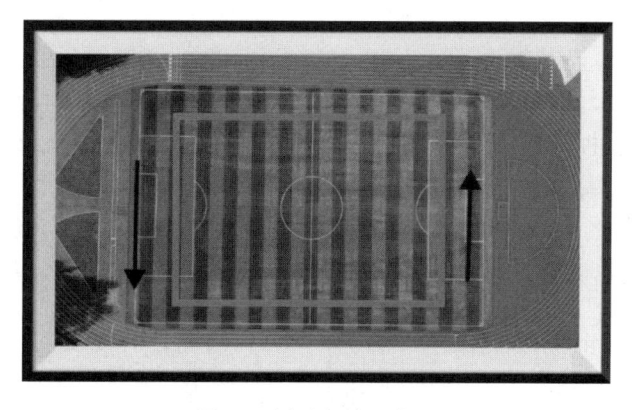

图43　活动场地示意图

"三军大会师"——心肺耐力体能练习。

要求：明确要求与规则，动作准确，积极参与，注意安全。

规则：按照人数平均分为4组，每组成员依次完成相应的体能练习任务且用时最短的一组即为获胜组。

内容如下：大鹏展翅、仰卧成V、原地纵跳、杠铃片快速推、垫子游泳、弓步跳、俯卧登山跑、深蹲跳、高抬腿、加速跑。

注：每个内容20次。

（四）结束部分（思政辅助）

"三军尽开颜"——肌肉拉伸放松。

放松身心，陶冶情操，静态拉伸，动态放松，恢复生理机能，充分放松，渗透思政教育。

安全措施

（1）要求学生必须穿运动鞋、运动服，不允许装或佩戴任何比较硬、锋利的危险物。

（2）充分做好准备活动和专门性辅助练习，着重活动踝膝关节，强调安全并进行安全教育。

预计教学效果与运动负荷

通过本课时的学练学生能说出立定跳远的动作要领和注意细节，基本掌握立定跳远的动作方法，培养学生克服困难，敢于挑战的精神。本次课练习密度约为50%~75%，运动负荷约为140~160次/左右。

场地器材

场地：操场

器材：标志桶4个，标志杆10个，小栏架10个，杠铃片4个（2.5kg）、垫子8个，哑铃4对，音箱1台，摄像机3台。

本课特色

（1）技能学练中以学生为主体，通过游戏和比赛的学练方式培养学生吃苦耐劳，迎难而上，敢于拼搏，优良品质，充分发挥学生主观能动性。

（2）本课以耐久跑和体能心肺耐力为载体和手段融合语文、历史学科，在教学实践中渗透思政教育，充分发挥以体育人的功能，聚焦学科核心素养，促进学生德智体美劳五育并举全面发展。

课例点评

《义务教育体育与健康课程标准（2022年版）》明确提出："体育与健康课程以习近平新时代中国特色社会主义思想为指导，全面贯彻党的教育方针，落实立德树人根本任务。"本案例以红军长征为主线融合语文、历史学科；以创设红军长征为背景完成本次授课内容。本次课立足学科核心素养，构建与其他学科的知识链，帮助学生知识迁移，让学生能够深度学习，融会贯通、学以致用，获得高阶思维。本次课通过多学科融合教学不仅帮助学生巩固语文、历史学科知识，还提高了学生运动能力和身体素质；在学练中学生也更深刻地感悟到红军英雄们的艰辛与不易，也明白了国防安全的重要性，进一步对学生的爱国精神、担当与使命、责任与义务的渗透和引导；培养了学生顽强拼搏、敢于挑战、迎难而上、团结协助的优良品质，培养学生终身体育锻炼意识，促进学生五育并举全面发展。

（点评教师：唐广训）

案例8（水平四）"突破"封锁线——篮球行进间双手胸前传接球[①]

红军长征故事是开展国防教育最生动、最典型的素材之一。本案例（水平四）依据中学生的身心发展特点，通过跨学科综合实践活动，将"长征精神"融入篮球课堂教学中，让学生在篮球技能学练过程中，深入体验红军"长征"的艰难险阻，领悟伟大的"长征精神"，并在课堂上创设红军长征"突破"四道封锁线的情景，让学生在学习篮球技能的同时，感悟红军不畏艰难、英勇战斗的精神，树立正确的价值观，增强爱国意识，引导学生在篮球活动中综合运用国防教育以及语文、地理等知识技能。

课例名片

年级：八年级

课时数：1课时

学科：体育、语文、地理

主题分析

本案例围绕跨学科"智勇双全小红军"学习主题（水平四）进行活动设计。采用情景教学方式贯穿始终，创设红军长征的情景，以红军后勤部队为前线运输弹药为路线，在敌军围剿下成功"突破"四道封锁线，渗透篮球行进间双手胸前传接球技术动作，通过小组合作体验篮球运动，学会运用行进间双手胸前传接球技术，成功"突破"敌人封锁线，将"弹药"投进相应篮筐为前线增援。在教学过程中，学生运用智慧和技巧与同伴配合协作，体验配合的乐趣，增强身体素质，同时发展学生的灵敏及快速反应能力。

素养指向

（1）通过综合运用语文、地理、体育与健康知识，模拟在不同敌军围剿环境下，成功运输弹药等练习活动，学生能够说出行进间双手胸前传接球的动作要领，明确该技术在比赛中运用的时机，能够在行进间快速进攻过程中，在有一名防守人的情况下，能够成功将球传出3次以上，提高学生的上下肢力量及协调性。

（2）通过以"红军长征"为背景，让学生感悟红军不畏艰难、英勇战斗的精神，

---

① 李鹏鹏，滨海新区塘沽第六中学

树立正确的价值观，增强学生的国防意识和爱国主义精神。

（3）通过创设的"突破封锁线"情景，培养学生自信自强、克服困难、勇敢顽强、坚忍不拔的意志品质。

学习目标

（1）通过以"红军长征"为背景，运用篮球行进间双手胸前传接球技术模拟后勤部队成功在敌人围剿下运输弹药的过程中，95%的学生能够说出行进间双手胸前传接球的动作要领，明确该技术在比赛中运用的时机，使80%的学生能够在行进间快速进攻过程中，在有一名防守人的情况下，成功将球传出3次以上，并能够在比赛中灵活运用。

（2）教师指导学生根据历史轨迹，通过"突破"敌人四道封锁线的任务，发展学生在实战中运用双手胸前传接球的能力，提高身体对抗能力及协调性。

（3）在模拟红军长征"突破"敌人四道封锁线过程中，熟悉规则，理解规则，能认真遵守规则，主动与同伴配合，提高团结协作的能力。

学习规划

本案例围绕跨学科主题"突破封锁线"进行活动设计，在教学中开展重走红军长征路为主题，将体育、语文、地理学科有效融合，通过模拟后勤部队成功"突破"敌军四次封锁线将弹药运输前线的过程中，强化篮球行进间双手胸前传接球技术动作，不仅有助于学生学习篮球基础知识，还有助于增强学生的身体素质，同时也让中学生懂得储备知识、提升能力、强健体魄对于保护国家安全的重要性。让每一位学生通过走长征，铭记历史，养成良好的道德情操，激发学生们的爱国热情。

八年级的篮球大单元教学共有18次课，本次课为第6次课，主要学习内容是行进间双手胸前传接球技术。行进间双手胸前传接球技术动作是在原地双手胸前传接球的基础之上，对此教学内容，学生已有不同程度的体验，因此在此教学环节会相对顺畅，重点在于提高传球的稳定性与准确性。

本课例的课例框架如图44所示。

（一）教学准备

1. 材料

红军长征突破封锁线部分片段。

2. 场地与器材

以全班32人为例，所需场地器材包括：智能黑板1块，音响1个，篮球场地2块，篮球32个，记分牌8个，小地图32张，假人8个。活动场地示意图如图45所示。

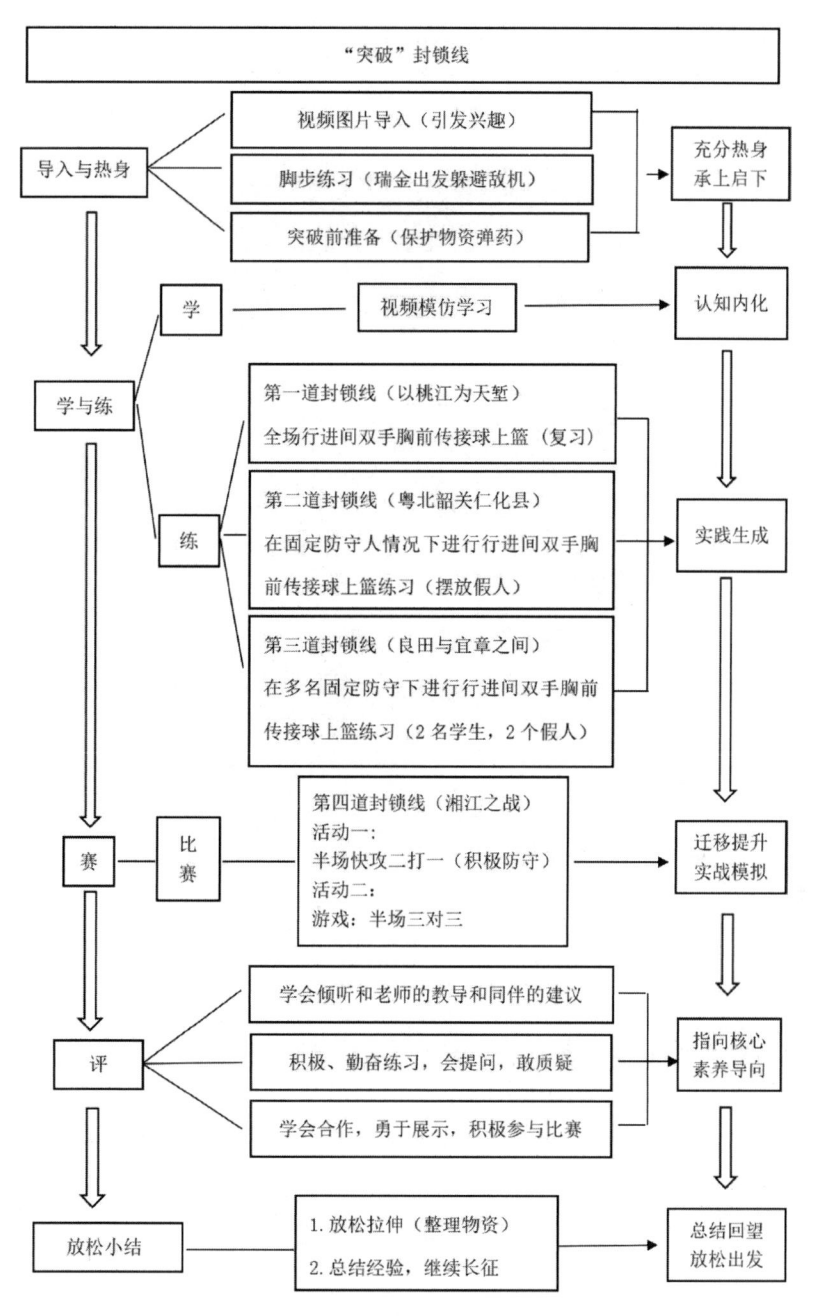

```
                    ┌─────────────────────────┐
                    │      "突破"封锁线         │
                    └─────────────────────────┘
                                │
         ┌──────────┐    ┌──────────────────────────┐    ┌──────────┐
         │          │────│ 视频图片导入（引发兴趣）    │───→│充分热身   │
         │导入与热身 │────│ 脚步练习（瑞金出发躲避敌机）│    │承上启下   │
         │          │────│ 突破前准备（保护物资弹药）  │    │          │
         └──────────┘    └──────────────────────────┘    └──────────┘
                ↓                                              ↓
                      ┌──学──────── 视频模仿学习 ──────────→┌──────────┐
                      │                                      │认知内化  │
                      │                                      └──────────┘
         ┌──────────┐ │    ┌──────────────────────────────┐
         │          │─┤    │第一道封锁线（以桃江为天堑）    │
         │          │ │    │全场行进间双手胸前传接球上篮（复习）│
         │          │ │    └──────────────────────────────┘
         │ 学与练   │ │    ┌──────────────────────────────┐    ┌──────────┐
         │          │ │    │第二道封锁线（粤北韶关仁化县）   │───→│实践生成   │
         │          │ ├练──│在固定防守人情况下进行行进间双手 │    └──────────┘
         │          │ │    │胸前传接球上篮练习（摆放假人）   │
         │          │ │    └──────────────────────────────┘
         │          │ │    ┌──────────────────────────────┐
         │          │ │    │第三道封锁线（良田与宜章之间）   │
         │          │ │    │在多名固定防守下进行行进间双手胸前│
         │          │ │    │传接球上篮练习（2名学生，2个假人）│
         └──────────┘ │    └──────────────────────────────┘
                ↓
         ┌──────────┐    ┌──────────────────────────────┐    ┌──────────┐
         │          │    │第四道封锁线（湘江之战）         │    │          │
         │          │    │活动一：                        │    │迁移提升  │
         │  赛      │─比赛│半场快攻二打一（积极防守）       │───→│实战模拟  │
         │          │    │活动二：                        │    │          │
         │          │    │游戏：半场三对三                 │    │          │
         └──────────┘    └──────────────────────────────┘    └──────────┘
                ↓
         ┌──────────┐    ┌──────────────────────────────┐    ┌──────────┐
         │          │────│学会倾听和老师的教导和同伴的建议  │    │指向核心  │
         │   评     │────│积极、勤奋练习，会提问，敢质疑    │───→│素养导向  │
         │          │────│学会合作，勇于展示，积极参与比赛  │    │          │
         └──────────┘    └──────────────────────────────┘    └──────────┘
                ↓
         ┌──────────┐    ┌──────────────────────────────┐    ┌──────────┐
         │放松小结  │────│1. 放松拉伸（整理物资）          │───→│总结回望  │
         │          │────│2. 总结经验，继续长征            │    │放松出发  │
         └──────────┘    └──────────────────────────────┘    └──────────┘
```

图44　学习流程框架图

学习过程

（二）准备部分

1. 准备集合号集合，清点人数，检查服饰，队列队形。

2. 情境导入

观看红军长征突破封锁线部分片段，老师提问：请问红军长征的起点、时间，以及突破几次封锁线等知识点。

3. 热身活动

组织：将32名红军分8个小组，每组4人。在老师的指挥下绕指定路线进行慢跑，滑步、转身等脚步练习。

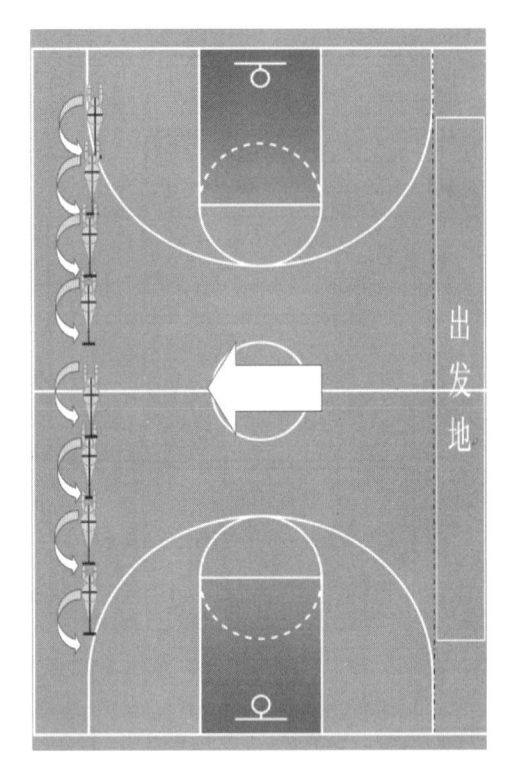

图45　活动场地示意图

4. 实时评析

通过观看红军长征突破封锁线部分片段，了解红军长征背景，体验红军"长征"的艰难险阻，领悟伟大的"长征精神"，为后面教学任务开启情感阀门和执行动力。热身活动与球性紧密结合，模拟"敌机来袭"的场景，红军从瑞金出发后，途中遇到敌军侦察机，为躲避敌军轰炸，教师带领学生们进行慢跑、各种篮球脚步练习进行躲避，充分活动身体各关节，激发学生的学习兴趣，调动学生学习热情。

（三）基本部分

1. 游戏

保护物资弹药（突破前的准备）。

2. 组织

教师带领32名学生随机抽取小地图，根据小地图指示（如图46），到达相应物资地点后，进行暗号的对接，暗号正确的组，开始进行物资弹药的保护行动，1人伪装成敌军进行物资（篮球）的抢夺，其他3人进行物资（篮球）的保护转运。共分成8个小组，每个小组4人（男女混合）。（如图47所示：地图上有对应点，到达所找的方向的位置后，开始活动）。

序号1：暗号（红军不怕远征难）。序号2：暗号（万水千山只等闲）。序号3：暗号（五岭逶迤腾细浪）。序号4：（乌蒙磅礴走泥丸）。序号5：暗号（金沙水拍云崖暖）。序号6：暗号（大渡桥横铁索寒）。序号7：暗号（更喜岷山千里雪）。序号8：暗号（三军过后尽开颜）。

3. 要求

按照篮球规则，保护好手中的篮球。

4. 设计意图

将地理、语文知识融入篮球教学中，让学生们学会看图，运用地图寻找相应位置。将篮球比作红军长征中的物资弹药，提高学生的练习兴趣。

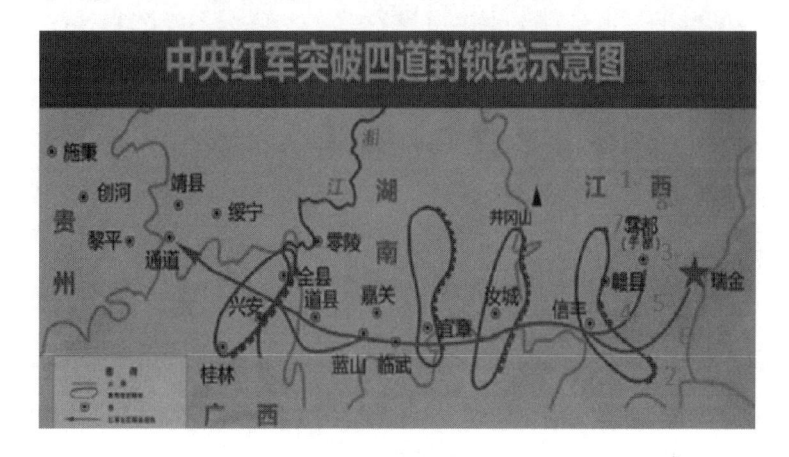

图46　教学挂图

图47　活动场地示意图

活动一：突破第一道封锁线（以桃江为天堑）
1. 内容
全场行进间双手胸前传接球上篮（复习）。
2. 组织
将学生分成2组，每组16人，两人1组一个球，两人相距4~5米（封锁线），进行全场行进间双手胸前传、接球上篮（复习）（图48）

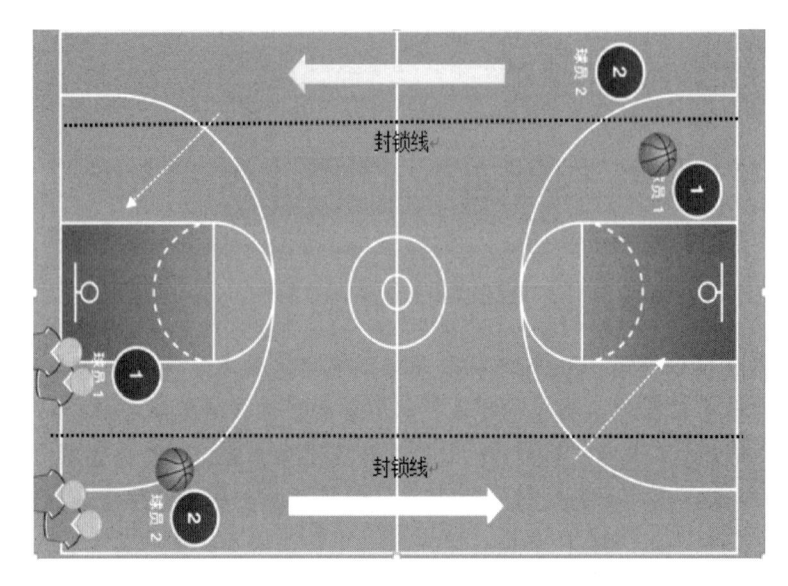

图48 活动场地示意图

3. 要求
侧身跑动完成传，接球上篮。在接球时，接球队员主动伸手要球，传球的队员传球及时到位。

4. 设计意图
红军从瑞金出发后，遇到敌人的第一道封锁线（以桃江为天堑），后勤部队在保护物资弹药的前提下，如何在没有引起敌军注意情况下，成功突破敌人的第一道封锁线，将物资弹药运送成功。在篮球规则下，与同伴配合，将球及时、准确传出，接球，并将球投进篮筐。

活动二：第二道封锁线（粤北韶关的仁化县）
1. 内容在固定防守下全场行进间双手胸前传接球上篮（篮球场地摆放2个假人）。
2. 组织
每个篮球场地摆放2个假人（封锁线），将32名学生分成2组，每组16人，2人1组1个球，2名同学在进行行进间传接球前，通过观察防守假人的位置，结合所学脚步、突破等技术，判断传球方向，顺利通过防守，上篮（图49）。
3. 要求
抬头观察，传球及时，脚步迅速。

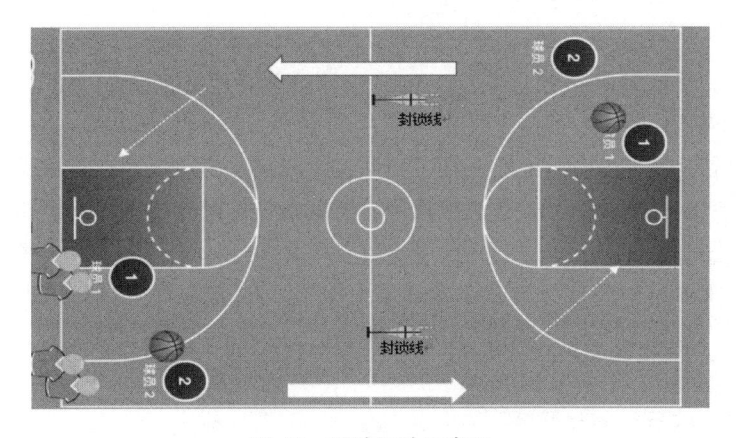

图 49　活动场地示意图

4. 设计意图

红军突破第一道封锁线（以桃江为天堑）后，引起敌军注意，敌军派出少量兵力进行围剿。后勤部队在面对敌军少量兵力围剿时，又该如何将物资弹药成功运出。在篮球规则下，主动观察、躲避敌军，与同伴配合将球及时、准备传出，接球，并将球投进篮筐。

活动三：第三道封锁线（湖南良田与宜章之间）

1. 内容

在多名固定防守下全场行进间双手胸前传接球上篮（4名学生，2个假人）。

2. 组织

将32名学生分成2组，每组16人，每组轮换4名学生充当敌军进行消极防守，2名同学在进行行进间传、接球前，通过观察防守人的位置情况，结合所学脚步、突破等技术，判断传球方向，顺利通过防守，上篮（图50）。

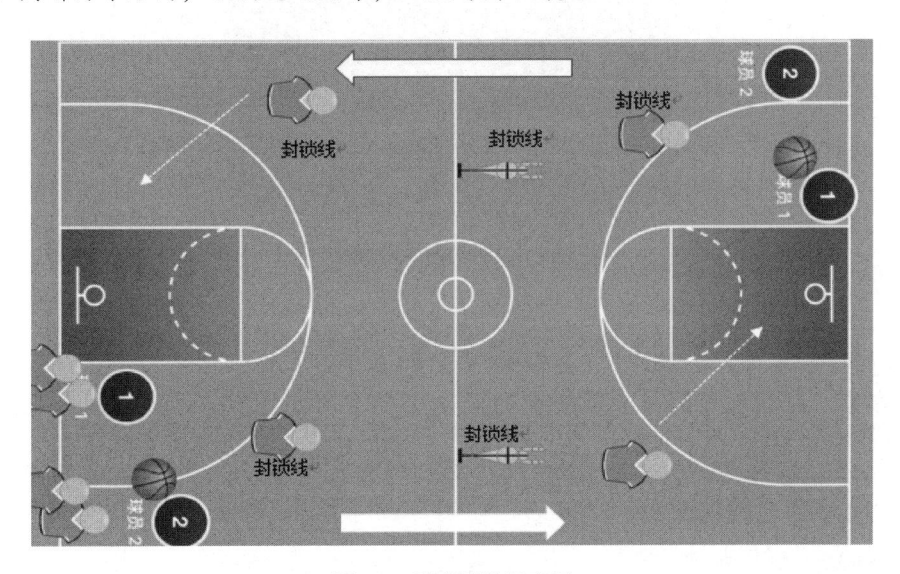

图 50　活动场地示意图

3. 要求

抬头观察，传球及时，到位，脚步迅速，并结合突破技术。

4. 设计意图

红军成功突破第二道封锁线（湖南良田与宜章之间）后，敌军迅速派大量作战兵进行支援，后勤部队在面对敌军大量兵力围剿时，又该如何将物资弹药成功运出。在篮球规则下，主动观察、躲避敌军层层围剿，与同伴配合将球及时传出，接球，并将球投进篮筐。

活动四：第四道封锁线（湘江之战）

关卡1：

1. 内容

半场快攻二打一（积极防守）。

2. 组织

将32名学生分成4组，每组8人，每组由1名同学在罚球线前后位置进行防守，2人一组，从中场线开始，通过行进间传、接球技术，顺利通过防守人后三步上篮（图51）。

3. 要求

与同伴相互配合，学会抬头观察防守人情况，传球及时，到位，脚步迅速。

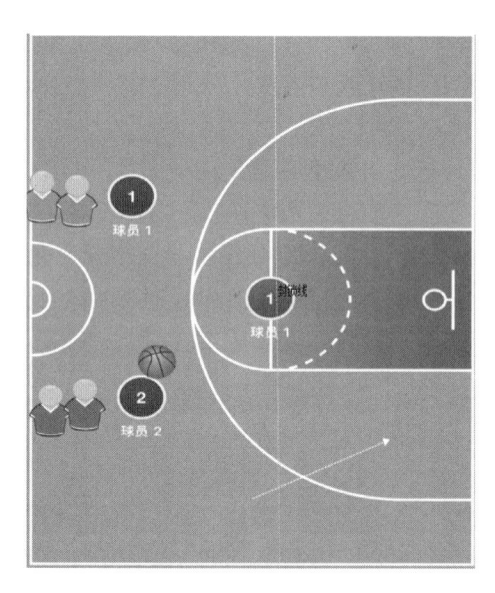

图51　活动场地示意图

4. 设计意图

中央红军连续成功突破第三道封锁线（湖南良田与宜章之间）后，敌军迅速调派30万大军封锁湘江，后勤部队在面对大量敌军重武器、侦察机等围剿时，又该如何将物资弹药成功运出。在篮球规则下，主动观察、躲避敌军最后反抗，与同伴配合将球及时传出，接球，并将球投进篮筐。

关卡2：

1. 半场三对三比赛。

2. 组织：将32名学生分成8组，每组4人，进行半场三对三比赛，每队各出1名裁判（如图52所示）。

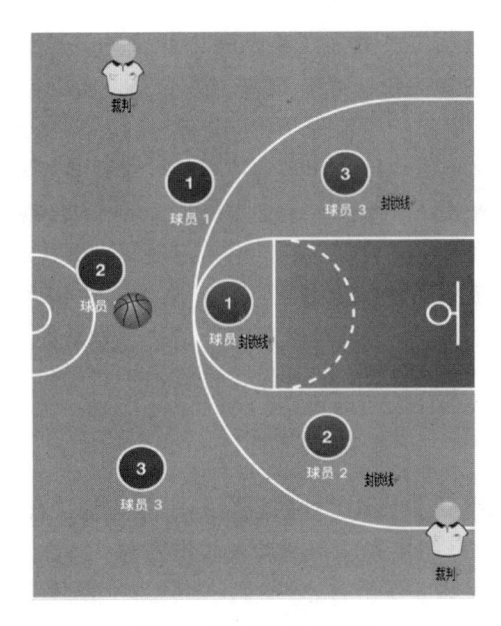

图 52　活动场地示意图

3. 要求

按比赛规则进行练习，要有保护自己和同伴的意识。

4. 设计意图

我军在经历过前几次突破封锁线后，武器弹药严重缺乏，敌军装备武器精良，该怎么突破敌人第四道封锁线，全体人员浴血奋战。

（四）结束部分

1. 任务总结

根据各组成功"突破"封锁线完成的情况，进行自评、小组互评、教师评价。

2. 任务体会

同学们，经过前面的努力你们已经成功"突破"敌人的四道封锁线，接下来各组整理物资（放松），我们继续进军下一站。

3. 课程结束

每人发一面中国小国旗，播放《中国–复兴之路》短片，激发学生强烈的自豪感、荣誉感。（师生再见）

课例点评

篮球运动在国家政策指导下、在中考招生体育考试的实施中，已经成为初中体育与健康教学的一项重要内容。本案例在篮球课教学中开展以重走长征路为主题体育＋语文＋地理跨学科融合课程，以模拟红军长征中"突破"敌军四道封锁线为线路，将篮球知识技能与国防教育、地理、语文等知识在"突破"封锁线运输弹药情景中充分融合，强化篮球运动技术在实际情境的合理运用，体现了跨学科学习的基本特征。该案例的开始部分增加了脚步等专项准备活动练习，创造敌军袭击的情景，直击案例主题，提高了学生的练习兴趣。从基本部分环节开始，突破前准备（保护物资弹药）部分，让学生运用地理知识，寻找位置，运用语文知识，进行暗号接应，到"突破"敌军四道封锁线中，敌军数量不断增加，突破难度不断增大，让学生在学习篮球技能的同时，体验到红军"长征"的艰难险阻，感悟红军不畏艰难、英勇战斗的精神，从而树立正确的价值观，增强爱国意识。学生在完成不同情境任务过程中，不仅提高篮球运动技能水平，还将多学科知识合理运用。学生通过目标达成的学习，合作学习以及自主学习，增加了学生相互交流合作的责任感和愉悦感，培养学生积极进取，顽强拼搏，勇攀高峰的精神，体现因人而异、因材施教的个别化教学效果。此外，与音乐的结合增强了学生的身心愉悦性，降低了练习的枯燥性，模拟了环境的真实性。

（点评教师：苏宝明）

案例9（水平四）致敬"冰雕连"——国防教育背景下跨学科主题学习侧向滑步推雪球[①]

当前我国周边国际形势复杂，每个中国人都得有"筑牢长城，国防有我"的国防意识和责任。本课以《义务教育体育与健康课程标准（2022年版）》为指导思想，以"冰雕连"的英雄故事为背景，通过冰雪课堂学习投掷，把体育与心理、历史、政治、地理等知识进行融合，从运动需求视角创设作战任务，将"学、练、赛"层层推进，培养学生体育学科核心素养，激发爱国热情。

课例名片

年级：九年级

课时数：1课时

学科：体育与健康

主题分析

以《义务教育体育与健康课程标准（2022年版）》为指导思想，在注重课程内容整体设计的基础上，坚持"健康第一"，面向全体学生，从运动需求视角创设作战任务，落实"教会、勤练、常赛"。本案例围绕跨学科主题学习课程内容"钢铁战士""身心共成长"课题，水平四进行教学设计。课堂设计上以"冰雕连"的英雄故事为背景，把国防教育有机融入体育与健康课程，合理利用大雪条件，创设国防教育情境。从运动需求视角布置作战任务，引导学生了解我们"抗美援朝"的历史，了解我国的国际地理位置，让学生了解当时的艰难困苦，弘扬"冰雕连"的精神，普及御寒、防冻伤、防滑的知识技能，增强国防观念，培养国防素养，激发爱国热情。通过各种作战任务的完成强化学生投掷专项能力，掌握侧向滑步推雪球的技术动作，同时强健体魄，开展了"国防教育背景下跨学科主题学习的侧向滑步推雪球"课程。

素养指向

（1）基本掌握侧向滑步推实心球的技术动作，发展学生的投掷能力。

[①] 黄琴，天津市第五十四中学；徐连波，河东区教师发展中心

（2）通过致敬"冰雕连"，让学生知道前有"冰雕连"英雄壮举撼山河，现有祖国恶劣环境下边防战士保家卫国。让学生珍惜当下的生活、学习环境，积极参与锻炼，强健体魄。

（3）通过团队合作完成作战任务，培养学生的团队协作精神，拼搏精神，养成吃苦耐劳的品格，激发爱国热情。

学习目标

（1）通过致敬"冰雕连"情境导入让学生了解我们的"抗美援朝"历史，清楚我国的国际地理位置和目前面临的国际形势，普及御寒、防冻伤、防滑的知识技能，强化安全意识。通过"学、练、赛"层层推进完成各项任务，发展学生的平衡、协调、投掷等能力，巩固侧向滑步推实心球的技能。

（2）通过致敬"冰雕连"，让学生知道前有"冰雕连"英雄壮举撼山河，现有祖国恶劣环境下边防战士保家卫国，让学生珍惜当下的生活、学习环境。掌握御寒、防滑的常识，掌握团雪球、堆雪人的技巧和发展投掷能力、锻炼身体的方法等，并能积极参与锻炼，强健体魄。

（3）通过任务完成培养学生团队协作、积极进取、勇敢顽强的精神，吃苦耐劳的品格以及正确的胜负观。

学习规划

本案例围绕跨学科主题"致敬冰雕连"进行活动设计，在教学中开展主题"国防教育背景下跨学科主题学习的侧向滑步推雪球"将体育、历史、政治、地理融合，渗透国防教育。让学生了解"抗美援朝"的历史渊源，清楚当前我国的国际地理位置和国际形势以及"冰雕连"的英雄故事、祖国最北极寒天气哨兵站岗情境，让学生了解当时的艰难困苦和现在复杂的国际形势，弘扬"冰雕连"的精神。普及御寒、防冻伤、防滑的知识技能。"学、练、赛"层层推进，任务1物资准备——准备弹药；任务2备体能——队列队形+武术操练习；任务3紧急转运物资——前抛、后抛雪球，双手头上前掷雪球；任务4筑工事——堆雪人；任务5补充物资——原地侧向推雪球；任务6军事素质大比拼——向滑步推实心球；任务7正面交锋——打雪仗。让学生掌握侧向滑步推雪球技术的同时发展学生的投掷、协调等能力。

具体规划意图如下：

学练赛层层推进，任务一环扣一环。关注学生的运动需求，学练赛的目标设计也是逐级升华。如课前就让学生自带头盔或教师准备头盔已经为本课提前做了安全措施。任务1团的雪球不仅是为后面的任务积攒弹药，还让学生发挥团队的力量参与场地清理，让学生知道自古用兵"兵马未动粮草先行"，让学生明白战前备物资是战略部署的重要一环。任务2是为后面的战斗热身，同时传播和弘扬优秀传统文化，树立文化自信。任务3发展学生的上肢力量和投掷能力，为后面的任务储备体能，同时模拟战争场景渗透国防教育，无形中再次让学生明白物资的重要性。任务4既培养了学生团队协作的能力，动手能力，也让学生了解到筑工事是战斗的重要一环，同时渗透国防教育。任务5呼应前面任务4，同时利用雪人改善学生出手角度、高度问题，完善技术动作，为任务5做铺垫，同时渗透德育，让学生珍惜物资。任务6完善技术动作，提高成绩，无形中再次渗透德育教育，教学生做人、做事。任务7除了前面6个任务为交锋做的准备，又为学生配了盾也就是海绵垫，要求学生冲锋时4人一个盾，除了让学生了解盾的作用，也让学生知道盾可以起到"草船借箭"中的草人作用。任务8战斗结束，清理战场，放松调整，除了为学生放松身心，也让学生明白做事要有始有终。这每一个任务的设计都是层层递进的，模拟战斗渗透国防教育、渗透德育，"学、练、赛"逐级推进，达到预设目标。这里的太极操、"兵马未动粮草先行"、盾和"草船借箭"等都是对传统文化的传承。堆出美观有创意的雪人、弹药库的干净整洁等满足了学生的审美需求。

学习过程

（一）教学准备

1. 学生课前任务查阅资料

（1）抗美援朝历史渊源相关资料。

（2）"冰雕连"相关资料。

（3）祖国最北哨兵纹丝不动视频片段。

（4）我国国际地理位置及当前国际形势。

2. 将学生课前任务制作成微课

（1）朝鲜战争爆发背景是中华人民共和国刚成立，面对东北边界城市被轰炸，国家为了巩固新生政权，派出了"听党指挥、作风优良、能打胜仗"的志愿军进行抗美援朝。

（2）长津湖战役片段"冰雕连"。

（3）抖音视频片段"祖国最北哨兵纹丝不动"。

（4）我国国际地理位置及当前国际形势：我国地处亚太地区的中心位置，陆地与朝鲜、俄罗斯、印度、巴基斯坦等14个国家接壤，海上与日本、韩国、缅甸等6个国家相邻。俄罗斯在打仗，朝鲜与韩国关系紧张，缅甸在打仗，炮弹落在了我国云南边境小镇等。

3. 场地器材准备

操场门口的多媒体教室，挂图，音响，优盘，头盔，号卡背心，防滑垫4个，体操垫20块，课桌8张，大标志桶8个。

（二）开始部分——情境导入

课的第一部分在室内进行，第一，采用微课情境导入"抗美援朝"的历史渊源，当前我国的国际地理位置和国际形势以及"冰雕连"的英雄故事、祖国最北极寒天气哨兵站岗情境。

设计意图：让学生了解当时的艰难困苦和现在复杂的国际形势，弘扬"冰雕连"的精神。

第二，介绍课的主题及内容安排，提出课的要求并安排见习生（见习生观摩演习全过程并在相应任务中进行仲裁和记录）。

第三，普及御寒、防冻伤、防滑的知识技能，强化安全意识。

第四，课前激励，如果国家需要你，你将拿什么来保家卫国，今天咱们就来一场军事演习，看你们的表现，同时给学生穿上防弹衣号卡背心，把学生分成红军连和蓝军连。

设计意图：激发学习兴趣，激发爱国热情。

（三）准备部分——战前准备

任务1：物资准备——准备弹药即团雪球

要求雪球大小如实心球大小，指定位置堆放整齐）

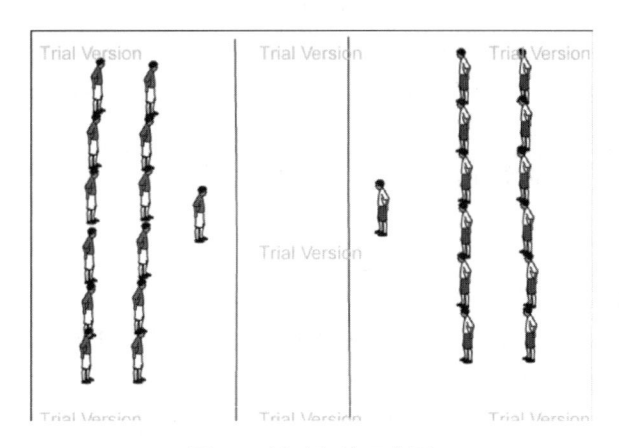

图53　活动场地示意图

组织形式：两军在指定位置两列横队体操队形站好（图53），各自把自己周围的雪团成雪球放在自己前方1米处，码放在整齐。

设计意图：让学生参与场地清理，让学生知道自古用兵"兵马未动粮草先行"，让学生明白战前备物资是战略部署的重要一环。

任务2：备体能——队列队形＋太极操练习

比队列队形演练整齐度、比太极操的精气神是否到位。

组织形式：同任务1，这时脚下积雪已被转运走。

设计意图：一是热身活动；二是传播和弘扬优秀传统文化，树立文化自信。

（四）基本部分——实战演习

任务3：紧急转运物资——前抛、后抛雪球练习＋双手头上前掷雪球

组织形式：分组合作有人团雪球送到战友手里，战友负责抛或掷，交替进行，要求雪球必须从指定位置掷到指定区域。

设计意图：发展学生的上肢力量和投掷能力，模拟战争场景，无形中再次强调物资的重要性。

任务4：筑工事——堆雪人

组织形式：两军结合老师提供的桌子、标志桶按要求在上一任务转运的物资区堆雪人，规定的时间内并排堆出4个雪人形成战斗屏障和堡垒的作用，并评出最精致、最有创意的雪人，获胜方颁发勋章。

设计意图：培养学生团队协作的能力；培养学生的动手能力；让学生了解筑工事是战斗的重要一环。

任务 5：补充物资——原地侧向推雪球

组织形式：两军战士分组在屏障前两米处的防滑垫上进行原地侧向推雪球练习，技术动作正确并将雪球推到指定区域 1 人次，本军战友可以快速从指定区域团俩雪球补充到本军的弹药库。

设计意图：利用雪人提高学生出手角度、高度问题，完善技术动作。渗透德育，让学生珍惜物资。

任务 6：军事素质大比拼——侧向滑步推实心球

组织形式：同任务 5，看谁推得远，每组最远的一投和本组平均距离远的颁发一枚勋章并补充进 4 枚炮弹进弹药库。同时比拼结束弹药堆放整齐的颁发一枚勋章，这一环节不提前告知。

设计意图：完善技术动作，提高成绩。建立常赛机制，无形中渗透德育教育，教学生做人、做事。

任务 7：正面交锋——打雪仗

组织形式：各军战士在本军任务 4 筑的工事屏障后面 15 米的地方集结，两排屏障间 15 米，待冲锋号吹起分组冲到屏障线附近攻击，打中一个敌人可补充进一枚弹药，被打中的战士完成 20 个仰卧起坐，15 个开合跳可以复活。

安全措施：学生带上头盔，冲锋时 4 人一个盾，盾可以起到保护作用，也可以起到"草船借箭"中的草人作用。团队协作突出的给记一枚勋章，每一轮冲锋后牺牲多的军队，雪人被对方转运走可拆解成雪球补充进弹药库。最后以幸存人数定输赢。

设计意图：模拟战斗，将比赛的氛围推向了高潮，学生挑战了自我，挑战了激烈的战斗，既满足了学生的竞争需求又满足了学生的挑战需求，同时激发学生爱国热情。

（五）结束部分——打扫战场

最后打扫战场，放松调整，获得勋章多的是演习胜利者。进行学生分享、互评、教师总结激励。

组织形式：四列横队，如图 54 所示。

图 54　活动场地示意图

设计意图：让学生知道做事要有始有终，同时在评价中让学生有成就感，达到"身心共成长"的效果。

课例点评

国防背景下创设新颖的跨学科主题学习情境，从运动需求视角把握教学的各个环节，让学生产生愉悦和欣喜的情绪，学习效率事半功倍。体育与心理、历史、政治、地理等学科融合导入"冰雕连"的英雄故事，当前我国的国际形势，既有历史，又有当今现实情况，让学生能很快进入角色。同时，历史背景让学生了解当时物资的匮乏，生存环境的恶劣，让学生珍惜满足于当前的生存、生活条件，传承解放军战士甘于吃苦的奉献精神。与生物、物理等学科融合，普及御寒、防冻伤、防滑的知识技能，让学生掌握一门生活技能，满足了学生最基本的生存和生活需求。渗透国防教育，激起学生的爱国热情。将"学会、勤练、常赛"课程理念落实得很好，既关注学生的个体差异，又精准把握了学练情况。课例中比赛是贯穿课的全过程的，正面交锋的战斗将比赛的氛围推向了高潮。学生挑战了自我，挑战了激烈的战斗，既满足了学生的竞争需求又满足了学生的挑战需求，将国防教育渗透得很好。

（点评教师：唐广训）

案例10（水平五）再"战"长津湖——体育与地理跨学科设计[①]

跨学科主题学习是一种基于学生素养发展和发展创新意识与问题解决能力，围绕某一主题，以某学科内容为主干，运用并整合其他学科知识与方法，开展综合学习的学习方式，用于强化学生在实际过程中解决真实问题的能力。本案例以对学生进行国防教育为导向，以抗美援朝《长津湖》为背景，设计"再战长津湖"的主题情境。学生运用地理知识进行野外方向辨别、行军路线规划，通过一系列体能活动，最终完成任务。任务过程中不仅融合了地理与体育的核心素养，更让学生深入了解了抗美援朝史，增强了学生的国防意识、国防技能。

课例名片
年级：高一
课时数：1课时
学科：体育、地理、历史

主题分析

《义务教育体育与健康课程标准（2022年版）》在课程理念部分明确提出："体育与健康课程以习近平新时代中国特色社会主义思想为指导，全面贯彻党的教育方针，落实立德树人根本任务"。本案例围绕跨学科"钢铁战士"学习主题内容进行活动设计，以《长津湖》为背景创设情境，以长津湖战役为课程设计主线，引导学生综合运用田径、地理等知识，了解长津湖地区的地形、地貌、水系等相关知识。同时

[①] 刘勇、买一恒，天津市第四十五中学

发展学生走、跑、跳、投、钻、爬、跨的基本技能，增强学生心肺耐力，让学生深入了解了抗美援朝史，增强了学生的国防意识、国防技能。

素养指向

1. 运动能力

通过指导学生利用所学的地理知识，完成克服多种"任务"，以此全面提高学生的身体素质，熟练掌握基本动作技能，同时培养学生的合作学习能力和团队精神。

2. 健康行为

通过以《长津湖》为背景，深知当时中国志愿军胜利的来之不易，培养学生的国防意识和爱国主义精神。

3. 体育品德

通过创设的"合力伏击"情景，培养学生自信自强、克服困难、勇敢顽强、坚韧不拔的意志品质。

4. 地理实践力

通过野外方向辨别、行军路线规划，提高学生地理野外实践能力。

学习目标

（1）通过以《长津湖》为背景，综合运用地理、历史等知识，了解战争背景、历史渊源和地理环境，并且发展走、跑、跳、投、钻、爬、跨等基本运动技能动作和方法。

（2）教师指导学生运用地理知识，并且通过布置的"作战任务"，全面提高学生的心肺耐力、反应协调等素质，在任务完成过程中培养学生地理实践能力，综合思维能力，以及组织与协调，沟通与表达，探究与创新等能力。

（3）学生通过目标达成的学习、合作学习以及自主学习，增加了学生相互交流合作的责任感和愉悦感，培养学生积极进取、顽强拼搏、勇攀高峰的精神。

学习规划

本案例围绕跨学科主题"合力伏击"进行活动设计，在教学中开展以再现长津湖战役为主题，将体育、地理融合，通过学的部分渗透地理知识，通过练习和比赛巩固地理知识，运用任务环节调动地理学科知识同时进行跑、跳、过障碍等技术动作，不仅有助于学生地理区域认知能力和综合思维能力的培养，也有助于学生身体素质的提高，同时也懂得中学生储备知识、提升能力、强健体魄对于保护国家安全的重要性。树立学生终身体育锻炼的意识，具备强健的体魄，培养担当民族复兴大任的时代新人。本课例的课例框架如图55所示。

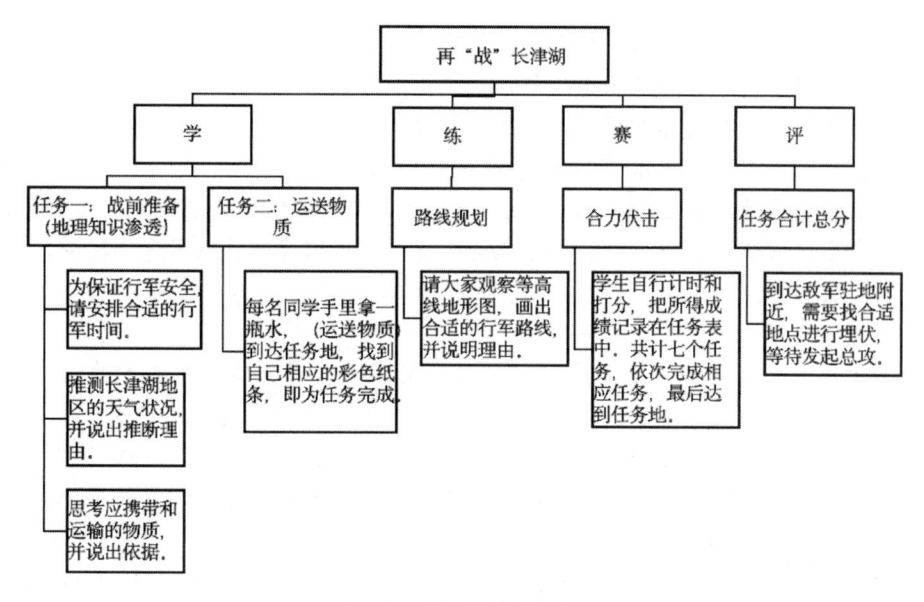

```
                         再"战"长津湖
        ┌──────────┬──────────┬──────────┐
        学          练          赛          评
        │           │           │           │
   ┌────┴────┐  路线规划    合力伏击    任务合计总分
 任务一:战前  任务二:运送
 准备(地理   物质
 知识渗透)
   │           │           │           │           │
 为保证行军   每名同学手   请大家观察   学生自行计   到达敌军驻
 安全,请安   里拿一瓶水, 等高线地形   时和打分,   地附近,需
 排合适的行   (运送物资) 图,画出合   把所得成绩   要找合适地
 军时间.     到达任务地, 适的行军路   记录在任务   点进行埋伏,
             找到自己相   线,并说明   表中.共计   等待发起总
             应的彩色纸   理由.       七个任务,   攻.
 推测长津湖   条,即为任务              依次完成相
 地区的天气   完成.                    应任务,最
 状况,并说                             后达到任务
 出推断理由.                           地.

 思考应携带
 和运输的物
 质,并说出
 依据.
```

图55 学习流程框架图

学习过程

（一）教学准备

1. 材料

长津湖战役部分片段。

2. 场地与器材

智能黑板1块、跳箱1个、山羊1个、跨栏架4个，实心球8个，球筐1个，地理图5张，海绵砖3块，练习假人1个，横杆1条。

（二）准备部分

1. 情境导入

观看长津湖战役部分片段，老师提问：请问长津湖战役的时间、地点以及目的。

2. 热身活动

教师带领学生们进行队列队形的练习，以及慢跑和武术操，活动身体各关节，起到充分预热作用。同时引导学生们进入角色情境，与课的主题相呼应。

3. 实时评析

通过观看长津湖战役部分片段，了解长津湖战役背景。通过视觉感知引发学生情感共鸣，感受抗美援朝战争的艰苦卓绝，为后面教学任务开启情感阀门和执行动力。

（三）基本部分

活动一：战前准备——知环境

教师提供长津湖地区地形图、位置图等资料，学生结合资料，讨论以下问题：

长津湖位于朝鲜东北部的盖马高原，高原平均海拔1300米，有"朝鲜屋脊"之称。

（1）行军时间安排（为避免美军轰炸，尽量选择昼伏夜出）。

（2）推测长津湖地区的天气状况，并说出推断理由。

（3）思考应携带和运输的物资，并说出依据。

讨论展示，教师根据各组答题情况进行打分，最高10分。

设计意图：作战前，提前了解作战区域的地形、天气状况，是进行作战部署的必要途径。本模块学生利用区域地理信息，分析长津湖地区的天气状况、物资储备情况，不仅培养学生区域认知能力、综合思维能力，更是有效将学生代入长津湖情景，增强对学生的国防教育。

活动二：明辨方向，火速增援

教师讲解在野外根据手表与太阳辨别方向的方法，每组队员根据卡片的指示，寻找正确方位依次到达指定地点，到达阵地后，队员们将和前线队友共同参与战斗。

活动进行：每组队员根据卡片的指示，利用手表与太阳的位置关系辨别方向，同时进行50米快速跑的接力，每名同学手里拿一瓶水（运送物资）到达任务地，找到自己相应的彩色纸条，即为任务完成。

组织形式：每组队员根据卡片的指示，依次到达指定地点，到达阵地后，队员们将和前线队友共同参与战斗，利用地理知识辨别方向，同时进行50米快速跑的接力，每名同学手里拿一瓶水（运送物资）到达任务地，找到自己相应的彩色纸条，即为任务完成。如图56所示，四组队员找出自己队伍的方向，然后每名同学手拿一瓶水以接力的形式，跑到所找方向的位置。

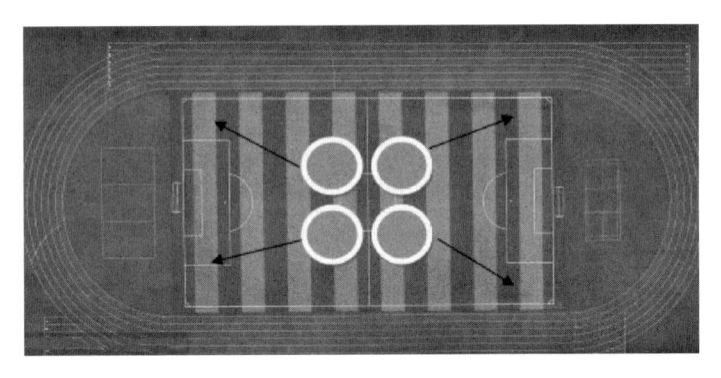

图56　活动场地示意图

评价：同学们根据教师定的评分标准，每组同学自行评价后打分，方向辨别正确5分，错误不得分，接力时间最快的前2组5分，后两组3分。任务得分表如表15所示。

表15　任务得分表

任务二	项目	得分
运送物资	方向辨别	
	50米接力跑	

活动三：线路规划

到达卡片提供的作战地以后，各队明确行军目标。并在等高线地形图上画出所在地到目标地的路线，写出路线设计理由。

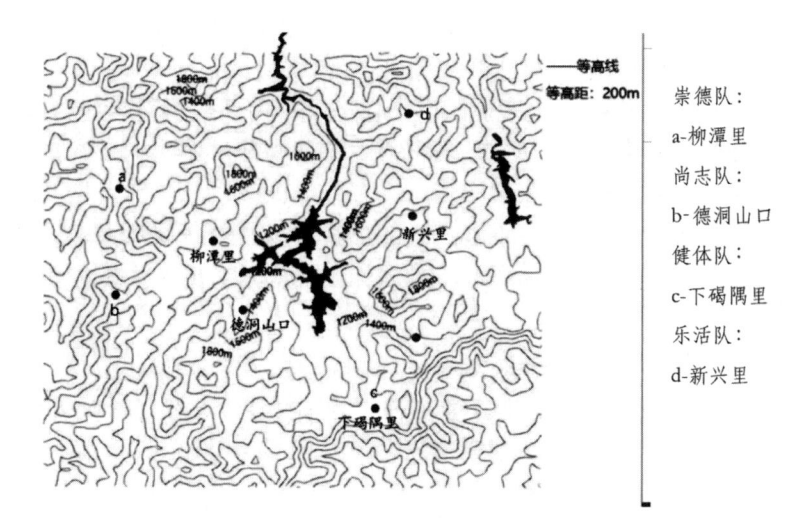

图 57　教学地图

活动四：合力伏击

活动进行：到达卡片提供的作战地以后，界时会有系列任务障碍需要大家克服完成，同学们根据教师设定的任务表来进行作战，每完成一个任务。同学们自行计时和打分，把所得成绩记录在任务表中，从中体现了同学们的诚信度。

组织形式：共计七个任务障碍，每组队员可以根据自己设计的路线依次完成，但每组队员尽量不要在路线上有重合，最后到达"纹丝不动"的区域一动不动，等待时机，击溃美军。如图58所示，教师已布置好任务，每组同学按照路线图完成任务（体能的练习）。

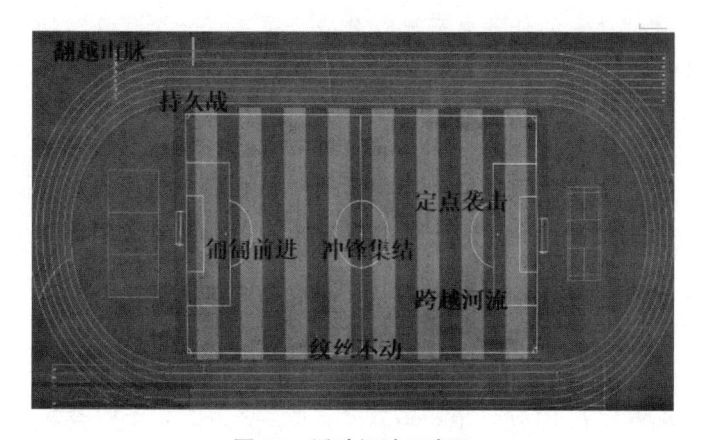

图 58　活动场地示意图

合力伏击 1：翻越山脉——云梯爬行

内容说明：队员们依次进行云梯的爬行，每人首先做正面爬行，8人正面做完后，再进行侧面的爬行，同时计时，并填在任务表中。增强学生们的上肢力量和灵活性、协调性。

合力伏击2：持久作战——400障碍跑

内容说明：队员们400米轮流领先跑，途中会跳山羊，翻越跳箱，跨栏架，以及钻栏架，同时计时，并填在任务表中。增强学生们的心肺耐力。

合力伏击3：定点袭击——投实心球

内容说明：队员们根据不同的起点线，往投掷圈里投进实心球，起点线是7米、每人一个实心球，以投进的球在投掷圈里数为准，相加后，填在任务表中。增强学生们的上肢力量。

合力伏击4：跨越河流——摸石过河

内容说明：利用海绵砖，来体验跨越河流，依次接力进行，同时需要计时，以全队完成即可。使学生体验方法正确是很重要。

合力伏击5：匍匐前进——爬行

内容说明：队员们进行30米的匍匐爬行，依次接力进行，同时计时，填在任务表中。增强学生们的核心力量。

合力伏击6：精准埋伏——平板支撑

内容说明：本任务之前，已完成前5项内容，各组根据自己的目标位置在等高线地形图标出埋伏点，并在沙盘上还原局部等高线地形图，标出美军驻地及我军埋伏地。充分应用等高线地形图，学生利用沙盘讲解布局理由。每小组8人同时平板支撑，共同完成1分半分钟。在任务表中可填小组共几人完成了。

合力伏击7：冲锋集结——50快速跑

内容说明：每小组8人在规定时间内完成平板支撑之后，每人进行最后50米的快速跑接力，同时计时，填在任务表中。

合力伏击任务表：

同学们根据教师设定的任务表来进行作战，每完成一个任务，同学们自行计时和打分，把所得成绩记录在任务表中。共计七个任务障碍，每组队员依据地图指示，依次完成相应任务，最后到达"纹丝不动"任务地。

评价（得分说明）：共分为四个小组同时进行合力伏击的任务，按第一，第二、第三、第四名成绩分别得到不同的分数，最后算齐总分。评价表如表13所示。

（1）翻越山脉第一名10分，第二名8分，第三名6分，第四名5分。

（2）持久作战第一名10分，第二名8分，第三名6分，第四名5分。

（3）定点袭击共八个球，每名队员投一次，以投进的球数计数为准（每个球5分）。

（4）跨越河流第一名10分，第二名8分，第三名6分，第四名5分。

（5）匍匐前进第一名10分，第二名8分，第三名6分，第四名5分。

（6）纹丝不动第一名5分，第二名4分，第三名3分，第四名2分。

（7）冲锋集结第一名5分，第二名4分，第三名3分，第四名2分。

表 13　小组任务完成情况评价表

任务二	项目	时间	分数
合力伏击	1. 翻越山脉——云梯爬行		
	2. 持久作战——400 米障碍跑		
	3. 定点袭击——投实心球		
	4. 跨越河流——摸石过河		
	5. 匍匐前进——爬行		
	6. 精准埋伏——平板支撑		
	7. 冲锋集结——50 米快速跑		
总分			

实时评析：学生按实际部署情况按分四队进行任务，增强学生情境代入感。《长津湖》影片中的冰雕连场景是让人印象十分深刻的镜头，也是战场上真实存在。在本环节任务中运用战争中跨越河、翻越山脉、埋伏不动等真实场景，教师在操场布置场地，引导学生进行这些任务实践。学生实践过程中不仅应用地理知识，锻炼身体体能，也能深刻体会志愿军战士不怕困难、顽强拼搏的强大意志力。

（四）结束部分

任务总结：教师根据学生任务执行情况，进行分数核算，达到分 90 以上，即为优秀完成任务小组。各小组进行活动后发言。教师根据学生表现，进行打分评价。

任务合计总分。

任务体会：同学们，经过前面的努力你已经到达敌军驻地附近，接下来需要找合适地点进行埋伏，等待发起总攻。（每组同学派代表进行本节课的复盘）

课程结束：播放《厉害了，我的国》短片，激发学生强烈的自豪感、荣誉感。（师生再见）

课例点评

《义务教育体育与健康课程标准（2022 年版）》明确提出："体育与健康课程以习近平新时代中国特色社会主义思想为指导，全面贯彻党的教育方针，落实立德树人根本任务。"本案例在教学中开展以再现长津湖战役为主题体育+地理跨学科融合课程，教师布置模拟长津湖战役场景，学生模拟进行这场战役的部署，同时将田径跑跳投基本技能与地理、国防教育、历史等知识在"作战演练"情境中充分融合，以强化田径运动技术在实际情境的合理运用，体现了跨学科学习的基本特征。有助于学生地理区域认知能力、地理实践能力、综合思维能力的培养，也有助于学生身体素质的提高，同时在无形中从思想深处感知国防安全的重要性，也明确中学生储备知识、提升能力、强健体魄对于保护国家安全的重要性。学生在完成不同情境任务时，不仅提高身体素质，将多学科知识合理运用，学生通过目标达成的学习，合作学习以及自主学习，增加了学生相互交流合作的责任感和愉悦感，培养学生积极进取，顽强拼搏，勇攀高峰的精神，体现因人而异，因材施教的个别化教学效果，还能将课程思政蕴含教学的各个环节，培养学生爱国精神和永不气馁、顽强拼搏的意志品质，培养学生终身体育锻炼的意识，使学生具备强健的体魄，培养担当民族复兴大任的时代新人。

（点评教师：徐连波）

案例 11（水平五）"救"在身边，守"护"家园——体育与健康常识主题教学设计学习[①]

本课主要是以《国防教育进中小学课程教材指南》和《普通高中体育与健康课程标准（2017 年版 2020 年修订）》为重要依据，在核心素养的导向下，坚持"以生为本、以学为主、以学定教"的教育理念，将国防知识融入体育与健康学科，深度挖掘体育与健康学科的育人价值，促进学生全面发展。本课主要是战地救护为题材，创设情景任务，通过跑和救护等体育运动知识，将体育与国防教育的救护知识相结合，激发学生学习的积极性，提高学生自我保护以及处理突发损伤的能力。

课例名片

年级：高二年级　男生

课时数：1 课时

学科：体育与健康、健康教育

主题分析

本节课围绕跨学科学习主题："救"在身边，守"护"家园（水平五）进行活动设计，主要是以高中年级运动损伤单元的内容为主要教学内容，以《血战湘江》影片为素材创设情境，结合战争以及战争救护等知识进行课程设计，引导学生综合运用体育、健康教育等知识，了解运动损伤的急救处理步骤和方法，使得学生树立安全意识，预防运动损伤，提高学生伤害应急处置、救护能力和团结协作、积极进取的精神。

学习目标

（1）通过以"战地天使"为主题，综合运用体育和健康教育等知识，通过学习和练习急救包扎、固定以及搬运等防护救护技能，使学生们了解运动损伤发生原因，并掌握对常见的运动损伤的简易处理方法。

（2）通过学习、练习使学生掌握基本的练习方法，同时通过情景化比赛，巩固学生掌握战地医疗救护的能力。

（3）通过在任务完成过程中学生们合作学习与自主学习，增加彼此之间的团结，培养积极进取、顽强拼搏、勇攀高峰的精神。

[①] 乔毅，天津市第八十二中学

学习规划

本课通过再现抗日战争，将体育与健康、健康教育等学科融合，渗透健康教育知识的学习和练习应用，在完成任务调动学生对健康教育知识兴趣的同时，可以进行运动损伤预防知识的教学。

首先，情境导入，观看《血战湘江》影片片段后，讨论相关问题，直指教学核心。其次，教师通过线下教学，进行急救包扎、骨折急救以及搬运伤员等知识的讲解，学生分组进行练习巩固，掌握对常见的运动损伤简易的处理方法，各部位损伤不同处理方法不同，使得学生"学得会，用得对"。最后，进行情景化比赛，在比赛中检验学生掌握包扎、骨折急救以及搬运伤员等技能的掌握情况。本课不仅有利于学生将体育、健康教育与国防有机融合，进一步提高学生对运动损伤的应急能力，还有助于学生的自我保护。同时，培养堪当民族复兴大任的时代新人。本课设计框架如图59所示。

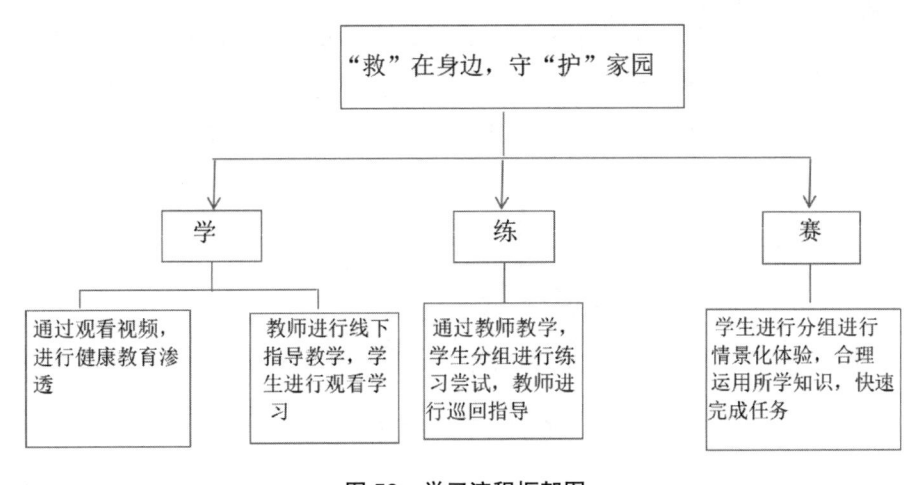

图59 学习流程框架图

学习过程

（一）教学准备

1. 材料

《血战湘江》影片片段。

2. 场地与器材

急救箱10个，担架10个，夹板20个（小臂夹板10个，小腿夹板10个），挂图1幅，智能黑板1个。

（二）准备部分

1. 情境导入

观看《血战湘江》影片片段后，并讨论以下问题：

（1）战士哪些部位损伤，遇到这种情况你觉得应该如何处理。

（2）思考作为一名医生在战场上应该携带哪些物品，并说出依据。

2. 热身活动

教师带领学生练习队列队形、慢跑和做武术操，活动身体各关节，起到充分预热的作用。同时引导学生进入角色情境，与本课的主题相呼应。如图60所示。

图60 活动场地示意图

（三）基本部分

活动一：教师进行医疗救护讲解

1. 急救包扎的方法

（1）环形包扎法：包扎时把绷带头斜放，用手指压住，将绷带卷绕肢体包扎一圈后，再将带头的一个小角翻折过来，然后继续绕圈包扎，后一圈压前一圈，约包扎3~4圈即可，如图61所示（适用于头额部、手腕和小腿下部等粗细均匀的部位）。

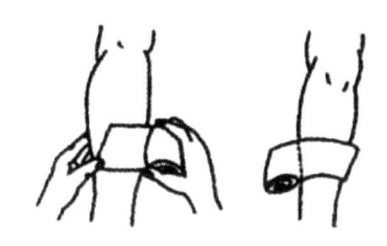

图61 环形包扎法

（2）螺旋形包扎法：如上臂、大腿下段和手指等处。包扎时以环形包扎法开始，然后将绷带向上斜形缠绕，后一圈压前一圈的1/2~1/3，如图62所示（用于包扎肢体粗细相差不多的部位）。

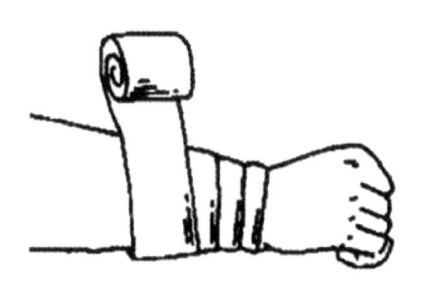

图62 螺旋形包扎法

（3）转折性包扎法：包扎时从环形包扎法开始，然后用一个拇指压住绷带，将其上缘翻折，后一圈压住前一圈的1/2~1/3，每圈的转折线应互相平行，如图63所示（用于包扎前臂、大腿和小腿粗细相差较大的部位）。

图63　转折性包扎法

（4）"8"字形包扎法：包扎的方式有两种：从关节开始，先做环形包扎法，后将绷带斜形缠绕，一圈绕关节的上方，一圈下方，两圈在关节凹面交叉，反复进行，逐渐远离关节，每圈压住前一圈的1/2~1/3，如图64所示（多用于包扎肘、膝、踝等关节处）。

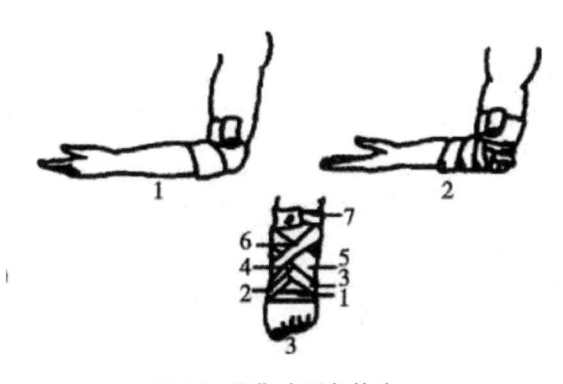

图64　"8"字形包扎法

2. 骨折急救固定的方法

（1）除肱骨或锁骨骨折以外的上肢骨折。

将两块有垫夹板放在前臂的背侧和掌侧，用三角巾将底角搭在健侧肩部，其顶角对准伤臂的肘，将伤臂曲至胸前呈90°，提起三角巾的另一底角向上包绕前臂过颈后与上面的底角打结，顶角折压在肘关节的包扎方法，如图65所示。

图65　大悬臂带法

（2）上臂骨折及上臂、肩关节的损伤。

将三角巾折叠成适当宽度的条带，条带的一端放在侧肩上，伤肢屈曲置于条带中央，末端抬高，另一端翻折承托腕掌关节，放于伤侧肩上，两端在健侧颈后侧方打结，如图 66 所示。

图 66　小悬臂带法

（3）小腿骨折。

取两块有垫夹板分别置于小腿内、外两侧，上至大腿下部，下达足跟部，用三角巾折叠成的宽带或布条，分别在膝上、膝下和踝部缚扎固定，如图 67 所示。

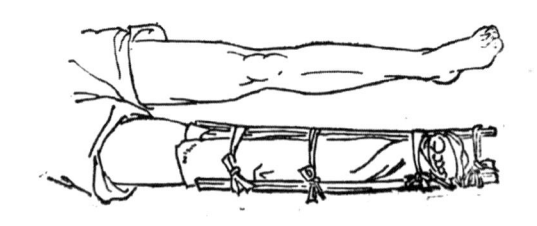

图 67　小腿骨折固定方法

3. 搬运伤员的方法

（1）托椅式搬运法。

需要两名急救者相对站立，两个人的一只手互相握住对方的前臂，另一手互搭在对方的肩上。伤者坐在急救者互握的手上，背部支持于急救者的另一臂上，伤者的两手分别搭于两名急救者的肩上。这种简易的托椅式搬运法适用于神志清醒、足部损伤而行走困难的伤者（图 68）。

图 68　托椅式搬运法

（2）卧式三人搬运法。

需要三名急救者同站于伤者的一侧，第一个人以外侧的肘关节支持伤者的头颈部，另一肘置于伤者的肩胛下部，第二人用双手自腰至臀托抱伤者，第三人托抱伤者的大腿下部及小腿上部。搬运的过程中一定要切记，三人行走要协调一致（图69）。

图69 卧式三人搬运法

活动二：学生自主练习

通过教师的讲解，学生分成3人一组，结合挂图进行自主合作练习，在练习的过程中，可以进行组内交流，也可以进行组与组之间的交流。与此同时，教师可以通过巡回指导，观察学生的掌握情况，纠正错误，使学生掌握正确的救护处理方法，从而获得幸福感以及成就感。

活动三：情景活动一"战地红十字"赛（二选一）

1. 比赛规则

战士们先4人为一个救护小队，救护小队先在比赛场地起点处领取急救物品，裁判员讲解比赛规则，起点工作人员发令开始计时，救护小队从起点处出发，所有人到达第一个任务点抽取伤员的受伤卡（由救护小队其中一名队员扮演伤者），其他人根据伤员的受伤情况进行救助，救助完成后找该任务点裁判进行判定，看伤口处理是否正确，正确进行下一个任务点，若不正确，重新进行伤口处理，直到成功后，方可进行下一个任务点。后续点以此类推，救护小队所有人到达终点，计时停止，用时最少的救护小队胜利，获得"最佳'战地天使'"的荣誉。比赛示意图如图70所示。

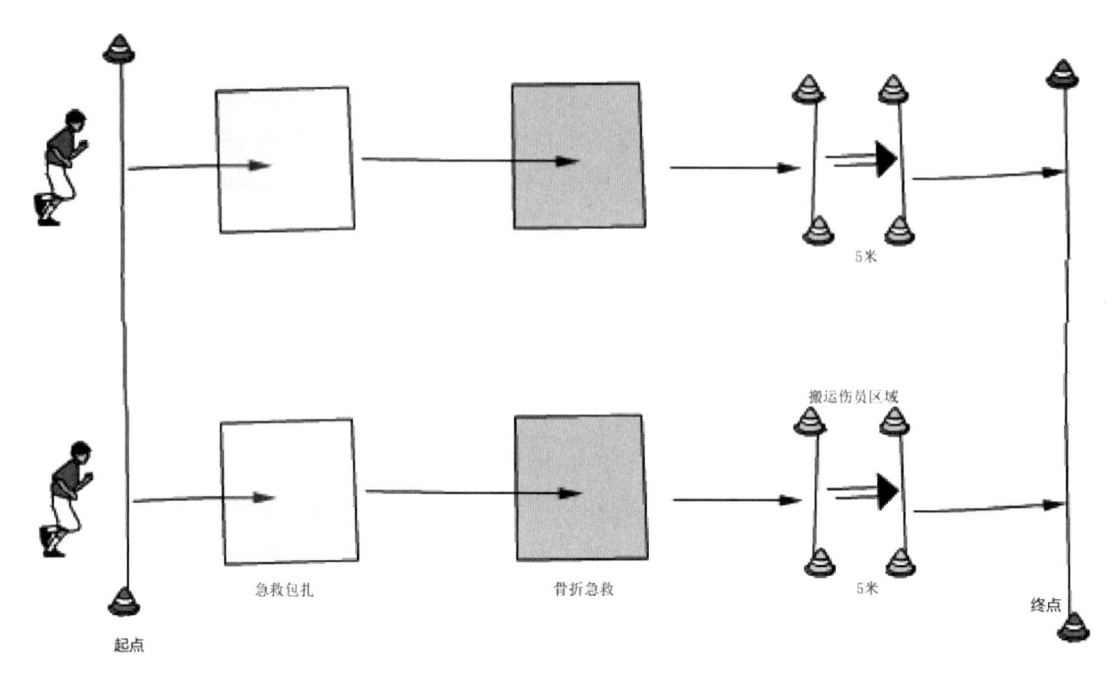

图 70 比赛示意图

2. 自我评价

（1）该活动在一定程度上检验了学生学习的效果，但是发现部分学生没有参与到救护的活动中，动手能力不强，存在陪闯关的心态。

（2）学生动手的次数少，一个任务点只存在一次的动手救护。

（3）学生易组织，课堂有序，及时考查学生掌握知识的情况。

情景活动二：限时救护活动（二选一）

1. 比赛规则

在战场上有很多的受伤战士（卡片），作为"战地天使"我们要竭尽全力地去救护他们。为了能够提高救护效果，现在所有的战士分成4人一个小组，在寻找过程中，4人是一个整体，不能分开，救护小队在寻找救援过程中，根据战士的受伤情况进行准确的包扎、急救固定以及搬运伤员。找到受伤战士（卡片）后，需要我们"战地天使"轮流当受伤战士，让队友进行伤口处理，包扎处理完成后运送到我们的安全区（裁判进行判定，看伤口处处理是否正确，正确加5分，错误加1分）。继续在战场上寻找下一个伤者，限时15分钟，时间结束后，看哪个救护小队得分高，从而获得"最佳'战地天使'"的荣誉。比赛示意图如图71所示。

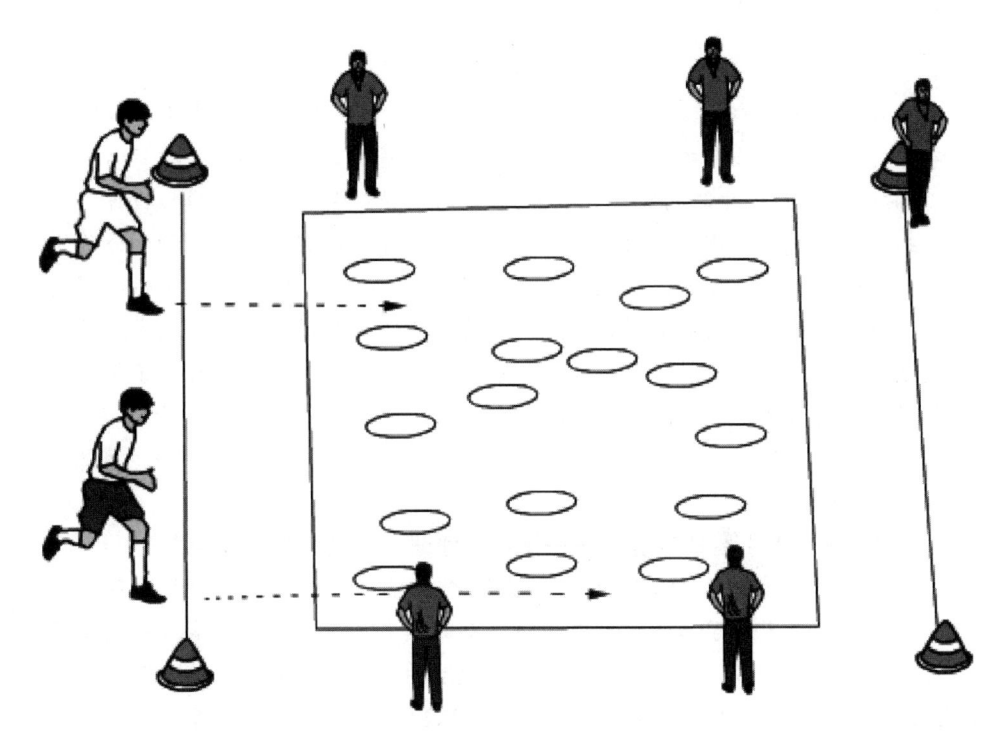

图 71　比赛示意图

2. 自我评价

（1）学生动手次数多，在一定程度上检验了学生学习的效果，调动了学生的积极性和好胜心。

（2）往返战场去寻找伤员，奔赴于安全区和战场之间，在一定程度上锻炼了学生的体能。

（3）学生不易组织，课堂有点混乱。

（四）结束部分

1. 任务总结

教师根据学生的处理损伤情况的正确度、包扎手法以及用时情况进行多角度考核。各小组进行活动后发言，教师根据学生表现进行打分评价。

2. 分享任务体会

"救护天使"们，经过前面的努力，你们已经到达并救助很多伤员，战争还未最终胜利，还有很多的伤员等待我们救护，让我们在战场上发挥自己的力量去抗战。

3. 结束

每组派代表进行本节课的复盘。老师播放《我和我的祖国》音乐，激发学生强烈的自豪感、荣誉感。（师生再见）

拓展作业：请同学们继续进行救护的练习。例如，心肺复苏的练习，积极查阅书籍或通过其他学习渠道，拓展自己救护知识面，随后进行课堂分享。

课例点评

教育部关于印发《国防教育进中小学课程教材指南》中明确提出："中小学国防教育旨在引导学生发扬爱国主义精神，增强国防观念，掌握基本的国防知识，学习必要的国防技能"。同时，针对高中年级的学生还提出："学习卧倒、匍匐前进、模拟投弹等单兵军事技能，初步了解固定、搬运等防护救护技能，培养学生顽强、团结精神和合作能力。"本节课以《血战湘江》为素材，融合健康教育激发学生的爱国，学生模拟救护，在救护过程中检验学生的救护技能的掌握情况，学生在寻找伤员的过程中，既考验学生的体能，还促进了学生之间的团结，是体能与救护技能双考验的一节课，激发了学生对知识学习的积极性和爱国之情。

（点评人：薛彬）

案例12（水平五）智取威虎山——体育与地理、历史跨学科设计[①]

跨学科主题学习是义务教育阶段体育与健康课程内容的重要组成部分，近年来随着冬奥会在我国的举办，掀起了冰雪运动与极限运动的热潮。由于天津的地理气候等原因，再加上滑雪装备十分昂贵，在中小学开展冰雪运动的教学条件并不成熟，因此轮滑（滑旱冰）成为替代滑雪的一项热门运动。本课题以2022年版课标核心素养为导向，通过以电影《智取威虎山》中我党东北军剿匪战士借助森林地形，利用滑雪与敌人作战为背景，加之对轮滑的学习，将体育、地理、历史等知识进行融合串联，激发学生的学习兴趣，提高学生身体机能，增强保护自己和他人的意识。

课例名片

年级：高一年级

课时数：1课时

学科：体育、地理、历史

主题分析

《义务教育体育与健康课程标准（2022年版）》在课程理念部分明确提出："体育与健康课程以习近平新时代中国特色社会主义思想为指导，全面贯彻党的教育方针，落实立德树人根本任务"。本案例围绕跨学科"雪上尖兵"学习主题（水平四）进行活动设计，以《智取威虎山》中东北军剿匪部队滑雪小分队战士利用地形的优势与滑雪技术的特长与敌人英勇战斗为背景创设情境，以剿匪战士在森林中利用双板滑雪技术突击敌人与运送物资为课程设计主线，引导学生综合运用轮滑、地理、历史等知识，了解故事发生所在的东北森林、雪原的地形、地貌等相关知识，同时发展学生穿脱轮滑装备、正确的摔倒与起身、平地滑动、减速、刹车、转弯等基本技能，增强学生心肺耐力、下肢力量、上下肢协调性与灵敏能力。

---

① 郑云龙、李嘉兴，天津市第二南开学校

素养指向

（1）通过指导学生学习轮滑的技术，利用所学的地理知识，在模拟森林的地形中克服困难，完成多种任务"，以此全面提高学生的身体素质，熟练掌握轮滑中的平地滑动、正确的摔倒与起身、减速、刹车、转弯等基本动作技能，同时培养学生的合作学习能力和团队精神。

（2）通过以电影《智取威虎山》为背景，深知当时中国东北军剿匪部队战士在粮食短缺、环境恶劣的情况下与敌人艰苦战斗，胜利来之不易，培养学生的国防意识和爱国主义精神。

（3）通过创设的"穿林海、跨雪原"情景，培养学生自信自强、克服困难、勇敢顽强、坚韧不拔的意志品质。

学习目标

（1）通过以电影《智取威虎山》为背景，综合运用地理、历史等知识，了解战役背景、历史渊源和地理环境，并且发展学生穿脱轮滑装备、正确的摔倒与起身、平地滑动、减速、刹车、转弯等的基本运动技能动作和方法。

（2）教师指导学生运用地理知识，并且通过布置的"作战任务"，全面提高学生的心肺耐力、上下肢力量、反应协调等体能素质，在任务完成过程中培养学生地理实践能力，综合思维能力，以及组织与协调，沟通与表达，探究与创新等能力。

（3）学生通过目标达成的学习、合作学习以及自主学习，增加了学生相互交流合作的责任感和愉悦感，培养学生积极进取、顽强拼搏、勇攀高峰的精神。

学习规划

本案例围绕跨学科主题"雪上尖兵"进行活动设计，在教学中开展以再现智取威虎山中的滑雪行军为主题的教学活动，将体育、地理、历史融合，通过学的部分渗透地理知识，通过练习和比赛巩固地理知识，运用任务环节调动地理学科知识。同时进行急速轮滑过障碍的技术动作，不仅有助于学生地理区域认知能力和综合思维能力的培养，也有助于学生身体素质的提高，同时也展现了中学生储备知识、提升能力、强健体魄对于保护国家安全的重要性，树立学生终身体育锻炼的意识，使学生具备强健的体魄，培养担当民族复兴大任的时代新人。本课例的课例框架如图72所示。

```
                            ┌─────────────┐
                            │ 智取威虎山  │
                            └──────┬──────┘
              ┌────────────┬───────┴───────┬────────────┐
           ┌──┴──┐      ┌──┴──┐         ┌──┴──┐      ┌──┴──┐
           │ 学  │      │ 练  │         │ 赛  │      │ 评  │
           └──┬──┘      └──┬──┘         └──┬──┘      └──┬──┘
```

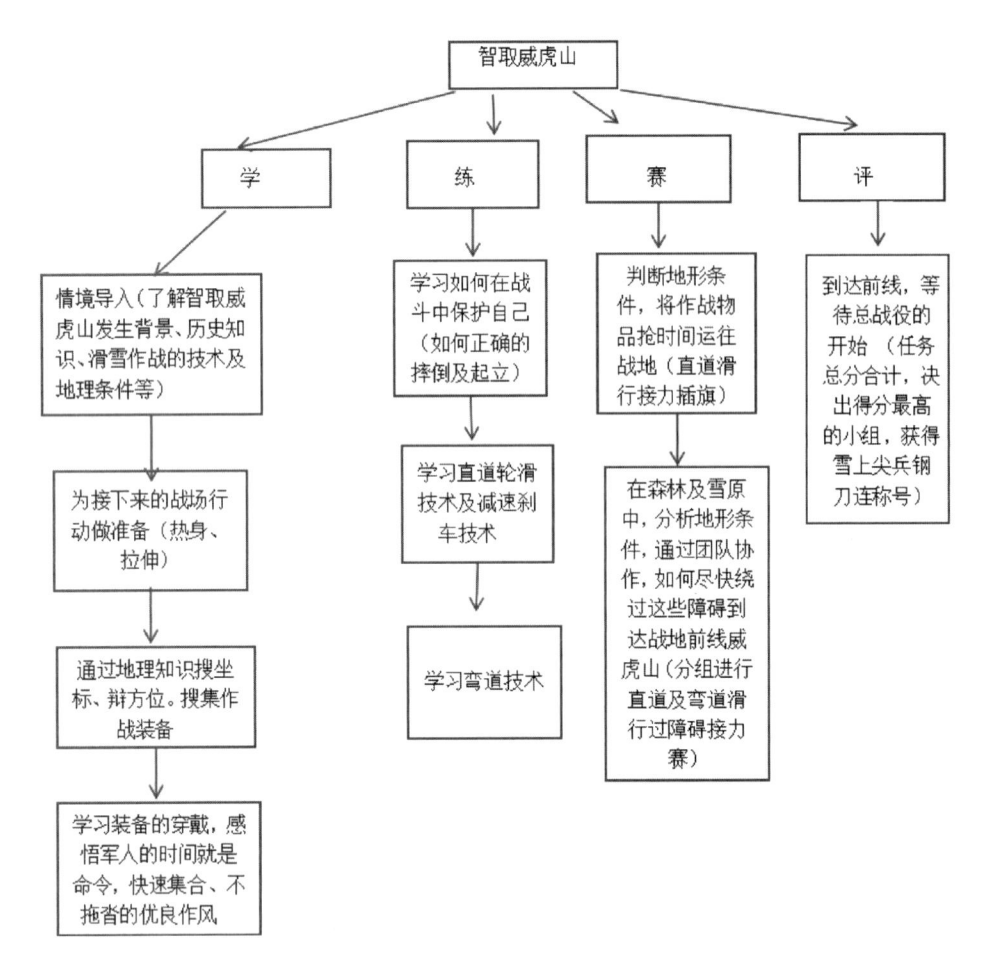

学	练	赛	评
情境导入（了解智取威虎山发生背景、历史知识、滑雪作战的技术及地理条件等）	学习如何在战斗中保护自己（如何正确的摔倒及起立）	判断地形条件，将作战物品抢时间运往战地（直道滑行接力插旗）	到达前线，等待总战役的开始（任务总分合计，决出得分最高的小组，获得雪上尖兵钢刀连称号）
为接下来的战场行动做准备（热身、拉伸）	学习直道轮滑技术及减速刹车技术	在森林及雪原中，分析地形条件，通过团队协作，如何尽快绕过这些障碍到达战地前线威虎山（分组进行直道及弯道滑行过障碍接力赛）	
通过地理知识搜坐标、辩方位。搜集作战装备	学习弯道技术		
学习装备的穿戴，感悟军人的时间就是命令、快速集合、不拖沓的优良作风			

图 72　学习流程框架图

学习过程

（一）教学准备

1. 材料

智取威虎山中滑雪战斗部分片段。

2. 场地与器材

智能黑板 1 块、操场、软垫若干、标志桶若干、标志杆若干，轮滑装备 32 套，包括轮滑鞋、头盔、护膝、护踝、护肘、护腕、手套等。

3. 学生

高一年级学生 32 人

（二）准备部分

1. 情境导入

在观看智取威虎山中滑雪战斗部分片段之前，老师先进行提问：请问智取威虎山是哪部小说中的片段，电影中战役发生的时间、地点，以及目的，然后教师向学生讲述智取威虎山的主要故事情节以及历史原型。

通过观看智取威虎山部分片段，了解战役背景。通过视觉感知引发学生情感共鸣，感受东北剿匪部队战士在剿匪战役中的艰苦卓绝，为后面教学任务开启情感阀门和执行动力。

2. 热身活动

教师带领学生们学习技术之前，先进行队列队形的练习，通过队列队形培养学生对命令的服从以及良好的军容风貌。然后进行慢跑、拉伸，拉伸包括手臂环绕、肘碰膝、弓步拉伸、侧腰拉伸等，活动身体各关节，引导学生们进入角色情境，与课的主题相呼应。

评价：队列队形最整齐、精神风貌最好的得 10 分、后 3 名依次得 8 分、6 分、5 分。小组任务完成情况评价表如表 14 所示。

表 14　小组任务完成情况评价表

任务一	项目	得分
军容风貌	队列队形整齐度、精神风貌	

（三）"雪上尖兵"基本部分

任务二：争分夺秒

活动说明：战前演练。教师先对学生进行安全上的要求及操场地理地形的分析，然后每组队员根据教师分发的卡片上的坐标、方向、位置暗示，快速到达各自的装备隐藏区，并将装备带回到中央集合点等待下一个命令，即为任务完成。

组织：每组队员根据指示，利用地理知识辨别方向，根据坐标和位置暗示到达指定地点。到达装备隐藏区后，队员们将轮滑鞋、头盔、护膝、护踝、护肘、护腕、手套等安全护具一并带回到集合点，不得遗漏。队友间要互相帮助，共同完成装备的携带，各组最后一名队员收集完成后，再整体出发，回到操场中间集合区域，即为任务完成。

发展能力：（1）运用地理知识，看懂坐标、辨别方向。（2）快速负重跑，发展上下肢力量和速度、耐力。（3）培养团队协作意识。

评价：教师对任务完成情况进行总结评价，同学们根据教师定的评分标准，每组同学自行互相评价后打分，装备快速找到且没有遗漏，时间最快的 1 组 10 分，后 3 组依次得 8 分、6 分、5 分。小组任务完成情况评价表如表 15 所示。

表 15　小组任务完成情况评价表

任务二	项目	得分
争分夺秒	装备找寻程度、集合速度	

如图 73 所示。

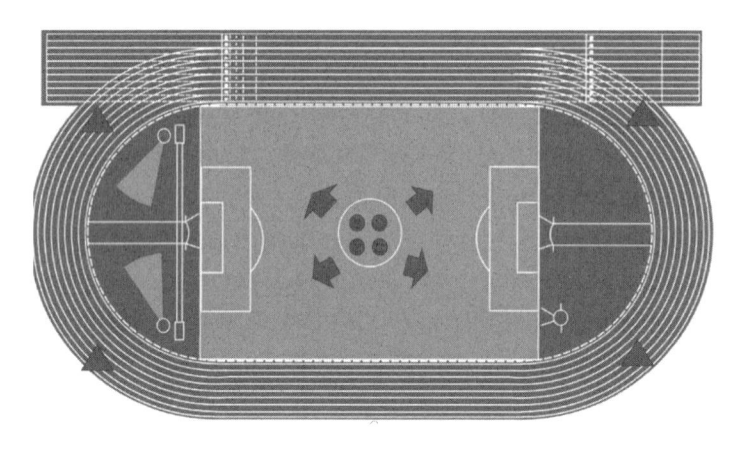

图 73　活动场地示意图

任务三：紧急集合

活动说明：战前演练：教师先简要讲授轮滑装备的穿戴方法与基本站立、踏步前进方法（包括丁字站立法、八字站立法、平行站立法），然后发令计时。各小组听命令后快速穿戴，并迅速集合，即为任务完成。

评价：同学们根据教师制定的评分标准，每组学生自行评价后打分，完成后穿戴集合速度最快、穿戴正确的 1 组得 10 分，后 3 组依次得 8 分、6 分、5 分。小组任务完成情况评价表如表 16 所示。

发展能力：（1）发展学生认真观察、仔细做事、用心记忆的习惯。（2）发展学生做事麻利、珍惜时间、不拖沓的习惯。（3）发展学生平衡、协调能力。（4）培养学生集体意识，团队协作能力。

表 16　小组任务完成情况评价表

任务三	项目	得分
紧急集合	穿戴正确无遗漏，快速集合、站立平稳	

任务四：从哪跌倒就从哪爬起来

活动进行：战前演练。教师向队员们讲授正确的摔倒与起身技术。摔倒时要努力降低重心，顺势沿惯性往身体前面倒下，让手掌、肘部，膝盖这几个带有护具防护的部位与地面接触，且双手五指向外分开。学会缓冲、泄力，这样能有效避免韧带、关节、肌肉等的损伤。起立时则要注意，先抬起左脚支撑，脚部要垂直地面，不能歪向两边，用双手撑在腿部，快速起身，右脚迅速靠在支撑的左脚后面，成 T 字型，恢复正常站立姿势。

组织：四组队员先站成正方形队形，集体进行练习，每人左右间隔 3 米，教师巡回指导纠错，注意每名学生之间的安全距离。然后每组依次进行展示，教师进行打分评价。

评价：教师根据评分标准，摔倒与起立技术正确，有缓冲泄力、完成得快且站立平稳的得 5 分，否则得 3 分。小组任务完成情况评价表如表 17 所示。

发展能力：(1) 发展学生身体协调、灵活、平衡性。(2) 培养学生良好掌握防止运动损伤的方法。(3) 培养学生不怕困难，坚强的意志品质。

表 17　小组任务完成情况评价表

任务四	项目	得分
从哪跌倒就从哪爬起来	摔倒技术正确、有缓冲 起立技术正确、站立平稳	

如图 74 所示。

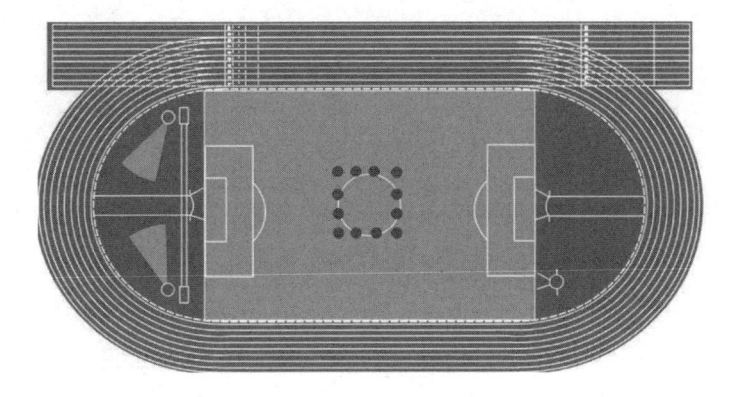

图 74　活动场地示意图

任务五：步履维艰

活动进行：战前演练。教师带领学生行进至跑道直道上，先分析一下地形条件，平坦，滑行速度快。在跑道直道上，先对平地直道滑行及减速与刹车这个最基础的技术进行分析讲解，包括基本姿势和平衡练习，比如膝盖微屈、上体前倾，双脚交替抬脚找平衡感。先从踏步进行练习开始，然后学习背手推步滑行前进，最后学习加上上肢摆动滑行，手脚要同时配合，右脚向侧后方蹬地时，右手向前甩，左脚蹬地时，左手向前甩，两边交替。熟练后进行中慢速滑行练习，刹车学习 T 字刹车，需要刹车时，先单脚前滑，后脚自由足伸直垂直地放在滑行足后面，类似弓箭步，重心完全置于轮滑足上，抬头挺胸缩小腹，上身保持正直，后脚与前脚的轮子保持垂直轻轻接触地面。此时仍是前滑，但由于后脚与前进方向垂直，轮子与地面摩擦，慢慢会停下来。然后学生集体或分组进行短程直道滑行及减速刹车练习。

组织：四组学生四路纵队，每组占两个跑道，保证安全距离，从 50 米终点向 100 米终点直线行进，完成后站于终点后面，前一组行进至路程中间时下组再行进，全部完成后依次再返回。

评价：教师根据评分标准，直道滑行技术及减速刹车掌握最好的小组得 10 分，后 3 个依次得 8 分、6 分、5 分。小组任务完成情况评价表如表 18 所示。

发展能力:(1)发展学生下肢力量、速度能力。(2)发展学生上下肢协调、灵活能力。

如图75所示,教师已布置好任务,每组同学按照路线图完成任务。

表18 小组任务完成情况评价表

任务五	项目	得分
步履维艰	直道滑行、减速刹车技术正确、滑行速度快	

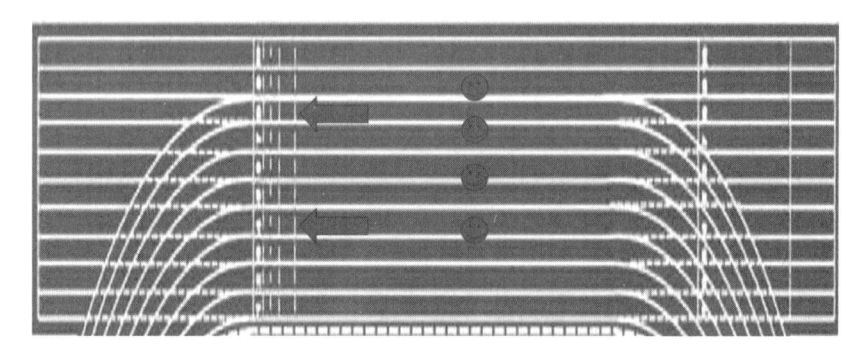

图75 活动场地示意图

任务六:神运鬼输

活动进行:实战。直道滑行与减速刹车熟练后,教师开始布置任务,营造场景。向学生传达:得到上级命令,要在天黑前将抗战物资送往指定地点(往返接力运输旗子)。教师会指出要到达的地点,到达以后,将各组的旗子插上,旗子不能倒,然后返回到起点,下组学生再行进。每队同学们自行计时,把所得成绩记录在任务表中,从中体现了同学们的诚信度。教师最后根据情况进行打分。

组织:跑道有八道,四组队员四路纵队分别占用两道,保证安全距离,每人都携带旗子同时出发,从100米起点处向100米终点处行进,距离共100米。采用直道滑行与刹车技术,到达指定地点后,插好旗子后返回,下组学生再行进,看看哪组队员完成得既快又好。

评价:教师根据评分标准,完成最快的1个小组得10分,后3个依次得8分、6分、5分,如果同时到达,教师看全组学生技评情况给分。

发展能力:(1)发展学生上下肢力量、速度、心肺耐力素质。(2)发展学生上下肢协调能力、灵敏素质。(3)发展学生团队协作能力与集体意识。小组任务完成情况评价表如表19所示。

表19 小组任务完成情况评价表

任务六	项目	得分
神运鬼输	技术基本正确、完成速度快	

如图示：

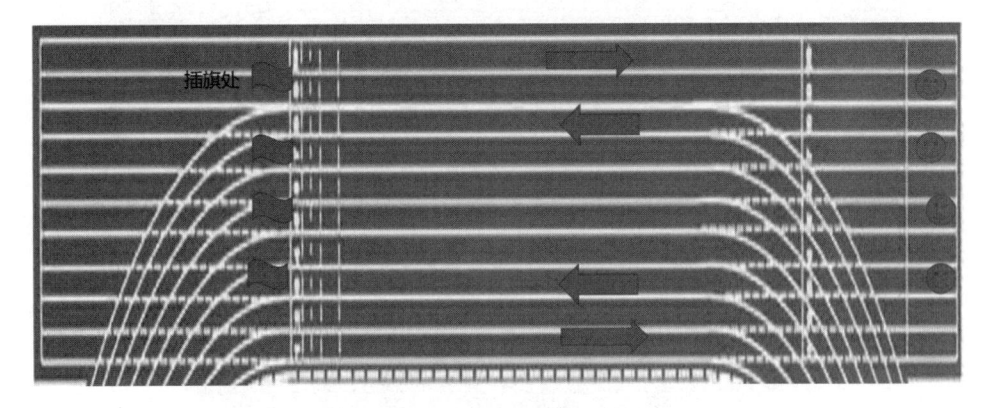

图 76　活动场地示意图

任务七：峰回路转

活动进行：战前演练。上弯道练习之前，教师先分析地形条件，路况弯曲，需要学习弯道技术。然后教师在跑道弯道上，先对弯道滑行技术进行分析讲解，主要介绍平行转弯技术，入弯时两脚一前一后平行错开，弯道内侧的脚向前错，弯道外侧的脚向后错，然后身体重心向弯道内侧倾斜，同时，身体头尾的纵轴线的朝向，也要跟着弯道转向，直至出弯后再收回两脚。要点：重心的倾斜和身体轴线的转向要同步，两脚错开的距离根据个人身高要适当选择。然后学生集体或分组进行短程弯道滑行练习。

组织：教师将学生带至弯道处，四组学生四路纵队，每组占两个跑道，保证安全距离，从直道与弯道的结合点行进，滑至弯道与直道结合点，完成后站于终点后面，前一组行进至路程一半时下组再行进，完成后从终点沿场地内快速返回。

评价：教师根据评分标准，弯道滑行技术掌握最好的 1 个小组得 10 分，后 3 个依次得 8 分、6 分、5 分。小组任务完成情况评价表如表 20 所示。

发展能力：（1）发展学生下肢力量、速度能力。（2）发展学生上下肢协调、灵活能力。

表 20　小组任务完成情况评价表

任务七	项目	得分
峰回路转	弯道技术基本正确、滑行速度快	

如图 77 所示。

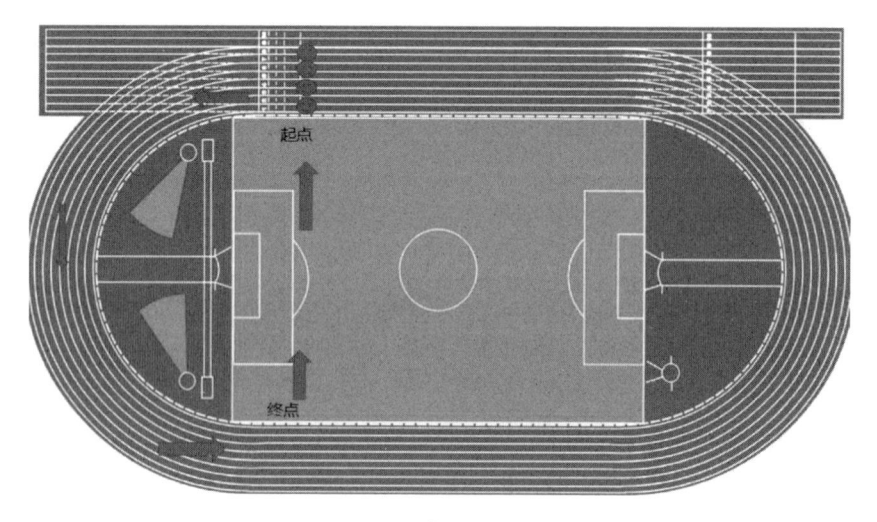

图77　活动场地示意图

任务八：穿林海、跨雪原

活动进行：最终战役。教师宣布最终实战任务，先向队员们解析地形状况，绕过由软垫、标志杆、标志桶等障碍物组成的林海（跑道），以及阻力很大的雪原（草皮场地），最终到达土匪头子座山雕的老窝威虎山（操场中间），即为任务完成。

组织：教师将4组学生分为2个大组，先组内进行对决，然后胜利的2组决冠军、失败的2组决3、4名。各组由学生选出一名队长，负责整体队伍的行进安全。在跑道中间与草皮结合地从起点出发，穿过草地，然后到达跑道另一端，分别向相反方向，背向而行，依次滑行过直道、弯道、直道，绕过跑道上所有障碍物，最后回到出发点。第1大组完成后，第2大组再进行，教师进行计时，然后决出获胜顺序。

评价：教师根据评分标准，技术最好、时间最快完成的小组得10分，其他3组依次得8分、6分、5分。小组任务完成情况评价表如表21所示。

发展能力：（1）发展学生上下肢力量、速度、心肺耐力素质。（2）发展学生上下肢协调能力、平衡、灵敏素质。（3）发展学生团队协作能力与集体意识。

表21　小组任务完成情况评价表

任务八	项目	得分
穿林海、跨雪原	技术正确、时间最快	

如图78所示。

"雪上尖兵"任务表说明：

同学们根据教师设定的任务表来进行作战，每完成一个任务，同学们要把所得成绩记录在任务表中。共计八个任务障碍，每组队员依据指示，依次完成相应任务，最后到达最终任务地。

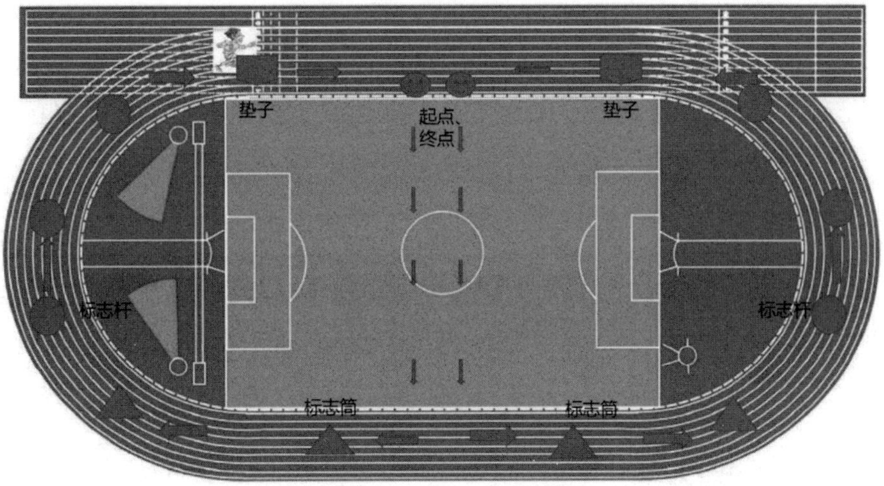

图 78　活动场地示意图

评价：共分为四个小组同时进行雪上尖兵的任务，按第一、第二、第三、第四名成绩分别得到不同的分数，最后算齐总分，总分标准为100分。小组任务完成情况评价表如表22所示。

（1）军容风貌第一名10分，第二名8分，第三名6分，第四名5分。
（2）争分夺秒第一名10分，第二名8分，第三名6分，第四名5分。
（3）紧急集合第一名10分，第二名8分，第三名6分，第四名5分。
（4）从哪跌倒就从哪爬起来完成得快且站立平稳得5分，否则得3分。
（5）步履维艰第一名10分，第二名8分，第三名6分，第四名5分。
（6）神运鬼输第一名10分，第二名8分，第三名6分，第四名5分。
（7）峰回路转第一名10分，第二名8分，第三名6分，第四名5分。
（8）穿林海、跨雪原第一名10分，第二名8分，第三名6分，第四名5分。
（9）活动结束体会、总结性发言占25分，教师依据发言情况给分。

实时评析：学生按实际部署情况分四队进行任务，增强学生情境代入感。《智取威虎山》影片中滑雪作战与物资运送是让人印象十分深刻的镜头，也是东北抗联战士在抵抗日寇战场上真实存在的。在本环节任务中运用模拟战争中的地理场景与轮滑技术，教师在操场布置场地，引导学生进行这些任务实践，学生实践过程中不仅应用地理知识，锻炼身体体能，也能深刻体会东北抗联战士不怕困难、顽强拼搏的强大意志力。

表 22　小组任务完成情况总体评价表

任务	项目	时间或技评	分数
雪上尖兵	1. 军容风貌		
	2. 争分夺秒		
	3. 紧急集合		
	4. 从哪跌倒就从哪爬起来		
	5. 步履维艰		
	6. 神运鬼输		
	7. 峰回路转		
	8. 穿林海、跨雪原		
总结发言			
总分			

（四）结束部分

任务总结：教师根据学生任务执行情况，进行分数核算。各小组进行活动后要进行总结发言，畅谈今日演练的具体体会：学到并运用了哪些地理、历史、体育知识，获得了什么技能，提高了什么能力？对智取威虎山中剿匪战士的英雄壮举有什么感悟？对以后自己的学习、生活有什么影响？教师根据学生表现，按照满分 25 分的标准进行打分评价。

达到 85 分以上，即为完成任务优秀小组，获得"雪上尖兵钢刀连"称号。

任务体会：

同学们，经过前面的努力你已经到达了座山雕的老巢，接下来需要找合适地点进行埋伏，等待发起总攻。（每组同学派代表进行本节课的复盘）

课程结束：播放《智取威虎山》剿匪部队胜利的短片，激发学生强烈的自豪感、荣誉感。（师生再见）

课例点评

《义务教育体育与健康课程标准（2022 年版）》明确提出："体育与健康课程以习近平新时代中国特色社会主义思想为指导，全面贯彻党的教育方针，落实立德树人根本任务。"本案例在教学中开展以再现智取威虎山为主题体育＋地理＋历史跨学科融合课程，教师布置模拟电影智取威虎山中战士冒着大雪在林中作战的战役场景，学生则根据天津的气候、地理环境特点运用轮滑（滑旱冰）的方式来模拟进行这场战役，同时将田径中的跑、耐力练习、过障碍练习，轮滑中的直道、弯道滑、刹车、运动保护等基本技能与地理辨别方向、看坐标，以及国防教育、历史等知识技能在"作战演练"情境中充分融合，强化了轮滑技术在实际情境中的合理运用，体现了跨学科学习的基本特征。有助于学生地理区域认知能力、地理实践能力、综合思维能力、历史文学鉴赏能力的培养，也有助于学生身体素质的全面提高，课堂上教师从简到繁、由易到难，先向学生讲述智取威虎山发生的历史背景。让学生深刻感悟到抗战时期我军战士与敌人殊死搏斗的英勇壮举，充分调动学生家国情怀与战斗热情。再从根据地理知识寻找装备、正确穿脱装备、到初步学习轮滑的运动保护、直道、弯道、减速刹车等技能，再到由模拟战争的方式进行比赛，提高技术的掌握熟练程度与用轮滑技术过障碍的实战能力，让学生深刻地感受到我军战士与敌人在战场的英勇壮举与惨烈环境。最后通过小组活动总结，让学生明白国防安全的重要性，也明确中学生储备知识、提升能力、强健体魄对于保护国家安全的重要性。学生在完成不同情境任务中，不仅提高了身体素质，将多学科知识合理运用，而且学生通过目标达成的学习，合作学习以及自主学习，增加了学生相互交流合作的责任感和愉悦感，培养学生团体协作意识和集体意识，发展学生积极进取、顽强拼搏、勇攀高峰的精神。还能将课程思政融入教学的各个环节，培养学生的爱国精神和永不气馁、顽强拼搏的意志品质，培养学生终身体育锻炼的意识，使学生具备强健的体魄，培养担当民族复兴大任的时代新人。

（点评教师：郑云龙、李嘉兴）

参考文献

［1］中华人民共和国国防部. 中华人民共和国国防法［EB/OL］.（2020-12-27）［2024-3-1］http：//www.mod.gov.cn/gfbw/fgwx/flfg/4876050.html?&tsreyttldfw.

［2］中国人大网. 中华人民共和国国防教育法［EB/OL］.（2018-6-12）［2024-3-1］http：//www.npc.gov.cn/zgrdw/npc/xinwen/2018-06/12/content_2055872.htm

［3］国防大学军训办公室. 国防教育学［M］. 北京：国防大学出版社，2000.

［4］中华人民共和国教育部，2021.《国防教育进中小学课程教材指南》［EB/OL］.（2021-11-23）［2024-3-1］. http：//jtj.pds.gov.cn/contents/18158/448846.html.

［5］中共中央国务院中央军委印发了《关于加强和改进新时代全民国防教育工作的意见》［EB/OL］.（2020-9-1）［2024-3-1］http：//www.mod.gov.cn/gfbw/fgwx/zcjd/4919984.html

［6］王梅梅，刘宁，赵天鹏. 新时代青年国防教育实施路径探析［J］. 中国军转民，2022（17）：77-80.

［7］董建萍，徐忠平. 国际视野下高中学生民族精神教育探索［J］. 现代基础教育研究，2012，8（04）：73-77.

［8］中华人民共和国教育部. 义务教育体育与健康课程标准（2022年版）［S］. 北京：北京师范大学出版社，2022.

［9］唐文俊，张文宽，俞昌春. 高校国防教育、体育教育融合开展研究［J］. 铜陵学院学报，2022，21（03）：54-57.

［10］徐福水. 国防教育：高校文化教育中独特的风景线［J］. 黑龙江高教研究，2005（12）：47-48.

［11］何锋. 中国国防教育史纲［M］. 厦门：厦门大学出版社，2013.08.

［12］陈长寿. 以十七大精神指导国防后备力量 建设应强调"四个必须坚持"［J］. 国防，2008（02）：17-18.

［13］伏彦冰."六艺"中的"射""御"及其体育思想探微［J］. 中国典籍与文化，2023（02）：104-111.

［14］郝勤，体育史［M］. 北京：人民体育出版社，2006.

［15］李向勇. 秦汉时期的射箭运动管窥［J］. 兰台世界，2015（12）：94-95.

［16］王华倬. 论我国近现代中小学体育课程的发展演变及其历史经验［D］. 北京：北京体育大学，2003.

［17］陈彩祥，马廉祯．论抗战期间国民政府的国防体育政策［J］．体育文化导刊，2007（12）：88-90．

［18］于亚军．论陕甘宁边区的体育抗战精神［J］．兰台世界，2013（34）：33-34．

［19］黄瑞苑，钟文正．奥林匹克运动兴起的教育与体育背景［J］．体育成人教育学刊，2003（04）：38-39．

［20］陈娟，王娟．同源异构与互渗趋同：三大体操流派的历史流变［J］．体育文化导刊，2018（02）：153-158．

［21］李佐惠．战争因素对美国体育发展的影响［J］．体育文化导刊，2008（04）：115-118．

［22］杨松．19世纪后期英国军事体育的发展及其功用［J］．军事历史，2021（06）：98-104．

［23］徐娜，肖甦．21世纪俄罗斯青少年国防教育的新发展［J］．比较教育研究，2017，39（02）：67-72．

［24］郑声文．中外青少年国家安全意识教育的比较［J］．中国德育，2015（04）：32-36．

［25］罗援．军民协调的国际视角［J］．瞭望，2007（42）：78-79．

［26］世界各国国防教育法规概览［J］．生命与灾害，2011（09）：10-11．

［27］高克翔．体能训练模式融入体育教学的策略［J］．拳击与格斗，2024（02）：57-59．

［28］修瑜．普通高校国防体育课教学内容构建研究［D］．天津：天津体育学院，2024．

［29］赵亮．陕西省高校国防生体育课程体系的研究［J］．陕西广播电视大学学报，2011，13（01）：85-88+96．

［30］于素梅．一体化体育课程内容体系的建构［J］．体育学刊，2019，26（04）．

［31］毛振明．解说"体育课程一体化"［J］．体育学研究，2022，36（01）．

［32］裘高飞等．推进区域中小学法治教育一体化建设实践思考［J］．中学政治教学参考，2021，（47）．

［33］谷瑶．中国式现代化进程中我国高校体育发展的现实问题与实践进路［J］．当代体育科技，2023，13（25）：80-83．

［34］韩林姣，江海宇，徐鹏程．中小学国防教育的内容与方式［J］．教书育人，2023（29）：21-23．

［35］王英．新时代中小学国防教育与体育教育融合的课程构建［C］//中国国际科技促进会国际院士联合体工作委员会．2023年教育理论与实践科研学术研究论坛论文集（四）．［出版者不详］，2023：3．

［36］杨晓光．陕西省高校国防生体育课程体系的研究［D］．长春：东北师范大学，2012．

［37］许晓研，车杰平．小学国防教育融入学校体育的探讨［J］．体育师友，2023，46（01）：36-38．

［38］曹海辉.体育核心素养指导下跨学科"主题"课程的模型构建及路径选择［J］.体育科技文献通报，2022，30（11）：163-164+188+207+256.

［39］徐营.小学体育结构化教学的特色与策略研究［J］.小学教学研究，2023（34）：75-77.

［40］刘鹏.新时代背景下青年思想政治教育个性化研究［J］.现代商贸工业，2022，43（S1）：301-302.

［41］武斌.学校体育教育技术装备的管理与使用［J］.冰雪体育创新研究，2023（15）：91-93.

［42］郭佳元.浅析科技飞速发展背景下技工院校体育课的发展［J］.成才，2023（07）：120-121.

［43］张志勇，刘鹤松，邱国俊，等.基于虚拟现实技术的沉浸式高等学校国防教育模式研究［J］.大学教育，2018（11）：26-28.

［44］邹佰峰，徐欣.习近平关于教育优先发展的重要论述研究［J］.大连大学学报，2023，44（06）：112-117+123.

［45］邱烈峰，肖爽.体育与健康学科核心素养评价指标体系构建［J］.绵阳师范学院学报，2022，41（08）：124-132.

［46］唐阳成.高职院校国防体育运动体系构建的理论研究［J］.佳木斯职业学院学报，2023，39（09）：178-180.

［47］姜芳.体育训练与竞赛对学生身心发展的影响［J］.时代教育，2014（06）：158.